基础会计

王前锋　主编

 化学工业出版社

·北京·

本书以最新修正的会计法、企业会计准则、增值税会计处理规定等有关法律、法规、部门规章为依据，主要介绍了总论、账户和复式记账、企业主要经济业务的核算、会计凭证、会计账簿、账务处理程序、财产清查、财务报告、会计工作的组织与管理等内容。本书体系完整、内容丰富、易于理解、实用新颖。

本书可作为会计学、财务管理、工商管理、金融学专业的本科教材，也可作为企业管理人员以及广大投资者自学的参考读物。

图书在版编目（CIP）数据

基础会计/王前锋主编．—2版．—北京：化学工业出版社，2018.8
ISBN 978-7-122-32437-5

Ⅰ.①基… Ⅱ.①王… Ⅲ.①会计学-高等学校-教材 Ⅳ.①F230

中国版本图书馆 CIP 数据核字（2018）第135272号

责任编辑：曾照华　　　　　　　　装帧设计：王晓宇
责任校对：边　涛

出版发行：化学工业出版社（北京市东城区青年湖南街13号　邮政编码100011）
印　　装：大厂聚鑫印刷有限责任公司
787mm×1092mm　1/16　印张18½　字数454千字　2018年9月北京第2版第1次印刷

购书咨询：010-64518888（传真：010-64519686）　售后服务：010-64518899
网　　址：http://www.cip.com.cn

凡购买本书，如有缺损质量问题，本社销售中心负责调换。

定　　价：49.00元　　　　　　　　　　　　　　　　　　　　　版权所有　违者必究

前　言

近年，我国新增或修订了许多财税法规、制度及企业会计准则。比如，2014年和2017年财政部先后发布了多项企业会计准则的增补或修订版；2015年财政部、国家档案局修订了《会计档案管理办法》；2016年在全国范围内全面推开营业税改征增值税试点；2017年11月全国人民代表大会常务委员会修正《会计法》；2018年6月财政部修订印发《一般企业财务报表格式》等。这些新的规定对教材的相关内容产生了较大影响，为了保证教材内容的更新与相关法律法规的要求和会计改革的实践同步，迫切需要对现行教材进行修订。

本书在保持第一版的结构不变的前提下，对部分内容进行了较大修改。修改的内容主要体现在以下几个方面。

（1）以实际案例为引导。教材摒弃枯燥乏味的理论陈述，以通俗易懂的语言讲述贴近生活的实际案例。本书每章前的导入案例、每章后的案例分析以问题为导向，有利于培养学生带着问题去学习和思考的习惯。

（2）新增部分内容。第二章增加"会计科目分类口诀"；第三章增加"成本计算的基本要求和内容""银行票据结算业务核算"和"账户的分类"；第五章增加"会计圈子里的俚语"；第九章增加"代理记账""会计信息化"和"未来的'会计+'"等。

（3）根据现行法规，修订部分过时的内容。比如全国人大修正《会计法》，财政部先后发布了多项企业会计准则的增补或修订版；全面推开营业税改征增值税试点等。我们按照这些新的规定对教材相关内容进行了修订。

（4）对修改内容较多的部分重新进行编写。比如第一章"会计规范"和"会计基础"，第三章"工商企业税费的账务处理"；第七章"财产清查结果的账务处理"；第八章"财务报告概念和作用"；第九章"会计法律制度"等。

（5）对教材内容进行精炼，删减部分章节。考虑到会计报表分析内容一般在财务管理中涉及，或者有些学校单独开设"财务报表分析"课程，因此，为避免重复，删除原教材第九章"会计报表分析"。

本书由王前锋主编，并对全书进行了总体策划和统稿。第一章、第二章、第五章、第七章、第八章、第九章部分内容由王前锋修订；第三章由冒乔玲修订；第四章由薛晶晶修订；第六章和第九章部分内容由周长鸣修订。

本书得到了南京工业大学2017年度校级重点教材立项建设项目资助，同时张长江、吴婧、张心明、许景婷、胡志丽、陈瑶老师对教材修订提出了宝贵意见，在此，一并致以诚挚的谢意。

由于水平有限，书中难免有不足之处，敬请专家和读者批评指正。我们期待您的意见和建议，以便予以完善。邮件请发至：wangqfnj@163.com。

编者

2018年6月

第一版前言

市场经济条件下，会计作为商业语言受到社会各界的高度重视，会计知识不再是会计人员的专利，经营管理者、投资者以及社会公众也迫切渴望学习会计知识。初学者普遍感到会计知识专业性强，内容枯燥乏味，让人望而生畏。如果在严谨性和实用性之间很好地平衡，既能满足教学需要，又能满足社会公众自学需求，必然会受到社会的欢迎。本书是学习会计知识的必学内容，在全面、系统地介绍会计基本知识的基础上，力争做到便于理解和实用。

本书重点阐述了会计核算的基本理论、基本方法和基本技能，为学习其他会计课程奠定坚实的基础。各章除了撰写基本内容以外，还撰写了学习目标、本章总结、重点概念、复习思考题、练习题，并结合基本内容设置若干专栏。本书具有以下特点。

1. 体系完整

本书以财政部 2006 年颁布的 39 项企业会计准则、应用指南以及其他会计规范为依据，以工业企业经济活动过程为基础，全面、系统地介绍了账户的设置、复式记账、填制和审核凭证、登记账簿、成本计算、财产清查、编制财务会计报告七种会计核算方法，并对会计报表进行了初步分析。

2. 易于理解

在对会计核算的基本理论、基本方法和基本技能进行介绍时深入浅出、力求简洁。比如，书中设有许多丰富多彩的专栏，专栏大多数是针对正文中的某个知识点进一步阐述或介绍一些使用技巧，它们是教材知识的延伸，阅读专栏有利于提高学习兴趣和开阔眼界。

3. 实用新颖

本书作为学习会计知识的入门教材，在强调基础理论重要性的同时更关注实用性。在本书的写作过程中，进行了一些新的尝试，在每章的章首提出"学习目标"，提醒读者通过本章学习，应该达到的要求。正文中运用大量图表、例题等，阐述会计核算基本的理论与方法。"本章总结"概括了各章的基本内容，提炼出各章的精髓。"重要概念"归纳了各章涉及的、需要读者掌握的重要名词。"复习思考题"主要帮助读者检查对各章理论知识的掌握程度。"练习题"侧重于消化一些基本方法和技术。"案例分析"则是检验读者综合运用已学知识，分析商业实践中具体问题的能力，对培养读者敏锐的思考能力和判断能力有很大帮助。

本书可作为工商管理、金融学、会计学专业及其他经济、管理类专业的本科教学，也可作为企业财会人员、管理人员以及广大投资者自学的参考读物。

本书由长期从事会计科研和教学工作的主讲教师编写。王前锋任主编，拟定编写提纲，张长江、张心明任副主编。各章编写具体分工如下：第一章和第二章，张心明；第三章，冒乔玲；第四章，薛晶晶；第五章，张长江；第六章，周长鸣；第七章，胡志丽；第八章～第十章，王前锋。王前锋、张长江对部分内容进行了补充和修改，并进行了统稿工作。

本书在编写过程中，参考了许多会计研究资料和实践经验，在此向其作者表示衷心感谢。由于编者水平有限，虽然竭尽全力，但书中仍有不足之处，敬请专家和读者批评指正。我们愿意随时听取您的意见和建议，以便再版时予以完善。邮件请发至：wangqfnj@163.com。

编者
2011 年 4 月

目 录

第一章 总论 ... 001
第一节 会计的意义 ... 001
一、会计的产生与发展 ... 001
二、会计的定义 ... 004
专栏 1-1 现代会计的含义 ... 005
三、会计的职能 ... 005
第二节 会计对象和会计要素 ... 006
一、会计对象 ... 006
二、会计要素 ... 008
专栏 1-2 资产与负债的区别 ... 011
第三节 会计核算方法 ... 014
一、设置账户 ... 014
二、复式记账 ... 014
三、填制和审核会计凭证 ... 014
四、登记账簿 ... 014
五、成本计算 ... 014
六、财产清查 ... 014
七、编制财务报告 ... 015
第四节 会计基本假设与会计基础 ... 015
一、会计基本假设 ... 015
专栏 1-3 世界各国的会计年度 ... 017
二、会计基础 ... 017
专栏 1-4 收入不等于现金 ... 018
第五节 会计信息质量要求 ... 019
第六节 会计学及其分支 ... 021
专栏 1-5 会计的魅力 ... 022
本章总结 ... 023
重要概念 ... 024
复习思考题 ... 024
练习题 ... 024
案例分析 ... 025

第二章 账户和复式记账 ... 027
第一节 会计等式 ... 028
一、会计等式 ... 028

二、经济业务对会计等式的影响⋯⋯⋯⋯⋯⋯⋯⋯⋯⋯⋯⋯⋯⋯⋯⋯⋯⋯⋯⋯⋯⋯⋯⋯ 030
　第二节　会计科目⋯⋯⋯⋯⋯⋯⋯⋯⋯⋯⋯⋯⋯⋯⋯⋯⋯⋯⋯⋯⋯⋯⋯⋯⋯⋯⋯⋯⋯⋯ 033
　　一、会计科目的概念⋯⋯⋯⋯⋯⋯⋯⋯⋯⋯⋯⋯⋯⋯⋯⋯⋯⋯⋯⋯⋯⋯⋯⋯⋯⋯⋯⋯ 033
　　二、设置会计科目的原则⋯⋯⋯⋯⋯⋯⋯⋯⋯⋯⋯⋯⋯⋯⋯⋯⋯⋯⋯⋯⋯⋯⋯⋯⋯⋯ 034
　　三、会计科目的分类⋯⋯⋯⋯⋯⋯⋯⋯⋯⋯⋯⋯⋯⋯⋯⋯⋯⋯⋯⋯⋯⋯⋯⋯⋯⋯⋯⋯ 034
　　四、会计科目表⋯⋯⋯⋯⋯⋯⋯⋯⋯⋯⋯⋯⋯⋯⋯⋯⋯⋯⋯⋯⋯⋯⋯⋯⋯⋯⋯⋯⋯⋯ 035
　专栏 2-1　会计科目分类口诀⋯⋯⋯⋯⋯⋯⋯⋯⋯⋯⋯⋯⋯⋯⋯⋯⋯⋯⋯⋯⋯⋯⋯⋯ 037
　第三节　账户⋯⋯⋯⋯⋯⋯⋯⋯⋯⋯⋯⋯⋯⋯⋯⋯⋯⋯⋯⋯⋯⋯⋯⋯⋯⋯⋯⋯⋯⋯⋯⋯ 038
　　一、账户的概念⋯⋯⋯⋯⋯⋯⋯⋯⋯⋯⋯⋯⋯⋯⋯⋯⋯⋯⋯⋯⋯⋯⋯⋯⋯⋯⋯⋯⋯⋯ 038
　专栏 2-2　会计科目与账户的关系⋯⋯⋯⋯⋯⋯⋯⋯⋯⋯⋯⋯⋯⋯⋯⋯⋯⋯⋯⋯⋯⋯ 038
　　二、账户的结构⋯⋯⋯⋯⋯⋯⋯⋯⋯⋯⋯⋯⋯⋯⋯⋯⋯⋯⋯⋯⋯⋯⋯⋯⋯⋯⋯⋯⋯⋯ 039
　　三、总分类账户和明细分类账户⋯⋯⋯⋯⋯⋯⋯⋯⋯⋯⋯⋯⋯⋯⋯⋯⋯⋯⋯⋯⋯⋯⋯ 040
　第四节　复式记账⋯⋯⋯⋯⋯⋯⋯⋯⋯⋯⋯⋯⋯⋯⋯⋯⋯⋯⋯⋯⋯⋯⋯⋯⋯⋯⋯⋯⋯⋯ 040
　　一、复式记账原理⋯⋯⋯⋯⋯⋯⋯⋯⋯⋯⋯⋯⋯⋯⋯⋯⋯⋯⋯⋯⋯⋯⋯⋯⋯⋯⋯⋯⋯ 041
　专栏 2-3　复式记账法的历史演变⋯⋯⋯⋯⋯⋯⋯⋯⋯⋯⋯⋯⋯⋯⋯⋯⋯⋯⋯⋯⋯⋯ 041
　　二、借贷记账法⋯⋯⋯⋯⋯⋯⋯⋯⋯⋯⋯⋯⋯⋯⋯⋯⋯⋯⋯⋯⋯⋯⋯⋯⋯⋯⋯⋯⋯⋯ 042
　专栏 2-4　巧用会计等式掌握借贷记账法下的账户结构⋯⋯⋯⋯⋯⋯⋯⋯⋯⋯⋯⋯ 045
　本章总结⋯⋯⋯⋯⋯⋯⋯⋯⋯⋯⋯⋯⋯⋯⋯⋯⋯⋯⋯⋯⋯⋯⋯⋯⋯⋯⋯⋯⋯⋯⋯⋯⋯⋯ 054
　重要概念⋯⋯⋯⋯⋯⋯⋯⋯⋯⋯⋯⋯⋯⋯⋯⋯⋯⋯⋯⋯⋯⋯⋯⋯⋯⋯⋯⋯⋯⋯⋯⋯⋯⋯ 055
　复习思考题⋯⋯⋯⋯⋯⋯⋯⋯⋯⋯⋯⋯⋯⋯⋯⋯⋯⋯⋯⋯⋯⋯⋯⋯⋯⋯⋯⋯⋯⋯⋯⋯⋯ 055
　练习题⋯⋯⋯⋯⋯⋯⋯⋯⋯⋯⋯⋯⋯⋯⋯⋯⋯⋯⋯⋯⋯⋯⋯⋯⋯⋯⋯⋯⋯⋯⋯⋯⋯⋯⋯ 055
　案例分析⋯⋯⋯⋯⋯⋯⋯⋯⋯⋯⋯⋯⋯⋯⋯⋯⋯⋯⋯⋯⋯⋯⋯⋯⋯⋯⋯⋯⋯⋯⋯⋯⋯⋯ 057
第三章　企业主要经济业务的核算⋯⋯⋯⋯⋯⋯⋯⋯⋯⋯⋯⋯⋯⋯⋯⋯⋯⋯⋯⋯⋯⋯ 058
　第一节　企业主要经济业务核算概述⋯⋯⋯⋯⋯⋯⋯⋯⋯⋯⋯⋯⋯⋯⋯⋯⋯⋯⋯⋯⋯ 058
　　一、企业主要经济业务核算的意义⋯⋯⋯⋯⋯⋯⋯⋯⋯⋯⋯⋯⋯⋯⋯⋯⋯⋯⋯⋯⋯ 058
　　二、企业主要经济业务核算的内容⋯⋯⋯⋯⋯⋯⋯⋯⋯⋯⋯⋯⋯⋯⋯⋯⋯⋯⋯⋯⋯ 059
　　三、成本计算的基本要求和内容⋯⋯⋯⋯⋯⋯⋯⋯⋯⋯⋯⋯⋯⋯⋯⋯⋯⋯⋯⋯⋯⋯ 059
　第二节　资金筹集业务的核算⋯⋯⋯⋯⋯⋯⋯⋯⋯⋯⋯⋯⋯⋯⋯⋯⋯⋯⋯⋯⋯⋯⋯⋯ 061
　　一、资金筹集业务的主要内容⋯⋯⋯⋯⋯⋯⋯⋯⋯⋯⋯⋯⋯⋯⋯⋯⋯⋯⋯⋯⋯⋯⋯ 061
　　二、资金筹集业务核算的主要账户⋯⋯⋯⋯⋯⋯⋯⋯⋯⋯⋯⋯⋯⋯⋯⋯⋯⋯⋯⋯⋯ 061
　　三、资金筹集业务的核算⋯⋯⋯⋯⋯⋯⋯⋯⋯⋯⋯⋯⋯⋯⋯⋯⋯⋯⋯⋯⋯⋯⋯⋯⋯ 063
　第三节　采购过程业务的核算⋯⋯⋯⋯⋯⋯⋯⋯⋯⋯⋯⋯⋯⋯⋯⋯⋯⋯⋯⋯⋯⋯⋯⋯ 064
　　一、采购过程业务的主要内容⋯⋯⋯⋯⋯⋯⋯⋯⋯⋯⋯⋯⋯⋯⋯⋯⋯⋯⋯⋯⋯⋯⋯ 064
　　二、采购过程业务核算的主要账户⋯⋯⋯⋯⋯⋯⋯⋯⋯⋯⋯⋯⋯⋯⋯⋯⋯⋯⋯⋯⋯ 065
　专栏 3-1　工商企业税费的账务处理⋯⋯⋯⋯⋯⋯⋯⋯⋯⋯⋯⋯⋯⋯⋯⋯⋯⋯⋯⋯⋯ 067
　专栏 3-2　"预付账款"和"预收账款"账户的设置和使用⋯⋯⋯⋯⋯⋯⋯⋯⋯⋯⋯ 069
　　三、采购过程业务的核算⋯⋯⋯⋯⋯⋯⋯⋯⋯⋯⋯⋯⋯⋯⋯⋯⋯⋯⋯⋯⋯⋯⋯⋯⋯ 069
　第四节　生产过程业务的核算⋯⋯⋯⋯⋯⋯⋯⋯⋯⋯⋯⋯⋯⋯⋯⋯⋯⋯⋯⋯⋯⋯⋯⋯ 071
　　一、生产过程业务的主要内容⋯⋯⋯⋯⋯⋯⋯⋯⋯⋯⋯⋯⋯⋯⋯⋯⋯⋯⋯⋯⋯⋯⋯ 071
　　二、生产过程业务核算的主要账户⋯⋯⋯⋯⋯⋯⋯⋯⋯⋯⋯⋯⋯⋯⋯⋯⋯⋯⋯⋯⋯ 072

三、生产过程业务的核算……073
　第五节　销售过程业务的核算……076
　　一、销售过程业务的主要内容……076
　　二、销售过程业务核算的主要账户……076
　　三、销售过程业务的核算……079
　专栏3-3　银行票据结算业务核算……081
　第六节　利润形成及分配业务的核算……082
　　一、利润形成及分配业务的主要内容……082
　　二、利润形成及分配业务核算的主要账户……083
　专栏3-4　"收入"的辨别……085
　　三、利润形成及分配业务的核算……087
　专栏3-5　账户的分类……090
　本章总结……094
　重要概念……094
　复习思考题……095
　练习题……095
　案例分析……098

第四章　会计凭证……099
　第一节　会计凭证的意义和种类……099
　　一、会计凭证的意义……099
　　二、会计凭证的种类……100
　第二节　原始凭证……104
　　一、原始凭证的基本内容……104
　　二、原始凭证的填制……104
　专栏4-1　人民币符号的来历……105
　专栏4-2　增值税发票的填制与识别……106
　　三、原始凭证的审核……110
　第三节　记账凭证……111
　　一、记账凭证的基本内容……111
　　二、记账凭证的填制……111
　专栏4-3　如何编写记账凭证摘要……112
　专栏4-4　常用的会计符号……115
　　三、记账凭证的审核……117
　第四节　会计凭证的传递与保管……117
　　一、会计凭证的传递……117
　　二、会计凭证的保管……118
　本章总结……118
　重要概念……119
　复习思考题……119
　练习题……119

案例分析 ·· 120

第五章　会计账簿 ·· 121
第一节　会计账簿的意义和种类 ·· 121
　　一、会计账簿的意义 ·· 121
专栏 5-1　"账"的由来 ··· 122
　　二、会计账簿的种类 ·· 123
专栏 5-2　会计账簿的一些历史名称 ·· 125
第二节　会计账簿的设置与登记 ·· 125
　　一、会计账簿的设置原则 ·· 125
　　二、会计账簿的基本结构 ·· 126
　　三、日记账的设置与登记 ·· 127
　　四、分类账的设置与登记 ·· 129
第三节　会计账簿的规则 ·· 137
　　一、启用账簿的规则 ·· 137
　　二、登记账簿的规则 ·· 138
　　三、错账更正规则 ··· 139
专栏 5-3　错账原因及查找方法 ·· 139
　　四、账簿的更换与保管 ··· 142
第四节　账项调整 ·· 143
　　一、账项调整的意义 ·· 143
　　二、账项调整的内容 ·· 143
第五节　对账与结账 ·· 146
　　一、对账 ·· 146
　　二、结账 ·· 146
专栏 5-4　会计圈子里的俚语 ··· 148
　　本章总结 ·· 149
　　重要概念 ·· 150
　　复习思考题 ··· 150
　　练习题 ··· 150
　　案例分析 ·· 156

第六章　账务处理程序 ·· 158
第一节　账务处理程序概述 ··· 158
　　一、账务处理程序的意义 ·· 158
　　二、组织账务处理程序的要求 ·· 159
　　三、账务处理程序的种类 ·· 159
专栏 6-1　账务处理程序的选择 ·· 160
第二节　记账凭证账务处理程序 ·· 161
　　一、记账凭证账务处理程序的特点和核算要求 ·· 161
　　二、记账凭证账务处理程序的步骤 ·· 162
　　三、记账凭证账务处理程序的优缺点及适用范围 ··· 162

第三节　汇总记账凭证账务处理程序···162
　　一、汇总记账凭证账务处理程序的特点和核算要求·····································162
　　二、汇总记账凭证账务处理程序的步骤··164
　　三、汇总记账凭证账务处理程序的优缺点及适用范围···································165
第四节　科目汇总表账务处理程序···165
　　一、科目汇总表账务处理程序的特点和核算要求···165
　　二、科目汇总表账务处理程序的步骤··166
　　三、科目汇总表账务处理程序的优缺点及适用范围······································168
第五节　多栏式日记账账务处理程序···168
　　一、多栏式日记账账务处理程序的特点和核算要求······································168
　　二、多栏式日记账账务处理程序的步骤··169
　　三、多栏式日记账账务处理程序的优缺点及适用范围···································170
专栏 6-2　多栏式日记账账务处理方法···170
本章总结···171
重要概念···171
复习思考题···171
练习题··172
案例分析···173

第七章　财产清查···175
第一节　财产清查的意义和种类··175
　　一、财产清查的意义··175
　　二、财产清查的种类··176
第二节　财产物资盘存制度··177
第三节　财产清查的方法···179
　　一、财产清查的准备工作···179
　　二、货币资金的清查方法···179
　　三、实物资产的清查方法···181
　　四、往来款项的清查方法···182
专栏 7-1　财产清查的技术方法··182
第四节　财产清查结果的处理··183
　　一、财产清查结果处理的一般程序···183
　　二、财产清查结果的账务处理···184
专栏 7-2　未及时对账引发的公款盗用案例···188
本章总结···188
重要概念···189
复习思考题···189
练习题··189
案例分析···190

第八章　财务报告···191
第一节　财务报告概述··191

一、财务报告的概念和作用 ……………………………………………………………… 191
　　二、财务报告的组成 ……………………………………………………………………… 192
　　三、财务报表的分类 ……………………………………………………………………… 193
　　四、财务报表编制的基本要求 …………………………………………………………… 194
　　五、编制财务报表前的准备工作 ………………………………………………………… 196
专栏 8-1　财务报告与天气预报 ……………………………………………………………… 197
第二节　资产负债表 …………………………………………………………………………… 198
　　一、资产负债表的概念和作用 …………………………………………………………… 198
　　二、资产负债表的结构和内容 …………………………………………………………… 198
专栏 8-2　资产负债表项目的排列 …………………………………………………………… 201
　　三、资产负债表的编制方法 ……………………………………………………………… 202
　　四、资产负债表编制举例 ………………………………………………………………… 208
专栏 8-3　利用口诀来理解资产负债表有关项目的填列 …………………………………… 210
第三节　利润表 ………………………………………………………………………………… 210
　　一、利润表的概念和作用 ………………………………………………………………… 210
　　二、利润表的结构和内容 ………………………………………………………………… 211
　　三、利润表的编制方法 …………………………………………………………………… 211
　　四、利润表编制举例 ……………………………………………………………………… 214
第四节　现金流量表 …………………………………………………………………………… 216
　　一、现金流量表的概念和作用 …………………………………………………………… 216
　　二、现金流量表的结构和内容 …………………………………………………………… 217
　　三、现金流量表中经营活动现金流量的编制方法 ……………………………………… 219
专栏 8-4　面子、日子和底子 ………………………………………………………………… 220
第五节　所有者权益变动表 …………………………………………………………………… 221
　　一、所有者权益变动表的概念和作用 …………………………………………………… 221
　　二、所有者权益变动表的结构和内容 …………………………………………………… 221
　　三、所有者权益变动表的编制方法 ……………………………………………………… 222
专栏 8-5　四张财务报表之间的关系 ………………………………………………………… 224
第六节　财务报表附注 ………………………………………………………………………… 224
　　一、财务报表附注的概念和作用 ………………………………………………………… 224
　　二、财务报表附注披露的基本要求 ……………………………………………………… 225
　　三、财务报表附注的内容 ………………………………………………………………… 225
本章总结 ………………………………………………………………………………………… 226
重要概念 ………………………………………………………………………………………… 227
复习思考题 ……………………………………………………………………………………… 227
练习题 …………………………………………………………………………………………… 227
案例分析 ………………………………………………………………………………………… 229
第九章　会计工作的组织与管理 ……………………………………………………………… 230
　第一节　会计法律制度 ……………………………………………………………………… 230
　　一、会计法律制度的概念和内容 ………………………………………………………… 230

二、会计法……………………………………………………………………………231
　　三、会计准则…………………………………………………………………………232
第二节　会计机构和会计人员……………………………………………………………236
　　一、会计机构…………………………………………………………………………236
专栏9-1　某公司会计岗位设置和职责……………………………………………………238
　　二、代理记账…………………………………………………………………………240
　　三、会计人员…………………………………………………………………………241
专栏9-2　CFO与总会计师有何不同？……………………………………………………242
第三节　会计人员职业道德………………………………………………………………246
　　一、会计人员职业道德的概念………………………………………………………246
　　二、会计人员职业道德的主要内容…………………………………………………247
　　三、会计职业道德建设组织与实施…………………………………………………248
第四节　会计档案管理……………………………………………………………………249
　　一、会计档案的概念与内容…………………………………………………………249
　　二、会计档案的归档…………………………………………………………………250
　　三、会计档案的保管…………………………………………………………………250
　　四、会计档案的查阅…………………………………………………………………251
　　五、会计档案的销毁…………………………………………………………………251
专栏9-3　中兴通讯的会计档案管理………………………………………………………252
第五节　会计信息化………………………………………………………………………253
　　一、会计信息化的发展………………………………………………………………253
　　二、会计软件类型与功能……………………………………………………………255
　　三、ERP系统和会计信息系统的关系………………………………………………256
　　四、会计信息化相关的管理规范……………………………………………………258
专栏9-4　未来的"会计＋"………………………………………………………………259
本章总结……………………………………………………………………………………260
重要概念……………………………………………………………………………………260
复习思考题…………………………………………………………………………………260
案例分析……………………………………………………………………………………261
附录……………………………………………………………………………………………262
　　附录一　中华人民共和国会计法……………………………………………………262
　　附录二　企业会计准则——基本准则………………………………………………268
　　附录三　会计基础工作规范…………………………………………………………272
参考文献………………………………………………………………………………………284

第一章 总论

学习目标：
1. 掌握会计的定义和会计的基本职能。
2. 掌握会计对象和会计要素。
3. 掌握会计基本假设和会计基础。
4. 熟悉会计核算方法。
5. 熟悉会计信息质量要求。
6. 了解会计的产生和发展历史。
7. 了解会计学及其分支。

导入案例：

赵毅是一位民营企业家，他白手起家，经过十几年的拼搏，公司终于发展成为一家上市公司。赵毅不仅事业有成，教子也有方，独生子赵晓勇去年顺利考入省城的著名工科院校，学习机械工程及自动化专业。

赵晓勇从小崇拜父亲，有事经常向父亲请教。大二开学后学校开始公共选修课选课，他征求父亲的意见。赵毅建议儿子选择会计学。

赵晓勇不解地问："我是学技术的，为什么要学习会计学课程？"

赵毅答道："会计是一种商业语言，现代社会每一个人都应了解。你将来管理企业，除了需要掌握技术外，还必须精通经营，会计是经营的基础。如果把经营比喻为驾驶飞机，会计数据就相当于驾驶舱仪表上的数字，机长相当于经营者，仪表必须把时时刻刻变化着的飞机的高度、速度、姿势、方向正确及时地告诉机长。如果没有仪表，就不知道飞机现在所在的位置，就无法驾驶飞机。

企业要健康发展，必须构筑能够一目了然地反映经营状况、并彻底贯彻经营者意志的会计系统。为此，经营者自己必须精通会计，不能充分理解仪表盘上数字的意义，就不能说是一个真正的经营者。"

赵晓勇被父亲的一席话深深打动，决定填报会计学课程作为选修课，并暗暗下决心一定要认真学好会计学课程，不辜负父亲的期望，为将来成为出色的经营者奠定基础。

第一节 会计的意义

一、会计的产生与发展

会计起源于生产实践。在人类社会生产发展的低级阶段，生产比较简单，人们管理生产，是凭借大脑记忆的。随着社会生产的发展，单凭头脑记忆来管理生产活动已经不能适应客观需要，于是就逐渐发展到使用各种符号标志计数，如古代结绳记事、刻木记事、刻竹作书等，这是原始的计数，被认为是会计的雏形。

由于当时生产水平较低，在很长时期内，人们关心的是生产本身，会计仅仅是"生产职能的附带部分"。随着生产水平的提高，劳动产品增加，特别是出现剩余产品后，人们需要总结和控制生产过程，需要计算产品的劳动消耗和进行产品分配，将耗费和成果进行比较分析，因此，会计逐渐从生产职能中分离出来，成为独立的、由专门人员从事的职业，于是便产生了会计。

会计是应社会生产实践活动和经济管理的客观需要而产生，并随着社会经济的发展而不断发展的。会计发展的历史可以大致分为古代会计、近代会计和现代会计三个阶段。

（一）古代会计

15世纪以前的会计，习惯上称为古代会计。古代会计以官厅会计为主，民间会计为次，人们对于官厅会计的一般认识是指主要服务于封建王室赋税征收、财政支出、财产保管的会计。

在中国，会计有悠久的历史。"会计"之职最早设于西周，称为"司会"，掌管国家和地方的财产物资。《礼记·王制》中记载"司会以岁之成质于天子"。"会计"一词最早见诸《孟子·万章下》："孔子尝为委吏矣，曰'会计当而已矣'。"意思是会计要平衡、真实、准确。清朝人焦循在《孟子正义》中对会计一词的注释为"零星算之为计，总和算之为会"。

秦汉时期，中国在记账方法上已超越文字叙述式的"单式记账法"，建立起另一种形式的"单式记账法"，即以"入、出"为会计记录符号的定式简明会计记录方法。它以"入－出＝余"作为结算的基本公式，即"三柱结算法"，又称为"入出（或收付）记账法"。秦汉时期出现了账簿的概念，如"草流"和"誊清簿"，有"钱谷账"，分设"钱出入簿"和"谷出入簿"。

唐、宋两代是我国会计全面发展的时期，创立了"四柱结算法"。所谓"四柱"，是指旧管（上期结余）、新收（本期收入）、开除（本期支出）和实在（本期结存）四个栏目。这种结算法把一定时期内财物收付的记录，通过"旧管＋新收＝开除＋实在"这一平衡公式加以总结，既可检查日常记录的正确性，又可分类汇总日常会计记录，使之起到系统、全面和综合的反映作用，可以说，"四柱结算法"的发明把我国的簿记发展提到一个较为科学的高度。四柱结算法中四柱平衡关系形成了会计上的方程式，这不仅成为我国传统的中式记账法（中式簿记）的一个特色，而且在世界范围内也一直沿用下来。

明末清初之际，中国又出现了一种新的记账法——"龙门账法"。此记账法是山西人傅山根据唐宋以来"四柱结算法"原理设计出的一种适合于民间商业的会计核算方法，其要点是将全部账目划分为进、缴、存、该四大类。"进"指全部收入，"缴"指全部支出，"存"指资产并包括债权，"该"指负债并包括业主投资，四者的关系是：该＋进＝存＋缴，或进－缴＝存－该。也就是说，结账时"进"大于"缴"或"存"大于"该"即为赢利。傅山将这种双轨计算盈亏，并检查账目平衡关系的会计方法，形象地称为"合龙门"，"龙门账"因此而得名。"龙门账"是我国复式记账方法的最初形式，为以后发展严密的复式记账方法奠定了基础。

我国会计虽然历史悠久，但受封建保守思想及轻商的影响，会计以官厅会计为主，民间会计为次。1 000年来没有多大改革与进步，发展十分缓慢。

在国外，会计起源也较早，文明古国如埃及、巴比伦、印度与希腊都曾留下会计活动的记载。距今4 000多年以前，巴比伦人就开始在瓦片上作商业交易的记录。公元前630年左右，铸币开始在希腊出现并逐步应用于账簿记录中，这不仅是"货币计量"思想的萌芽，而且极大地推动了会计记录的专业化。古雅典出现的"财务公开"思想也是古代会计发展史上的重大历史事件。

会计在欧洲的发展，主要集中在庄园之中，庄园主聘任有管理能力的管家来替代其进行庄园的日常管理，庄园主作为委托方，需要了解管家对其财产是否进行了有效的管理，需要管家向庄园主汇报，以解除其承担的管理责任。因此，在欧洲的庄园中逐渐出现了管家向庄园主呈交的"述职报告"。述职报告的出现，一方面孕育会计提供财务报告的思路；另一方面也为审计的出现提供了契机。

13世纪以后，随着商业的迅速发展，意大利的一些城市空前繁荣，货币交换、信贷业务增多，从而促使会计得到迅速发展。在佛罗伦萨的银行账簿中，出现以"借主"和"贷主"登记其债权债务的账簿，佛罗伦萨采用的记账方法被称为复式记账的萌芽。14世纪初，热那亚应用的账簿又进一步发展，记账对象除债权、债务外，还包括商品、现金。15世纪初，威尼斯商人又将记账的内容进一步扩展到损益和资本。威尼斯商人的记账方法是借贷记账法的初步发展阶段。

(二) 近代会计

近代会计是以1494年意大利数学家卢卡·帕乔利提出的复式簿记为标志。卢卡·帕乔利在其1494年出版的《算术、几何、比与比例概要》一书中，以"计算与记录详论"为题，系统地介绍了当时流行于意大利的威尼斯复式账簿的基本原理，这被会计界公认为是会计发展史上的里程碑，人们称卢卡·帕乔利为"会计之父"。德国诗人歌德曾赞誉复式簿记为"人类智慧的绝妙创造之一"。

美国会计学家利特尔顿把产生复式记账法的前提条件归纳为七大要素，即文字、算术、私有制、货币、信贷、商业和资本。他认为，当时如果缺少任何一个因素，复式记账的产生几乎是不可能的。

复式簿记首先出现在意大利，随后传播至荷兰、西班牙、葡萄牙，又传入德国、英国、法国等。复式簿记不仅是一种会计记录方法，而且提供了一系列科学的会计学观念，并构建了以日记账、分类账和总账三种账簿为基础的会计制度，更重要的是复式记账法的产生促使资本主义制度的建立。

在近代会计史中，值得提出的是成本会计的产生。19世纪60年代世界产业革命完成以后，随着大工业和大规模经营的发展，为了对生产活动进行监督，为企业经营提供定价和盈利信息，出现了与一般会计分离的生产耗费的核算。1911年，被誉为"科学管理之父"的美国工程师泰罗出版了名著《科学管理原理》，在此之后，如"标准成本"、"差异分析"及"预算控制"之类的概念及方法被引进到会计体系中来，逐步形成了较为科学的成本会计。

(三) 现代会计

现代会计，从时间上看，大约从20世纪50年代开始到现在。由于生产规模的日益社会化和生产技术与经营管理的迅速现代化，在工业发达的西方国家，一方面，电子计算机引进会计领域，促进会计数据处理电算化的应用；另一方面，传统的企业会计学分化为财务会计与管理会计两门相对独立的学科。

1946年美国诞生了第一台电子计算机，20世纪60年代计算机开始在经济计量和管理领域应用，至今，经历了单项会计事项处理到会计综合事项处理阶段，而后又由计算机会计信息系统建设运用发展到计算机会计管理信息系统建设运用阶段。计算机进入会计领域，引起了会计核算与会计管理的革命。

20世纪50年代开始，西方国家由于科学技术突飞猛进和市场竞争日趋激烈，对企业管理提出了新的要求：一方面要求企业的内部管理更加合理化、科学化；另一方面要求企业对外部客观经济情况具有灵活反应和高度适应的能力。为了满足这一需要，管理会计从传统会计中分离出来。1952年世界会计学会年会正式通过了"管理会计"这个名词，由此传统会计分为财务会计和管理会计两个体系。财务会计主要解决对外提供财务报告的问题，管理会计主要解决对内经营决策等问题。

进入20世纪90年代，由于信息技术迅猛发展，世界经济一体化的趋势更加明显，对知识经济的认识日益提高。90年代末，全世界学术界和政界达成共识，21世纪将是知识经济全面发展的时代。因此，面对知识经济的发展，21世纪现代会计将会面临更大的挑战。

综观会计发展的三个历史阶段可以发现：会计的产生是社会发展到一定历史阶段的产物，会计是随着社会生产的发展而发展的，它与社会生产力的发展有着密切的联系。实践证明：经济越发展，会计越重要，会计也越完善。

二、会计的定义

从会计的产生和发展可以看出，会计概念的内涵和外延都随着经济的发展而不断丰富，人们对会计的认识也是逐步发展和加深的，因此，迄今为止，人们对会计还没有一个统一的定义。在借鉴大量研究的基础上，可以将会计的定义概括为：会计是以货币为主要计量单位，采用专门方法和程序，对企业和行政、事业单位的经济活动进行连续、系统、全面和综合的核算和监督，以提供经济信息和反映受托责任履行情况为主要目的的经济管理活动。

从上述定义中可以看出，会计具有以下特点。

1. 会计以货币为主要计量单位

会计从数量方面记录经济活动，可以采用三种量度标准：实物量度、货币量度和劳动量度，但在市场经济条件下，会计记录经济活动的计量标准主要是货币量度，通过价值量的核算来综合反映经济活动的过程和结果。由此可见，会计核算从数量上反映各单位的经济活动，以货币量度为主，兼用实物量度和劳动量度。

2. 会计所反映的数据资料具有连续性、系统性、全面性和综合性

所谓连续性是指对各种经济业务应当按照其发生的时间顺序依次进行确认、计量、记录和报告，不能中断；系统性是指要采用科学的核算方法对会计信息进行加工处理，保证所提供的会计数据资料能够成为一个有序的整体；全面性是指对所有的会计对象都要进行确认、计量、记录和报告，不能遗漏；综合性是指对各单位的各类经济活动，都要利用价值指标加以综合反映。

3. 会计采用专门的方法和程序

为了使会计工作有条不紊地进行，会计采用了一套科学的核算方法。如对原始资料的整理、记账凭证的编制、账簿的登记、财产清查、成本计算和编制财务报告等一系列工作，都有其特有的核算方法，并严格按照规定手续和程序进行。

4. 会计的基本职能是核算和监督

会计核算是通过价值形式对经济活动进行确认、计量和报告的工作。会计监督是依据监

督标准，通过会计的专门方法，对企业、事业等单位的经济活动进行的指导、控制和检查。会计核算和会计监督是相辅相成的，会计核算是会计监督的基础，而会计监督是会计核算的保证。

5. 会计的主要目的是提供经济信息和反映受托责任履行情况

从表面上看，会计的工作主要是对发生的经济业务进行确认、计量、记录和报告，但是对经济业务的确认、计量、记录和报告仅仅是手段，会计的最终目的是通过提供经济信息和反映受托责任履行情况，有助于财务报告使用者作出经济决策。

专栏 1-1　　　　　　　　现代会计的含义

现代会计的含义是什么？可以从不同的侧面对会计进行考察，而表述为不同的认识。

会计离不开计量。它计量经济过程中占用的财产物资和发生的劳动耗费，以货币数量来描述经济过程，评价经济上的得失。会计记录是数字和文字的结合，而文字说明寄托在数量的基础之上。从这一点来看，会计是一种计量的技术。

会计对经济过程中占有财产物资和发生劳动耗费的原始数据进行加工，产生信息，供人们了解和管理经济过程之用。信息是会计工作所产生的结果。从这一点来看，会计是一个信息系统。

会计用货币量度计量和记录财产物资的增减变化，并以变化的结果来评价企业生产和经营的情况。如果是企业会计，会计记录就是要具体地说明获得利润或发生亏损的来龙去脉。企业盈利了，为什么会盈利？它的具体表现是什么？企业亏损了，为什么会发生亏损？损失了哪些财物？会计为此提供了有事实依据的、可以查考的记录。从这一点来看，会计是使经管责任有所着落的手段。

会计的特点是主要用货币量度对经济过程中占用的财产物资和发生的劳动耗费进行系统的计算、记录、分析和检查。计算、记录、分析和检查本身都不是目的，而是会计所用的手段。凭借这些手段，目的是从一个特定的侧面管好一家企业的生产和经营。从这一点来看，会计的本质是管理，会计是一种管理活动。

会计是一种管理活动，表述了会计的本质。

资料来源：娄尔行. 会计审计理论探索. 上海：立信会计出版社，1993.

三、会计的职能

职能是指事物的职责和功能，说明事物能干什么，是对事物行为长期实践的理论概括。会计的职能是由会计的本质特征所决定的、固有的、直接的功能。会计的职能可以有很多，但其基本职能主要有两个，即会计核算与会计监督。

1. 会计核算

会计核算职能，又称反映职能，是指会计以货币为主要计量单位，对特定主体的经济活动进行确认、计量和报告。会计核算贯穿于经济活动的全过程，是会计的首要职能。

我国《会计法》规定，会计核算的主要内容包括：(1) 款项和有价证券的收付；(2) 财物的收发、增减和使用；(3) 债权债务的发生和结算；(4) 资本、基金的增减；(5) 收入、支出、费用、成本的计算；(6) 财务成果的计算和处理；(7) 需要办理会计手续、进行会计核算的其他事项。

会计核算职能的基本特点如下。

① 会计核算主要从价值量上反映各单位的经济活动状况。

② 会计核算具有完整性、连续性和系统性。

③ 会计核算要对各单位经济活动的全过程进行反映。会计核算不仅仅包括对经济活动的事后核算，还应包括事前核算和事中核算。

2. 会计监督

会计监督职能，又称控制职能，是指对特定主体经济活动和相关会计核算的真实性、合法性和合理性进行监督检查。真实性审查是指检查各项会计核算是否根据实际发生的经济业务进行。合法性审查是指检查各项经济业务是否符合国家有关法律法规、遵守财经纪律、执行国家各项方针政策，以杜绝违法乱纪行为。合理性审查是指检查各项财务收支是否符合客观经济规律及经营管理方面的需要，保证各项财务收支符合特定的财务收支计划，实现预算目标。

会计监督职能的基本特点如下。

① 会计监督主要通过价值指标进行，并将会计监督与会计核算结合起来，在会计核算的过程中进行监督。

② 以国家的法律法规、政策、财经纪律和会计信息为依据，对单位的经济活动进行真实性、合法性和合理性监督。

③ 会计监督包括事前、事中和事后监督，以事前监督和事后监督为主，兼顾事中监督。

会计核算和会计监督关系是十分密切的，两者相辅相成。会计核算是会计监督的基础，而会计监督是会计核算的质量保证。两者必须结合起来发挥作用，才能正确、及时、完整地反映经济活动。如果没有可靠的、完整的会计核算资料，会计监督就没有客观依据。反之，只有会计核算，没有会计监督，就难以保证会计核算所提供信息的质量。

核算和监督是会计的基本职能，它可以体现会计的本质特征。20世纪80年代以来，我国会计界对会计的职能有多种表述。概括起来，主要有以下几种不同的观点。一职能说，认为会计的唯一职能是提供信息，会计只有反映的职能。二职能说，根据马克思所说的会计是对"生产过程的控制和观念总结"的说法，认为会计有核算和监督两种职能，《中华人民共和国会计法》就采用这一观点。三职能说，认为会计除了有核算、监督的职能外，还具有参与经济决策的职能。四职能说，认为把会计仅仅理解为记账、算账、报账是不全面和不完整的，还应当综合地考核和分析生产经营活动的经济成果，因此会计有反映、控制、监督和分析四种职能。五职能说，认为会计有反映经济活动、监督经济活动、预测经济前景、参与经济决策和评价经营业绩五项职能。六职能说，认为会计有反映经济活动、分析经济活动、监督经济活动、预测经济前景、参与经济决策和评价经营业绩六项职能。

第二节　会计对象和会计要素

一、会计对象

会计对象是指会计核算和监督的内容。凡是特定对象能够以货币表现的经济活动，都是会计所核算和监督的内容。确切地说，资金运动及其所反映的经营活动或业务活动就是会计对象。由于企业、行政事业等单位在国民经济中所处的地位和作用不同，它们的经济活动的内容和资金运动形式也有较大差异。概括起来，可分为两大类，即企业单位的经济业务和行政事业单位的经济业务。

（一）企业单位的会计对象

1. 工业企业的会计对象

工业企业的会计对象是指工业企业的资金运动。工业企业的资金运动包括资金的投入、资金的循环与周转和资金的退出三部分。

（1）资金的投入　资金的投入包括企业债权人投入的资金和所有者投入的资金两部分。前者属于企业债权人权益——企业负债，后者属于企业所有者权益。投入企业的资金一部分构成流动资产；另一部分构成非流动资产。

（2）资金的循环与周转　工业企业的生产经营过程由采购过程、生产过程、销售过程组成，资金运动要顺序通过这三个过程，周而复始地进行。

采购过程是生产过程的准备过程。在这一过程中企业发生的主要业务是材料的采购和存储，为了保证生产的正常进行，企业要用货币资金购买各种原材料，于是资金由货币资金转化为储备资金。

生产过程既是产品的制造过程，也是物化劳动和活劳动的耗费过程。利用劳动手段将原材料投入生产，引起原材料的消耗，固定资产的折旧、工资的支付和生产费用的支出，使储备资金、部分货币资金和部分固定资金转化为生产资金。

销售过程是产品价值的实现过程。产品完工后，通过销售，取得销售收入，收回货款，成品资金又转化为货币资金。

在三个过程中，货币资金开始依次转化为储备资金、生产资金、成品资金，最后又回到货币资金，称为资金的循环。资金不断的循环叫做资金的周转。

（3）资金的退出　处于周转中的资金有时会离开周转，退出企业。如归还银行借款、支付利息、向国家上缴税金以及向所有者分配利润等，资金退出企业，不再参加周转。

工业企业的资金运动如图1-1所示。

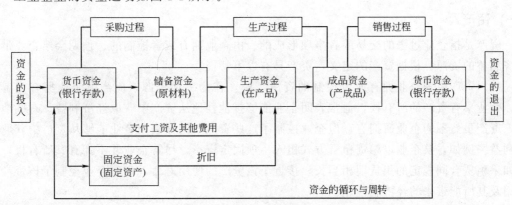

图1-1　工业企业的资金运动

2. 商品流通企业的会计对象

商品流通企业的会计对象是商品流通企业的资金运动。商品流通企业的经济业务是商品流转，其经营过程主要有购进和销售两个阶段。在商品购进阶段，用货币购买商品，货币资金转化为商品资金；在商品销售阶段，销售商品，取得销售收入，商品资金又转化为货币资金，最终实现商品的价值。商品流通企业的资金运动如图1-2所示。

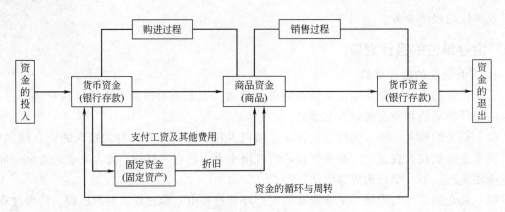

图 1-2 商品流通企业的资金运动

(二) 行政事业单位的会计对象

行政事业单位是行政单位和事业单位的总称。行政单位是人民行使国家权力、管理国家事务，进行各项行政管理的机关，它包括国家权力机关、国家行政机关、司法检察等。事业单位是为生产建设和改善人们生活服务的单位，它包括文化、教育、科学、卫生等。一般来说，行政事业单位是非物资生产部门，不直接从事物质产品的生产和销售。但是它们在履行职责时，必须有一定数量的财产物资，这些财产物资的货币表现称为预算资金。

行政事业单位的会计对象是行政事业单位发生的预算收入和预算支出。

二、会计要素

会计要素又叫会计对象要素，它是指对会计对象按经济业务的性质所作的分类，是会计对象的具体化，是会计用于反映企业财务状况、确定经营成果的基本单位。我国《企业会计准则——基本准则》将会计要素分为资产、负债、所有者权益、收入、费用和利润。

(一) 资产

资产是指企业过去的交易或者事项形成的、由企业拥有或者控制的、预期会给企业带来经济利益的资源。根据资产的定义，资产具有以下特征。

(1) 资产应为企业拥有或者控制的资源　资产作为一项资源，应当由企业拥有或者控制。企业享有资产的所有权，通常表明企业能够排他性地从资产中获取经济利益。有些情况下，资产虽然不为企业所拥有，但企业控制了这些资产，同样表明企业能够从资产中获取经济利益。例如，某企业以融资租赁方式租入一项固定资产，尽管企业并不拥有其所有权，但是如果租赁合同规定的租赁期相当长，接近于该资产的使用寿命，表明企业控制了该资产的使用及其所能带来的经济利益。

(2) 资产预期会给企业带来经济利益　资产预期会给企业带来经济利益，是指资产直接或者间接导致现金和现金等价物流入企业的潜力。资产预期能否会为企业带来经济利益是资产的重要特征。例如，企业采购的原材料、购置的固定资产等可以用于生产经营过程，制造产品或者提供劳务，对外出售后收回货款，货款即为企业所获得的经济利益。如果某一项目预期不能给企业带来经济利益，那么就不能将其确认为企业的资产。

(3) 资产是由企业过去的交易或者事项形成的　过去的交易或者事项包括购买、生产、建造行为等。企业预期在未来发生的交易或者事项不形成资产，例如，企业有购买某项存货的意愿或者计划，但是购买行为尚未发生，就不符合资产的定义，不能确认为资产。

这里需要解释一下，交易或事项是会计术语，交易指两个或两个主体之间基于市场交换而使经济资源或资源产权发生变动的行为，比如商品的买卖。事项指并非基于交换但也能使经济资源或资源产权变化的活动，例如单方面捐赠资产，在企业内部把材料加工为产品。

企业的资产按流动性，分为流动资产和非流动资产。

(1) 流动资产　流动资产指可以在 1 年内（含 1 年）或者超过 1 年的一个营业周期内变现、出售或耗用的资产。变现一般针对应收账款等而言，指将资产变为现金；出售一般针对产品等存货而言；耗用一般指将存货（如原材料）转变成另一种形态（如产成品）。所谓营业周期，是指企业自投入货币，通过购买材料，加工生产，制成产成品，再将产品销售出去，最后收回货款的过程。正常营业周期通常短于 1 年，在 1 年内有几个营业周期。但是，也存在正常营业周期长于 1 年的情况，如房地产开发企业开发用于出售的房地产开发产品，造船企业制造的用于出售的大型船只等，营业周期往往超过 1 年，但仍应作为流动资产。

流动资产通常包括库存现金、银行存款、交易性金融资产、应收票据、应收账款、存货等。

① 库存现金　库存现金是指现金出纳员保管的，包括纸币和硬币在内的货币资金。库存现金是流动性最强的流动资产，可以用来购买财产物资，偿还债务，支付各种费用，也可以随时存入银行。

② 银行存款　银行存款是指企业存放在银行或其他金融机构的各种货币资金。

③ 交易性金融资产　交易性金融资产是指企业为交易目的所持有的债券、股票、基金等有价证券。

④ 应收票据　应收票据是指因销售商品、提供劳务等而收到的商业汇票，包括银行承兑汇票和商业承兑汇票。

⑤ 应收账款　应收账款是指企业因销售商品、提供劳务等经营活动应收取的款项。

⑥ 存货　存货是指企业在日常活动中持有以备出售的产成品或商品、处在生产过程中的在产品、在生产过程或提供劳务过程中耗用的材料、物料等。

(2) 非流动资产　非流动资产是指除上述流动资产以外的所有其他资产。主要包括长期股权投资、固定资产、无形资产等。

① 长期股权投资　长期股权投资是指企业为了达到控制某企业或者对某企业施加影响，以获取较大经济利益为目的，通过企业合并或者其他方式而获取被投资单位的股份，并长期持有的权益性投资。

② 固定资产　固定资产是指企业为生产产品、提供劳务、出租或经营管理而持有的，使用寿命超过一个会计年度的有形资产，包括房屋、建筑物、机器、机械、运输工具以及其他与生产、经营有关的设备、器具、工具等。

③ 无形资产　无形资产是指企业拥有或者控制的、没有实物形态的、可辨认非货币性资产，包括专利权、非专利技术、商标权、著作权、土地使用权、特许权等。企业自创商誉由于无法与企业自身分离，不具有可辨认性，不属于无形资产。

(二) 负债

负债是指企业过去的交易或者事项形成的，预期会导致经济利益流出企业的现时义务。根据负债的定义，负债具有以下特征。

（1）负债是企业承担的现时义务　负债必须是企业承担的现时义务，这是负债的一个基本特征。未来发生的交易或者事项形成的义务，不属于现时义务，不应当确认为负债。这里所指的义务可以是法定义务，也可以是推定义务。其中法定义务是指具有法律约束力的合同或者法律法规规定的义务，通常必须依法执行。例如，企业购买原材料形成应付账款，企业向银行借入款项形成借款，企业按照税法规定应当交纳的税款等，均属于企业承担的法定义务，需要依法予以偿还。推定义务是指根据企业多年来的习惯做法、公开的承诺或者公开宣布的政策而导致企业将承担的责任，这些责任也使有关各方形成了企业将履行义务、解脱责任的合理预期。

（2）负债预期会导致经济利益流出企业　只有企业在履行义务时会导致经济利益流出企业的，才符合负债的定义，如果不会导致企业经济利益流出，就不符合负债的定义。在履行现时义务清偿负债时，导致经济利益流出企业的形式多种多样，例如用现金偿还或以实物资产形式偿还；以提供劳务形式偿还等。

（3）负债是由企业过去的交易或者事项形成的　只有过去的交易或者事项才形成负债，企业将在未来发生的承诺、签订的合同等交易或者事项，不形成负债。

企业的负债按其流动性，分为流动负债和非流动负债。

（1）流动负债　流动负债是指将在1年（含1年）或者超过1年的一个营业周期内偿还的债务，主要包括短期借款、应付票据、应付账款、预收账款、应付职工薪酬、应交税费等。

① 短期借款　短期借款是指企业向银行或其他金融机构等借入的期限在1年以下（含1年）的各种借款。

② 应付票据　应付票据是指企业购买材料、商品和接受劳务供应等开出、承兑的商业汇票，包括银行承兑汇票和商业承兑汇票。

③ 应付账款　应付账款是指企业因购买材料、商品和接受劳务等经营活动应支付的款项。

④ 预收账款　预收账款是指企业按照合同规定预收的款项。

⑤ 应付职工薪酬　应付职工薪酬是指企业根据有关规定应付给职工的各种薪酬，包括向职工支付工资、奖金、津贴、福利费；用于工会活动和职工培训的工会经费和职工教育经费；以及按照国家有关规定缴纳社会保险费和住房公积金等。

⑥ 应交税费　应交税费是指企业按照税法等规定计算应交纳的各种税费，包括增值税、消费税、所得税、资源税、土地增值税、城市维护建设税、房产税、土地使用税、车船使用税、教育费附加、矿产资源补偿费等。

（2）非流动负债　非流动负债是指将在1年或者超过一个营业周期以上偿还的债务，主要包括长期借款、应付债券、长期应付款等。

① 长期借款　长期借款是指企业向银行或其他金融机构借入的期限在1年以上（不含1年）的各项借款。

② 应付债券　应付债券是指企业为筹集长期资金而发行的、约定偿还期在1年以上的各种债券。

③ 长期应付款　长期应付款是指企业除长期借款和应付债券以外的其他各种长期应付款项，包括应付融资租入固定资产的租赁费、以分期付款方式购入固定资产等发生的应付款项等。

> **专栏 1-2　　　　　　　　资产与负债的区别**
>
> 　　《富爸爸穷爸爸》的作者罗伯特·清崎说:"会计可能是世界上最乏味的学科了,也可能是最让人弄不明白的学科。但如果你想长期富有,它又可能是最重要的学科。"会计之所以被认为是"最乏味的学科",一个重要原因是会计语言晦涩难懂,会计里有许多专业词汇,让人望而生畏。
>
> 　　伽利略说,如果不学会宇宙的语言,人类就无法了解宇宙。自然科学家把宇宙的语言定义为数学。对于商业活动来说,国际通用的商业语言就是会计。然而,现实中这种通用的语言并不真的通用,比如很多人不明白资产和负债的区别。
>
> 　　在会计上,资产和负债都有严格的定义,但是这些定义对初学者来说,理解起来有一定难度,不妨简化一下,用更通俗的语言来表达。
>
> 　　资产是能把钱放进你口袋里的东西。
>
> 　　负债是把钱从你口袋里取走的东西。
>
> 　　一般人认为财产是资产,如果用上述简化的概念来分析,财产和资产是不同的两个概念。财产可以变成资产,也可以变成负债。比如说,房子可能是资产,也可能是负债,关键看你如何管理它。如果房子用于出租,租金流到你的口袋,带来了经济利益,那么,房子就是资产;如果房子用于自住,不仅不能带来收入,反而需要交纳物业管理费,钱从口袋里流出去,而且是单向地流出,在这种情况下,房屋就变成了你的负债。如果你理解了资产和负债的真正意义,就会明白,为什么过去在农村里,母鸡是资产,而公鸡算是负债。

(三) 所有者权益

所有者权益是指企业资产扣除负债后由所有者享有的剩余权益。所有者权益是所有者对企业资产的剩余索取权,它是企业资产中扣除债权人权益后应由所有者享有的部分,因此所有者权益又称为净资产。

由于企业组织形式不同,所有者权益有不同的名称。在我国,股份制公司的所有者权益称为股东权益,非股份制公司统称为所有者权益。

所有者权益的来源包括所有者投入的资本、直接计入所有者权益的利得和损失、留存收益等。

所有者投入的资本,是指所有者投入企业的资本部分,它包括构成企业注册资本或者股本部分的金额,也包括投入资本超过注册资本或者股本部分的金额,即资本公积。

直接计入所有者权益的利得和损失,是指不应计入当期损益、会导致所有者权益发生增减变动的、与所有者投入资本或者向所有者分配利润无关的利得或者损失。其中,利得是指由企业非日常活动所形成的、会导致所有者权益增加的、与所有者投入资本无关的经济利益的流入,利得包括直接计入所有者权益的利得和直接计入当期利润的利得。损失是指由企业非日常活动所发生的、会导致所有者权益减少的、与向所有者分配利润无关的经济利益的流出,损失包括直接计入所有者权益的损失和直接计入当期利润的损失。

留存收益是企业历年实现的净利润留存于企业的部分,主要包括累计计提的盈余公积和未分配利润。

所有者权益与负债有本质不同。负债是企业承担的经济责任，负有到期偿还的义务，而所有者权益在一般情况下企业不需要归还其投资者；企业使用负债所形成的资金通常需要支付报酬，如借款利息支出等，而企业使用所有者权益所形成的资金没有约定需要支付费用；在企业清算时，负债拥有优先清偿权，而所有者权益则只有清偿所有的负债后，才返还给投资者；负债不能参与利润分配，只能按照约定的条件取得利息收入，而所有者权益中的资本部分则可以参与企业实现利润的分配。

（四）收入

收入是指企业在日常活动中形成的、会导致所有者权益增加的、与所有者投入资本无关的经济利益的总流入。根据收入的定义，收入具有以下特征。

（1）收入是企业在日常活动中形成的　日常活动是指企业为完成其经营目标所从事的经常性活动以及与之相关的活动。例如，工业企业制造并销售产品、商业企业销售商品、咨询公司提供咨询服务等，均属于企业的日常活动。明确界定日常活动是为了将收入与利得相区分，日常活动是确认收入的重要判断标准，凡是日常活动所形成的经济利益的流入都应当确认为收入；反之，非日常活动所形成的经济利益的流入不能确认为收入，而应当计入利得。比如，处置固定资产属于非日常活动，所形成的净利益就不应确认为收入，而应当确认为利得。再如，无形资产出租所取得的租金收入属于日常活动所形成的，应当确认为收入。

（2）收入会导致所有者权益的增加　与收入相关的经济利益的流入应当会导致所有者权益的增加，不会导致所有者权益增加的经济利益的流入不符合收入的定义，不应确认为收入。例如，企业向银行借入款项，尽管也导致了企业经济利益的流入，但该流入并不导致所有者权益的增加，而使企业承担了一项现时义务。不应将其确认为收入，应当确认为一项负债。

（3）收入是与所有者投入资本无关的经济利益的总流入　收入应当会导致经济利益的流入，从而导致资产的增加。例如，企业销售商品，应当收到现金或者在未来有权收到现金，才表明该交易符合收入的定义。但是，经济利益的流入有时是所有者投入资本的增加所致，所有者投入资本的增加不应当确认为收入，应当将其直接确认为所有者权益。

企业的收入按照经营业务的主次，分为主营业务收入和其他业务收入。

① 主营业务收入　主营业务收入是指企业在销售商品、提供劳务及让渡资产使用权等日常活动中所产生的收入。主营业务收入的内容根据企业所在的行业决定，如工业制造企业为产品销售收入，商品流通企业为商品销售收入，建筑工程企业为建造合同收入，旅游餐饮行业则为营业收入。

② 其他业务收入　其他业务收入是指企业主营业务收入以外的所有通过销售商品、提供劳务收入及让渡资产使用权等日常活动中所形成的经济利益的流入，如材料销售、代购代销、包装物出租等收入。

（五）费用

费用是指企业在日常活动中发生的、会导致所有者权益减少的、与向所有者分配利润无关的经济利益的总流出。根据费用的定义，费用具有以下特征。

（1）费用是企业在日常活动中形成的　费用必须是企业在其日常活动中所形成的，这些日常活动的界定与收入定义中涉及的日常活动的界定相一致。因日常活动所产生的费用通常包括营业成本、管理费用等。将费用界定为日常活动所形成的，目的是为了将其与损失相区分，企业非日常活动所形成的经济利益的流出不能确认为费用，而应当计入损失。

(2) 费用会导致所有者权益的减少　与费用相关的经济利益的流出应当会导致所有者权益的减少，不会导致所有者权益减少的经济利益的流出不符合费用的定义，不应确认为费用。

(3) 费用是与向所有者分配利润无关的经济利益的总流出　费用的发生应当会导致经济利益的流出，从而导致资产的减少或者负债的增加（最终也会导致资产的减少）。其表现形式包括现金或者现金等价物的流出，存货、固定资产和无形资产等的流出或者消耗等。企业向所有者分配利润也会导致经济利益的流出，而该经济利益的流出属于投资者投资回报的分配，是所有者权益的直接抵减项目，不应确认为费用。

费用按照其功能分类，分为生产费用和期间费用。

① 生产费用　生产费用是指能够予以对象化的部分，它主要包括直接材料、直接人工和制造费用。

② 期间费用　期间费用是指不易予以对象化的部分，不计入成本而直接计入当期损益，包括管理费用、销售费用和财务费用。

（六）利润

利润是指企业在一定会计期间的经营成果。利润包括收入减去费用后的净额、直接计入当期利润的利得和损失等。收入减去费用后的净额反映企业日常活动的经营业绩，直接计入当期利润的利得和损失反映企业非日常活动的业绩。

直接计入当期利润的利得和损失，是指应当计入当期损益、最终会引起所有者权益发生增减变动的、与所有者投入资本或者向所有者分配利润无关的利得或者损失，如营业外收入和营业外支出。

利润金额取决于收入、费用、直接计入当期利润的利得和损失的计量。

综上所述，在会计要素中，资产居于核心地位，其他五个要素都与它有关联，比如，负债是负资产，所有者权益是资产减去负债的净资产，收入使净资产增加，费用使净资产减少，利润是收入减去费用的纯收入。

会计要素的分类总结如图1-3所示。

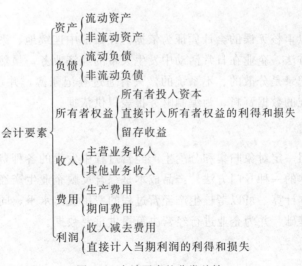

图1-3　会计要素的分类总结

第三节 会计核算方法

会计方法是指从事会计工作所使用的各种技术方法，一般包括会计核算方法、会计分析方法和会计检查方法。其中会计核算方法是会计方法中最基本的方法，会计分析是会计核算的继续和发展，而会计监督是会计不可或缺的部分。本节主要介绍会计核算方法。

会计核算方法是对会计对象进行核算的手段，它主要包括下列专门方法：设置账户、复式记账、填制和审核会计凭证、登记账簿、成本计算、财产清查和编制财务报告。

一、设置账户

设置账户是对会计核算的具体内容进行分类核算和监督的一种专门方法。由于会计对象的具体内容是复杂多样的，要对其进行系统地核算和经常性监督，就必须对经济业务进行科学的分类，以便分门别类地、连续地记录，据以取得多种不同性质、符合经营管理所需要的信息和指标。

二、复式记账

复式记账是指对所发生的每项经济业务，以相等的金额，同时在两个或两个以上相互联系的账户中进行登记的一种记账方法。采用复式记账方法，可以全面反映每一笔经济业务的来龙去脉，而且可以防止差错和便于检查账簿记录的正确性与完整性，是一种比较科学的记账方法。

三、填制和审核会计凭证

会计凭证是记录经济业务、明确经济责任、作为记账依据的书面证明。对于每一项经济业务都要按照实际完成情况填制凭证，会计部门要对会计凭证认真审核，只有经过审核无误的凭证，才能作为登记账簿的依据。由此可见，正确填制和审核会计凭证，是核算和监督经济活动的基础，是做好会计工作的前提。

四、登记账簿

登记账簿是指以审核无误的会计凭证为依据，在账簿中连续地、系统地、完整地记录经济业务的一种专门方法。企业在日常活动中发生大量的经济业务，虽然已经在会计凭证中进行记录，但是这种记录是分散的、不系统的，只有通过登记账簿，并定期进行对账、结账，才能提供完整、系统的数据资料，为编制财务报表提供依据。

五、成本计算

成本计算是按照一定对象归集和分配生产经营过程中发生的各种费用，以便确定各对象的总成本和单位成本的一种专门方法。产品成本是综合反映企业生产经营活动的一项重要指标。正确地进行成本计算，可以考核生产经营过程的费用支出水平，同时又是确定企业盈亏和制定产品价格的基础，并为企业进行经营决策提供重要数据。

六、财产清查

财产清查是指通过对各项财产实物、库存现金的实地盘点以及对银行存款、往来款项的核对，查明各项财产物资、货币资金、往来款项的实存数和账面数是否相符的一种会计核算方法。通过财产清查，可以提高会计记录的正确性，保证账实相符。同时，还可以查明各项财产物资的保管和使用情况以及各种结算款项的执行情况，以便对积压或损毁的物资和逾期未收到的款项及时采取措施，进行清理和加强对财产物资的管理。

七、编制财务报告

编制财务报告是定期向财务报告使用者提供与企业财务状况、经营成果和现金流量等有关的信息，反映企业管理层受托责任履行情况的一种专门方法。财务报告主要包括财务报表和财务报表附注。财务报表主要以账簿中的记录为依据，经过一定形式的加工整理而产生一套完整的核算指标。财务报表附注是为了帮助财务报表使用者理解财务报表的内容而对财务报表的编制基础、编制依据、编制原则和方法及主要项目等所作的解释。

以上七种会计核算的方法，不是孤立的，而是相互联系，相互依存，彼此制约的，它们构成了一个完整的方法体系。会计核算方法体系如图 1-4 所示。

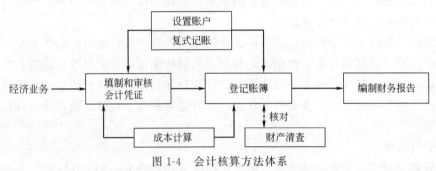

图 1-4　会计核算方法体系

在会计核算工作中，不仅要理解这些核算方法，而且要按照一定顺序，相互配合，综合地运用这些核算方法。这些核算方法相互配合运用的程序是：

① 根据企业发生的经济业务，填制和审核会计凭证；
② 设置账户对经济业务进行分类核算，并运用复式记账法在有关会计账簿中进行登记；
③ 对生产经营过程中各种费用进行成本计算；
④ 对账簿记录通过财产清查加以核实，保证账实相符；
⑤ 期末，在账证、账账、账实相符的基础上，根据账簿记录资料和其他资料，编制财务报告。

第四节　会计基本假设与会计基础

一、会计基本假设

会计所处的社会经济环境极为复杂，要使会计核算工作具有一定的稳定性和规律性，必须对会计工作提出一定的前提条件，即作出某些假设，从而使会计工作处于一个相对稳定的、比较理想的环境中。

会计基本假设又称会计基本前提，它是企业会计确认、计量和报告的前提，是对会计核算所处时间、空间环境等所作的合理设定。会计基本假设包括会计主体、持续经营、会计分期和货币计量。

（1）会计主体

会计主体是指会计人员为其服务的特定单位，它为企业会计核算界定了空间范围。在会计主体假设下，企业应当对其本身发生的交易或者事项进行会计核算，反映企业本身所从事的各项生产经营活动。那些不影响企业本身经济利益的各项交易或事项则不能加以核算。

会计主体不同于法律主体。一般来说，法律主体通常是一个会计主体。例如，一个企业作为一个法律主体，应当建立财务会计系统，独立反映其财务状况、经营成果和现金流量。但是，会计主体不一定是法律主体，即会计主体可以是独立法人，也可以不是法人。例如，企业集团中的母公司拥有若干子公司，母公司、子公司虽然是不同的法律主体，但是母公司对子公司拥有控制权，为了全面反映企业集团的财务状况、经营成果和现金流量，有必要将企业集团作为一个会计主体，编制合并财务报表，在这种情况下，尽管企业集团不属于法律主体，但它却是会计主体。

（2）持续经营

持续经营是指在可以预见的将来，企业将会按当前的规模和状态继续经营下去，不会停业，也不会大规模削减业务。即在可预见的未来，会计主体不会破产清算，所持有的资产将正常营运，所负有的债务将正常偿还。

在持续经营假设下，会计核算应当以企业持续、正常的生产经营活动为前提。比如持续经营为资产按照计量基础计量、费用定期分配，负债按期偿还等提供理论依据。如果一个企业在不能持续经营时就应当停止使用这个假设，否则如仍按持续经营假设选择会计核算原则与方法，就不能客观地反映企业的财务状况、经营成果和现金流量，会误导会计信息使用者的经济决策。

（3）会计分期

会计分期是指将一个企业持续经营的生产经营活动划分为一个个连续的、长短相同的期间。会计分期的目的，在于通过会计期间的划分，将持续经营的生产经营活动划分成连续、相等的期间，据以结算盈亏，按期编制财务报告，从而及时向财务报告使用者提供有关企业财务状况、经营成果和现金流量的信息。

根据持续经营假设，一个企业将按当前的规模和状态持续经营下去。但是，无论是企业的生产经营决策还是投资者、债权人等的决策都需要及时的信息，需要将企业持续的生产经营活动划分为一个个连续的、长短相同的期间，分期确认、计量和报告企业的财务状况、经营成果和现金流量。

由于有了会计分期假设，才产生了本期与非本期的概念，才产生了权责发生制和收付实现制两种会计基础，出现了应收、应付、预收、预付、折旧、摊销等会计处理方法。

在会计分期假设下，企业应当划分会计期间，分期结算账目和编制财务报告。会计期间通常分为年度和中期。在我国，会计年度自公历1月1日起至12月31日止，中期是指短于一个完整的会计年度的报告期间，如半年度、季度和月度。

（4）货币计量

货币计量是指会计主体在会计确认、计量和报告时以货币作为计量尺度，反映会计主体的生产经营活动。

在会计的确认、计量和报告过程中之所以选择货币为基础进行计量，是由货币的本身属性决定的。货币是商品的一般等价物，是衡量一般商品价值的共同尺度，具有价值尺度、流通手段、贮藏手段和支付手段等特点。其他计量单位，比如重量、长度等，只能从一个侧面反映企业的生产经营情况，无法在量上进行汇总比较，不便于会计计量和经营管理，只有选择货币这一共同尺度进行计量，才能全面反映企业的生产经营情况。所以，会计确认、计量和报告选择货币作为计量单位。

在我国,企业通常以人民币为记账本位币。业务收支以人民币以外的货币为主的企业,可以选定其中一种货币作为记账本位币,但是编制的财务报告应当折算为人民币反映。在境外设立的中国企业向国内报送的财务报告,也应当折算为人民币反映。

上述会计核算的四项基本假设具有相互依存、相互补充的关系。会计主体确立了会计核算的空间范围,持续经营与会计分期确立了会计核算的时间长度,而货币计量则为会计核算提供了必要手段。没有会计主体,就不会有持续经营;没有持续经营,就不会有会计分期;没有货币计量,就不会有现代会计。

> **专栏 1-3　　　　　　　　世界各国的会计年度**
>
> 1. 采用历年制(1~12月)的有:中国、奥地利、比利时、保加利亚、捷克、斯洛伐克、芬兰、德国、希腊、匈牙利、冰岛、爱尔兰、挪威、波兰、葡萄牙、罗马尼亚、西班牙、瑞士、俄罗斯、白俄罗斯、乌克兰、墨西哥、哥斯达黎加、多米尼加、萨尔瓦多、危地马拉、巴拉圭、洪都拉斯、秘鲁、巴拿马、玻利维亚、巴西、智利、哥伦比亚、厄瓜多尔、塞浦路斯、约旦、朝鲜、马来西亚、阿曼、阿尔及利亚、叙利亚、中非帝国、象牙海岸、利比里亚、利比亚、卢旺达、塞内加尔、索马里、多哥、赞比亚等。
> 2. 采用4月至次年3月制的有:丹麦、加拿大、英国、印度、印度尼西亚、伊拉克、日本、科威特、新加坡、尼日利亚等。
> 3. 采用7月至次年6月制的有:瑞典、澳大利亚、孟加拉国、巴基斯坦、菲律宾、埃及、冈比亚、加纳、肯尼亚、毛里求斯、苏丹、坦桑尼亚等。
> 4. 采用10月至次年9月制的有:美国、海地、缅甸、泰国、斯里兰卡等。
> 5. 其他类型。
> 阿富汗、伊朗:3月21日至次年3月20日。
> 尼泊尔:7月16日至次年7月15日。
> 土耳其:3月至次年2月。
> 埃塞俄比亚:7月8日至次年7月7日。
> 阿根廷:11月至次年的10月。
> 卢森堡:5月至次年4月。
> 沙特阿拉伯:10月15日至次年10月14日。

二、会计基础

会计基础是指会计确认、计量和报告的基础,是确认一定会计期间的收入和费用,从而确定损益的标准。会计基础包括权责发生制和收付实现制。

(1)权责发生制

权责发生制又称应计制,它是以取得收取款项的权利或支付款项的义务为标志来确定本期收入和费用的会计核算基础。也就是说,凡是当期已经实现的收入和已经发生的或应当负担的费用,不论款项是否收付,都应当作为当期的收入和费用;凡是不属于当期的收入和费用,即使款项已在当期收付,也不应当作为当期的收入和费用。

在实务中,企业交易或者事项的发生时间与相关货币收支时间有时并不完全一致。例如，款项已经收到，但销售并未实现；或者款项已经支付，但并不是为本期生产经营活动而发生的。为了更加真实、公允地反映特定会计期间的财务状况和经营成果，企业在会计确认、计量和报告中应当以权责发生制为基础。

在我国，遵循现行会计准则的要求，企业和其他具有营利性质的组织和机构的会计核算采用权责发生制。

（2）收付实现制

收付实现制又称现金制，它是以现金的实际收付为标志来确定本期收入和支出的会计核算基础。也就是说，凡在当期实际收到的现金收入和支出，均应作为当期的收入和支出；凡是不属于当期的现金收入和支出，均不应当作为当期的收入和支出。

在我国，政府会计由预算会计和财务会计构成。其中预算会计采用收付实现制，国务院另有规定的，依照其规定；财务会计采用权责发生制。事业单位会计除经营业务可以采用权责发生制外，其他大部分业务采用收付实现制。

【例1-1】 安顺公司20×7年1月份发生下列经济业务（不考虑相关税费）。

（1）销售一批产品，货款4 000元当即存入银行。
（2）销售一批产品，货款10 000元尚未收到。
（3）预付下季度保险费1 800元。
（4）收到上月份的应收销货款6 000元。
（5）收到购货单位预付的购货款7 000元，下月交货。
（6）支付本月应负担的办公费1 000元。
（7）负担上季度已经预付的保险费600元。
（8）支付上月份电费3 000元。

权责发生制下计算的会计利润与收付实现制下计算的现金收益见表1-1。

表1-1 权责发生制下计算的会计利润与收付实现制下计算的现金收益 单位：元

项目	收入		费用		本期收益
权责发生制	收到本月销售收入	4 000	本月应负担办公费	1 000	12 400（会计利润）
	应收本月销售收入	10 000	本月应负担保险费	600	
	收入小计	14 000	费用小计	1 600	
收付实现制	收到本月销售收入	4 000	预付下季度保险费	1 800	11 200（现金收益）
	收到上月应收销货款	6 000	支付本月办公费	1 000	
	收到客户预付款	7 000	支付上月份电费	3 000	
	收入小计	17 000	费用小计	5 800	

专栏1-4　　　　　　　　　　收入不等于现金

这是一段关于收入概念的苏格拉底式对话。

"什么是收入？"

这个问题太简单了，答案随口就来："收入不就是指已经收进来的钱吗！"

"所有收进来的钱都是收入吗？"

"当然是。"

"借来的钱呢？"

"借来的钱不是，借来的钱是要还的。"

"对,借款是负债。如果销售合同刚签完,客户预先支付的定金,或者说您的预收款呢?"

"当然算收入。钱都收进来了呀。"

"但那不是你的钱呀。预收款的性质也是负债,因为产品或者服务还没有提供给客户。"

"那它就不算收入?"

"只能称为未实现的收入。公司为了使客户有100%的满意度,允许客户有退货的权利,这时收进来的钱能算收入吗?"

"如果可以退货,那就不应该算收入。"

"可见,不是所有收进来的钱都是收入。另外,没有收进来的钱能算收入吗?"

"没有收进来的钱当然不能算收入。"

"对客户的应收账款呢?按照合同,产品或服务提供给了客户,如果客户不付款,你可以上法庭起诉。"

"追讨应收款是公司的权利,应该是收入。"

"这么说,这些没有收进来的钱也能算收入?"

"是的。"

"如果对方的信用很不稳定,应收账款收不回来,或者即使官司打赢了,客户根本没有能力付款,这时候的应收账款能记录成收入吗?"

"……好像不能。"

"那么,到底什么是收入?"

这种对话经常发生在会计人员与非会计人员之间。收入似乎是一个人人都熟悉的概念,但似乎又不甚了了。在会计上,收入有严格的定义,我国《企业会计准则——基本准则》规定:收入是指企业在日常活动中形成的、会导致所有者权益增加、与所有者投入资本无关的经济利益的总流入。所有者权益是资产减去负债的净资产,现金只是资产的一部分,因此,现金可以是收入,也可以不是收入,收入可以是现金,也可以不是现金。

现金和收入是两个不同的概念。这背后代表的是两种记账基础(收付实现制和权责发生制)的区别,会计上的收入是建立在权责发生制基础上的。

资料来源:钟文庆.我的财智影院.北京:商务印书馆,2007.

第五节 会计信息质量要求

我们知道产品应该有质量标准,如果不符合既定的产品质量标准,这些产品就不能为其消费者带来应有的效益,就不应该在市场上销售和流通。同理,会计信息为了满足使用者的要求,也必须达到会计信息质量要求。会计信息质量要求是对企业财务报告中所提供会计信息质量的基本要求,是使财务报告所提供的会计信息对投资者等信息使用者决策有用应具备的基本特征,根据我国《企业会计准则——基本准则》规定,会计信息质量要求包括可靠性、相关性、可理解性、可比性、实质重于形式、重要性、谨慎性和及时性等。

(1)可靠性

可靠性要求企业应当以实际发生的交易或者事项为依据进行确认、计量和报告,如实反映符合确认和计量要求的各项会计要素及其他相关信息，保证会计信息真实可靠、内容完整。可靠性是高质量会计信息的重要基础和关键所在，如果企业以虚假的经济业务进行确认、计量和报告，属于违法行为，不仅会严重损害会计信息质量，而且会误导投资者，干扰资本市场，导致会计秩序混乱。

（2）相关性

相关性要求企业提供的会计信息应当与投资者等财务报告使用者的经济决策需要相关，有助于投资者等财务报告使用者对企业过去、现在或者未来的情况作出评价或者预测。

相关的会计信息应当能够有助于使用者评价企业过去的决策，证实或者修正过去的有关预测，因而具有反馈价值。相关的会计信息还应当具有预测价值，有助于使用者根据财务报告所提供的会计信息预测企业未来的财务状况、经营成果和现金流量。

会计信息质量的相关性要求，以可靠性为基础的，两者之间是统一的，并不矛盾，不应将两者对立起来。也就是说，会计信息在可靠性前提下，尽可能地做到相关性，以满足投资者等财务报告使用者的决策需要。

（3）可理解性

可理解性要求企业提供的会计信息应当清晰明了，便于投资者等财务报告使用者理解和使用。企业编制财务报告、提供会计信息的目的在于使用，而要让使用者有效使用会计信息，应当能让其了解会计信息的内涵，弄懂会计信息的内容，这就要求财务报告所提供的会计信息应当清晰明了，易于理解。

会计信息是一种专业性较强的信息产品，在强调会计信息的可理解性要求的同时，还应假定使用者具有一定的有关企业经营活动和会计方面的知识。对于某些复杂的信息，如交易本身较为复杂或者会计处理较为复杂，若其与使用者的经济决策相关，企业就应当在财务报告中予以充分披露。

（4）可比性

可比性要求企业提供的会计信息应当相互可比。这主要包括两层含义。

① 同一企业不同时期可比。会计信息质量的可比性要求同一企业不同时期发生的相同或者相似的交易或者事项，应当采用一致的会计政策，不得随意变更。但是，满足会计信息可比性要求，并非表明企业不得变更会计政策，如果按照规定或者在会计政策变更后可以提供更可靠、更相关的会计信息，可以变更会计政策。有关会计政策变更的情况，应当在附注中予以说明。

② 不同企业相同会计期间可比。会计信息质量的可比性要求不同企业同一会计期间发生的相同或者相似的交易或者事项，应当采用统一规定的会计政策，确保会计信息口径一致、相互可比，以使不同企业按照一致的确认、计量和报告要求提供有关会计信息。

（5）实质重于形式

实质重于形式要求企业应当按照交易或者事项的经济实质进行会计确认、计量和报告，不仅仅以交易或者事项的法律形式为依据。

企业发生的交易或事项在多数情况下其经济实质和法律形式是一致的，但在有些情况下也会出现不一致。例如，以融资租赁的形式租入的固定资产，虽然从法律形式来讲企业并不拥有其所有权，但是由于租赁合同中规定的租赁期相当长，接近于该资产的使用寿命；租赁期结束时承租企业有优先购买的选择权，在租赁期内承租企业有权支配资产并从中受益。所以，从实质上看，企业控制了该项资产的使用权及受益权。所以在会计确认、计量和报告时应当将融资租赁的固定资产视为企业的资产。

(6) 重要性

重要性要求企业提供的会计信息应当反映与企业财务状况、经营成果和现金流量有关的所有重要交易或者事项。

财务报告中提供的会计信息的省略或者错报，如果会影响投资者等使用者据此作出决策的，该信息就具有重要性。重要性的应用需要依赖职业判断，企业应当根据其所处环境和实际情况，从项目的性质和金额大小两方面加以判断。例如，企业发生的某些支出，金额较小的，从支出受益期来看，可能需要若干会计期间进行分摊，但根据重要性要求，可以一次计入当期损益。

(7) 谨慎性

谨慎性要求企业对交易或者事项进行会计确认、计量和报告时保持应有的谨慎，不应高估资产或者收益、低估负债或者费用。

在市场经济环境下，企业的生产经营活动面临着许多风险和不确定性，会计信息质量的谨慎性要求，需要企业在面临不确定性因素的情况下做出职业判断时，应当保持应有的谨慎，充分估计到各种风险和损失，既不高估资产或者收益，也不低估负债或者费用。例如，企业对可能发生的资产减值损失计提资产减值准备，对固定资产采用加速折旧法计提折旧以及对售出商品可能发生的保修义务确认预计负债等，都体现了会计信息质量的谨慎性要求。

谨慎性的应用不允许企业设置秘密准备，损害会计信息质量，扭曲企业实际的财务状况和经营成果。

(8) 及时性

及时性要求企业对于已经发生的交易或者事项，应当及时进行确认、计量和报告，不得提前或者延后。

在会计确认、计量和报告过程中贯彻及时性，一是要求及时收集会计信息，即在经济交易或者事项发生后，及时收集整理各种原始单据或者凭证；二是要求及时处理会计信息，即及时对经济交易或者事项进行确认或者计量，并编制财务报告；三是要求及时传递会计信息，即及时地将编制的财务报告传递给财务报告使用者，便于其及时使用和决策。

可靠性、相关性、可理解性和可比性是会计信息的首要质量要求，是企业财务报告中所提供会计信息应具备的基本质量特征；实质重于形式、重要性、谨慎性和及时性是会计信息的次级质量要求，是对可靠性、相关性、可理解性和可比性等首要质量要求的补充和完善，尤其是在对某些特殊交易或者事项进行处理时，需要根据这些质量要求来把握其会计处理原则。另外，及时性还是会计信息相关性和可靠性的制约因素，企业需要在相关性和可靠性之间寻求一种平衡，以确定信息及时披露的时间。

第六节　会计学及其分支

在第一节中阐述了会计的发展历史，认识到会计是随着社会的进步，经济的发展，不断成熟起来。会计理论来源于会计实践，人们在长期的会计实践中不断积累经验，运用相关知识，逐步地进行系统的总结，这样就产生了会计学。

会计学作为一门经济应用学科，它不仅要以一定的经济理论为指导，而且与数学有密切联系，它借助数学方法来形成会计的各种方法和技术，使会计的定量分析方法日趋完善。

随着会计学研究的深入发展，会计学分化出许多分支，每一分支都形成了一个独立的学科。这些学科相互促进、相互补充，从而形成了一个相对完善的会计学科体系。

会计学按其从事的领域可分为营利组织会计和非营利组织会计两大类。营利组织会计也称为企业会计。非营利组织会计服务于非营利组织。非营利组织包括学校、医院、科研机构、各级政府机关以及各种社会团体。

会计学按其研究的内容分为基础会计、财务会计、成本会计、管理会计、审计学等。

基础会计是会计学各分支的基础，它阐明会计学的基本理论、基本方法和基本技能。主要内容包括：账户及复式记账、主要经济业务的核算、会计凭证、会计账簿、财产清查、账务处理程序、财务报告、会计工作组织与管理等。

财务会计是指为外部利害关系人提供会计信息的对外报告会计，它以会计准则为依据，确认、计量企业资产、负债、所有者权益、收入、费用和利润的变动情况，定期向外部会计信息使用者披露企业的财务状况、经营成果和现金流量信息。主要内容包括流动资产、长期股权投资、固定资产、无形资产、流动负债、长期负债、所有者权益、收入、成本、利润的核算和财务报表的编制。此外它还包括一些专题性业务的会计，如租赁、所得税、物价波动、企业合并报表、企业重组、破产清算等。为了便于组织教学，有时又将财务会计分为中级财务会计和高级财务会计，前者涉及会计要素的确认、计量和报告的基本理论及方法，后者涉及一些专题性业务的会计问题。

成本会计是以成本为研究对象的专业会计。它阐述成本预测、决策、计划、计算、分析和控制的基本理论及方法。主要内容包括制造成本的计算、成本预测的方法、目标成本的制定、成本计划的编制、成本分析和成本控制等。

管理会计是为企业内部管理人员提供有关会计信息的对内报告会计。它以现代管理科学为基础，以财务会计资料为依据，以加强企业内部管理为目的，研究对企业生产经营活动进行预测与决策、计划与控制、考核与评价的基本理论和方法。主要内容包括：预测与决策会计、经营活动的计划与控制会计、责任会计与绩效评价等。

审计学是研究监督检查经济活动的合法性、合规性、合理性及效益性的基本理论和方法的学科，主要内容包括财务审计、经济效益审计和内部审计。审计学是一门独立的学科，它与会计学的关系十分密切，是广义上会计学的分支学科。

除了上述内容外，会计学的分支还有会计理论、会计史、国际会计、会计制度设计、会计信息系统、税务会计等。

会计学按其应用的行业或部门分为工业会计、商品流通会计、运输会计、施工企业会计、服务业会计、金融会计以及预算会计等。

在没有特别说明的情况下，本书论述以工业企业为范围。

专栏 1-5　　　　　　　　会计的魅力

如果说会计是科学，那么只需构建一个模型，或画出一条曲线，即可验证。

如果说会计是艺术，那么只需烘托出剧场效果，或是绘画效果，即可诠释。

如果说会计不是科学，那么无数会计研究者的劳动就失去了庄重，会计实务也就缺少了精致；如果说会计不是艺术，则会计的魅力——估计和判断荡然无存，会计离魔术的距离将越来越近！

不妨认为会计介乎于科学和艺术之间吧。如果我们搞研究，应当具备科学家的精神；如果我们搞实务，不免要捎带上艺术家的思维；如果既不科学也不艺术，那实在糟糕透顶了。

娶个科学女神，嫁个艺术王子，就是会计！

会计免不了要烙上时代的印迹，但人类文明始终是会计的"奶娘"。

会计怕僵化。会计学的海纳百川，会繁衍会计哲学、会计美学、会计心理学等人文种子，发芽在账簿之间，开放在报表之上。会计人再不是一个只会说"不"者，而是别无选择地做一名"学"者——学习是最好的"长期股权投资"，适用于权益法核算，可以合并在你的人生报表中。

会计怕撒谎。会计虽然不是严格意义上的科学，但毕竟是一门有规则、有逻辑的学科。你可以是技术甚或艺术的会计，但不能亲近魔术。当会计人撒谎的时候，假装真实，将是一件痛苦而倒霉的经历。一旦被别人识破，情形更惨，除非你已良心丧尽，否则就要承受心灵的绞杀，永无宁日。

会计怕失衡。"借"、"贷"并存，如王府豪宅门前的一对石狮；账实相符，如河边的树木与水中的倒影。俨然的对称，闪烁着会计之美。也有短暂失衡的时候，只要稍稍归集、分配，或者追溯调整，更紧密的均衡关系就又搭建起来。什么账外账、什么小金库、什么虚挂往来，无一不是单向作弊的伎俩，归入会计领地有些高抬了，说到底不过是诡计。

会计怕玩险。会计人不是在触及会计底线的钢丝上做危险动作，即使你摇摇晃晃，一时不曾跌落，也是偶然性在起作用，任何一阵旋风，都可能使你骤然坠毁。最明智的是赶快从高空中回到平地，在泥土上留下深深的脚印。

会计有时模棱两可。比如，计价方法的运用，会计估计的选择，很难说哪一种方案就是"正确的"，然而，这才是会计的魅力。会计人断不可以模棱两可，不然，无论多么玲珑别透，潮起潮落之后，遗下的只是无珠的蚌壳与失落的水草。

其实，会计人更需要关怀。为了坚强，把脆弱的神经藏起来；激情的背后，延续着单调的节奏。快乐的元素可能少一些，但追求与向往一个都不少。为何不自我骄傲一回呢：自打孔夫子成了咱们的同行，这会计，变得重复而新鲜起来。

资料来源：张连起. 会计的魅力. 财务与会计, 2001 (1).

本章总结

会计是人类物质生产发展到一定阶段的产物。会计是伴随着生产的发展和人们管理的需要而不断发展和完善的。经济越发展，会计越重要，会计也越完善。

会计是以货币为主要计量单位，采用专门方法和程序，对企业和行政、事业单位的经济活动进行连续、系统、全面和综合的核算和监督，以提供经济信息和反映受托责任履行情况为主要目的的经济管理活动。

会计的基本职能是核算和监督。会计核算是通过价值形式对经济活动进行确认、计量和报告的工作。会计监督是依据监督标准，通过会计的专门方法，对企业、行政事业等单位的经济活动进行的指导、控制和检查。会计核算和会计监督是相辅相成的，会计核算是会计监督的基础，而会计监督是会计核算的质量保证。

会计对象是单位的资金运动。会计要素是指对会计对象按经济业务的性质所作的分类，是会计对象的具体化。我国《企业会计准则——基本准则》将会计要素分为资产、负债、所有者权益、收入、费用和利润。

会计核算方法是对会计对象进行核算的手段，它主要包括设置账户、复式记账、填制与审核会计凭证、登记账簿、成本计算、财产清查和编制财务报告。

会计假设是企业会计确认、计量和报告的前提，是对会计核算所处时间、空间环境等所作的合理设定，会计假设包括会计主体、持续经营、会计分期和货币计量。

会计基础是指会计确认、计量和报告的基础，是确认一定会计期间的收入和费用，从而确定损益的标准。会计基础包括权责发生制和收付实现制。根据我国《企业会计准则——基本准则》规定，企业应当以权责发生制为基础进行会计确认、计量和报告。

会计信息质量要求是对企业财务报告中所提供高质量会计信息的基本规范，根据我国《企业会计准则——基本准则》规定，会计信息质量要求包括可靠性、相关性、可理解性、可比性、实质重于形式、重要性、谨慎性和及时性等。

会计学是一门经济应用学科。会计学按其从事的领域可分为营利组织会计和非营利组织会计；会计学按其研究的内容分为基础会计、财务会计、成本会计、管理会计、审计学等；会计学按其应用的行业或部门分为工业会计、商品流通会计、运输会计、施工企业会计、服务业会计、金融会计以及预算会计等。

重要概念

会计　会计职能　会计核算　会计监督　会计对象　会计要素　资产　负债　所有者权益　收入　费用　利润　会计主体　持续经营　会计分期　货币计量　可靠性　相关性　可理解性　可比性　实质重于形式　重要性　谨慎性　及时性　权责发生制　收付实现制

复习思考题

1. 什么是会计？
2. 如何理解会计的职能？
3. 会计的对象是什么？
4. 会计要素包括哪些内容？
5. 作为会计要素的资产具有哪些特征？
6. 会计假设包括哪些内容？
7. 会计信息质量的要求是什么？
8. 会计核算方法有哪些？它们有什么联系？
9. 你的一位朋友知道你在学习会计，当他知道你并不以会计为职业时，他问你为什么要"浪费时间"？请向你的朋友解释，你为什么要学习会计？
10. 父母给你提供的学费是负债还是所有者权益？请说明理由。

练 习 题

习 题 一

一、目的
熟悉各种会计术语。

二、资料
对各种会计术语的描述如下。
（1）企业所拥有或控制的资源。
（2）企业为获得收入而必须花费的支出。

（3）企业所欠的数额。
（4）企业销售商品或提供劳务而取得的报酬。
（5）说明企业活动结果应该以适当的货币单位来报告的假设。
（6）同一企业不同时期应该采用一致的会计政策。
（7）企业应当如实反映发生的交易或者事项。
（8）企业所有者投资和再投资的总额。
（9）为企业会计核算界定了空间范围的假设。
（10）会计信息可以影响经济决策的特点。

三、要求

根据资料提供的描述，请你指出，它们分别描述了下面的哪个会计术语。

可靠性、相关性、可比性、会计主体、货币计量、资产、负债、所有者权益、收入、费用。

习 题 二

一、目的

掌握会计的定义以及《会计法》有关会计核算的规定。

二、资料

20×7年9月安信公司发生下列事项。

（1）购入设备一批，支付价款26 000元。
（2）支付本月水电费1 500元。
（3）向银行借款60 000元。
（4）收到客户所欠货款50 000元。
（5）董事长被评为全国劳模。
（6）从银行提取现金20 000元。
（7）新进20名大学生。
（8）最新统计公司某产品市场占有率为20%。
（9）2项新产品取得专利权。

三、要求

假如你是安信公司的会计人员，你认为哪些事项应该属于会计核算的范围？

案例分析

会计为谁服务？

观点一：会计为所有者服务

结绳记事是会计的祖先，电算化软件是会计的现在。在这漫长的历史长河中，始终有一个问题困扰着大家：会计究竟为谁服务？服务对象的不同直接决定了服务性质的不同。在企业的所有者和经营者之间，会计服务究竟何去何从？我方认为：会计为所有者服务，理由如下。

首先，从逻辑关系上看，会计是为所有者利益服务的。会计作为人，是为所有者记录并管理其经济业务的，而会计信息作为信息产品，是用来为所有者的经济管理和投资决策服务的。

其次，从法律关系上看，会计理应为所有者服务。会计人员和所有者之间是一对一的雇佣关系，按照《劳动法》的规定：雇佣关系双方为一方出卖劳动力产品，一方支付工资的对价关系，具有财产性。这样的服务，是不可以转让的，更是容不下"第三者插足"的。所以会计只能为所有者服务。

再次，从经济关系上看，所有者是会计服务的最终对象。企业的所有者是企业财产的最终拥有者，他们在享受着企业利润的同时还承担着企业的经营风险，因此更关注企业的财务状况与经营成果，并以此作为未来决策的重要依据，他们决定着企业发展的大方向。因此，只有企业的所有者才是企业真正的主人，会计当然是为真正的主人服务的，而不是为同样是被雇用的经营者服务的。

最后，从监督职能上看，会计实际上是经营者身边的监视器。现实中企业的经营者常常存在着"道德风险"和"逆向选择"。由于经营者不拥有所有权，在其自身利益与企业利益发生冲突时，他们往往选择风险较低、对自己有利但却不利于企业长远发展的经营方针。如果会计是为经营者服务的，显然与企业追求股东财富最大化的目标相背离。会计只有全心全意为所有者服务，才能做到保护好企业的现在，创造好企业的未来。

只有认识到会计是为所有者服务的，才能真正保证企业目标的实现；只有认识到会计是为所有者服务的，才能真正保证会计信息的质量；只有认识到会计是为所有者服务的，才能真正保证会计职业的健康发展！

因此，我方坚信：为所有者服务，是会计永恒的使命。

观点二：会计为经营者服务

听了对方辩友的陈述，我想：经营者站在这儿肯定会感到委屈，而我，则感到费解。对方辩友一直在说：会计，所有者；所有者，会计。似乎当中早已没有经营者什么事儿了。如果连会计都不是为经营者服务的，那还要经营者做什么，难道只是个美丽的摆设？这样的说法显然违背事实，众多的 CEO 们也绝不会认同的。所以，我方认为：会计为经营者服务。

首先，为经营者服务可以让企业落地生根。经营者是企业事务的具体执行者，每一项经济管理活动都需要经营者的落实，而会计作为企业运行的一个重要环节，做好基础性的服务工作，可以保证经营者的管理理念得到彻底执行。会计只有为经营者服务，才能保证经营者根据企业的实际情况制定出适合企业生存的计划，才能保证企业在行业中站稳脚跟。

其次，为经营者服务可以保证企业茁壮成长。经营者是真正经营管理企业的人，只有他们才知道企业的经营现状和经营环境，只有他们了解企业的行业动态和市场需求。会计只有为他们服务，才能不断提高企业的经济效益，才能切实保证企业的健康发展。会计只有为经营者服务，才能保证经营者实事求是地制定出有利于企业发展的方针政策，才能保证企业在行业中拥有一席之地。

最后，为经营者服务可以促成企业开花结果。大家知道，会计本身就是一种经济管理活动，在企业的运作过程中，会计根据企业的财务状况、经营成果及现金流量情况，可以提出具有建设性的专业建议，经营者及时予以采纳，并反馈于管理，将对企业盈利大有裨益。而所有者由于不参与经营管理，也只能是"长袖难舞，鞭长莫及"！会计只有为经营者服务，才能保证经营者的经营思想、工作计划在企业中得到不折不扣地贯彻和执行，才能确保企业在行业中立于不败之地。当会计向经营者汇报业绩的时候，当会计协助经营者一同面对挑战的时候，当会计和经营者一起讨论企业出现财务问题的时候，会计人员是在全心全意地为经营者服务的。

所以，我方认为会计应该服务于经营者。

讨论：你是否赞成上述观点？请简述理由。

第二章 账户和复式记账

学习目标：

1. 掌握借贷记账法的记账规则。
2. 掌握借贷记账法的账户结构和试算平衡。
3. 掌握会计分录的编制方法。
4. 熟悉会计等式。
5. 熟悉复式记账原理。
6. 熟悉会计科目与账户的关系。
7. 了解会计科目的概念、设置原则和分类。
8. 了解账户的概念和分类。

导入案例：

钱娟是大学二年级会计学专业的学生，她的妈妈是持家能手，生活上很节俭，在她小时候就知道妈妈有记账的习惯，大到购买房屋支出，小到农贸市场买菜，妈妈都工整写在本子上，家里的小账本摞起来也有几尺高。所以，钱娟上大学后也会对每一笔收支详细记录。

钱娟平时记账一般采用流水账（单式记账），从资产的角度出发，单纯记录支出情况。比如，5月3日在超市买了一盒巧克力，花了50元，5月8日在超市买了一盒牙膏，花了15元。那么，可以记录如下。

20×7年		摘要	银行卡
月	日		
5	1	期初余额	500
5	3	超市买巧克力	−50
5	8	超市买牙膏	−15

像这样的流水账方式在记录上一点问题也没有，但当需要统计支出的时候就麻烦了。比如，希望知道这个月在"食品"上花了多少钱，需要一条条去找记录，把用在食品上的钱拎出来加总，记录少倒还好，一旦记录多了不仅费时费力而且容易遗漏。

本学期学习《会计学》课程后，她将过去的记账方式进行改进。买巧克力50元钱同时在银行卡和食品上记录，买牙膏15元钱同时在银行卡和生活用品上记录。这样，既能如实记录银行卡的资金变动，又可以分别统计支出类别。这样的一个改进就从单式记账跨越到了复式记账。复式记账真是太神奇了！

20×7年		摘要	银行卡	食品	生活用品
月	日				
5	1	期初余额	500		
5	3	超市买巧克力	−50	50	
5	8	超市买牙膏	−15		15

> 企业每天发生大量的经济业务,如果采用单式记账,想了解企业的财务情况和经营成果,是根本无法完成的任务,所以企业一般采用复式记账。复式记账法能够清楚反映每笔经济交易的来龙去脉,通过账户的记录,完整、系统地反映经济活动的过程和结果。相信通过本章的系统学习,你一定能够体验到复式记账的魅力。

第一节 会计等式

在第一章中,我们明白了会计的对象是资金运动,对资金运动进一步分类即形成资产、负债、所有者权益、收入、费用和利润六大会计要素。本节探讨会计要素之间的等式关系及企业经济业务对会计等式的影响。

一、会计等式

会计等式也称会计恒等式,是根据会计要素之间的相互依存关系建立的数学表达方式。它是复式记账、试算平衡和编制财务报表的理论依据。

(一) 静态会计等式

取得且拥有一定数量的经济资源是企业进行经营活动的基本条件,企业拥有或控制的、能以货币计量的各种经济资源即为资产。资产可有不同的表现和占用形态,如货币资金、交易性金融资产、存货、厂房、机器设备和无形资产等。企业的资产都是从一定的来源取得的,一般人们不会无偿地将资产让渡出去,也就是说,企业中任何资产都有其相应的权益要求,谁提供了资产谁就对资产拥有索取权,这种索取权在会计上称为"权益"。企业的资产和权益实质上是同一事物的两个不同方面,资产表明资金的运用,权益表明资金的来源。资金的运用和来源具有数额上的恒等关系。有一定数额的资产,必有相应数额的权益;反之,有一定数额的权益,必有相应数额的资产。一个企业的资产总额在数量上等于其权益总额,即:

资产=权益

企业取得和拥有的资产来源于两个方面:一是来自投资者的投资,形成所有者权益;二是来自向债权人的贷款,形成债权人权益,即企业的负债。因此,权益由负债和所有者权益两部分构成。上述公式可表示为:

资产=负债+所有者权益

企业经营过程中会发生各种经济业务,如从银行提取现金、购买原材料、购置机器设备、销售商品、缴纳税金和分配利润等。经济业务的发生会引起有关会计要素金额的增减变动。但无论在任何时点,发生什么经济业务,都不会破坏资产、负债、所有者权益之间的上述数量关系。

【例2-1】 张×大学毕业后创办永隆公司,他将自己的银行存款100 000元作为企业的初始资金。此时,企业拥有了一项资产——银行存款100 000元,张×作为企业所有者,对该项资产拥有索取权,该权益也等于100 000元。

资产=权益

银行存款=实收资本

$$100\ 000 = 100\ 000$$

张×又从银行取得一项 3 年期贷款 50 000 元。该会计事项使得企业资金发生两方面变化：一是银行存款增加 50 000 元；二是银行对企业资产的索取权，即负债增加 50 000 元。此时：

$$资产＝负债＋所有者权益$$
$$银行存款＝长期借款＋实收资本$$
$$150\ 000＝50\ 000＋100\ 000$$

资产、负债和所有者权益的上述恒等关系说明的是会计主体在某一特定时点上的财务状况和资金权属关系，是其资金运动过程中某一瞬间的"快照"，因而称为静态会计等式，又称会计基本等式。

"资产＝负债＋所有者权益"是编制资产负债表的基础（有关资产负债表知识将在第八章介绍）。资产负债表的左边列示的是会计主体在资产负债表日的资金运用（资金使用或投资）情况。这些资金的投资是以会计主体实现投资报酬为目的的，即资金的合理、有效使用会带来投资报酬。资产负债表的右边列示的是会计主体在资产负债表日的投入资金的来源（筹资或融资）情况。其中负债显示会计主体从银行信用（短期借款、长期借款）、商业信用（应付账款、应付票据等）及其他债权人（应付债券等）那里获得的资金数量。所有者权益显示的是所有者投入资金及其增值情况。

（二）动态会计等式

企业经营的主要目标是获取利润。企业要获取利润首先必须取得收入，而要取得收入必然会发生相应的费用。同时，企业发生费用的目的是为了取得收入。因而，收入、费用和利润三个要素之间存在以下关系：

$$收入－费用＝利润$$

这一等式是会计基本等式的补充和发展，表明了企业一定会计期间的经营成果与相应的收入和费用之间的关系，说明了企业利润的实现过程。上述等式中的收入和费用均指广义的收入和费用，即除了企业日常活动产生的收入（营业收入）和费用（营业成本）外，还包括非日常活动产生的直接计入当期利润的利得（如营业外收入）和损失（如营业外支出）。

【例 2-2】 永隆公司在经营的第 1 年中，取得的总收入为 30 000 元，发生的费用为 20 000 元，则当年实现利润为 10 000 元。

$$收入－费用＝利润$$
$$30\ 000－20\ 000＝10\ 000$$

收入、费用和利润之间的数量关系，反映的是会计主体在某一期间的资金运动及经营成果情况，属于资金运动的动态表现，是资金运动过程的"录像"，因而称为动态会计等式。

"收入－费用＝利润"是编制利润表的基础。企业在一定时期内取得的收入大于费用，其差额即为利润；若收入小于费用，其差额即为亏损。收入与费用之间的配比有三种方式。一是直接配比，将那些与具体某项收入有直接因果关系的费用，与其相对应的收入直接匹配，以确定利润的配比方式。如将直接材料、直接人工直接计入该完工产品的成本，将销售成本直接转入所实现的销售收入的费用等。二是间接配比，将几个对象共同耗用的费用，按一定比例或系数分配到各个具体对象中去，使之与相应的财务成果相联系，如制造费用就是用间接配比方式进行分配的。三是期间配比，对不与任何具体的产品或劳务有因果关系的费用，因为它只是与一定的期间相联系，因此这些费用被视为与该期间所实现的全部收入有关系，需要与该期间的收入进行配比，这些费用有管理费用、销售费用和财务费用等。有些销售费用可能与特定的销售收入有因果关系，但多数情况下，销售费用很难与特定的销售收入相联系，而且当期发生的销售费用一般都与当期的销售收入相关，很少有跨期处理的情况，为了核算方便，也视同期间费用。根据以上三种配比方式，将企业一定期间的所得与所费相配比即为利润。

（三）综合会计等式

企业经营所形成的利润在分配之后留归企业的金额构成所有者权益的一部分（即盈余公积和未分配利润），利润是导致所有者权益变动的原因之一。也就是说，利润导致所有者权益增加，亏损导致所有者权益减少。按照收入、费用和利润之间的关系，收入的增加能增加利润，因而收入最终导致所有者权益的增加；费用的增加会减少利润，因而费用最终导致所有者权益的减少。这样，上述两项会计等式就可扩展为：

$$资产＝负债＋所有者权益＋利润$$

又因为：

$$收入－费用＝利润$$

于是：

$$资产＝负债＋所有者权益＋（收入－费用）$$

移项后，得到：

$$资产＋费用＝负债＋所有者权益＋收入$$

该会计等式既有企业资金在某一时点的静态表现，又融入了资金在经过一定期间运动的动态表现，因而又称为动静结合会计等式或综合会计等式。等式左边的资产和费用表明的是资金运用和存在形态，即企业的资金或者以资产形式存在，或者以费用形式耗用。等式右边的负债、所有者权益和收入表明资金的来源渠道，即资金的来源除直接从债权人和投资者取得外，还可通过收入的取得并留存加以实现（这种收益留存仍属于所有者权益）。等到期末结账，利润归入所有者权益后，则动静结合会计等式又恢复到静态会计等式，即：

$$资产＝负债＋所有者权益$$

在永隆公司中，经过1年的经营，其资产总额由创办时的150 000元，增加到160 000元，所增加的10 000元是由于当年实现的利润所致。即有：

$$资产＝负债＋所有者权益＋利润$$
$$160\,000＝50\,000＋100\,000＋10\,000$$

或者

$$资产＋费用＝负债＋所有者权益＋收入$$
$$160\,000＋20\,000＝50\,000＋100\,000＋30\,000$$

二、经济业务对会计等式的影响

企业在生产经营的过程中，不断发生各种经济业务，其中如购入原材料、支付工资、收回货款等，这些经济业务的发生必然引起资产和权益的增减变化，这种变化会不会破坏会计等式的平衡关系？下面将探讨这个问题。一般认为，企业的经济业务可分为两大类：一类是只影响资产、负债和所有者权益要素的经济业务；另一类是既影响收入、费用和利润要素，也影响资产、负债和所有者权益要素的经济业务。

（一）只影响资产、负债和所有者权益要素的经济业务

对于只影响资产、负债和所有者权益的经济业务来说，不论其引起资产、负债和所有者权益如何变化，都不会破坏资产、负债和所有者权益之间的平衡关系。举例说明如下。

【例 2-3】 假定永隆公司 20×7 年 5 月发生如下经济业务。

业务 1：从浦口公司购进原材料一批，采购成本为 2 000 元，以现金支付货款。

该项经济业务的发生，一方面使资产中的原材料增加 2 000 元；另一方面使资产中库存现金减少 2 000 元：属于资产内部项目的一增一减，资产总额不变，等式"资产＝负债＋所有者权益"保持平衡。

业务 2：从银行取得短期借款 10 000 元，直接偿还之前欠新港公司的货款。

该项经济业务的发生，一方面使负债中的应付账款减少 10 000 元；另一方面使负债中的短期借款增加 10 000 元：属于负债内部项目的一增一减，负债总额不变，等式"资产＝负债＋所有者权益"保持平衡。

业务 3：将盈余公积 30 000 元转为资本金。

该项经济业务的发生，一方面使所有者权益中的实收资本增加 30 000 元；另一方面使所有者权益中的盈余公积减少 30 000 元：属于所有者权益内部项目的一增一减，所有者权益总额不变，等式"资产＝负债＋所有者权益"保持平衡。

业务 4：从雨花机械厂购置无须安装的机器设备一台，价款 60 000 元，款项暂欠。

该项经济业务的发生，一方面使资产中的固定资产增加 60 000 元；另一方面使负债中的应付账款增加 60 000 元：属于资产和负债的等额增加，等式"资产＝负债＋所有者权益"保持平衡。

业务 5：王×以其发明的专利一项对永隆公司进行投资，双方协议作价 40 000 元。

该项经济业务的发生，一方面使资产中的无形资产增加 40 000 元；另一方面使所有者权益中的实收资本增加 40 000 元：属于资产和所有者权益的等额增加，等式"资产＝负债＋所有者权益"保持平衡。

业务 6：以银行存款 60 000 元偿还之前欠雨花机械厂的货款。

该项经济业务的发生，一方面使资产中的银行存款减少 60 000 元；另一方面使负债中的应付账款减少 60 000 元：属于资产和负债的等额减少，等式"资产＝负债＋所有者权益"保持平衡。

业务 7：合伙人李×由于特殊原因退出永隆公司，退还其资本金 30 000 元，并以库存现金支付。

该项经济业务的发生，一方面使资产中的库存现金减少 30 000 元；另一方面使所有者权益中的实收资本减少 30 000 元：属于资产和所有者权益的等额减少，等式"资产＝负债＋所有者权益"保持平衡。

业务 8：由于合伙人许×的另外一个企业急需资金，许×抽出部分资本 20 000 元，永隆公司因账面库存现金不足，给许×开出期限 6 个月的商业承兑汇票一张。

该项经济业务的发生，一方面使负债中的应付票据增加 20 000 元；另一方面使所有者权益中的实收资本减少 20 000 元：属于负债和所有者权益的一增一减，增减金额相等，等式"资产＝负债＋所有者权益"保持平衡。

业务 9：永隆公司同意将之前欠西善桥公司的款项 100 000 元转为对永隆公司的投资，已办妥相关法律手续并收到西善桥公司出具的投资证明。

该项经济业务的发生，一方面使所有者权益中的实收资本增加100 000元；另一方面使负债中的应付账款减少100 000元；属于所有者权益和负债的一增一减，增减金额相等，等式"资产＝负债＋所有者权益"保持平衡。

上述9项经济业务引起的资产、负债和所有者权益的增减变动过程和结果，可概括为以下9种情况：

① 资产项目等额一增一减，等式保持平衡；
② 负债项目等额一增一减，等式保持平衡；
③ 所有者权益项目等额一增一减，等式保持平衡；
④ 资产和负债等额增加，等式保持平衡；
⑤ 资产和所有者权益等额增加，等式保持平衡；
⑥ 资产和负债等额减少，等式保持平衡；
⑦ 资产和所有者权益等额减少，等式保持平衡；
⑧ 负债增加和所有者权益减少，增减金额相等，等式保持平衡；
⑨ 负债减少和所有者权益增加，增减金额相等，等式保持平衡。

如果把负债和所有者权益归为一类"权益"，则企业发生的经济业务引起的资产、负债和所有者权益的增减变动进行排列组合并符合经济活动实际情况的，不外乎以下四种类型。

(1) 资产项目之间此增彼减，增减金额相等　资产项目之间一增一减（如上述9种情况之①），只表明资产形态的转化，而不会引起资产总额的变动，更不涉及负债和所有者权益项目。因此，不会破坏资产和权益之间的平衡关系。

(2) 权益项目之间此增彼减，增减金额相等　权益项目之间一增一减（如上述9种情况之②、③、⑧、⑨），只表明资金来源渠道的转化，而不会引起权益总额的变动，更不涉及资产项目。因此，不会破坏资产和权益之间的平衡关系。

(3) 资产和权益项目之间同时增加，增加的金额相等　资产和权益同时等额增加（如上述9种情况之④、⑤），虽然双方总额发生变动，但资产和权益两者仍保持平衡关系。

(4) 资产和权益项目之间同时减少，减少的金额相等　资产和权益同时等额减少（如上述9种情况之⑥、⑦），虽然双方总额发生变动，但资产和权益两者仍保持平衡关系。

上述企业经济业务的发生引起的资产、负债和所有者权益的增减变动的四种类型可用图2-1表示。

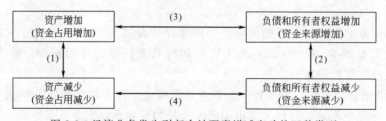

图2-1　经济业务发生引起会计要素增减变动的四种类型

（二）既影响收入、费用和利润要素，也影响资产、负债和所有者权益要素的经济业务

【例2-4】假设永隆公司20×7年6月发生既影响收入、费用和利润要素，也影响资产、

负债和所有者权益要素的经济业务如下。

业务1：永隆公司以银行存款600元支付本月利息费用。

该项经济业务的发生，一方面使资产中的银行存款减少600元；另一方面使本月费用项目中的财务费用增加600元；属于资产和费用的一减一增，增减金额相等，等式"资产＋费用＝负债＋所有者权益＋收入"保持平衡。

业务2：销售商品一批，价款40 000元，货款已收到并存入银行。

该项经济业务的发生，一方面使资产中的银行存款增加40 000元；另一方面使收入中的主营业务收入增加40 000元；属于资产和收入的等额增加，等式"资产＋费用＝负债＋所有者权益＋收入"保持平衡。

业务3：计算本月管理人员工资等薪酬计9 000元，尚未支付。

该项经济业务的发生，一方面使负债中的应付职工薪酬增加9 000元；另一方面使费用中的管理费用增加9 000元；属于负债和费用的等额增加，等式"资产＋费用＝负债＋所有者权益＋收入"保持平衡。

上述举例说明，企业任何经济业务的发生，均不会改变资产、负债和所有者权益的平衡关系。可得出以下结论：

第一，经济业务的发生，只涉及会计等式一边变动的，不但不会改变资产、负债和所有者权益的两方总额的平衡，而且原来的总额也不会改变；

第二，经济业务的发生，涉及会计等式两边变动的，虽会使资产、负债和所有者权益双边总额发生增加或减少的变动，但变动后的双边总额仍然相等；

第三，资金运动的静态平衡和动态平衡所表现的会计等式，是设置会计科目和账户、复式记账及编制财务报表等核算方法的重要理论依据。

第二节　会 计 科 目

一、会计科目的概念

会计科目指按照经济内容对各个会计要素进行分类所形成的类目。会计要素是对会计对象的基本分类。企业发生的交易或事项，必然引起各会计要素具体内容发生数量、金额的增减变化。即使只涉及同一会计要素，其具体内容也往往不同。

企业交易或事项的繁纷复杂性，决定了各个会计要素内部构成以及各个会计要素之间增减变化的错综复杂性和形式多样性。为了全面、系统、详细地对各项会计要素的具体内容及其增减变动情况进行核算和监督，为经济管理提供更加具体的分类的数量指标，需要对会计要素按其经济内容进一步分类，这就有必要设置会计科目。会计科目是进行会计核算和提供会计信息的基础。

至此，我们学习了会计对象、会计要素和会计科目三个重要概念，现将三者间的关系描述如图2-2所示。

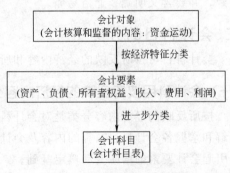

图2-2　会计对象、会计要素和会计科目的关系

二、设置会计科目的原则

会计科目的设置，应根据企业会计准则和国家统一的会计制度的规定设置与使用。在不影响企业的会计核算、报表汇总及对外提供统一报表的前提下，企业可自行增设、减少、合并一些会计科目。设置会计科目，企业应充分考虑到会计信息、会计工作的要求，具体地体现于以下几点原则。

（一）合法性原则

合法性原则，指所设置的会计科目应当符合国家统一的会计制度的规定。我国现行的统一会计制度中均对企业设置的会计科目作出规定，以保证不同企业对外提供的会计信息的可比性。企业应当参照会计制度中统一规定的会计科目，根据自身的实际情况设置会计科目，但其设置的会计科目不得违反现行会计制度的规定。为便于企业设置会计科目，财政部在2006年颁布的《企业会计准则——应用指南》"附录——会计科目和主要账务处理"中，公布了涵盖各类企业经济业务的会计科目表，要求各企业依据该会计科目表来设置符合本单位实际情况的会计科目。对于国家统一会计制度规定的会计科目，企业可以根据自身的生产经营特点，在不影响统一会计核算要求以及对外提供统一的财务报表的前提下，自行增设、减少或合并某些会计科目。

（二）相关性原则

相关性原则，指所设置的会计科目应为各有关方面提供所需要的会计信息服务，能为投资者、债权人、企业经营管理者等利益相关者提供相关的会计信息，既为有关各方面提供相关的会计信息，又能适应企业自身经营业务特点的要求；既满足企业对外报告的需要，又满足对内管理的要求。

（三）实用性原则

实用性原则，是指所设置的会计科目应符合单位自身特点，满足单位实际需要。企业的组织形式、所处行业、经营内容及业务种类等不同，在会计科目的设置上亦应有所区别。在合法性的基础上，企业应根据自身特点，设置符合企业需要的会计科目。

另外，会计科目要简明、适用，并要分类、编号。在设置会计科目时，对每一个会计科目特定的核算内容必须严格、明确地界定，不能混淆。会计科目的名称应与其核算的内容相一致，并要含义明确、通俗易懂。

三、会计科目的分类

会计科目可按所反映的经济内容和所提供指标的详细程度进行分类。

（一）会计科目按所反映的经济内容分类

按所反映的经济内容分类是对会计科目的基本分类。会计科目按经济内容分类，有助于理解和掌握各会计科目核算的内容及会计科目的性质，为以后正确运用会计账户反映经济业务引起会计要素的增减变动奠定基础。

需要注意的是，按所反映的经济内容分类的会计科目类别并不与会计要素类别完全一致。会计科目按所反映的经济内容不同，通常分为资产类、负债类、所有者权益类、成本类和损益类五类。其中，对于必须专门计算产品成本或劳务成本的企业，则需专设"成本类"

会计科目，但这类会计科目属于资产类要素；对于属于利润类要素的会计科目则归到所有者权益类；对于属于收入、费用类要素的会计科目则全部归到损益类。财政部在2006年颁布的《企业会计准则——应用指南》"附录——会计科目和主要账务处理"中，就是按照此标准对会计科目分类的。另外，财政部颁布的会计科目表中，还增加了"共同类"会计科目，该类会计科目是属于为金融企业设置的，涉及面很少，对于大多数工商企业来说不需设置，所以本书不做介绍。

（二）会计科目按所提供指标的详细程度分类

会计科目按所提供指标的详细程度不同，分为总分类科目和明细分类科目两类。

1. 总分类科目

总分类科目，又称总账科目、一级科目，是对会计要素具体内容进行总括分类、提供总括信息的会计科目。在我国，总分类科目由财政部统一制定，2006年财政部颁布的会计科目表中的会计科目均属于总分类科目。

2. 明细分类科目

明细分类科目，又称明细科目，它是对总分类科目做进一步分类，提供更详细、更具体的会计信息的科目，是对总分类科目的具体化和详细说明。在经济业务比较复杂的情况下，在有的总分类科目所属的明细分类科目太多时，可在总分类科目和所属明细分类科目之间增设二级科目（也称子科目），在二级科目之下再按所包含的内容设置隶属于该二级科目的三级科目（也称明细）。由于设置了二级科目，总分类科目也称为一级科目；二级科目和三级科目称为明细分类科目。在一般情况下，可设置三个层次的会计科目，如有需要也可设置四级、五级会计科目。图2-3以"库存商品"会计科目为例，说明会计科目各层次之间的关系。

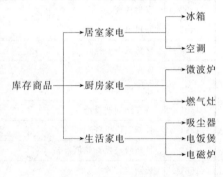

图2-3 "库存商品"会计科目的分级

四、会计科目表

表2-1是从财政部2006年颁布的会计科目表中摘录的工商企业常用的会计科目列表。为了便于会计账务处理，适应会计信息处理电算化的需要，加快会计核算速度，提高会计信息质量，每个会计科目都要编制固定号码。会计科目的编号要讲究科学性，一方面要能够起到区分会计科目的作用；另一方面要便于专业人员识别和计算机的输入。我国企业会计准则规定对一级会计科目一般采用"四位数制"（大分类、中分类、细分类和具体会计科目）编号法。大分类以千位数数字表示，代表会计科目按反映的经济内容区分的类别，一般分为六个数字："1"为资产类，"2"为负债类，"3"为共同类，"4"为所有者权益类，"5"为成本类，"6"为损益类；中分类以百位数数字表示，代表每大类会计科目下较为详细的类别，可根据实际需要取数，如"1012"中的"0"代表货币资金类，"1601"中的"6"代表固定资产类；细分类和具体会计科目以十位和个位上的数字表示，一般代表会计科目的顺序号，如"1001"表示"库存现金"科目，"1002"表示"银行存款"科目。为便于会计科目增减，在顺序号中一般都要留有间隔。

表 2-1 工商企业常用会计科目表（摘录）

编号	会计科目名称	编号	会计科目名称
	一、资产类	2202	应付账款
1001	库存现金	2203	预收账款
1002	银行存款	2211	应付职工薪酬
1012	其他货币资金	2221	应交税费
1101	交易性金融资产	2231	应付利息
1121	应收票据	2232	应付股利（利润）
1122	应收账款	2241	其他应付款
1123	预付账款	2501	长期借款
1131	应收股利	2502	应付债券
1132	应收利息	2701	长期应付款
1221	其他应收款	2711	专项应付款
1231	坏账准备		四、所有者权益类
1401	材料采购	4001	实收资本（股本）
1402	在途物资	4002	资本公积
1403	原材料	4101	盈余公积
1404	材料成本差异	4103	本年利润
1405	库存商品	4104	利润分配
1471	存货跌价准备	4201	库存股
1501	持有至到期投资		五、成本类
1511	长期股权投资	5001	生产成本
1512	长期股权投资减值准备	5101	制造费用
1531	长期应收款	5201	劳务成本
1601	固定资产		六、损益类
1602	累计折旧	6001	主营业务收入
1603	固定资产减值准备	6051	其他业务收入
1604	在建工程	6101	公允价值变动损益
1605	工程物资	6111	投资收益
1606	固定资产清理	6301	营业外收入
1701	无形资产	6401	主营业务成本
1702	累计摊销	6402	其他业务成本
1703	无形资产减值准备	6403	税金及附加
1711	商誉	6601	销售费用
1801	长期待摊费用	6602	管理费用
1901	待处理财产损溢	6603	财务费用
	二、负债类	6701	资产减值损失
2001	短期借款	6711	营业外支出
2101	交易性金融负债	6801	所得税费用
2201	应付票据	6901	以前年度损益调整

注：财政部颁布的会计科目表中的第三类"共同类"会计科目属于为金融企业设置，本表未予列示。

会计科目的编号在会计制度中有明确规定。需要说明的是，在手工系统下，会计人员进行账务处理时，不得只有编号而无会计科目名称。在会计电算化系统中，应按会计制度的规定，在开始时设计"会计科目名称及编号表"，以便对电算化的会计处理进行审查和监督。

专栏 2-1　　　　　　　　会计科目分类口诀

会计是一门通用的商业语言。做会计工作，就类似于"翻译"，也就是把日常的经济事项用会计的语言表达出来。翻译涉及单词、语法，以及原文和译文的问题。在会计中，相对应的是会计科目、记账流程和规则，以及经济业务和财务报表的问题。会计科目是填制会计凭证、登记账簿、编制财务报表等各项工作的基础。对于初学者，记忆会计科目是一件痛苦的事情。下面，将常用的会计科目分类整理，编成会计科目分类口诀，方便记忆。

（一）资产类

库存现，银存款，坏账准备预付款（库存现金，银行存款，坏账准备，预付账款）。

五应收，四存货，跌价准备长收款（应收票据，应收账款，应收股利，应收利息，其他应收款，材料采购，在途物资，原材料，库存商品，存货跌价准备，长期应收款）。

长股权，长待摊，持有到期投资款（长期股权投资，长期待摊费用，持有至到期投资）。

固定资产累折旧，在建工程固清理（固定资产，累计折旧，在建工程，固定资产清理）。

无形资产累摊销，工程物资待处理（无形资产，累计摊销，工程物资，待处理财产损溢）。

其他货币交金融，企业合并记商誉（其他货币资金，交易性金融资产，商誉）。

（二）负债类

短借款，长借款，应交税费预收款（短期借款，长期借款，应交税费，预收账款）。

八个应付不能忘，还有长期应付款（应付票据，应付账款，应付职工薪酬，应付利息，应付股利，其他应付款，应付债券，专项应付款，长期应付款）。

（三）所有者权益类

二本二利一分配（实收资本，资本公积，盈余公积，本年利润，利润分配）。

（四）成本类

生产制造劳务（生产成本，制造费用，劳务成本）。

（五）损益类

四收入（主营业务收入，其他业务收入，营业外收入，投资收益）。

四支出（主营业务支出，其他业务支出，营业外支出，税金及附加）。

四费用（销售费用，管理费用，财务费用，所得税费用）。

二益一损（公允价值变动损益，以前年度损益调整，资产减值损失）。

第三节 账 户

一、账户的概念

账户是根据会计科目设置的，具有一定结构，用于分类反映会计要素增减变动情况及其结果的一种手段。设置账户是会计核算的重要方法之一。

会计科目仅仅是对会计要素的具体内容进行分类核算的项目，它不能反映交易或事项的发生所引起的会计要素各项目的增减变动和结果，各项核算指标的具体数据资料，只有通过账户记录才能取得。因此，在设置会计科目后，还必须根据规定的会计科目开设相应的账户，以便对交易或事项进行系统、连续的记录，向有关各方提供有用的会计信息。

账户是根据会计科目的名称设立在具有一定格式的账页上的户头，用来反映由于经济业务的发生而引起会计要素的增减变动的一种专门方法。它应以会计科目作为它的名称并依附于具有一定格式或结构的账页。由于账户是根据会计科目开设的，所以账户的设置与会计科目的分类有关，即根据总分类科目开设的账户称为总分类账户，只采用货币计量单位提供总括的核算指标；根据明细分类科目开设的账户称为明细分类账户，除采用货币计量单位外，反映实物资产的账户还要采用实物量度，提供明细分类核算指标。

专栏 2-2　　　　　　　　会计科目与账户的关系

会计科目与账户好似一对孪生兄弟，长相很相像，辨别容易出错。

会计科目与账户的联系：

——它们都是对会计对象具体内容进行的进一步分类，两者名称一致，会计科目的名称即是账户的名称，而且二级科目与二级账户的名称也完全一致；

——两者所反映的交易或会计事项的内容也是一致的；

——账户是根据科目设置的户头，设置会计科目的目的是为了设置账户，科目设置是账户设置的前提。

会计科目与账户的区别：

——会计科目着重反映会计对象科学分类的内容，账户则着重连续核算和监督会计对象的经济内容的增减变化和结存情况；

——会计科目仅仅是账户的名称，不存在结构，而账户则具有一定的结构；

——会计科目是经济业务分类核算的标志，只是说明一定经济业务的内容。账户却是具体记录经济业务内容，可以提供具体的数据资料，具有登记增减变化的结构的一种核算形式。

由此可见，会计科目与账户存在明显的区别。美国学者罗伯特·N·安索尼等认为："在会计中，账户的作用是用来计算净变动额。"会计科目只是一个名称而已，本身不具备任何实质性内容，没有增加、减少的内容，更谈不上能提供余额信息，也就是说，会计科目还不能进行具体的会计核算。只有账户才能进行会计核算，将大量的原始数据转换加工为分类的会计信息，再借助于财务报表向公众披露。

二、账户的结构

账户是用来记录经济业务的。设置账户的根本作用在于可分门别类地记载各项经济业务、提供日常会计核算资料和数据,为编制财务报表提供依据。为此,账户不仅应有明确的核算内容,而且还应当具有一定的结构。账户所记载的各项经济业务所引起的会计要素数量上的变动,只有增加和减少两种情况,因此,用来记录经济业务的账户也相应地划分为两个部分,以便分别登记会计要素的增加额和减少额,即账户通常分为左右两方:一方登记增加;另一方登记减少。至于哪一方记增加,哪一方记减少,则取决于账户的性质和经济业务的类型。不论何种性质的账户,其基本结构总是相同的。每一格式的账户都应该包括以下基本内容:

① 账户的名称,即会计科目;
② 日期和摘要,即记载经济业务的日期和概括说明经济业务的内容;
③ 凭证种类和号数,即说明记载账户记录的依据;
④ 增加和减少的金额;
⑤ 余额。

账户的一般格式见表 2-2。

表 2-2 账户名称(会计科目)

年		凭证		摘要	借方金额	贷方金额	借或贷	余额
月	日	种类	号数					

在会计实务中,账户是根据以上的基本内容来设计账簿格式的。教学活动中,账户的基本结构通常可简化为"丁"字账户(或"T"形账户)表示,"丁"字账户的基本结构如图 2-4 所示。

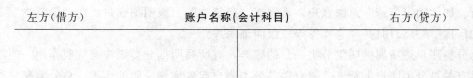

图 2-4 "丁"字账户的基本结构

图 2-4 "丁"字账户格式分左右两方,分别用来记录经济业务发生所引起的会计要素的增加额和减少额。增加额和减少额相抵的差额,形成账户的余额,余额按其表示的时点不同,分为期初余额和期末余额。因此,通过账户记录的金额可以提供期初余额、本期增加额、本期减少额和期末余额四个核算指标。本期增加额是指在一定时期内(月、季、年)记入账户增加金额的合计数,也叫本期增加发生额。本期减少额是指在一定时期内(月、季、年)记入账户减少金额的合计数,也叫本期减少发生额。本期发生额是一个期间指标,它说明某类经济内容的增减变动情况。本期增加发生额与本期减少发生额相抵以后的差额,再加上期初余额,形成期末余额。余额是一个时点指标,它说明某类经济内容在某一特定日期增减变动的结果。通常,账户的本期期末余额就是下期的期初余额。

期末余额＝期初余额＋本期增加发生额－本期减少发生额

公式中的期初余额、本期增加发生额、本期减少发生额和期末余额，称为账户的四个金额要素。应当指出的是，本期增加发生额和本期减少发生额是记在账户的左方还是右方、账户的余额反映在左方还是右方取决于账户的性质和类型，如图2-5所示。

左方(借方)	账户名称	右方(贷方)	左方(借方)	账户名称	右方(贷方)
期初余额					期初余额
本期增加发生额		本期减少发生额	本期减少发生额		本期增加发生额
期末余额					期末余额

图2-5　账户的四个金额要素关系

三、总分类账户和明细分类账户

总分类账户是根据总分类会计科目设置的，用于对会计要素具体内容进行总括分类核算的账户，简称总账账户或总账。为了保持会计信息的一致性和可比性，目前总分类账户一般根据国家所规定的有关会计制度设置。在企业会计准则中，对会计科目分类、编号、名称作出统一规定，并对会计科目的使用进行了说明，各企业应按照企业会计准则和国家统一会计制度规定的会计科目和企业所涉及的基本业务设置总分类账。

明细分类账户是根据明细分类会计科目设置的，用来对会计要素的具体内容进行明细分类核算的账户，简称明细账。在通常情况下，企业经济业务发生后，如果只是对它按会计要素和涉及的科目记入总账账户，仍然不能详细反映企业要了解的具体内容，或记录后不能满足业务分析需要。此时，就要对该项业务进行再一次的具体细分，即将它通过明细分类账户记录该业务的详细情况。

以应收账款账户为例。如果只记录"应收账款"总账科目，仍不能得知是应收甲企业，还是应收乙企业的，那么在建立应收账款总分类账户的基础上，还要按客户的名称建立明细分类账户，以便于对应收账款进行管理。可见明细分类账是根据企业内部管理需要设置的，详细说明其业务情况的分类账户。有些明细账户设置也在具体会计准则中有详细规定，可参照执行。如"固定资产"总账账户，需设置"建筑物"二级明细账户。在"建筑物"下还需设置"厂房""办公用房""仓库"等三级明细账户。

总分类账户是所属的明细分类账户的综合，对所属明细分类账户起统驭作用。明细分类账户是有关总分类账户的补充，对有关总分类账户起着详细说明的作用。总分类账户和明细分类账户，登记的原始凭证依据相同，核算内容相同，两者结合起来既总括又详细地反映同一事物。对企业所发生的每项经济业务，都要以会计凭证为依据，一方面记入有关总分类账户，另一方面记入有关明细分类账户。记录时要以相同方向，相等的金额，在同一会计期间分别记入相关的总分类账户和相关明细分类账户。有关总分类账户和明细分类账户的登记将在第五章详细介绍。

第四节　复式记账

记账方法是指在经济业务发生以后，如何将其记录在账户中的方法。

在会计发展历史中，记账方法有两类：一类是单式记账法；另一类是复式记账法。单式记账法是对发生经济业务之后所产生会计要素的增减变动一般只在一个账户中进行记录登记的方法，如用现金购买办公用品，仅在现金账上记录一笔现金的减少。也有同时在现金账与实物账之间记录的，但两个账户之间没有必然的联系。这种记账方法造成账户之间的记录没有直接的联系，没有相互平衡的关系，不能全面地、系统地反映经济业务的来龙去脉，也不便于检查账户记录的正确性、真实性。

复式记账法弥补了单式记账法的缺陷。它是在每一项经济业务发生后需要记录时，同时在相互联系的两个或两个以上的账户中，以相等的金额进行登记的一种记账方法。

一、复式记账原理

复式记账是从单式记账法发展起来的一种比较完善的记账方法。其主要特点是：对每项经济业务都以相等的金额在两个或两个以上的相互联系的账户中进行记录，各账户之间客观上存在对应关系，对账户记录的结果可以进行试算平衡。复式记账法较好地体现了资金运动的内在规律，能够全面地、系统地反映资金增减变动的来龙去脉及经营成果，并有助于检查账务处理和保证账簿记录结果的正确性。

复式记账方法是在市场经济长期发展的过程中，通过会计实践逐步形成和发展起来的。在其他一些会计核算方法中，如编制会计凭证和登记账簿，都必须运用复式记账法进行相关反映。所以，在全部会计核算的方法体系中，复式记账法占有重要位置。复式记账法包括借贷记账法、增减记账法、收付记账法等。其中，借贷记账法是世界各国普遍采用的一种记账方法，我国 2006 年颁布的《企业会计准则》规定中国境内的所有企业都应该采用借贷记账法记账。

专栏 2-3　　　　　　　　复式记账法的历史演变

复式簿记从萌芽到接近于完备形式，大约经历了 300 年（13 世纪初～15 世纪末）。这一演变过程都发生在中世纪的意大利商业城市（如威尼斯、热那亚等城市），大体上经历了三个不同的发展阶段。

1. 佛罗伦萨式——复式簿记的萌芽阶段（1211～1340 年）

这一阶段以 1211 年佛罗伦萨银行家采用的簿记为代表，其主要特点是：

记账方法——转账；

记账对象——仅限于债权债务人（人名账户）；

记录形式——叙述式（借贷上下连续登记）。

2. 热那亚式——复式簿记的改良阶段（1340～1494 年）

这一阶段以 1340 年热那亚市政厅的总账为代表，其主要特点是：

记账方法——复式；

记账对象——除债权债务（人名账户）外，还包括商品、现金（物名账户）；

记录形式——左借右贷账户对照式（两侧型账户）。

3. 威尼斯式——复式簿记的完备阶段（1494～1854 年）

这一阶段以 1494 年卢卡·帕乔利（Luca Pacioli）著名的《算术、几何、比及比例概要》一书的正式出版为代表。该书的出版，使得复式簿记的优点及方法很快为世人所认识，并广为流传，因而具有划时代的意义，标志着近代会计的开始，其主要特点是：

记账方法——复式；

记账对象——除债权、债务、现金（人名账户与物名账户）外，还包括了损益与资本（损益账户与资本账户）；

记录形式——账户式。

二、借贷记账法

（一）借贷记账法的概念

借贷记账法是一种以"借""贷"作为记账符号，以"有借必有贷、借贷必相等"为记账规则，反映经济业务引起各会计要素增减变动及结果情况的一种复式记账方法。

借贷记账法起源于13世纪的意大利。借贷记账法"借""贷"两字，最初是以其本来含义记账的，反映的是"债权"和"债务"的关系。借贷资本家将会计账户分为两方：一方登记吸收的存款，记在贷主（债权人）名下，即贷方，表示自己的债务；另一方登记放出去的贷款，记在借主（债务人）名下，即借方，表示自己的债权。此时，"借"和"贷"与账户中记录的经济业务内容是相符的。

随着商品经济的发展，借贷记账法也在不断发展和完善，"借""贷"两字逐渐失去其本来含义，变成了纯粹的记账符号。记账符号反映的是各种经济业务数量的增加和减少。借贷记账法是以"借"和"贷"作为记账符号，用以指明记账的增减方向、账户之间的对应关系和账户余额的性质等。而与这两个文字的字义及其在会计史上的最初含义无关，不可望文生义。"借"和"贷"是会计的专门术语，并已经成为通用的国际商业语言。"借"和"贷"作为记账符号，都具有增加和减少的双重含义。"借"和"贷"何时为增加、何时为减少，必须结合账户的具体性质才能准确说明。

资产类、费用类账户是"借"增"贷"减，负债类、所有者权益类、收入类账户是"借"减"贷"增。根据会计等式"资产＋费用＝负债＋所有者权益＋收入"可知，"借"和"贷"这两个记账符号对会计等式两方的会计要素规定了增减相反的含义。

（二）借贷记账法下的账户结构

在借贷记账法下，账户的基本结构是将每一个账户分为"借方"和"贷方"，按照会计惯例，账户的左方为"借方"，账户的右方为"贷方"。在账户的借方记录经济业务，通常称为"借记某账户"，在账户的贷方记录经济业务，通常称为"贷记某账户"。在借贷记账法下，账户的借贷双方必须做相反方向的记录。对于每一个账户而言，如果规定借方登记增加额，则贷方就应该登记减少额；如果规定贷方登记增加额，则借方就应该登记减少额。记录在借方的合计数称为借方发生额；记录在贷方的合计数称为贷方发生额。在每一会计期间的期末，本期借方发生额和本期贷方发生额相抵后的差额，即为本期的期末余额。用"丁"字账户来表示借贷记账法下账户的基本结构如图2-6所示。

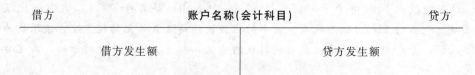

图2-6 借贷记账法下账户的基本结构

1. 资产类账户的结构

"资产＝负债＋所有者权益"是借贷记账法下的基本等式。要保持等式的平衡关系不被破坏，那么资产类账户的结构应该与负债和所有者权益类账户的结构相反。资产类账户的结构是，借方登记资产的增加额，贷方登记资产的减少额。各类账户的余额记录方向一般与增加额的记录方向一致，与增加额记录在同一方向中的账户余额就是正常余额。资产类账户借贷方发生额相抵后的正常余额应在借方，表示期末资产的实有数额。资产类账户的结构如图2-7 所示。

借方	资产类账户		贷方
期初余额	×××		
本期增加额	×××	本期减少额	×××
	×××		×××
	…		…
本期借方发生额	×××	本期贷方发生额	×××
期末余额	×××		

图 2-7 资产类账户的结构

资产类账户的"本期借方发生额"为某一期间借方登记金额（增加）的合计；"本期贷方发生额"为某一期间贷方登记金额（减少）的合计。期末余额可据以下公式计算：

资产类账户期末借方余额＝期初借方余额＋本期借方发生额－本期贷方发生额

2. 负债和所有者权益类账户的结构

负债和所有者权益类账户的结构与资产类账户的结构相反。负债和所有者权益类账户的借方登记减少额，贷方登记增加额，正常余额在贷方，表示负债和所有者权益的实有数额。该类账户的基本结构如图 2-8 所示。

借方	负债和所有者权益类账户		贷方
		期初余额	×××
本期减少额	×××	本期增加额	×××
	×××		×××
	…		…
本期借方发生额	×××	本期贷方发生额	×××
		期末余额	×××

图 2-8 负债和所有者权益类账户的结构

负债和所有者权益类账户的期末余额可据以下公式计算：

负债和所有者权益类账户期末贷方余额＝期初贷方余额＋本期贷方发生额－
本期借方发生额

3. 成本类账户的结构

企业在生产过程中发生的资金耗费而形成的费用，分为计入产品成本、形成企业资产的费用和直接计入当期损益的期间费用。计入产品成本、形成企业资产的费用习惯上称为成本，反映这一成本的账户称为成本类账户，主要包括"生产成本""制造费用"等。成本是企业生产过程中资产耗费的转化形式，是资源转化的量度，成本在没有形成产成品这一最终产品之前是在产品。因此，成本类账户的结构与资产类账户的结构基本相同。

成本类账户的借方记增加，贷方记减少（或转销），期末经结转后一般无余额。如果期末有尚未完工的在产品，则有期末借方余额，表示在产品成本金额。其期末余额的计算公式与资产类账户相同。成本类账户的结构如图2-9所示。

借方	成本类账户		贷方
期初余额	×××		
本期增加额	×××	本期减少额（或转销、转出）	×××
	×××		×××
	…		…
本期借方发生额	×××	本期贷方发生额	×××
期末余额（或平）	×××		

图2-9 成本类账户的结构

4．损益类账户的结构

损益是企业经营的最终成果，是企业经营所取得的收入和所发生的与之配比的费用相抵后的差额。损益类账户分为费用类账户和收入类账户两类。

（1）费用类账户的结构　费用是要以当期的收入进行抵补的资产的耗费，在没有以收入抵补之前，实际上是企业资金的一种运用。另外，费用的增加最终引起所有者权益的减少，而所有者权益的减少记录在账户的借方，所以，费用的增加额在账户中的记录方向应与其一致，即费用类账户的借方登记费用的增加额，贷方登记费用的减少额（或转销、转出）。由于与收入相配比的费用要在期末全部转出，以便与收入相抵，因此该账户在期末经转销后无余额。费用类账户的结构如图2-10所示。

借方	费用类账户		贷方
本期增加额	×××	本期减少额（或转销、转出）	×××
	×××		×××
	…		…
本期借方发生额	×××	本期贷方发生额	×××
期末通常无余额			

图2-10 费用类账户的结构

（2）收入类账户的结构　收入的增加最终引起所有者权益的增加，而所有者权益的增加记录在账户的贷方，所以收入的增加额在账户中的记录方向应与其一致，即收入类账户的贷方登记增加额，借方登记减少额（或转销）。由于本期实现的收入要在期末全部转出，以便与相配比的费用相抵来确定当期的利润或亏损，所以收入类账户在期末经转销后也无余额。收入类账户的结构如图2-11所示。

借方	收入类账户		贷方
本期减少额（或转销、转出）	×××	本期增加额	×××
	×××		×××
	…		…
本期借方发生额	×××	本期贷方发生额	×××
		期末通常无余额	

图2-11 收入类账户的结构

为便于理解和运用各类账户，将全部账户的结构进行概括，见表2-3。

表 2-3 全部账户的结构

账户类别	借方	贷方	余额
资产类	增加	减少	借方
成本类	增加	减少	借方或无余额
费用类	增加	减少	一般无余额
负债类	减少	增加	贷方
所有者权益类	减少	增加	贷方
收入类	减少	增加	一般无余额

专栏 2-4　巧用会计等式掌握借贷记账法下的账户结构

复式记账是会计核算方法体系中的一种基本的方法，我国《企业会计准则》规定企业应当采用借贷记账法作为记账方法。要想掌握借贷记账法，掌握借贷记账法下账户的结构是关键，而初学者往往难以掌握借贷记账法下账户的结构。如何更为方便、有效地掌握账户的结构呢？可借助会计等式来实现。

在第一节中学过综合会计等式"资产＋费用＝负债＋所有者权益＋收入"。由于资产和费用在等式的同一方，所以记账方向相同，即在借方记增加，在贷方记减少，如果有余额，余额在借方。负债类、所有者权益类和收入类账户在等式的同一方，所以记账方向相同，又因负债类、所有者权益类和收入类账户在等式的另一方，所以记账方向与资产类、费用类账户的记账方向正好相反，即在贷方记增加，在借方记减少，如果有余额，余额在贷方。而成本类账户记账方向与费用类账户相同，所以也是在借方记增加，贷方记减少，如果有余额，余额在借方。另外收入类账户和费用类账户同属于损益类账户，期末均应转入本年利润账户以结算企业一定期间的财务成果，因而期末结转后应无余额。

如此一来，要掌握账户的结构，就只需掌握综合会计等式"资产＋费用＝负债＋所有者权益＋收入"，然后再掌握一种最典型的资产类账户如"库存现金"的结构，这样所有账户的一般结构也就掌握了。当然，在实际应用的过程中，还应注意一些特殊的账户的结构。如坏账准备、累计折旧、累计摊销等，它们虽均属于资产类的账户，但账户结构正好与资产类账户的账户结构相反，即在贷方记增加，借方记减少，余额一般在贷方。

需要强调的是，借贷记账法中，"借""贷"是记账符号，它本身已没有任何意义。可以打个比喻，如果有人问你"局长"是好还是坏？这时你很难回答，因为"局长"仅是一个职位，职位本身没有好坏之分。如果问你"××局长"是好还是坏？你可以根据"××局长"的表现，明确地做出自己的价值判断。同理，在借贷记账法中，"借"或"贷"可能表示增加，也可能表示减少，关键取决于账户的性质，即它是属于资产类账户，还是属于负债及所有者权益类账户。如果是资产类账户，"借"表示增加，"贷"表示减少；如果是负债及所有者权益类账户正好与之相反，"借"表示减少，"贷"表示增加。

(三)借贷记账法的记账规则

借贷记账法的记账规则是指运用"借""贷"记账符号在账户中记录经济业务时所产生的记账模式或规律。借贷记账法的记账规则可概括为"有借必有贷、借贷必相等"。对这一规则可具体表述如下:

第一,对每一项经济业务引起会计要素的变动金额,都必须在至少两个相互联系的账户中进行记录;

第二,记录经济业务的账户可以是同一类别账户,也可以是不同类别账户,但必须分别记入一个账户的借方和另一个账户的贷方;

第三,记入借方和贷方的金额必须相等。

对于比较复杂的经济业务,可能会影响两个以上的账户,但也必须遵循"有借必有贷、借贷必相等"的记账规则。如果记入一个账户的借方,必须同时记入几个账户的贷方;或者,如果记入一个账户的贷方,必须同时记入几个账户的借方;或者,记入几个账户的借方,同时记入几个账户的贷方。无论如何,记入借方的总金额与记入贷方的总金额必须相等。

【例2-5】 以【例2-3】的资料为例,说明借贷记账法的记账规则。

业务1:从浦口公司购进原材料一批,采购成本为2 000元,以现金支付货款。

该项经济业务的发生,一方面使资产中库存现金减少2 000元,应在"库存现金"账户的贷方做记录;另一方面是资产中的原材料增加2 000元,应在"原材料"账户的借方做记录。

借方	库存现金	贷方	借方	原材料	贷方
		2 000	2 000		

业务2:从银行取得短期借款10 000元,直接偿还之前欠新港公司货款。

该项经济业务的发生,一方面使负债中的短期借款增加10 000元,应记在"短期借款"账户的贷方;另一方面使负债中的应付账款减少10 000元,应记在"应付账款"账户的借方。

借方	短期借款	贷方	借方	应付账款	贷方
		10 000	10 000		

业务3:将盈余公积30 000元转为资本金。

该项经济业务的发生,一方面使所有者权益中的盈余公积减少30 000元,应在"盈余公积"账户的借方反映;另一方面使所有者权益中的实收资本增加30 000元,应在"实收资本"账户的贷方反映。

借方	盈余公积	贷方	借方	实收资本	贷方
30 000					30 000

业务4:从雨花机械厂购置无须安装的机器设备一台,价款60 000元,款项暂欠。

该项经济业务的发生,一方面使资产中的固定资产增加60 000元,应在"固定资产"账户的借方记录;另一方面使负债中的应付账款增加60 000元,应在"应付账款"的贷方记录。

业务 5：王×以其发明的一项专利对永隆公司进行投资，双方协议作价 40 000 元。

该项经济业务的发生，一方面使资产中的无形资产增加 40 000 元，应在"无形资产"账户的借方记录；另一方面使所有者权益中的实收资本增加 40 000 元，应在"实收资本"的贷方记录。

借方	无形资产	贷方	借方	实收资本	贷方
40 000					40 000

业务 6：以银行存款 60 000 元偿还之前欠雨花机械厂的货款。

该项经济业务的发生，一方面使资产中的银行存款减少 60 000 元，应在"银行存款"账户的贷方记录；另一方面使负债中的应付账款减少 60 000 元，应在"应付账款"账户的借方记录。

业务 7：合伙人李×由于特殊原因退出永隆公司，退还其资本金 30 000 元，并以库存现金支付。

该项经济业务的发生，一方面使资产中的库存现金减少 30 000 元，应在"库存现金"账户的贷方反映；另一方面使所有者权益中的实收资本减少 30 000 元，应在"实收资本"账户的借方反映。

借方	库存现金	贷方	借方	实收资本	贷方
		30 000	30 000		

业务 8：由于合伙人许×的另外一个企业急需资金，许×抽出部分资本 20 000 元，永隆公司因账面库存现金不足，给许×开出期限 6 个月的商业承兑汇票一张。

该项经济业务的发生，一方面使负债中的应付票据增加 20 000 元，应在"应付票据"账户的贷方记录；另一方面使所有者权益中的实收资本减少 20 000 元，应在"实收资本"账户的借方记录。

借方	应付票据	贷方	借方	实收资本	贷方
		20 000	20 000		

业务 9：永隆公司同意将之前欠西善桥公司的款项 100 000 元转为对永隆公司的投资，已办妥相关法律手续并收到西善桥公司出具的投资证明。

该项经济业务的发生，一方面使负债中的应付账款减少 100 000 元，应在"应付账款"账户的借方记录；另一方面使所有者权益中的实收资本增加 100 000 元，应在"实收资本"账户的贷方记录。

上述经济业务可归纳为四种类型：资产类与负债及所有者权益类要素同增业务、资产类与负债及所有者权益类要素同减业务、资产类要素内部一增一减业务、负债及所有者权益类要素内部一增一减业务。借贷记账法下，无论什么类型的经济业务，都适用"有借必有贷、借贷必相等"的记账规则，如图2-12所示。

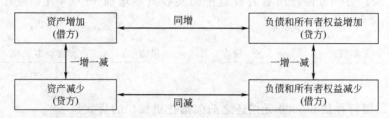

图2-12 四种典型经济业务类型与借贷记账法记账规则

（四）账户对应关系与会计分录

1. 账户对应关系

账户对应关系是指采用借贷记账法对每笔经济业务进行记录时，相关账户之间形成的应借、应贷的相互关系。存在对应关系的账户称为对应账户。例如，某企业从银行提取备用金2 000元。该经济业务使企业的库存现金增加2 000元，同时使银行存款减少2 000元。按账户结构规定，库存现金增加记在账户的借方，银行存款减少记在账户的贷方。可见，库存现金账户与银行存款账户在这里存在对应关系，它们是对应账户。

账户对应关系的意义在于：第一，通过账户对应关系，可以了解经济业务内容及其所引起的资金增减变动情况，了解经济业务的来龙去脉；第二，通过账户对应关系，可以检查账务处理是否合理合法，可以发现对经济业务的处理是否符合有关经济法规和财务会计制度。

2. 会计分录

在运用借贷记账法的记账规则记录经济业务时，首先应当对发生的各项经济业务的内容进行分析，以确定经济业务所涉及的账户名称、各账户应借应贷的记录方向以及各账户应记的金额。在会计实务中，这一工作是通过在记账凭证上编制会计分录的形式完成的。然后，再经过过账的步骤，将每项经济业务涉及借方和贷方账户发生额，从会计分录分别转记到总分类账开设的相应账户中。

会计分录是指对某项经济业务标明其应借应贷账户及其金额的记录，简称分录。会计分录是由应借应贷方向、对应账户名称（会计科目）及应记金额三要素构成。

在教学中，一般采用一定的格式书写会计分录。主要格式要求包括：第一，先借后贷，借和贷要分行写，并且文字和金额的数字都应错开，在一借多贷或一贷多借的情况下，要求贷方或借方的文字和金额数字必须对齐；第二，贷方记账符号、账户名称、金额都要比借方退后两格，表明借方在左，贷方在右；第三，在没有特殊说明的情况下，金额以人民币"元"作为计量单位，但是金额前不必写出货币符号，金额后也不必写出计量单位。

一借一贷
借：账户名称   ×××
　　贷：账户名称   ×××

一借多贷
借：账户名称　　　　　　　　　　　　　　　　　　　　×××
　　贷：账户名称　　　　　　　　　　　　　　　　　　　×××
　　　　账户名称　　　　　　　　　　　　　　　　　　　×××
　　　　账户名称　　　　　　　　　　　　　　　　　　　×××

会计分录的编制步骤包括：第一，分析确定经济业务所涉及的会计账户及其会计要素属性；第二，确定所涉及的账户金额是增加还是减少；第三，根据借贷记账法的记账规则，确定应记入所涉及账户的记账方向；最后，确定借、贷方金额是否相等，如果出现错误，需要进一步更正。

会计分录按所涉及的账户的数量多少，可分为简单会计分录和复合会计分录两种。简单会计分录指涉及的账户数量只有两个，也就是一个账户的借方与另一个账户的贷方发生对应关系的会计分录，即一借一贷的会计分录。复合会计分录指涉及的账户数量在两个以上，也就是一个账户的借方与另外几个账户的贷方，或几个账户的借方与另外一个账户的贷方，和几个账户的借方与另外几个账户的贷方发生对应关系的会计分录，即一借多贷、多借一贷和多借多贷的会计分录。为了能够清楚地反映账户之间的关系，只有在一笔经济业务里客观存在复杂关系时，才能编制多借多贷会计分录，不允许将几项业务合并编制多借多贷会计分录。

【例2-6】 仍以【例2-3】的资料为例，说明借贷记账法下会计分录的编制方法。

业务1：从浦口公司购进原材料一批，采购成本为2 000元，以现金支付货款。

该项经济业务的发生，一方面使资产中库存现金减少2 000元，应在"库存现金"账户的贷方做记录；另一方面使资产中的原材料增加2 000元，应在"原材料"账户的借方做记录。

借：原材料　　　　　　　　　　　　　　　　　　　　2 000
　　贷：库存现金　　　　　　　　　　　　　　　　　　2 000

业务2：向银行取得短期借款10 000元，直接偿还之前欠新港公司货款。

该项经济业务的发生，一方面使负债中的短期借款增加10 000元，应记在"短期借款"账户的贷方；另一方面使负债中的应付账款减少10 000元，应记在"应付账款"账户的借方。

借：应付账款　　　　　　　　　　　　　　　　　　　10 000
　　贷：短期借款　　　　　　　　　　　　　　　　　　10 000

业务3：将盈余公积30 000元转为资本金。

该项经济业务的发生，一方面使所有者权益中的盈余公积减少30 000元，应在"盈余公积"账户的借方反映；另一方面使所有者权益中的实收资本增加30 000元，应在"实收资本"账户的贷方反映。

借：盈余公积　　　　　　　　　　　　　　　　　　　30 000
　　贷：实收资本　　　　　　　　　　　　　　　　　　30 000

业务4：从雨花机械厂购置无须安装的机器设备一台，价款60 000元，款项暂欠。

该项经济业务的发生，一方面使资产中的固定资产增加60 000元，应在"固定资产"账户的借方记录；另一方面使负债中的应付账款增加60 000元，应在"应付账款"的贷方记录。

借：固定资产　　　　　　　　　　　　　　　　　　　　　　　　60 000
　　贷：应付账款　　　　　　　　　　　　　　　　　　　　　　　　60 000

业务5：王×以其发明的一项专利对永隆公司进行投资，双方协议作价40 000元。

该项经济业务的发生，一方面使资产中的无形资产增加40 000元，应在"无形资产"账户的借方记录；另一方面使所有者权益中的实收资本增加40 000元，应在"实收资本"的贷方记录。

借：无形资产　　　　　　　　　　　　　　　　　　　　　　　　40 000
　　贷：实收资本　　　　　　　　　　　　　　　　　　　　　　　　40 000

业务6：以银行存款60 000元偿还之前欠雨花机械厂的货款。

该项经济业务的发生，一方面使资产中的银行存款减少60 000元，应在"银行存款"账户的贷方记录；另一方面使负债中的应付账款减少60 000元，应在"应付账款"账户的借方记录。

借：应付账款　　　　　　　　　　　　　　　　　　　　　　　　60 000
　　贷：银行存款　　　　　　　　　　　　　　　　　　　　　　　　60 000

业务7：合伙人李×由于特殊原因退出永隆公司，退还其资本金30 000元，并以库存现金支付。

该项经济业务的发生，一方面使资产中的库存现金减少30 000元，应在"库存现金"账户的贷方反映；另一方面使所有者权益中的实收资本减少30 000元，应在"实收资本"账户的借方反映。

借：实收资本　　　　　　　　　　　　　　　　　　　　　　　　30 000
　　贷：库存现金　　　　　　　　　　　　　　　　　　　　　　　　30 000

业务8：由于合伙人许×的另外一个企业急需资金，许×抽出部分资本20 000元，永隆公司因账面库存现金不足，给许×开出期限6个月的商业承兑汇票一张。

该项经济业务的发生，一方面使负债中的应付票据增加20 000元，应在"应付票据"账户的贷方记录；另一方面使所有者权益中的实收资本减少20 000元，应在"实收资本"账户的借方记录。

借：实收资本　　　　　　　　　　　　　　　　　　　　　　　　20 000
　　贷：应付票据　　　　　　　　　　　　　　　　　　　　　　　　20 000

业务9：永隆公司同意将之前欠西善桥公司的款项100 000元转为对永隆公司的投资，已办妥相关法律手续并收到西善桥公司出具的投资证明。

该项经济业务的发生，一方面使负债中的应付账款减少100 000元，应在"应付账款"账户的借方记录；另一方面使所有者权益中的实收资本增加100 000元，应在"实收资本"账户的贷方记录。

借：应付账款　　　　　　　　　　　　　　　　　　　　　　　　100 000
　　贷：实收资本　　　　　　　　　　　　　　　　　　　　　　　　100 000

（五）过账

在记账凭证中通过编制会计分录的形式记录各项经济业务以后，应将有关会计要素的变动情况记入有关账户，这个记账步骤通常称为过账，或称为登记账簿。在会计实务中，通常把编制会计分录和过账工作统称为"账务处理"。

【例 2-7】 仍以【例 2-3】的资料为例，说明过账的基本原理。假设永隆公司 20×7 年 5 月各分类账户月初余额见表 2-4。

表 2-4　永隆公司 5 月总分类账户月初余额表

20×7 年 5 月 1 日　　　　　　　　　　　　　　　　　　单位：元

资产账户	金额	负债及所有者权益账户	金额
库存现金	50 000	短期借款	0
银行存款	100 000	应付账款	120 000
原材料	20 000	应付票据	0
固定资产	30 000	实收资本	100 000
无形资产	70 000	盈余公积	50 000
合计	270 000	合计	270 000

1. 开设"丁"字账户并登记期初余额

将永隆公司月初各账户余额（表 2-4）过入有关账户（图 2-13）。

2. 根据所编制的会计分录，在"丁"字账户中记录本期发生额

将永隆公司本月发生的 9 笔经济业务所编制的会计分录（见【例 2-6】）过入有关账户（图 2-13）。

3. 结账

先在"丁"字账户上所登记的最后一笔金额下画一条"红线"，然后在红线下计算并登记各账户的本期借方、贷方发生额和期末余额（图 2-13）。各账户期末余额汇总见表 2-5。

表 2-5　永隆公司某月总分类账户月末余额表

20×7 年 5 月 31 日　　　　　　　　　　　　　　　　　　单位：元

资产账户	借方余额	负债及所有者权益账户	贷方余额
库存现金	18 000	短期借款	10 000
银行存款	40 000	应付账款	10 000
原材料	22 000	应付票据	20 000
固定资产	90 000	实收资本	220 000
无形资产	110 000	盈余公积	20 000
合计	280 000	合计	280 000

（六）借贷记账法的试算平衡

1. 试算平衡原理

试算平衡，就是指利用"资产＝负债＋所有者权益"的平衡原理，按照记账规则的要求，通过汇总、计算和比较，来检查会计账户处理和账簿记录的正确性、完整性的一种方法。具体包括发生额平衡法和余额平衡法。

发生额平衡法，是根据本期所有账户借方发生额合计与贷方发生额合计的恒等关系，检验本期发生额记录是否正确的方法。公式为：

全部账户的借方发生额合计＝全部账户的贷方发生额合计

借方	库存现金		贷方		借方	银行存款		贷方
期初余额	50 000				期初余额	100 000		
		业务1	2 000				业务6	60 000
		业务7	30 000					
本期发生额	0	本期发生额	32 000		本期发生额	0	本期发生额	60 000
期末余额	18 000				期末余额	40 000		

借方	原材料		贷方		借方	固定资产		贷方
期初余额	20 000				期初余额	30 000		
业务1	2 000				业务4	60 000		
本期发生额	2 000	本期发生额	0		本期发生额	60 000	本期发生额	0
期末余额	22 000				期末余额	90 000		

借方	无形资产		贷方		借方	短期借款		贷方
期初余额	70 000						期初余额	0
业务5	40 000						业务2	10 000
本期发生额	40 000	本期发生额	0		本期发生额	0	本期发生额	10 000
期末余额	110 000						期末余额	10 000

借方	应付账款		贷方		借方	应付票据		贷方
		期初余额	120 000				期初余额	0
业务2	10 000	业务4	60 000				业务8	20 000
业务6	60 000							
业务9	100 000							
本期发生额	170 000	本期发生额	60 000		本期发生额	0	本期发生额	20 000
		期末余额	10 000				期末余额	20 000

借方	盈余公积		贷方		借方	实收资本		贷方
		期初余额	50 000				期初余额	100 000
业务3	30 000				业务7	30 000	业务3	30 000
					业务8	20 000	业务5	40 000
							业务9	100 000
本期发生额	30 000	本期发生额	0		本期发生额	50 000	本期发生额	170 000
		期末余额	20 000				期末余额	220 000

图 2-13 永隆公司 5 月经济业务过账结果

因为按照"有借必有贷、借贷必相等"的记账规则,对每一笔经济业务的会计分录,借贷双方的发生额是必然相等的。在将一定时期的全部经济业务的会计分录都记入有关账户后,必然是所有账户的借方发生额合计等于所有账户的贷方发生额合计。

余额平衡法,是指在会计期末账户余额在借方的全部数额和在贷方的全部数额分别加总后,利用"资产=负债+所有者权益"的平衡原理来检验会计处理正确性的一种试算平衡方法。其试算平衡公式是:

全部账户的借方期末余额=全部账户的贷方期末余额

余额平衡法的基本原理是,在借贷记账法下,资产账户的期末余额在借方,负债和所有者权益账户的期末余额在贷方,由于存在"资产=负债+所有者权益"的平衡关系,所以全部账户的借方期末余额合计数应当等于全部账户的贷方期末余额合计数。余额平衡法主要是通过各种账户余额来检查、推断账户处理正确性的。

2. 试算平衡表的编制

试算平衡工作是通过编制试算平衡表完成的。编制试算平衡表,是为了在结计利润以前及时发现错误并予以更正。同时,它汇集了各账户的资料,依据试算平衡表编制财务报表将比直接依据分类账编制财务报表更为方便,对于拥有大量分类账的企业尤其如此。

试算平衡表可定期或不定期地编制,它是企业经常性的会计工作之一。因为试算平衡表使用频繁,所以企业大多事先印好企业名称、试算平衡表名称、账户名称,实际编制时只要填入各账户余额或发生额并予以汇总即可。与上述两种试算平衡原理相对应,借贷记账法的试算平衡有账户发生额试算平衡法和账户余额试算平衡法两种。前者是以借贷记账法的记账规则为依据的,后者是以资产等于权益(负债与所有者权益)的会计等式为依据的。试算平衡表一般设为六栏,既可以进行总分类账户本期发生额的试算平衡,又可以进行总分类账户期初余额和期末余额的试算平衡。

【例2-8】 仍沿用【例2-6】和【例2-7】的资料,编制永隆公司20×7年5月末的试算平衡表(表2-6)。

表2-6 永隆公司试算平衡表

20×7年5月31日   单位:元

账户名称	期初余额		本期发生额		期末余额	
	借方	贷方	借方	贷方	借方	贷方
库存现金	50 000			32 000	18 000	
银行存款	100 000			60 000	40 000	
原材料	20 000		2 000		22 000	
固定资产	30 000		60 000		90 000	
无形资产	70 000		40 000		110 000	
短期借款		0		10 000		10 000
应付账款		120 000	170 000	60 000		10 000
应付票据		0		20 000		20 000
实收资本		100 000	50 000	170 000		220 000
盈余公积		50 000	30 000			20 000
合计	270 000	270 000	352 000	352 000	280 000	280 000

如果试算平衡表借方余额合计数和贷方余额合计数不相等,说明肯定存在错误,应当予以查明纠正。一般情况下,首先应检查试算平衡表本身有无差错,即借方余额和贷方余额的合计数有无漏加或错加。如果试算平衡表本身没有加算错误,就需用下列方法依次进行检查,直至找出错误为止。

(1)检查全部账户是否都已列入了试算平衡表,并检查各个账户的发生额和期末余额是否都已正确地抄入试算表。

(2)复核各个账户的发生额和期末余额是否计算正确。

(3)追查由记账凭证转记分类账的过程,核对后应在已核对数旁做核对记号。追查结束后,再查寻一下记账凭证、分类账上有无未核对的金额。追查记账过程时,不仅要注意金额是否无误,而且要核对过账时借方和贷方有无错置。

(4)核实记账凭证编制是否正确,有无记账方向差错、违反"有借必有贷,借贷必相等"的记账规则,排除记账凭证错误。

试算平衡,只能说明总分类账的登记基本正确,不能说明绝对正确。如果试算平衡表借方余额合计数和贷方余额合计数相等,并不一定表示账务处理完全正确。有些错误的发生不会导致试算平衡表中各账户借方余额合计数与贷方余额合计数的失衡。例如,漏过会计分录,重过会计分录,错过会计分录所确定的应借、应贷账户,虽有过账错误,但数额恰好互相抵消等。这些错误并不影响试算平衡,试算平衡表难以发现。但是,会计记录上的大多数错误往往会使借贷失衡,试算平衡表在验证会计处理正确性方面仍有其重要的功效,不失为简便、有效的验证工具。

本章总结

会计等式也称会计恒等式,是根据会计要素之间的相互依存关系建立的数学表达方式。它是复式记账、试算平衡和编制财务报表的理论依据。"资产=负债+所有者权益"是会计基本等式,企业无论在任何时点,发生什么经济业务,都不会破坏资产、负债、所有者权益之间的这一数量关系。

企业的经济业务分两大类:一类是只影响资产、负债和所有者权益要素的经济业务;另一类是既影响收入、费用和利润要素,也影响资产、负债和所有者权益要素的经济业务。这两类又可概括为四种类型。

会计科目指按照经济内容对各个会计要素进行分类所形成的类目。会计要素是对会计对象的基本分类。会计科目的设置应遵循合法性、相关性和实用性等原则。会计科目按所反映的经济内容不同,通常分为资产类、负债类、所有者权益类、成本类和损益类五类。会计科目按所提供指标的详细程度不同,分为总分类科目和明细分类科目两类。

账户是根据会计科目设置的,具有一定的结构,用于分类反映会计要素增减变动情况及其结果的一种手段。设置账户是会计核算的重要方法之一。会计账户与会计科目之间,既有区别又有联系。

借贷记账法是一种以"借""贷"作为记账符号,以"有借必有贷、借贷必相等"为记账规则,反映经济业务引起各会计要素增减变动及结果情况的一种复式记账方法。在借贷记账法下,账户的基本结构是将每一个账户分为"借方"和"贷方",按照会计惯例,账户的左方为"借方",账户的右方为"贷方"。"借"和"贷"何时为增加、何时为减少,必须结合账户的具体性质才能准确说明。资产类、成本类和费用类账户是"借"增"贷"减,负债类、所有者权益类和收入类账户是"借"减"贷"增。借贷记账法的记账规则可概括为"有借必有贷、借贷必相等"。

账户对应关系是指采用借贷记账法对每笔经济业务进行记录时,相关账户之间形成的应借、应贷的相互关系。

会计分录是指对某项经济业务标明其应借应贷账户及其金额的记录,简称分录。会计分录按所涉及的账户的数量多少,可分为简单会计分录和复合会计分录两种。

在记账凭证中通过编制会计分录的形式记录各项经济业务以后,应将有关会计要素的变动情况记入有关账户,这个记账步骤通常称为过账,或称为登记账簿。

试算平衡包括发生额平衡法和余额平衡法。试算平衡工作是通过编制试算平衡表完成的。试算平衡,只能说总分类账的登记基本正确,不能保证绝对正确。

重要概念

会计等式　静态会计等式　动态会计等式　综合会计等式　会计科目　总分类科目　明细分类科目　账户　总分类账户　明细分类账户　复式记账　借贷记账法　记账规则　账户对应关系　会计分录　简单会计分录　复合会计分录　过账　试算平衡　发生额平衡法　余额平衡法

复习思考题

1. 会计基本等式是如何表达的？经济业务的发生对会计等式有何影响？
2. 什么是会计科目？设置会计科目的意义和原则有哪些？
3. 会计科目是如何分类的？
4. 什么是账户？账户与会计科目的关系如何？
5. 说明账户的基本内容及四个基本数量之间的关系。
6. 什么是复式记账？复式记账有什么特点？
7. 说明借贷记账法下各类账户的结构及数量关系。
8. 借贷记账法的记账规则是什么？
9. 什么是账户对应关系？
10. 什么是会计分录？会计分录的编制要求有哪些？
11. 什么是过账？如何进行过账？
12. 什么是试算平衡？试算平衡能起到什么样的作用？

练习题

习题一

一、目的

练习经济业务引起会计要素变动及对会计等式的影响。

二、资料

博道公司20×7年7月1日所有资产项目合计为800 000元，负债项目合计为210 000元，所有者权益项目合计为590 000元。该企业20×7年7月份发生下列经济业务。

1. 购入原材料一批已入库，金额6 000元，原材料款尚未支付。
2. 购入材料一批已入库，金额4 000元，材料款以银行存款支付。
3. 投资者追加投入设备一台，价值70 000元。
4. 从银行借入资金40 000元，并存入银行账户。
5. 收到购货单位归还所欠货款20 000元，并存入银行。
6. 以现金1 000元支付采购员出差预借的差旅费。
7. 以银行存款30 000元偿还短期借款。
8. 接受外单位捐赠设备一套，现有价值40 000元。
9. 从银行取得借款6 000元，直接偿付所欠购料款。

10. 以银行存款 30 000 元缴纳应交税费。
11. 以银行存款 6 000 元支付长期借款利息。
12. 从银行提取现金 4 000 元。
13. 把盈余公积 10 000 元，用于转增资本。

三、要求

1. 根据上述经济业务，逐项分析其对资产、负债及所有者权益三类会计要素增减变动的影响。
2. 计算 7 月末资产、负债及所有者权益三类会计要素的总额，并列出会计等式。

习 题 二

一、目的

练习会计分录的编制、丁字形账户的登记方法和试算平衡表的编制。

二、资料

博时公司 20×7 年 12 月 31 日的期末余额如下表。

单位：元

资产	借方余额	负债及所有者权益	贷方余额
库存现金	5 000	短期借款	500 000
银行存款	100 000	应付账款	300 000
应收账款	595 000	应付股利	100 000
原材料	500 000	实收资本	2 000 000
库存商品	800 000	资本公积	1 000 000
固定资产	2 000 000	盈余公积	100 000
合计	4 000 000	合计	4 000 000

该公司 20×8 年 1 月发生下列经济业务。

1. 用银行存款 20 000 元购买一批材料。
2. 以银行存款归还到期的短期借款 50 000 元。
3. 将资本公积 500 000 元转增实收资本。
4. 从银行提取现金 10 000 元。
5. 应付××公司的账款 300 000 元转作对本公司投资。
6. 向银行借入短期借款 600 000 元，存入银行。
7. 投资人投资库房一间，价值 2 000 000 元。
8. 用银行存款 100 000 元发放应付股利。
9. 用银行存款 500 000 元归还个人投资。

三、要求

1. 根据上述资料开设相关账户并登记各账户的期初余额。
2. 根据资料编制各经济业务的会计分录。
3. 根据各经济业务的会计分录，登记各账户的借方发生额、贷方发生额。
4. 根据各账户的借方发生额、贷方发生额，计算各账户的期末余额。
5. 根据各账户的期初余额、本期借贷方发生额和期末余额编制"发生额及余额试算平衡表"。

案例分析

张鹏和李程是一对好朋友,两人在大学毕业 10 周年同学聚会上见面。看到有些同学功成名就,他们也跃跃欲试,决定合伙开办一家公司。经过深入市场调查后,他们一致决定从事礼品制作,送货上门,并给公司起名为"鹏程礼品公司"。于是二人紧锣密鼓,筹备公司开办事宜。首先,要解决资金问题,他们各自拿出自己积蓄的存款,张鹏出资 420 000 元,李程出资 200 000 元。此外,他们又从好朋友王伟处借到 230 000 元,并承诺三年后一次还本付息,所有资金均存入企业开立银行账户。

资金到位后,花费 270 000 元购买门市用房,又购进 3 辆货运车,每辆 40 000 元,现款支付;赊购一台机器设备,购价 120 000 元;购买原材料一批,支付价款 10 000 元。此时,企业开始显得人手不足,张鹏到人才市场招聘一名员工,第二天上班。同时,把暂时闲置的一辆货运车赊销给鸿达公司。这样,经过紧张的准备后,鹏程礼品公司开始正式挂牌营业了(为了简化,不考虑税收问题)。

要求:(1)本案例中涉及哪些资产类、负债类和所有者权益类账户?
(2)根据发生的经济业务,编制会计分录。
(3)编制本月月末的试算平衡表。

第三章 企业主要经济业务的核算

学习目标：
1. 掌握企业主要经济业务核算的内容。
2. 掌握核算企业主要经济业务设置的会计账户及其账户属性、账户结构。
3. 掌握企业主要经济业务的账务处理。
4. 熟悉成本计算的相关概念、基本原理和基本方法。
5. 了解核算企业主要经济业务的会计账户之间的内在联系。

导入案例：

孙鹏在大学学习期间，对自己所学的软件工程专业非常着迷，经常带领几个好伙伴一起探讨感兴趣的专业问题，编写的小程序成为许多同学日常生活学习的小工具。大学毕业之际，孙鹏对自己如何运用专业技能从而更好地服务社会充满期待。征得父母同意和支持后，孙鹏决定充分利用国家鼓励大学生创新创业政策的难得机遇，偕同两个具有共同志向的好伙伴 A 和 B 自主创业。

三人由父母资助，分别出资 10 万元、5 万元和 5 万元，在南京市软件园区租赁了一间办公用房，成立了一家软件开发与服务咨询公司，孙鹏任 CEO。公司聘请了 1 人专门负责内外勤事务，购置了 4 台笔记本电脑，预付了 1 年的房租，订制了门面图文广告，另外还购买了办公桌椅、饮水机、打印纸等办公用品。公司 4 名职员第一年的薪酬暂定每月 4 000 元。经过一个月紧锣密鼓的筹备，公司终于开张了。此时，20 万元的注册资金已经所剩无几，好在公司可以享受政策贷款，公司将根据业务发展需要及时向银行申请贷款。

由于定位于服务中小企业，公司承接的业务量很快就让孙鹏四人应接不暇了。于是，又招聘了 2 名职员。孙鹏带领几个年轻人齐心协力，刻苦钻研，热情服务。他希望公司在软件园区赢得良好的口碑，并有望第一年盈亏平衡，略有盈余；第二年之后，每年盈余有 20% 以上的增长。这样，孙鹏才能够让几个好伙伴尽快改善生活，没有后顾之忧地全身心投入他们共同热爱的事业，公司才能够更好地生存和发展。

孙鹏的愿望能够实现吗？

第一节 企业主要经济业务核算概述

一、企业主要经济业务核算的意义

企业是社会主义市场经济的主体，其基本任务是通过提供符合市场需要的商品或劳务，实现企业的自负盈亏和自我发展。为了全面、连续、系统地核算和监督企业生产经营活动过程和结果，也就是企业再生产过程中的资金运动，企业必须根据各项经济业务的具体内容和管理要求，相应设置不同账户，并运用借贷记账法，对各项经济业务的发生进行账务处理，为利益相关者提供所需要的各种会计信息。

二、企业主要经济业务核算的内容

企业经济业务的发生,源于企业的生产经营活动。工业企业的生产经营活动过程是以产品生产为主要经济活动的采购过程、生产过程和销售过程三者的统一。

企业为了正常开展生产经营活动,需要占有一定数量的现金、银行存款、原材料、固定资产等资产,这些资产的货币表现就是资金。企业资金的来源主要是债权人提供和所有者投资。资金进入企业以后,随着生产经营活动的进行,资金依次经过采购、生产和销售过程,其占用形态不断转化、周而复始,形成资金的循环和周转。

在采购过程中,企业以货币资金购买设备、材料等,为进行产品生产准备必要的生产资料。这时资金由货币资金形态转化为储备资金形态和固定资金形态。

在生产过程中,劳动者借助于劳动资料对劳动对象进行加工,制造出各种为社会所需要的产品。在产品生产过程中,发生的各种材料费用、固定资产折旧费用、职工薪酬费用等生产费用的总和,就构成了产品成本。这时资金就从固定资金、储备资金和货币资金形态转化为生产资金形态。随着产品制成和验收入库,资金又从生产资金形态转化为成品资金形态。

在产品销售过程中,企业一方面将产品销售给购买单位,同时要办理结算收取货款。通过这一过程,成品资金又转化为货币资金形态。

将企业一定期间所取得的收入抵补各项费用后形成经营成果。经营成果如果表现为利润,应进行分配;如果表现为亏损,应进行弥补。经过分配一部分资金退出企业,一部分资金要重新投入生产周转。

资金筹集、采购、生产、销售、利润形成和分配等活动构成了工业企业主要经济业务的核算内容。工业企业主要经营过程及资金运动见第一章图1-1。

三、成本计算的基本要求和内容

成本计算是指将企业在生产经营过程中发生的各种耗费按照一定的对象进行分配和归集,以计算总成本和单位成本。成本计算是会计核算的一种专门方法,也是企业生产经营过程的一项主要核算内容。企业经营过程中的成本计算主要包括资产采购成本计算和产品生产成本计算。

(一)成本计算的基本要求

1. 按规定的成本内容进行确认和计量

企业应当根据生产经营特点和管理要求,按照《企业产品成本核算制度(试行)》规定的成本开支范围和费用开支标准确认生产费用,计算产品实际生产成本。企业不得虚列、多列、不列或者少列费用、成本,以保持成本的真实性和计算口径的一致性。

2. 划清支出与费用、费用与成本的界限

(1)支出与费用的界限。支出与费用是两个不同的概念。企业日常发生的支出,有的属于收益性支出,有的属于资本性支出。收益性支出是指受益期不超过一年或一个营业周期的支出,即发生该项支出是仅仅为了取得本期收益。资本性支出是指受益期超过一年或一个营业周期的支出,即发生该项支出不仅是为了取得本期收益,而且也是为了取得以后各期收益。收益性支出应该费用化,计入当期损益(费用),从当期产品销售收入中得到补偿。比如,企业购买材料发生的买价支出。资本性支出应该资本化,计入有关资产的成本,即不能计入当期损益(费用),应该在受益的多个会计期间采用合理的方法进行分摊,计入相应期间的损益（费用），从各相应期间产品销售收入中得到补偿。比如，企业购买生产设备的买价支出。

（2）费用与成本的界限。费用与成本的概念也是不同的。虽然费用与成本的经济内容一致，都是各种人力、物力和财力消耗的货币表现，但两者计算的基础却不相同。费用是按照一定会计期间归集的料、工、费的耗费，而成本则是按照成本计算对象归集的料、工、费的耗费。费用按对象归集后才能形成成本，成本是对象化了的费用。比如，在采购过程中支付的材料买价、运杂费等采购费用，按各种材料进行归集和分配，构成各种材料的采购成本。在生产过程中发生的生产费用（包括采购成本、加工成本等），按各种产品进行归集和分配，构成各种产品的制造成本，又称产品的生产成本，简称产品成本。

企业一定期间发生的费用，有些与产品的生产有关，有些与产品的生产无关。在进行产品成本计算时，只有与产品生产有关，或属于使产品达到目前场所和状态的费用，才能计入产品成本；凡是与产品生产无关，或不属于使产品达到目前场所和状态的费用，不能计入产品成本，应该确认为期间费用，如管理费用、销售费用或财务费用。

3. 按权责发生制进行成本计算

会计核算的基础有权责发生制和收付实现制。《企业会计准则－基本准则》规定，企业应以权责发生制为基础进行会计确认、计量和报告。收付实现制即实收实付制，是以货币资金的实际收、付作为标准来确定本期的收入和费用的。权责发生制即应收应付制，是以应收和应付作为标准来确立本期的收入和费用。因此，要准确、合理地计算各个会计期间的成本，必须以权责发生制为基础，正确划分费用的归属期，由各期成本合理地负担。凡是由本期成本负担的费用，不论是否支付，都应全部计入本期成本；凡不应由本期成本负担的费用，即使已经支付，也不能计入本期成本。

（二）成本计算的内容

在企业经营过程的各个阶段中，成本计算和费用核算是同时进行的。各种应计入成本的费用发生后，先按各种成本对象在有关账户中进行归集、分配和登记，然后计算出各对象的总成本和单位成本。

1. 确定成本计算对象。成本计算对象即费用归属的对象。在进行成本计算时，只有先确定成本计算的对象，才能按成本计算对象归集费用，计算各种成本计算对象的成本。

一般地说，成本计算的对象应为劳动耗费的受益物。例如，在采购过程中，为采购各种物资所发生的费用，应以各种物资为成本计算对象进行归集和计算各种物资的采购成本；在生产过程中，为生产各种产品所发生的各种生产费用，应以各种产品为成本计算对象进行归集和计算各种产品的生产成本。

2. 划分成本计算期。成本计算期是指多长时间计算一次成本。一般地说，成本计算期应与产品的生产周期相一致，但这要取决于企业生产组织的特点。如果是单件、小批量生产，可以按产品的生产周期确定成本计算期；如果是反复不断地大量生产同一种产品或几种产品，则按月计算成本。

3. 确定成本项目。计入成本的各种费用按其经济用途分类，就是成本项目。企业在进行成本核算时，应当按照《企业产品成本核算制度（试行）》的要求，结合企业生产经营和管理特点，根据成本的经济用途和生产要素内容相结合的原则确定成本项目。产品成本项目一般分为直接材料、直接人工、制造费用等项目。

4. 归集和分配各种要素费用。产品成本计算的过程，实际上是料、工、费等要素费用按一定成本对象进行归集和分配的过程。有些要素费用的发生只与某一个成本计算对象有关，应直接计入该对象的成本，这些直接计入成本计算对象的费用，称为直接费用。有些要素费用的发生与几个成本计算对象有关，应由几个成本计算对象共同负担的，就要按一定的标准在几个成本计算对象之间进行分配，这些经过分配才能计入成本计算对象的费用，称为间接费用。分配间接费用的标准对成本核算的正确性影响很大。因此，对费用分配标准的选用必须慎重，一经选定，不能随意变动，以保持各期成本核算口径的一致性。为了归集和分配各种要素费用，企业应按照成本计算对象和成本项目设置登记成本明细分类账户。

5. 计算完工产品的成本。各个成本计算对象的成本计算资料，是通过费用、成本的明细分类核算完成的。根据成本明细分类账的记录，以及材料耗用、工时消耗等原始记录，可以计算出完工产品和在产品的成本，编制"完工产品成本计算表"。

第二节 资金筹集业务的核算

一、资金筹集业务的主要内容

资金是企业从事生产经营活动的必要条件，筹集资金是企业重要的财务活动之一。在社会主义市场经济条件下，企业的资金来源很多，但归纳起来主要有两个渠道：一是投资人的投资及其在经营过程中所形成的增值，形成投资人的权益，这类业务称为权益资金筹集业务；二是从金融机构、其他企业或个人借入的资金，形成债权人的权益，这类业务称为负债资金筹集业务。投资者投入的资金，构成企业所有者权益的主要部分，而借入的资金，则是企业的负债。不论哪种渠道的筹资活动，都应加强管理和核算，降低筹资成本，提高企业经济效益。

投资者实际投入企业经营活动的各种财产物资，形成企业的投入资本。投入资本按照企业的组织形式不同，可划分为独资企业的所有者投入，合伙企业的所有者投入，公司制企业（股份有限公司和有限责任公司）的所有者投入。投入资本按照投资者出资方式不同，分为货币资金投资、实物投资和无形资产投资等。投资者投入企业的资本，在企业持续经营期间不能任意抽回，但是可依法转让。企业必须遵守资本保全的原则，不得以任何方式减少投资者对企业投入的资本数额，以维护投资者的合法权益。

企业通过融资活动和商业活动可以获得债务资金。当企业向银行等金融机构借款或向其他企业单位赊购材料、商品时，就形成了企业对其他经济实体的负债。其中前者属融资活动形成的负债，后者属商业活动形成的负债（第三节具体介绍）。负债一般按其偿还期限的长短可以分为流动负债和长期负债。流动负债是指将在一年或超过一年的一个营业周期内偿还的债务，包括短期借款、应付账款、应付职工薪酬、应交税费、应付利润等。长期负债是指偿还期在一年或超过一年的一个营业周期以上的债务，包括长期借款、应付债券、长期应付款等。

二、资金筹集业务核算的主要账户

（一）"银行存款"账户

该账户是资产类账户，用来核算企业存入银行或其他金融机构的各种存款的收入、支出和结存情况。该账户的借方登记银行存款的收入数；贷方登记银行存款的支出数；期末余额在借方，表示银行存款的实有数。该账户的结构和内容如图3-1所示。

借方	银行存款	贷方
银行存款的收入数	银行存款的支出数	
期末银行存款的实有数		

图 3-1 "银行存款"账户的结构和内容

(二)"实收资本"(或"股本")账户

该账户是所有者权益类账户,用来核算企业投资者投入资本的变化过程及其结果。如果企业是股份有限公司,则该账户改为"股本"账户。该账户的贷方登记投资者投资的增加数;借方登记特殊情况(如合同期满或破产清算)返还的投资额;期末余额一般在贷方,表示投资者投资的实有数。"实收资本"账户一般应按投资者设置明细账户,进行明细分类核算。该账户的结构和内容如图 3-2 所示。

借方	实收资本(或股本)	贷方
按法定程序报经批准减少的注册资本金额	投资者投入的注册资本增加额 资本公积或盈余公积转增资本的金额	
	期末企业实收资本或股本总额	

图 3-2 "实收资本"(或"股本")账户的结构和内容

(三)"资本公积"账户

"资本公积"账户用于核算企业收到投资者出资额超出其在注册资本或股本中所占份额的部分以及直接计入所有者权益的利得和损失。该账户贷方登记企业资本公积的增加数,借方登记资本公积的减少数,期末余额在贷方,反映企业资本公积实有数。该账户应设置"资本溢价(股本溢价)"、"其他资本公积"进行明细核算。在股份有限公司,资本公积表现为超面值缴入股本,即实际出资额大于股票面值的差额;在其他企业,则表现为资本溢价。直接计入所有者权益的利得和损失,是指不应计入当期损益、会导致所有者权益发生增减变动的、与所有者投入资本或向所有者分配利润无关的利得或损失。该账户的结构和内容如图 3-3 所示。

借方	资本公积	贷方
以资本公积转增资本的金额	出资额中资本溢价或股本溢价金额 增加的其他资本公积	
	期末企业的资本公积	

图 3-3 "资本公积"账户的结构和内容

(四)"短期借款"账户

该账户是负债类账户,用来核算企业向银行或其他金融机构借入的期限在 1 年以内(含 1 年)的各种借款的增减变动及其结余情况。该账户的贷方登记短期借款的借入数,借方登记归还数,期末余额一般在贷方,表示尚未归还的短期借款数。"短期借款"账户一般按借款种类、贷款人和币种设置明细账户,进行明细分类核算。该账户的结构和内容如图 3-4 所示。

借方	短期借款	贷方
企业归还的短期借款的本金额	企业借入的各种短期借款	
	期末企业尚未归还的短期借款	

图 3-4 "短期借款"账户的结构和内容

(五)"长期借款"账户

该账户是负债类账户,用来核算企业向银行或其他金融机构借入的期限在1年以上(不含1年)的各种借款的增减变动及其结余情况。该账户的贷方登记长期借款的借入数,借方登记归还数,期末余额一般在贷方,表示尚未归还的长期借款数。"长期借款"账户应按借款种类和贷款单位设置明细账户,进行明细分类核算。该账户的结构和内容如图 3-5 所示。

借方	长期借款	贷方
企业归还的长期借款的本金额	企业借入的各种长期借款	
	期末企业尚未归还的长期借款	

图 3-5 "长期借款"账户的结构和内容

(六)"固定资产"账户

该账户是资产类账户,用以核算企业固定资产取得成本(原价)的增减变动及其结余情况。该账户借方登记企业增加的固定资产原价,贷方登记企业减少的固定资产原价,期末余额在借方,表示企业期末固定资产账面原价。"固定资产"账户可按固定资产类别和项目进行明细核算。该账户的结构和内容如图 3-6 所示。

借方	固定资产	贷方
企业增加的固定资产的原价	企业因处置固定资产而减少的账面原价	
期末固定资产的账面原价		

图 3-6 "固定资产"账户的结构和内容

三、资金筹集业务的核算

【例 3-1】 新华工厂为增值税一般纳税人,20×7 年 9 月份发生下列资金筹集业务。

(1) 9月1日,收到 A 投资者投入资本 16 000 元,已存入银行。

该项经济业务的发生,一方面使企业的一项资产(银行存款)增加了 16 000 元,应记入"银行存款"账户的借方;另一方面使所有者权益(实收资本)增加了 16 000 元,应记入"实收资本"账户的贷方。编制会计分录如下。

借:银行存款 16 000
　　贷:实收资本——A 投资者 16 000

(2) 9月2日,收到 C 企业投入的库房一间,价值为 74 000 元(假设此金额是公允的,且 C 企业未能提供符合抵扣条件的增值税发票)。

该项经济业务的发生,一方面使企业的资产(固定资产)增加了 74 000 元,应记入

"固定资产"账户的借方;另一方面使所有者权益(实收资本)增加了74 000元,应记入"实收资本"账户的贷方。编制会计分录如下。

借:固定资产——建筑物　　　　　　　　　　　　　　　74 000
　　贷:实收资本——C企业　　　　　　　　　　　　　　　　74 000

(3)9月2日,向银行申请借入为期6个月、年利率为5%的流动资金借款30 000元,款存银行备用。

该项经济业务发生,一方面使企业的资产(银行存款)增加了30 000元,应记入"银行存款"账户的借方;另一方面使负债(短期借款)增加了30 000元,应记入"短期借款"的贷方。编制会计分录如下。

借:银行存款　　　　　　　　　　　　　　　　　　　　30 000
　　贷:短期借款　　　　　　　　　　　　　　　　　　　　　30 000

(4)9月2日,向银行申请借入期限5年、年利率为6%的设备贷款60 000元,款项存银行备用。

该项经济业务的发生,一方面使企业的资产(银行存款)增加了60 000元,应记入"银行存款"账户的借方;另一方面使负债(长期借款)增加了60 000元,应记入"长期借款"账户的贷方。编制会计分录如下。

借:银行存款　　　　　　　　　　　　　　　　　　　　60 000
　　贷:长期借款　　　　　　　　　　　　　　　　　　　　　60 000

以上会计分录所反映的资金筹集业务,在有关总分类账户中的记录情况如图3-7所示。

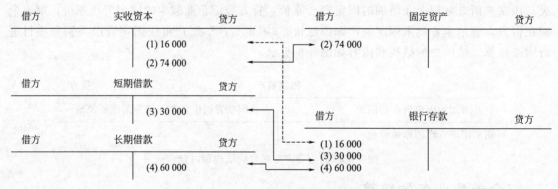

图3-7　资金筹集业务账务处理的账户对应关系

第三节　采购过程业务的核算

一、采购过程业务的主要内容

采购过程是企业生产经营过程的准备阶段,其主要经济活动是购置机器设备等固定资产、购买和储备一定品种与数量的材料等存货。在日常经营活动中,企业大量的采购活动主要是各种材料的采购。因此,采购过程的主要业务是采购材料。

企业在采购材料时,必须按照经济合同和结算制度规定支付货款,此外还要支付购买材料而发生的其他各种采购费用,材料的买价以及有关采购费用,按一定种类的材料进行归集

和分配,就构成该种材料的采购成本。材料的采购成本具体包括:
① 材料的买价,是指购货发票所注明的货款金额;
② 采购过程中发生的运输费、包装费、装卸费、保险费、仓储费等;
③ 材料在运输途中发生的合理损耗;
④ 材料入库之前发生的整理挑选费用;
⑤ 按规定应计入材料采购成本中的各种税金(可抵扣的增值税除外),如国外进口材料支付的关税等;
⑥ 其他费用,如大宗物资的市内运杂费等。

这里需要注意的是市内零星运杂费、采购人员的差旅费以及采购机构的经费等不构成材料的采购成本,而是计入期间费用。

在采购材料时,一般会发生材料已验收入库但货款尚未支付;材料验收入库的同时支付货款;购入材料已付款但尚未验收入库;支付材料采购费用;结转材料采购成本等,它们构成采购过程核算的主要内容。

二、采购过程业务核算的主要账户

(一)"材料采购"账户

该账户是资产类账户,用来核算企业采用计划成本进行日常核算而购入的材料的实际采购成本,计算确定材料实际采购成本和结转入库材料的计划成本,并据以计算确定购入材料成本差异额。该账户借方登记购入材料的买价和运杂费等实际成本和结转入库材料实际成本小于计划成本的节约差异,贷方登记验收入库材料的计划成本和结转入库材料的实际成本大于计划成本的超支差异,期末余额在借方,表示尚未运达企业或者已经运达企业但尚未验收入库的在途材料的成本。"材料采购"账户可按供应单位和材料类别、品种进行明细核算。采用实际成本进行材料日常核算的,购入材料的采购成本,在"在途物资"科目核算。"材料采购"账户的结构和内容如图3-8所示。

借方	材料采购	贷方
企业购入材料的实际成本		验收入库材料的计划成本
结转实际成本小于计划成本的节约差异		结转实际成本大于计划成本的超支差异
在途材料的实际成本		

图3-8 "材料采购"账户的结构和内容

(二)"原材料"账户

该账户是资产类账户,用来核算库存材料的收入、发出和结存情况。企业的库存材料包括原料及主要材料、辅助材料、外购半成品(外购件)、修理用备件(备品备件)、包装材料、燃料等。该账户其借方登记已验收入库材料的成本;贷方登记发出材料的成本;余额在借方,表示期末结存材料的成本。在材料收、发、存采用计划成本核算时,该账户借方、贷方和余额以材料的计划成本反映,在材料收、发、存采用实际成本核算时,该账户借方、贷方和余额则以材料的实际成本反映。为了具体反映每一种材料的增减变动和结存情况,可按材料的保管地点(仓库)、材料的类别、品种和规格等,设置"原材料"明细分类账户,进行明细分类核算。材料的明细分类核算,既要提供价值指标,又要提供详细的实物数量。

"原材料"账户的结构和内容如图 3-9 所示。

借方	原材料	贷方
已验收入库材料的成本	发出材料的成本	
期末库存材料的成本		

图 3-9 "原材料"账户的结构和内容

(三)"应交税费"账户

该账户是负债类账户,用于核算企业按照税法等规定计算应交纳的各种税费,包括增值税、消费税、所得税、资源税、土地增值税、城市维护建设税、房产税、土地使用税、车船使用税、教育费附加、矿产资源补偿费等。该账户贷方登记应交纳的各种税费,借方登记实际交纳的各种税费,期末余额一般在贷方,表示企业尚未交纳的税费,期末余额如在借方,表示企业多交或尚未抵扣的税费。本账户按应交税费项目进行明细核算。企业缴纳的印花税、耕地占用税等不需要预计应交数的税金,不通过"应交税费"科目核算。该账户的结构和内容如图 3-10 所示。

借方	应交税费	贷方
实际交纳的各种税费		应交纳的各种税费
企业多交或尚未抵扣的税费		期末尚未交纳的税费

图 3-10 "应交税费"账户的结构和内容

增值税是以商品(含应税劳务、应税行为)在流转过程中实现的增值额作为计税依据而征收的一种流转税。按照我国现行增值税制度的规定,在我国境内销售货物、加工修理修配劳务、服务、无形资产和不动产以及进口货物的单位和个人,为增值税的纳税人。其中,"服务"是指提供交通运输服务、建筑服务、邮政服务、电信服务、金融服务、现代服务和生活服务等。

按照纳税人的经营规模及会计核算的健全程度,增值税纳税人分为一般纳税人和小规模纳税人。一般纳税人发生应税行为的,应纳税额为当期销项税额抵扣当期进项税额后的余额,适用的增值税税率为17%、11%、6%,出口货物税率为零。小规模纳税人发生应税行为的,按照销售额和征收率计算应纳税额,并不得抵扣进项税额。小规模纳税人增值税征收率为3%。

增值税一般纳税人应当在"应交税费"科目下设置"应交增值税"、"未交增值税"、"预交增值税"、"待抵扣进项税额"、"待认证进项税额"等明细科目。在"应交增值税"明细账内设置"进项税额"、"已交税金"、"销项税额"、"出口退税"等专栏。其中,"进项税额"专栏,记录购进货物、加工修理修配劳务、服务、无形资产或不动产而支付或负担的、准予从当期销项税额中抵扣的增值税额;"销项税额"专栏,记录销售货物、加工修理修配劳务、服务、无形资产或不动产应收取的增值税额;"进项税额转出"专栏,记录购进货物、加工修理修配劳务、服务、无形资产或不动产等发生非正常损失以及其他原因而不应从销项税额中抵扣、按规定转出的进项税额。

专栏 3-1　　　　　　　　工商企业税费的账务处理

在我国，工商企业涉及的税费主要有：①流转税类，包括增值税、消费税、关税；②资源税类，包括资源税、土地使用税；③所得税类，包括企业所得税；④特定目的税类，包括城市维护建设税、土地增值税、车辆购置税；⑤财产行为税类，包括房产税、车船税、印花税；⑥费用类，包括教育费附加。

由于这些税费的性质不同，计算方法不同，缴纳时间不同，因此在账务处理的方法上有所不同。

1. 应交增值税。

（1）企业采购物资等，按应计入采购成本的金额，借记"材料采购"、"在途物资"或"原材料"、"库存商品""固定资产"、"无形资产"等科目，按可抵扣的增值税额，借记"应交税费——应交增值税（进项税额）"，按应付或实际支付的金额，贷记"应付账款"、"应付票据"、"银行存款"等科目。购入物资发生退货做相反的会计分录。

企业（小规模纳税人）以及购入材料物资不能抵扣增值税的，发生的增值税计入材料成本，借记"材料采购"、"在途物资"等科目，不通过"应交税费——应交增值税"科目核算。

（2）企业销售货物等，按应收或已收的金额，借记"应收账款"、"应收票据"、"银行存款"等科目，按确认的收入金额，贷记"主营业务收入"、"其他业务收入"等科目，按专用发票上注明的增值税额，贷记"应交税费——应交增值税（销项税额）"。发生销售退回做相反的会计分录。

（3）出口产品按规定退税的，借记"其他应收款"科目，贷记"应交税费——应交增值税（出口退税）"。

（4）交纳的增值税，借记"应交税费——应交增值税（已交税金）"，贷记"银行存款"科目。

2. 企业按规定计算应交的消费税、资源税、城市维护建设税、房产税、土地使用税、车船税、教育费附加等，借记"税金及附加"科目，贷记"应交税费"。实际交纳时，借记"应交税费"，贷记"银行存款"等科目。

3. 企业转让土地使用权应交的土地增值税，土地使用权与地上建筑物及其附着物一并在"固定资产"等科目核算的，借记"固定资产清理"等科目，贷记"应交税费——应交土地增值税"。土地使用权在"无形资产"科目核算的，按实际收到的金额，借记"银行存款"科目，按应交的土地增值税，贷记"应交税费——应交土地增值税"，同时冲销土地使用权的账面价值，贷记"无形资产"科目，按其差额，借记"营业外支出"科目或贷记"营业外收入"科目。实际交纳土地增值税时，借记"应交税费——应交土地增值税"，贷记"银行存款"等科目。

4. 企业按照税法规定计算应交的所得税，借记"所得税费用"等科目，贷记"应交税费——应交所得税"。实际交纳时，借记"应交税费——应交所得税"，贷记"银行存款"等科目。

5. 企业缴纳的印花税等不需要预计应交数的税金，在发生时，直接借记"税金及附加"，贷记"银行存款"等科目。

(四)"应付账款"账户

该账户是负债类账户,用来核算企业因购买材料、商品和接受劳务等经营活动应支付的款项。该账户贷方登记应付而未付的款项(债务的增加);借方登记实际偿付的款项(债务的偿还);期末一般为贷方余额,表示企业尚未支付的款项。该账户应按债权人分设明细分类账户,进行明细分类核算。该账户的结构和内容如图 3-11 所示。

借方	应付账款	贷方
实际偿付的款项	应付而未付的款项	
	期末尚未支付的款项	

图 3-11 "应付账款"账户的结构和内容

(五)"应付票据"账户

该账户是负债类账户,用来核算企业购买材料、商品和接受劳务等开出并承兑的商业汇票,包括商业承兑汇票和银行承兑汇票。该账户贷方登记开出应承兑商业汇票的金额;借方登记支付到期商业汇票的金额;期末余额一般在贷方,表示期末尚未到期的商业汇票的金额。该账户可按债权人进行明细核算,一般情况下,企业应设置"应付票据备查簿",详细登记商业汇票的种类、号数和出票日期、到期日、票面金额、交易合同号和收款人姓名或单位名称以及付款日期和金额等资料。应付票据到期结清时,在备查簿中应予注销。该账户的结构和内容如图 3-12 所示。

借方	应付票据	贷方
支付到期商业汇票的金额	开出应承兑商业汇票的金额	
	期末尚未到期的商业汇票的金额	

图 3-12 "应付票据"账户的结构和内容

(六)"预付账款"账户

该账户是资产类账户,用来核算企业按照合同规定向供应单位预付购料款而与供应单位发生的结算债权的增减变动及其结余情况。该账户借方登记向供应单位预付的款项;贷方登记收到所购物资时应冲销的预付款金额;期末余额一般在借方,表示已付款而尚未结算的预付款。预付款项情况不多的企业,也可以不设置本科目,将预付的款项直接记入"应付账款"科目。该账户应按供应单位名称分设明细分类账户,进行明细分类核算。"预付账款"账户的结构和内容如图 3-13 所示。

借方	预付账款	贷方
企业因购货而预付的款项	收到所购物资时应支付的金额	
补付的款项	退回多付的款项	
期末企业预付的款项	期末企业尚未补付的款项	

图 3-13 "预付账款"账户的结构和内容

企业的材料在采用计划成本计价核算情况下,还要增设"材料成本差异"账户,核算材料实际成本与计划成本的差异。关于"材料成本差异"账户的应用,留待以后学习专业会计时讲解,本书在核算时假定计划成本与实际成本一致。

> **专栏 3-2　　"预付账款"和"预收账款"账户的设置和使用**
>
> 　　预付账款、应付账款、预收账款、应收账款四个账户是会计初学者容易混淆的概念。从账户属性上看，预付账户和应收账户属于资产类，预收账户和应付账户属于负债类。预收账款和应收账款账户将在本章"销售过程业务的核算"中学习。
>
> 　　1. "预付账款"和"预收账款"账户设置应注意：①核算内容必须符合预付账款和预收账款性质；②本单位能履行合同；③预付账款和预收账款业务较多。
>
> 　　2. 如有确凿证据表明企业的预付账款和预收账款不符合规定，或本单位因破产、撤销等原因已不能如期履行合同的，应将原记入"预付账款"和"预收账款"账户的金额，分别转入"其他应收款"和"其他应付款"账户。
>
> 　　3. 如果企业预付账款和预收账款的业务不多，可不设置"预付账款"和"预收账款"账户，而将预付的款项直接记入"应付账款"账户，将预收的款项直接记入"应收账款"账户。

三、采购过程业务的核算

【例 3-2】　新华工厂对材料收发存的日常核算采用计划成本法，20×7 年 9 月份发生下列采购过程业务。

（1）9 月 5 日，从东兴工厂购入 A 材料一批，增值税专用发票上注明材料数量为 1 000 千克，每千克 10 元，金额 10 000 元，增值税税率为 17%，增值税额 1 700 元，价税合计 11 700 元，款项已用银行存款支付，材料尚未验收入库。

该项经济业务的发生，一方面使企业的材料采购和应支付的增值税额分别增加了 10 000 元和 1 700 元；另一方面使银行存款减少了 11 700 元。编制会计分录如下。

　　借：材料采购——A 材料　　　　　　　　　　　　　　　　　　10 000
　　　　应交税费——应交增值税（进项税额）　　　　　　　　　　 1 700
　　　　贷：银行存款　　　　　　　　　　　　　　　　　　　　　　　　11 700

（2）9 月 5 日，从光明工厂购入 B、C 两种材料，增值税专用发票上注明 B 材料数量 3 000 千克，每千克 2 元，金额 6 000 元，增值税额 1 020 元；C 材料 1 000 千克，每千克 1.8 元，金额 1 800 元，增值税额 306 元。B、C 材料的货款暂欠。B、C 材料均未验收入库。

该项经济业务的发生，一方面使企业的材料采购成本增加了 7 800 元，应支付的增值税额增加了 1 326 元；另一方面使企业的应付账款增加了 9 126 元。编制会计分录如下。

　　借：材料采购——B 材料　　　　　　　　　　　　　　　　　　 6 000
　　　　　　　　——C 材料　　　　　　　　　　　　　　　　　　 1 800
　　　　应交税费——应交增值税（进项税额）　　　　　　　　　　 1 326
　　　　贷：应付账款——光明工厂　　　　　　　　　　　　　　　　 9 126

（3）9 月 7 日，用银行存款支付 A、B、C 三种材料的运输费 1 500 元。其中：A 材料运输费 700 元，B、C 两种材料的运输费 800 元（运输费按 B、C 材料重量比例分配）。

购入材料发生的采购费用，凡能分清是为采购某种材料所发生的，可以直接计入该材料的采购成本；分不清的，如同批购入两种或两种以上材料共同发生的采购费用，应按适当标准在该批各种材料之间进行分配，以便正确确定各种材料的采购成本。分配标准可选择重量、体积、价格等,在实际工作中应视具体情况选择采用。

本例运输费按 B、C 材料重量比例分配,B、C 材料应分摊的运输费计算如下:

  B、C 材料运输费分配率＝800÷(3 000＋1 000)＝0.20(元/千克)
  B 材料应分摊的运输费＝3 000×0.20＝600(元)
  C 材料应分摊的运输费＝1 000×0.20＝200(元)

上述计算过程可以通过采购费用分配表完成,见表 3-1。

表 3-1 采购费用分配表

材料名称	分配标准(材料重量)/千克	分配率/(元/千克)	分配金额/元
B 材料	3 000		600
C 材料	1 000		200
合计	4 000	0.20	800

该项经济业务的发生,一方面使企业的材料采购成本增加了 1 500 元;另一方面使企业的银行存款减少了 1 500 元。编制会计分录如下。

  借:材料采购——A 材料   700
      ——B 材料   600
      ——C 材料   200
   贷:银行存款   1 500

(4) 9 月 8 日,以银行存款预付向振民工厂购买 D 材料款 6 500 元。

该项经济业务的发生,一方面使企业的预付账款增加了 6 500 元;另一方面使企业的银行存款减少了 6 500 元。编制会计分录如下。

  借:预付账款——振民工厂   6 500
   贷:银行存款   6 500

(5) 9 月 9 日,以银行存款 9 126 元支付之前欠光明工厂的货款。

该项经济业务的发生,一方面使企业的应付账款减少了 9 126 元;另一方面使企业的银行存款减少了 9 126 元。编制会计分录如下。

  借:应付账款——光明工厂   9 126
   贷:银行存款   9 126

(6) 9 月 30 日,计算并结转 A、B、C 三种材料的实际采购成本。

在材料采购业务完成之后,应计算并确定材料的采购成本,然后将验收入库材料的实际成本从"材料采购"账户转入"原材料"账户和"材料成本差异"账户。假设入库材料实际成本等于计划成本。

编制材料采购成本计算表,见表 3-2。

表 3-2 材料采购成本计算表

编制单位:新华工厂   20×7 年 9 月   单位:元

成本项目	A 材料		B 材料		C 材料	
	总成本(1 000 千克)	单位成本	总成本(3 000 千克)	单位成本	总成本(1 000 千克)	单位成本
买价	10 000	10.0	6 000	2.0	1 800	1.8
采购费用	700	0.7	600	0.2	200	0.2
采购成本	10 700	10.7	6 600	2.2	2 000	2.0

该项经济业务的发生，一方面使企业的 A 材料采购成本减少了 10 700 元，B 材料采购成本减少了 6 600 元，C 材料采购成本减少了 2 000 元；另一方面使企业的 A 材料库存增加了 10 700 元，B 材料库存增加了 6 600 元，C 材料库存增加了 2 000 元。编制会计分录如下：

借：原材料——A 材料　　　　　　　　　　　　　　　　　　　10 700
　　　　——B 材料　　　　　　　　　　　　　　　　　　　　 6 600
　　　　——C 材料　　　　　　　　　　　　　　　　　　　　 2 000
　　贷：材料采购——A 材料　　　　　　　　　　　　　　　　　10 700
　　　　　　——B 材料　　　　　　　　　　　　　　　　　　　 6 600
　　　　　　——C 材料　　　　　　　　　　　　　　　　　　　 2 000

上述采购过程业务账务处理的账户对应关系如图 3-14 所示。

图 3-14　采购过程业务账务处理的账户对应关系

第四节　生产过程业务的核算

一、生产过程业务的主要内容

生产过程既是产品的制造过程，又是生产资料和劳动力的消耗过程。产品生产过程中所发生的各种耗费，包括生产资料中的劳动手段（如固定资产折旧费）、劳动对象（如材料费）的耗费以及劳动力（如职工薪酬）的耗费。企业在一定时期内发生的、用货币额表现的生产耗费叫做生产费用。生产费用是为生产各种产品而发生的，最终都要通过归集，分配到一定种类的产品上，形成各种产品的生产成本。换言之，产品的生产成本，也称产品的制造成本，是指企业为生产一定种类和数量的产品而发生的各项生产费用总和。

生产费用按其与产品生产之间的关系，可以分为直接费用和间接费用。直接费用是指企业生产产品过程中实际消耗的直接材料费、直接人工费。间接费用是指企业为生产产品和提供劳务而发生的各项间接支出，也称为制造费用。上述直接材料、直接人工和制造费用项目是生产费用按其经济用途所进行的分类，在会计上一般将其称为成本项目。

直接材料，是指构成产品实体的原材料以及有助于产品形成的主要材料和辅助材料。

直接人工，是指直接从事产品生产的工人的职工薪酬。

制造费用，是指企业生产部门（如生产车间）为组织管理各种产品的生产活动而共同发生的费用。其构成内容比较复杂，包括生产部门管理人员的薪酬费、折旧费、办公费、水电费、机物料消耗、劳动保护费、国家规定的有关环保费用、季节性和修理期间的停工损失等。制造费用平时按车间、部门等进行归集，期末时按一定分配标准分配计入有关产品生产成本中。

生产费用的发生、归集和分配，以及产品生产成本的计算与结转，是生产过程核算的主要内容。通过生产业务的核算与产品生产成本的计算，可以反映和控制生产计划的完成情况，监督生产耗费的发生和分配，促使企业不断控制产品成本，提高经济效益。

二、生产过程业务核算的主要账户

为了归集、分配生产费用，计算产品成本，需设置和运用"生产成本"、"制造费用"、"应付职工薪酬"、"累计折旧"、"库存商品"等账户。

（一）"生产成本"账户

该账户是成本类账户，用来归集反映产品生产过程中所发生的一切费用，计算确定产品制造成本。该账户的借方登记产品生产过程中所发生的各项直接生产成本，包括直接材料、直接人工以及月末分配转入产品成本的制造费用；贷方登记完工入库产品的制造成本；期末如有余额，余额在借方，表示期末在产品的实际成本。该账户应分别按基本生产车间和成本计算对象（如产品的品种、批别等）设置明细分类账户，进行明细分类核算。"生产成本"账户的结构和内容如图3-15所示。

借方	生产成本	贷方
企业发生的各项直接生产成本 分配计入有关成本计算对象的制造费用		已生产完成并已验收入库的产成品以及入库的自制半成品成本
期末尚未加工完成的在产品成本		

图3-15 "生产成本"账户的结构和内容

（二）"制造费用"账户

该账户是成本类账户，用来归集与分配企业生产车间（部门）范围内为组织生产和管理生产而发生的各项间接费用。该账户的借方登记实际发生的各项制造费用，包括生产车间的机物料消耗、管理人员薪酬、固定资产折旧费、办公费、水电费等；贷方登记月末分配转入产品成本的制造费用；"制造费用"账户月末一般无余额。该账户应按生产车间、部门和费用项目设置明细分类账户，进行明细分类核算。"制造费用"账户的结构和内容如图3-16所示。

借方	制造费用	贷方
企业为生产产品而发生的各项间接费用		分配转出计入有关成本计算对象的制造费用

图3-16 "制造费用"账户的结构和内容

（三）"应付职工薪酬"账户

该账户是负债类账户，用来核算企业根据有关规定应付给职工的各种薪酬。外商投资企业按规定从净利润中提取的职工奖励及福利基金，也在该账户核算。

该账户贷方登记按受益原则已分配计入有关资产成本或费用的职工薪酬的金额；借方登记实际发放或结转的职工薪酬的金额；期末贷方余额，反映企业尚未结算或结转的职工薪酬的金额。该账户可按"工资、奖金、津贴和补贴"、"职工福利"、"社会保险费"、"住房公积金"、"工会经费和职工教育经费"、"非货币性福利"、"带薪缺勤"、"利润分享计划"、"设定提存计划"、"设定受益计划义务"、"辞退福利"等应付职工薪酬项目设置明细分类账户，进行明细核算。该账户的结构和内容如图3-17所示。

借方	应付职工薪酬	贷方
实际支付的职工薪酬		已分配计入有关成本费用项目的职工薪酬
		期末企业应付未付的职工薪酬

图3-17 "应付职工薪酬"账户的结构和内容

（四）"累计折旧"账户

该账户是资产类账户，属于"固定资产"账户的备抵调整账户，核算企业固定资产因损耗而减少的价值。该账户贷方登记企业按月计提的固定资产折旧额；借方登记处置固定资产转出的累计折旧额；期末贷方余额，反映企业固定资产的累计折旧额。"累计折旧"账户的结构和内容如图3-18所示。

借方	累计折旧	贷方
处置固定资产转出的累计折旧额		按月计提的固定资产折旧额
		期末企业固定资产的累计折旧额

图3-18 "累计折旧"账户的结构和内容

（五）"库存商品"账户

该账户是资产类账户，用来核算企业库存的各种商品的实际成本（或进价）或计划成本（或售价），包括库存产成品、外购商品、存放在门市部准备出售的商品、发出展览的商品以及寄存在外的商品等。该账户的借方登记已验收入库的库存商品成本；贷方登记发出的库存商品成本；期末余额在借方，反映各种库存商品的成本。该账户可按产品的品种、种类和规格进行明细分类核算。"库存商品"账户的结构和内容如图3-19所示。

借方	库存商品	贷方
已验收入库的库存商品成本		发出的库存商品成本
期末企业库存商品的成本		

图3-19 "库存商品"账户的结构和内容

三、生产过程业务的核算

【例3-3】 新华工厂20×7年9月份发生下列生产过程业务。

（1）9月20日，本月份发出材料的情况如下：甲产品生产耗用A材料3 000千克，单位成本10.840元，计32 520元，乙产品生产耗用B材料8 000千克，单位成本2.160元，计17 280元，车间一般耗用C材料4 000千克，单位成本2.045元，计8 180元。

该项经济业务的发生，一方面使企业的库存材料减少了57 980元；另一方面使成本费用增加了57 980元，直接用于甲、乙产品生产的材料费用应直接计入相应产品的成本，车间一般耗用的材料应先计入制造费用。该项经济业务应编制如下会计分录。

借：生产成本——甲产品　　　　　　　　　　　　　　　　　　32 520
　　　　　　——乙产品　　　　　　　　　　　　　　　　　　17 280
　　制造费用　　　　　　　　　　　　　　　　　　　　　　　 8 180
　贷：原材料——A材料　　　　　　　　　　　　　　　　　　 32 520
　　　　　　——B材料　　　　　　　　　　　　　　　　　　 17 280
　　　　　　——C材料　　　　　　　　　　　　　　　　　　 8 180

（2）9月30日，计算本月应付生产车间职工工资薪酬总计115 000元，其中，甲产品生产工人工资薪酬60 000元，乙产品生产工人工资薪酬40 000元，车间管理人员工资薪酬15 000元。

该项经济业务的发生，一方面使企业的本月应付职工薪酬增加了115 000元；另一方面使企业的薪酬费用增加了115 000元，其中生产工人的薪酬应记入"生产成本"账户的借方，车间管理人员的薪酬应记入"制造费用"账户的借方。编制会计分录如下。

借：生产成本——甲产品　　　　　　　　　　　　　　　　　　60 000
　　　　　　——乙产品　　　　　　　　　　　　　　　　　　40 000
　　制造费用　　　　　　　　　　　　　　　　　　　　　　　15 000
　贷：应付职工薪酬——工资、奖金、津贴和补贴　　　　　　　115 000

（3）9月30日，根据"工资结算汇总表"结算本月应付职工工资薪酬总额135 000元，代扣职工住房公积金14 000元，实发工资121 000元。

该项经济业务的发生，一方面使企业的银行存款减少了121 000元，其他应付款增加14 000元；另一方面使应付职工薪酬减少了135 000元。编制如下会计分录。

借：应付职工薪酬——工资、奖金、津贴和补贴　　　　　　　　135 000
　贷：银行存款　　　　　　　　　　　　　　　　　　　　　　121 000
　　其他应付款——住房公积金　　　　　　　　　　　　　　　 14 000

（4）9月30日，计提本月生产车间用固定资产折旧费6 000元。

该项经济业务的发生，一方面使企业的折旧费用增加了6 000元；另一方面使固定资产的价值减少（即累计折旧增加了）6 000元。编制会计分录如下。

借：制造费用　　　　　　　　　　　　　　　　　　　　　　　6 000
　贷：累计折旧　　　　　　　　　　　　　　　　　　　　　　 6 000

（5）9月30日，以银行存款1 500元支付车间办公费。

该项经济业务的发生，一方面使制造费用增加了1 500元；另一方面使银行存款减少了1 500元。编制会计分录如下。

借：制造费用　　　　　　　　　　　　　　　　　　　　　　　1 500
　贷：银行存款　　　　　　　　　　　　　　　　　　　　　　 1 500

（6）9月30日，以库存现金支付应由本月负担的车间水电费820元。

该项经济业务的发生，一方面使制造费用增加了820元；另一方面使库存现金减少了820元。编制会计分录如下。

借：制造费用　　　　　　　　　　　　　　　　　　　　　　　820
　贷：库存现金　　　　　　　　　　　　　　　　　　　　　　 820

（7）9月30日，按甲、乙产品生产工人工资薪酬比例将本月发生的制造费用31 500元分配转入甲、乙产品生产成本。

制造费用的分配率＝31 500÷（60 000＋40 000）＝0.315

甲产品应负担的制造费用＝60 000×0.315＝18 900（元）

乙产品应负担的制造费用＝40 000×0.315＝12 600（元）

上述计算过程可以通过制造费用分配表完成，见表3-3。

表3-3　制造费用分配表　　　　　　　　　　　　　　　　　　　　　　单位：元

产品名称	分配标准（生产工人工资薪酬）	分配率	分配金额
甲产品	60 000		18 900
乙产品	40 000		12 600
合计	100 000	0.315	31 500

该项经济业务的发生，一方面使企业的生产成本增加了31 500元；另一方面使制造费用减少了31 500元。编制会计分录如下：

借：生产成本——甲产品　　　　　　　　　　　　　　　　　　18 900
　　　　　　——乙产品　　　　　　　　　　　　　　　　　　12 600
　　贷：制造费用　　　　　　　　　　　　　　　　　　　　　　　　31 500

（8）9月30日，结转本月完工验收入库产品成本。假设本月产品生产耗用材料的实际成本等于计划成本；月初没有在产品，本月投产产品月末全部完工，甲产品、乙产品分别完工10件和16件。

根据上述资料，编制产品生产成本计算表，见表3-4。

表3-4　产品生产成本计算表

编制单位：新华工厂　　　　　　20×7年9月　　　　　　　　　　　　　　单位：元

成本项目	甲产品（10件）		乙产品（16件）	
	总成本	单位成本	总成本	单位成本
直接材料	32 520	3 252	17 280	1 080
直接人工	60 000	6 000	40 000	2 500
制造费用	18 900	1 890	12 600	787.5
产品生产成本	111 420	11 142	69 880	4 367.5

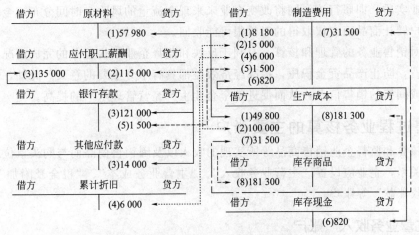

图3-20　生产过程业务账务处理的账户对应关系

该项经济业务的发生，一方面使企业的库存商品增加了181 300元；另一方面使生产成本减少了181 300元。编制会计分录如下：

借：库存商品——甲产品		111 420
——乙产品		69 880
贷：生产成本——甲产品		111 420
——乙产品		69 880

上述生产过程经济业务核算的账户对应关系可用图 3-20 表示。

第五节　销售过程业务的核算

一、销售过程业务的主要内容

销售过程是企业生产经营活动的最后一个阶段。工业企业在销售过程中，通过销售产品，按照销售价格收取产品价款，形成商品销售收入，使产品资金转化为货币资金，从而完成资金的一次循环。企业的各项支出也应从中得到补偿，使再生产得以持续不断地进行。

销售业务分为产品销售业务与其他销售业务两类，产品销售业务是企业在销售过程的主要经济活动。企业销售产品时，一方面，企业要向购货单位收取价款，以实现产品的价值，为维持生产经营提供资金，同时按国家规定向购货单位收取增值税；另一方面，企业的库存产成品或原材料减少，其价值转化为销售成本。赊销时，应当收取的价款和增值税形成企业的债权，即应收账款等。在销售过程中，还会发生产品包装费、运输费和广告费等销售费用。销售业务发生后，企业要按国家有关规定正确计算并交纳各项销售税金和教育费附加。因此，在销售过程中，企业要进行销售收入确认、销售成本结转、应缴纳的销售税费的计算等业务核算。

根据《企业会计准则第 14 号——收入》规定，当企业与客户之间的合同同时满足下列条件时，企业应当在客户取得相关商品控制权时确认收入：（1）合同各方已批准该合同并承诺将履行各自义务；（2）该合同明确了合同各方与所转让商品或提供劳务（以下简称"转让商品"）相关的权利和义务；（3）该合同有明确的与所转让商品相关的支付条款；（4）该合同具有商业实质，即履行该合同将改变企业未来现金流量的风险、时间分布或金额；（5）企业因向客户转让商品而有权取得的对价很可能收回。

加强对销售业务的管理和核算，有利于反映和监督企业销售业务的完成情况，对保证企业合法经营，防止产品资金积压，提高经济效益都具有十分重要的意义。此外，还可以获取许多直接或间接的销售信息，从而促进整个企业生产经营管理水平的提高。

二、销售过程业务核算的主要账户

为了核算和监督企业销售商品等所实现的收入以及因销售商品而与购买单位之间发生的货款结算关系，企业应设置"主营业务收入"、"主营业务成本"、"税金及附加"、"应收账款"、"预收账款"等账户。

（一）"主营业务收入"账户

该账户是损益类账户，用来核算企业销售产品、提供劳务等日常活动所确认的收入及其结转情况。该账户贷方登记已销售产品、提供劳务等的收入；借方登记已确认收入的销售退回、销售折让和期末转入"本年利润"账户的数额；期末，应将该账户的余额转入"本年利润"账户，结转后本账户无余额。该账户可按主营业务的种类设置明细账，进行明细分类核算。"主营业务收入"账户的结构和内容如图 3-21 所示。

借方	主营业务收入	贷方
已确认收入的销售退回、销售折让 期末转入"本年利润"账户的数额		企业销售产品实现的销售收入

图 3-21 "主营业务收入"账户的结构和内容

（二）"主营业务成本"账户

该账户是损益类账户，用以核算企业销售产品、提供劳务等日常活动所确认的主营业务成本及其结转情况。该账户借方登记本期销售产品、提供劳务等确认的主营业务成本；贷方登记冲销的主营业务成本及期末转入"本年利润"账户的数额；结转后本账户无余额。该账户可按主营业务的种类设置明细分类账，进行明细分类核算。该账户的结构和内容如图 3-22 所示。

借方	主营业务成本	贷方
销售产品、提供劳务等确认的主营业务成本		冲销的主营业务成本 期末转入"本年利润"账户的数额

图 3-22 "主营业务成本"账户的结构和内容

（三）"税金及附加"账户

该账户是损益类账户，该账户核算企业经营活动发生的消费税、资源税、城市维护建设税、教育费附加及房产税、土地使用税、车船税、印花税等相关税费。该账户借方登记应缴纳的各种税金及附加；贷方登记期末转入"本年利润"账户的税金及附加金额；结转后期末无余额。该账户可按产品类别设置明细分类账，进行明细分类核算。该账户的结构和内容见图 3-23。

借方	税金及附加	贷方
应缴纳的各种税金及附加		期末转入"本年利润"账户的税金及附加金额

图 3-23 "税金及附加"账户的结构和内容

（四）"应收账款"账户

该账户是资产类账户，用以核算企业因销售商品、提供劳务等经营活动应向购货单位或接受劳务单位收取的款项，主要包括企业销售商品或提供劳务等应向有关债务人收取的价款及代购货单位垫付的包装费、运杂费等。该账户借方登记由于销售商品等而发生的应收账款的增加数；贷方登记已经收回的应收账款即应收账款的减少数；期末余额如果在借方，表示企业尚未收回的应收账款；期末余额如果在贷方，表示预收的账款。该账户按各购货单位设置明细账，进行明细分类核算。该账户的结构和内容如图 3-24 所示。

借方	应收账款	贷方
销售商品等而发生的应收账款的增加数		已经收回的应收账款即应收账款的减少数
企业尚未收回的应收账款		预收的账款

图 3-24 "应收账款"账户的结构和内容

(五)"应收票据"账户

该账户是资产类账户,用来核算企业因销售商品或提供劳务等而收到的商业汇票。包括银行承兑汇票和商业承兑汇票。该账户的借方登记取得的应收票据的面值;贷方登记到期收回票款或到期前向银行贴现的应收票据的票面余额;期末余额在借方,反映企业持有的商业汇票的票面金额。该账户可按开出、承兑商业汇票的单位进行明细核算。企业应当设置"应收票据备查簿",逐笔登记商业汇票的种类、号数和出票日、票面金额、交易合同号和付款人、承兑人、背书人的姓名或单位名称、到期日、背书转让日、贴现日、贴现率和贴现净额以及收款日和收回金额、退票情况等资料。商业汇票到期结清票款或退票后,在备查簿中应予注销。该账户的结构和内容如图 3-25 所示。

借方	应收票据	贷方
取得的应收票据的面值		到期收回票款或到期前向银行贴现的应收票据的票面余额
企业持有的商业汇票的票面金额		

图 3-25 "应收票据"账户的结构和内容

(六)"预收账款"账户

该账户是负债类账户,用来核算企业按合同的规定预收购买方单位订货款的增减变动及其结余情况。该账户贷方登记预收账款的增加;账户借方登记销售实现时冲减的预收账款;期末余额如在贷方,表示企业预收账款的结余额,如在借方,表示购货单位应补付给本企业的款项。"预收账款"账户的结构和内容如图 3-26 所示。

借方	预收账款	贷方
销售实现时冲减的预收账款		发生的预收账款
期末购货单位应补付给本企业的款项		期末企业预收账款的结余额

图 3-26 "预收账款"账户的结构和内容

(七)"其他业务收入"账户

该账户是损益类账户,用来核算企业除产品销售等主营业务以外的其他销售或其他业务的收入,包括材料销售、固定资产出租的租金收入、提供运输等非工业性劳务收入。该账户的贷方登记实现的其他业务收入;借方登记期末转入"本年利润"账户的其他业务收入;结转后本账户应无余额。该账户应按其他业务种类设置明细账户,进行明细分类核算。该账户的结构和内容如图 3-27 所示。

借方	其他业务收入	贷方
期末转入"本年利润"账户的其他业务收入	实现的其他业务收入	

图 3-27 "其他业务收入"账户的结构和内容

(八)"其他业务成本"账户

该账户是损益类账户,用来核算企业确认的除主营业务活动以外的其他经营活动所发生的支出,包括销售材料的成本、出租固定资产的折旧额、出租无形资产的摊销额、出租包装物的成本或摊销额等。该账户的借方登记发生的各项其他业务支出;贷方登记期末转入"本年利润"账户的其他业务成本;结转后本账户应无余额。该账户应按其他业务种类设置明细账户,进行明细分类核算。该账户的结构和内容如图 3-28 所示。

借方	其他业务成本	贷方
发生的各项其他业务支出	期末转入"本年利润"账户的其他业务成本	

图 3-28 "其他业务成本"账户的结构和内容

三、销售过程业务的核算

【例 3-4】 新华工厂为增值税一般纳税人,20×7 年 9 月份发生下列销售过程业务。

(1) 9 月 20 日,向天阳公司销售甲产品 20 件,单位售价 2 500 元,增值税率 17%,增值税额 8 500 元,款项已收并存入银行。

该项经济业务的发生,一方面使企业的银行存款增加了 58 500 元;另一方面使主营业务收入增加了 50 000 元,应缴纳的增值税增加了 8 500 元。编制会计分录如下。

 借:银行存款   58 500
  贷:主营业务收入——甲产品   50 000
    应交税费——应交增值税(销项税额)   8 500

(2) 9 月 21 日,向东丰公司销售甲产品 25 件,单位售价 2 500 元,乙产品 8 件,单位售价 5 500 元,增值税率 17%,增值税额 18 105 元,款项尚未收到。

该项经济业务的发生,一方面使企业的应收账款增加了 124 605 元;另一方面使主营业务收入和应缴增值税分别增加了 106 500 元和 18 105 元。编制会计分录如下。

 借:应收账款——东丰公司   124 605
  贷:主营业务收入——甲产品   62 500
       ——乙产品   44 000
    应交税费——应交增值税(销项税额)   18 105

(3) 9 月 23 日,收到新浦公司所欠前账款 10 000 元。

该项经济业务的发生,一方面使企业的银行存款增加了 10 000 元;另一方面使应收账款减少了 10 000 元。编制会计分录如下。

 借:银行存款   10 000
  贷:应收账款——新浦公司   10 000

(4) 9 月 23 日,大华公司向本企业订购甲产品 40 件,收到其预付款项 5 000 元,款项已存入银行。

该项经济业务的发生,一方面使企业的银行存款增加了 5 000 元;另一方面使预收账款增加了 5 000 元。编制会计分录如下。

借:银行存款　　　　　　　　　　　　　　　　　　　　　　　　　5 000
　　贷:预收账款——大华公司　　　　　　　　　　　　　　　　　　　　5 000

(5) 9 月 25 日,向大华公司发出甲产品 40 件,单位售价 2 500 元,增值税率 17%,增值税额 17 000 元(已预收 5 000 元)。

该项经济业务的发生,一方面使企业的预收账款减少了 117 000 元;另一方面分别使产品销售收入和应缴增值税增加了 100 000 元和 17 000 元。编制会计分录如下。

借:预收账款——大华公司　　　　　　　　　　　　　　　　　　　117 000
　　贷:主营业务收入——甲产品　　　　　　　　　　　　　　　　　　100 000
　　　　应交税费——应交增值税(销项税额)　　　　　　　　　　　　　17 000

(6) 9 月 30 日,结转已售产品的实际生产成本 127 200 元。其中:甲产品 85 件,生产成本 92 000 元;乙产品 8 件,生产成本 35 200 元。

该项经济业务的发生,一方面使企业的库存产成品减少了 127 200 元;另一方面使产品销售成本增加了 127 200 元。编制会计分录如下。

借:主营业务成本——甲产品　　　　　　　　　　　　　　　　　　　92 000
　　　　　　　　　——乙产品　　　　　　　　　　　　　　　　　　　35 200
　　贷:库存商品——甲产品　　　　　　　　　　　　　　　　　　　　92 000
　　　　　　　　——乙产品　　　　　　　　　　　　　　　　　　　　35 200

(7) 9 月 30 日,按税法规定计算出应缴纳的产品消费税 2 000 元。

该项经济业务的发生,一方面使企业的产品消费税增加了 2 000 元;另一方面使企业的应缴税金增加了 2 000 元。编制会计分录如下。

借:税金及附加——消费税　　　　　　　　　　　　　　　　　　　　2 000
　　贷:应交税费——应交消费税　　　　　　　　　　　　　　　　　　　2 000

销售过程业务账务处理的账户对应关系如图 3-29 所示。

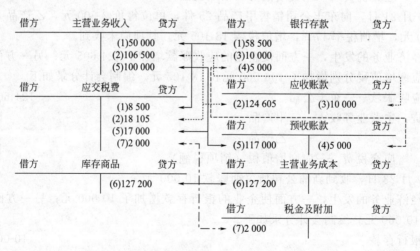

图 3-29　销售过程业务账务处理的账户对应关系

专栏 3-3　　　　　　　　　银行票据结算业务核算

银行票据结算业务是以信用收付代替现金收付的业务，是指通过银行账户的资金转移所实现收付的行为。按照我国《票据法》的规定，票据分为汇票、银行本票和支票三类。

1. 银行汇票

银行汇票是汇款人将款项交存当地银行，由出票银行签发，其在见票时按照实际结算金额无条件支付给收款人或者持票人的款项的票据。

适用范围：先收款后发货或钱货两清的商品交易，单位和个人均可以适用。

会计核算：某公司为取得银行汇票将 20 000 元款项交与银行，并于数日后使用汇票购买商品取得发票价税共计金额 11 700 元，之后将余额退还开户银行，则所做会计分录如下：

（1）取得银行汇票时

借：其他货币资金——银行汇票　　　　　　　　　　　　20 000
　　贷：银行存款　　　　　　　　　　　　　　　　　　　　20 000

（2）购买商品并取得发票时

借：材料采购　　　　　　　　　　　　　　　　　　　　10 000
　　应交税费——应交增值税（进项税额）　　　　　　　　1 700
　　贷：其他货币资金——银行汇票　　　　　　　　　　　　11 700

（3）将余额退还开户银行时

借：银行存款　　　　　　　　　　　　　　　　　　　　8 300
　　贷：其他货币资金——银行汇票　　　　　　　　　　　　8 300

2. 商业汇票

商业汇票是出票人签发的，委托付款人在指定日期无条件支付确定金额给收款人或者持票人的票据。商业汇票按承兑人的不同分为商业承兑汇票和银行承兑汇票。

适用范围：必须具有真实的交易关系或债权债务关系才能使用。

商业汇票的付款期限由交易双方商定，最长不超过 6 个月。商业汇票的提示付款期限自商业汇票到期日起 10 日内。

会计核算：收到商业汇票通过"应收票据"核算，开出商业汇票通过"应付票据"核算。

3. 银行本票

银行本票是申请人将款项交存银行，由银行签发凭以办理转账或提取现金的一种票据。按照金额是否固定可以分为不定额和定额两种。

适用范围：同一票据交换区域需要支付各种款项的单位和个人。

会计核算：同银行汇票的操作，把"其他货币资金——银行汇票"换成"其他货币资金——银行本票"。

4. 支票

支票是出票人签发的，委托办理支票存款业务的银行在见票时无条件支付确定的金额给收款人或持票人的票据。支票分为现金支票、转账支票和普通支票三种。

> 适用范围：一般为同城支付。现金支票只能提取现金，转账支票只能用于转账，普通支票既可以用来支付现金，也可以用来转账。
>
> 会计核算：通过"银行存款"核算。

第六节　利润形成及分配业务的核算

一、利润形成及分配业务的主要内容

（一）利润的形成

利润是指企业在一定会计期间的经营成果。利润包括收入减去费用后的净额、直接计入当期利润的利得和损失等。

1. 营业利润

营业利润＝营业收入－营业成本－税金及附加－销售费用－管理费用－财务费用－资产减值损失＋公允价值变动收益（－公允价值变动损失）＋投资收益（－投资损失）＋资产处置收益（－资产处置损失）＋其他收益

其中，营业收入是指企业日常经营活动所确认的收入总额，包括主营业务收入和其他业务收入。营业成本是指企业为取得营业收入所发生的成本费用总额，包括主营业务成本和其他业务成本。税金及附加是指企业日常经营活动所发生的税金（可抵扣的增值税除外）和附加费。

销售费用、管理费用、财务费用都属期间费用，即指不能直接归属于某个特定的产品成本，而应直接计入当期损益的各种费用。

资产减值损失是指企业计提各项资产减值准备所形成的损失。

公允价值变动收益（或损失）是指企业交易性金融资产等公允价值变动形成的应计入当期损益的利得（或损失）。

投资收益（或损失）是指企业以各种方式对外投资所取得的收益（或发生的损失）。

资产处置收益（或损失）是指企业处置有关资产所取得的收益（或发生的损失）。包括：出售划分为持有待售的非流动资产（金融工具、长期股权投资和投资性房地产除外）或处置组时确认的处置利得或损失，处置未划分为持有待售的固定资产、在建工程、生产性生物资产及无形资产而产生的处置利得或损失，债务重组中因处置非流动资产产生的利得或损失，以及非货币性资产交换产生的利得或损失。

其他收益是指与企业日常活动有关的政府补助等。

2. 利润总额

利润总额＝营业利润＋营业外收入－营业外支出

营业外收入是指企业发生的营业利润以外的收益，主要包括债务重组利得、与企业日常活动无关的政府补助、盘盈利得、捐赠利得等。营业外支出是指企业发生的营业利润以外的支出，主要包括债务重组损失、公益性捐赠支出、非常损失、盘亏损失、非流动资产毁损报废损失等。

3. 净利润

按税法规定，企业获取利润后，应按一定比例交纳所得税。企业的所得税通常是按年计算，分期（按月或按季）预缴，年末汇算清缴，多退少补。因此，企业当期计算出的所得税余额应当作为费用列支。因此有：

净利润＝利润总额－所得税费用

其中，所得税费用是指企业确认的应从当期利润总额中扣除的所得税费用。

在以上三个不同层次的利润指标中，营业利润代表了企业的核心盈利能力，净利润是企业可供分配利润的主要来源。

（二）利润的分配

利润分配是指根据企业法律、董事会或类似权力机构提请股东大会或类似权力机构批准的、对企业可供分配利润指定其特定用途和分配给投资者的行为。

根据《公司法》的有关规定，企业当年实现的净利润，首先应弥补以前年度尚未弥补的亏损，对于剩余部分，应按照下列顺序进行分配。

1. 提取法定盈余公积（以国家法律、法规为依据）

公司制企业按净利润的10%提取，其他企业可以根据需要确定提取比例，但不得低于10%。企业提取的法定盈余公积累计额超过注册资本的50%以上的，可以不再提取。

2. 提取任意盈余公积（由企业的权力机构自行决定）

公司制企业可根据股东大会的决议提取任意盈余公积，其他企业经类似权力机构批准，也可提取任意盈余公积。

3. 向投资者分配利润或股利

企业实现的净利润在扣除上述项目后，再加上年初未分配利润和其他转入数（公积金弥补的亏损等），形成可供投资者分配的利润。其分配内容为：①支付优先股股利；②支付普通股股利；③转作资本（或股本）的普通股股利。

可供投资者分配的利润经过上述分配之后，为企业期末未分配利润（或未弥补亏损）。未分配利润是企业留待以后年度进行分配的利润，是所有者权益的一个重要组成部分。相对于所有者权益的其他部分来说，企业对于未分配利润的使用分配有较大的自主权。

二、利润形成及分配业务核算的主要账户

以上销售过程的核算已介绍了主营业务核算的账户，在此进一步介绍其他与利润核算相关的账户。

（一）"销售费用"账户

该账户是损益类账户，用来核算企业在销售商品和材料、提供劳务过程中发生的各项费用，包括企业在销售过程中发生的包装费、保险费、展览费和广告费、商品维修费、预计产品质量保证损失、运输费、装卸费等费用，以及为销售本企业商品而专设的销售机构（含销售网点、售后服务网点等）的职工薪酬、业务费、折旧费、固定资产修理费等经营费用。该账户的借方登记企业发生的各项销售费用；贷方登记期末转入"本年利润"账户的销售费用数；结转后本账户应无余额。该账户应按销售费用的费用项目设置明细账户，进行明细分类核算。该账户的结构和内容如图3-30所示。

借方	销售费用	贷方
企业在销售产品过程中发生的各种费用		期末转入"本年利润"账户的销售费用

图3-30 "销售费用"账户的结构和内容

(二)"管理费用"账户

该账户是损益类账户,用来核算企业为组织和管理企业生产经营所发生的管理费用,包括企业在筹建期间内发生的开办费、董事会和行政管理部门在企业的经营管理中发生的或者应由企业统一负担的公司经费(包括行政管理部门职工薪酬、物料消耗、低值易耗品摊销、办公费和差旅费等)、工会经费、董事会费(包括董事会成员津贴、会议费和差旅费等)、聘请中介机构费、咨询费(含顾问费)、诉讼费、业务招待费、技术转让费、研究费用、排污费、生产车间及企业行政管理部门固定资产修理费等。该账户借方登记本期发生的各项管理费用;贷方登记期末转入"本年利润"账户的管理费用;结转后该账户无余额。该账户应按管理费用项目开设明细账进行明细分类核算。该账户的结构和内容如图3-31所示。

借方	管理费用	贷方
企业发生的各项管理费用		期末转入"本年利润"账户的管理费用

图3-31 "管理费用"账户的结构和内容

(三)"财务费用"账户

该账户是损益类账户,用来核算企业为筹集生产经营所需资金等而发生的筹资费用,包括利息支出(减利息收入)、汇兑损益以及相关的手续费、企业发生或收到的现金折扣等。该账户借方登记本期发生的各项财务费用;贷方登记应冲减财务费用的利息收入和期末转入"本年利润"账户的财务费用数;结转后该账户无余额。该账户应按财务费用项目设置明细账,进行明细分类核算。该账户的结构和内容如图3-32所示。

借方	财务费用	贷方
企业发生的各项财务费用		发生的应冲减财务费用的利息收入 期末转入"本年利润"账户的财务费用

图3-32 "财务费用"账户的结构和内容

(四)"投资收益"账户

该账户是损益类账户,用来核算企业对外投资确认的投资收益或投资损失及结转情况。该账户的贷方登记对外投资确认的投资收益和期末转入"本年利润"账户的投资损失;借方登记对外投资确认的投资的损失和期末转入"本年利润"账户的投资收益,结转后本账户应无余额。该账户应按投资收益的种类设置明细账户,进行明细分类核算。该账户的结构和内容如图3-33所示。

借方	投资收益	贷方
对外投资确认的投资的损失 期末转入"本年利润"账户的投资收益		对外投资确认的投资收益 期末转入"本年利润"账户的投资损失

图3-33 "投资收益"账户的结构和内容

（五）"营业外收入"账户

该账户是损益类账户，用来核算企业确认的与其日常活动没有直接关系的各项利得，主要包括债务重组利得、与企业日常活动无关的政府补助、盘盈利得、捐赠利得等。该账户的贷方登记企业确认的各项营业外收入；借方登记期末转入"本年利润"账户的营业外收入数；结转后该账户期末无余额。该账户应按营业外收入项目设置明细账，进行明细分类核算。该账户的结构和内容如图 3-34 所示。

图 3-34　"营业外收入"账户的结构和内容

专栏 3-4　　　　　　　　　"收入"的辨别

主营业务收入、其他业务收入、营业外收入和投资收益的概念及内容容易混淆，现做如下说明。

收入按交易性质，可分为销售商品收入、提供劳务收入和让渡资产使用权收入；按在经营业务中所占的比重，可分为主营业务收入和其他业务收入。

主营业务收入是指企业为完成其经营目标所从事的经常性活动实现的收入。主营业务收入一般占企业总收入的较大比重，对企业的经济效益产生较大影响。不同行业企业的主营业务收入所包括的内容不同。比如，工业企业的主营业务收入主要包括销售产成品、自制半成品、代制品、代修品，提供工业性劳务等实现的收入；商业企业的主营业务收入主要包括销售商品实现的收入；商业银行的主营业务收入是存贷款和办理结算的收入；保险公司的主营业务收入是签发保单的收入；租赁公司的主营业务收入是出租资产的收入；咨询公司的主营业务收入主要包括提供咨询服务实现的收入；软件开发企业的主营业务收入是为客户开发软件实现的收入；安装公司的主营业务收入主要包括提供安装服务实现的收入；旅游服务企业的主营业务收入是提供景点服务、客房、餐饮服务等收入。

其他业务收入是指企业为完成其经营目标所从事的与经常性活动相关的活动实现的收入。其他业务收入属于企业日常活动中次要交易实现的收入，一般占企业总收入的比重较小。不同行业企业的其他业务收入所包括的内容不同。比如，工业企业的其他业务收入主要包括出租固定资产、出租无形资产、出租周转材料、销售不需用的原材料等实现的收入。

营业外收入是指企业取得的与日常生产经营活动无直接关系的各项利得，并不是由企业经营资金耗费所产生的，不需要企业付出代价，是一种纯收入。主要包括债务重组利得、与企业日常活动无关的政府补助、盘盈利得、捐赠利得等。

投资收益是指对外投资所取得的利润、股利和债券利息等收入减去投资损失后的净收益。

(六)"营业外支出"账户

该账户是损益类账户,用来核算企业确认的与其日常活动没有直接关系的各项损失,包括债务重组损失、公益性捐赠支出、非常损失、盘亏损失、非流动资产毁损报废损失、罚款支出等。该账户的借方登记企业发生的各项营业外支出;贷方登记期末转入"本年利润"账户的营业外支出数;期末结转后无余额。该账户应按营业外支出项目设置明细账,进行明细分类核算。该账户的结构和内容如图 3-35 所示。

借方	营业外支出	贷方
企业发生的各项营业外支出		期末转入"本年利润"账户的营业外支出数

图 3-35 "营业外支出"账户的结构和内容

(七)"所得税费用"账户

该账户是损益类账户,用来核算企业按规定从本期损益中扣除的所得税费用及其结转情况。该账户借方登记企业计入本期损益的所得税费用;贷方登记期末转入"本年利润"账户借方的所得税费用转出数;期末结转后无余额。该账户可按"当期所得税费用"、"递延所得税费用"进行明细核算。该账户的结构和内容如图 3-36 所示。

借方	所得税费用	贷方
企业计入本期损益的所得税费用		期末转入"本年利润"账户借方的所得税费用转出数

图 3-36 "所得税费用"账户的结构和内容

(八)"本年利润"账户

该账户是所有者权益类账户,用来核算企业在当期实现的净利润或发生的净亏损。该账户的贷方登记期末从损益类账户转入的各项收入;借方登记期末从损益类账户转入的各项费用;期末如有贷方余额,表示实现的净利润;如有借方余额,表示发生的净亏损。年末,应将本年收入和费用相抵后计算出本年实现的净利润或发生的净亏损,全部转入"利润分配"账户,结转后本账户年末无余额。因此,该账户是一个过渡性账户。"本年利润"账户的结构和内容如图 3-37 所示。

借方	本年利润	贷方
期末转入的各项费用额 年末结转到"利润分配"账户的净利润		期末转入的各项收入额 年末结转到"利润分配"账户的净亏损

图 3-37 "本年利润"账户的结构和内容

(九)"利润分配"账户

该账户是所有者权益类账户,用来核算企业利润的分配(或亏损的弥补)和历年分配(或弥补)后的未分配利润(或未弥补亏损)。该账户借方登记利润的分配数和从"本年利润"账户转来的本年累计亏损数;贷方登记盈余公积弥补的亏损数及从"本年利润"账户转来的本年累计净利润数；其贷方余额表示企业的未分配利润，借方余额表示未弥补亏损。该账户应分别以"提取法定盈余公积"、"提取任意盈余公积"、"应付现金股利或利润"、"盈余公积补亏"、"未分配利润"等进行明细核算。该账户的结构和内容如图3-38所示。

借方	利润分配	贷方
企业按规定提取的盈余公积 分配给所有者的股利或利润 本年发生的净亏损		用盈余公积弥补的亏损额 本年实现的净利润
年末企业未弥补的亏损		年末企业未分配的利润

图3-38 "利润分配"账户的结构和内容

（十）"盈余公积"账户

该账户是所有者权益类账户，用来核算企业按规定从净利润中提取盈余公积、盈余公积的使用和结余情况，是具有特定用途的留存收益。该账户的贷方登记提取的盈余公积数；借方登记用以弥补亏损或转增资本数；期末贷方余额表示盈余公积金的结余数。该账户应按盈余公积项目设置明细账户，进行明细分类核算。该账户的结构和内容如图3-39所示。

借方	盈余公积	贷方
经批准用以弥补亏损或转增资本数		按规定提取的盈余公积数
		年末企业的盈余公积

图3-39 "盈余公积"账户的结构和内容

（十一）"应付股利"（或"应付利润"）账户

该账户是负债类账户，用来核算企业经董事会、股东大会或类似机构审议确定分配支付给投资者的现金股利或利润。该账户的贷方登记应付给投资者的股利或利润数；借方登记实际支付的股利或利润数；期末贷方余额表示企业应付而未付的股利或利润数。该账户应按投资者设置明细账户，进行明细分类核算。该账户的结构和内容如图3-40所示。

借方	应付股利（或应付利润）	贷方
企业实际支付的现金股利或利润		按利润分配方案确定的应付给投资者的股利或利润
		期末企业应付未付的现金股利或利润

图3-40 "应付股利"（或"应付利润"）账户的结构和内容

三、利润形成及分配业务的核算

【例3-5】新华工厂20×7年9月份发生下列经济业务。

（1）9月18日，发生广告费8 000元，以银行存款支付。

该项经济业务的发生，一方面使企业的销售费用增加了8 000元；另一方面使企业的银行存款减少了8 000元。编制会计分录如下。

　　借：销售费用——广告费　　　　　　　　　　　　　　8 000
　　　　贷：银行存款　　　　　　　　　　　　　　　　　　　　8 000

（2）9月30日，计提企业管理部门用固定资产的折旧费3 440元。

该项经济业务的发生，一方面使企业的折旧费用增加了 3 440 元；另一方面使企业的累计折旧增加了 3 440 元。编制会计分录如下。

  借：管理费用   3 440
    贷：累计折旧   3 440

（3）9月30日，本月应付职工工资薪酬总额中，专设销售机构的销售人员工资为 8 000 元，企业行政管理人员工资为 12 000 元。

该项经济业务的发生，一方面使企业的销售费用增加了 8 000 元，管理费用增加了 12 000 元；另一方面使企业的应付职工薪酬增加了 20 000 元。编制会计分录如下。

  借：销售费用   8 000
    管理费用   12 000
    贷：应付职工薪酬——工资、奖金、津贴和补贴   20 000

（4）9月30日，计提本月短期借款利息 1 500 元。

该项业务的发生，一方面使企业的财务费用增加了 1 500 元；另一方面使企业的应付利息增加了 1 500 元。编制会计分录如下。

  借：财务费用   1 500
    贷：应付利息   1 500

（5）9月30日，收到客户违约支付的罚款收入 3 000 元，存入银行。

该项经济业务的发生，一方面使企业银行存款增加 3 000 元；另一方面使营业外收入增加了 3 000 元。编制会计分录如下。

  借：银行存款   3 000
    贷：营业外收入   3 000

（6）9月30日，以银行存款 3 500 元支付公益性捐赠支出。

该项经济业务的发生，一方面使企业的银行存款减少了 3 500 元；另一方面使营业外支出增加了 3 500 元。编制会计分录如下。

  借：营业外支出——捐赠   3 500
    贷：银行存款   3 500

（7）9月30日，本期实现的利润总额为 93 860 元。假定税前会计利润与应税利润一致（即无调整项目），按 25% 的所得税税率计算当期应缴纳的所得税额为 23 465 元（假设不考虑递延所得税）。

该项经济业务的发生，一方面使企业的应交税费增加了 23 465 元；另一方面使所得税费用增加了 23 465 元。编制会计分录如下。

  借：所得税费用   23 465
    贷：应交税费——应交所得税   23 465

上述经济业务账务处理的账户对应关系如图 3-41 所示。

【例 3-6】 9月30日，汇总【例 3-4】和【例 3-5】销售过程和利润形成业务例题的有关资料，企业的损益收入类账户与损益费用类账户的本期发生额见表 3-5。

（1）9月30日，将各项收入从有关收入账户转入"本年利润"账户。编制会计分录如下。

  借：主营业务收入   256 500
    营业外收入   3 000
    贷：本年利润   259 500

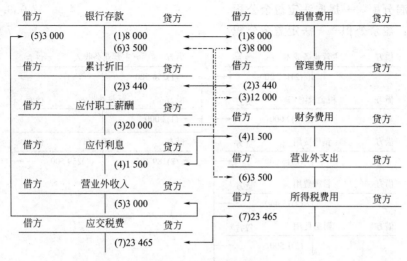

图 3-41 经济业务账务处理的账户对应关系

表 3-5 收入类账户和费用类账户发生额 单位：元

账户名称	借方发生额	贷方发生额	账户名称	借方发生额	贷方发生额
主营业务收入		256 500	管理费用	15 440	
营业外收入		3 000	财务费用	1 500	
主营业务成本	127 200		营业外支出	3 500	
税金及附加	2 000		所得税费用	23 465	
销售费用	16 000				

（2）9月30日，将各项费用支出从各有关费用类账户转入"本年利润"账户。编制会计分录如下。

借：本年利润 189 105
　　贷：主营业务成本 127 200
　　　　税金及附加 2 000
　　　　销售费用 16 000
　　　　管理费用 15 440
　　　　财务费用 1 500
　　　　营业外支出 3 500
　　　　所得税费用 23 465

通过结转，即可确定本期实现的净利润＝259 500－189 105＝70 395（元）。

利润形成业务账务处理的账户对应关系如图 3-42 所示。

【例 3-7】 期末，新华工厂发生以下利润分配业务。

（1）9月30日，将税后净利润 70 395 元转入"利润分配"账户，结转后"本年利润"账户无余额。编制会计分录如下。

借：本年利润 70 395
　　贷：利润分配——未分配利润 70 395

（2）9月30日，按净利润的 10% 提取法定盈余公积金 7 039.50 元。

该项经济业务的发生，一方面使可供分配利润或未分配利润减少（即已分配利润增加）了 7 039.50 元；另一方面使盈余公积增加了 7 039.50 元。编制会计分录如下。

借：利润分配——提取法定盈余公积　　　　　　　　　　　　　　　　7 039.50
　　　贷：盈余公积——法定盈余公积　　　　　　　　　　　　　　　　　　7 039.50

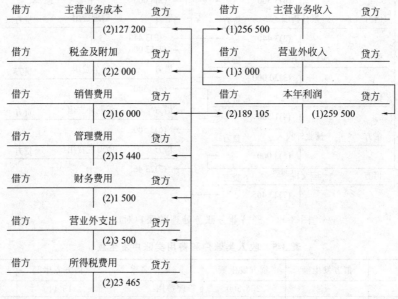

图 3-42　利润形成业务账务处理的账户对应关系

（3）9月30日，企业决定以现金方式分给投资者利润 23 000 元。

该项经济业务的发生，一方面使利润分配增加了 23 000 元；另一方面使应付股利增加了 23 000 元。编制会计分录如下：

借：利润分配——应付现金股利　　　　　　　　　　　　　　　　　　23 000
　　　贷：应付股利（或应付利润）　　　　　　　　　　　　　　　　　　　23 000

利润分配业务账务处理的账户对应关系如图3-43所示。

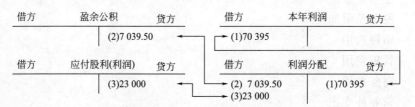

图 3-43　利润分配业务账务处理的账户对应关系

专栏 3-5　　账户的分类

账户的分类就是对账户体系中各账户之间存在的相互联系及其共性的归纳总结。账户按用途和结构通常可以分为基本账户、调整账户和业务账户三大类，进一步可以细分为九小类，包括：盘存账户、结算账户、跨期摊配账户、资本账户、调整账户、集合分配账户、成本计算账户、配比账户和财务成果计算账户。

（一）基本账户

基本账户是用来反映和监督资产、负债、所有者权益增减变动和实有数额信息的账户。这类账户所反映的内容都是经济活动的基础内容，所以称为基本账户。基本账户一般都有余额，期末应该将其列入资产负债表的资产、负债和所有者权益。

基本账户可分为盘存账户、结算账户、跨期摊配账户、资本账户四小类。

1. 盘存账户

盘存账户是用来核算和监督那些能够盘点其数量的财产、物资和货币资金的账户，如"固定资产"、"原材料"、"库存商品"、"库存现金"、"银行存款"等账户。

盘存账户的共同用途是可以提供与财产、物资和货币资金实际数额相互核对的期末余额的数据，据以检查实物经管责任；反过来，账户的期末余额又可以通过财产盘存的方法来确定其记录是否正确，借助财产盘存来促使账实相符，为提供真实可靠的会计资料创造条件。

盘存账户的共同结构是，借方登记财产物资和货币资金的增加数额，贷方登记财产物资和货币资金的减少数额，余额都是在借方，表示财产物资和货币资金的实有数额。

2. 结算账户

结算账户是用来核算和监督企业与其他单位或个人以及企业内部各单位之间发生债权（应收）、债务（应付）结算情况信息的账户。

结算账户的共同用途是核算应收、应付款项增减变动情况，便于企业及时催收应收款项和及时支付应付款项，准确确定期末债权债务数额。由于应收、应付数额的性质不同，结算账户又分为资产结算账户、负债结算账户和资产负债结算账户三类。

资产结算账户是用来核算和监督企业各种应收款项的增减变动及其期末实有数额的账户，亦称债权结算账户。这类账户的基本结构是，借方登记各种应收款项的增加数额，贷方登记各种应收款项的减少数额，余额在借方，表示期末应收款项的实有数额。常用的资产结算账户有"应收账款"、"其他应收款"、"应收票据"等账户。

负债结算账户是用来核算和监督企业各种应付款项的增减变动及期末实有数额的账户。这类账户的基本结构是，借方登记各种应付账款的减少数额，贷方登记各种应付账款的增加数额，余额在贷方，表示期末应付账款的实有数额。常用的负债结算账户有"应付账款"、"应付票据"、"短期借款"、"应交税费"、"应付职工薪酬"等账户。

资产负债结算账户是用来核算和监督企业与其他单位或个人以及企业内部各单位之间所发生的往来结算款项的账户，亦称债权债务结算账户。在企业的经营活动过程中，某些与企业经常发生结算业务的往来单位，有时是企业的债权人，有时是企业的债务人。如企业与某单位有产品销售业务，有些款项是预收的，预收款项时，表现为企业的负债；有些款项又是销售产品后尚未收取的，成为企业的应收款项，表现为企业的资产。为了集中反映企业同某一单位或个人经常发生的债权和债务往来款项的结算情况，可以在一个账户中核算预收和应收、预付和应付款项的增减变动情况及结余额，这一个账户就成为资产负债结算账户。

资产负债结算账户的基本结构为：借方登记资产结算（即应收款项、预付款项）的增加数额和负债结算（即应付款项、预收款项）的减少数额；贷方登记负债结算（即应付款项、预收款项）的增加数额和资产结算（即应收款项、预付款项）的减少数额；余额可能在借方，也可能在贷方。借方余额表示期末资产结算（即应收款项、预付款项）的实有数额，贷方余额表示期末负债结算（即应付款项、预收款项）的实有数额。

3. 跨期摊配账户

跨期摊配账户是用来核算和监督应由若干个会计期间共同负担而又在某个会计期间一次支付费用的账户。设置跨期摊配账户的目的在于按照权责发生制和配比原则，正确确认计算各会计期间成本费用。常用的账户如"长期待摊费用"等。

跨期摊配账户的基本结构和运用方法与盘存类账户相同。

4. 资本账户

资本账户是用来核算和监督企业取得资本及盈余累计资本的增减变动及其实有数额的账户。常用的资本账户有"实收资本"、"资本公积"、"盈余公积"等账户。

资本账户的基本结构是，贷方登记企业取得投资者投入资本及盈余累计资本的增加数额；借方登记投资者投入资本及盈余累计资本的减少数额；余额在贷方，表示期末投资者投入资本及盈余累计资本的实有数额。

（二）调整账户

调整账户是用来调整某个账户（即被调整账户）的账面余额，以表示被调整账户的实际余额而设置的账户。在会计核算中，由于管理上或其他方面的原因，有时需要对资产或负债项目使用两种数字从不同的方面进行反映，这就需要设置两个账户：一个账户反映该项目的原始数字；另一个账户反映该项目的调整数字。记录反映原始数字的账户称为被调整账户，记录反映调整数字的账户称为调整账户。将原始数字与调整数字相加或相减，即可求得调整后某项目的实际数字。

调整账户按其调整方式的不同，可以分为备抵账户、附加账户和备抵附加账户三类。

1. 备抵账户

备抵账户又叫抵减调整账户，它是用来抵减被调整账户的余额，以求得被调整账户实际余额的账户。备抵账户的调整方式是被调整账户的余额减去备抵账户的余额，可以求得调整账户的实际数额。

备抵账户的结构特征是，备抵账户与被调整账户的结构正好相反，两个账户的余额方向自然也相反。例如，"累计折旧"账户就是"固定资产"账户的一个备抵账户，"固定资产"账户登记固定资产的原始价值，"累计折旧"账户登记固定资产因计提折旧而减少的价值即累计折旧数额，将"固定资产"账户的借方余额减去"累计折旧"账户的贷方余额后的差额，就是固定资产的账面净值，即实有数额。此外，"坏账准备"账户也是"应收账款"账户的一个备抵账户，"应收账款"账户的借方余额减去"坏账准备"账户的贷方余额，其差额表示应收账款的实有数额（预计可收回金额）。

2. 附加账户

附加账户是用来增加被调整账户的余额，以求得被调整账户实际余额的账户。附加账户与备抵账户的调整方式相反，即被调整账户的余额与附加账户的余额相加，可以求得调整账户的实际数额。

附加账户的结构特征是，附加账户与被调整账户的结构一致。如果被调整账户的余额在借方，附加账户的余额也一定在借方；如果被调整账户的余额在贷方，附加账户的余额也一定在贷方。

3. 备抵附加账户

备抵附加账户是既用来抵减，又用来增加被调整账户的余额，以求得被调整账户的实际数额的账户。这类账户兼有抵减账户和附加账户两种功能，当备抵附加账户的余额与被调整账户的余额方向相反时，其调整方式与备抵账户相同；当备抵附加账户的余额与被调整账户的余额方向相同时，其调整方式则与附加账户相同。例如，工业企业采用计划成本核算原材料时，"材料成本差异"账户就是一个备抵附加账户。"原材料"账户期末余额表示期末原材料的计划成本数额，"材料成本差异"账户期末余额表示期末原材料计划成本与其实际成本之差额。当"材料成本差异"账户的余额在借方时，表示实际成本大于计划成本的超支数额，"原材料"账户的借方余额加上"材料成本差异"账户的借方余额，为原材料的实际成本，此时，"材料成本差异"账户的调整方式为附加调整；当"材料成本差异"账户的余额在贷方时，表示实际成本小于计划成本的节约数额，"原材料"账户的借方余额减去"材料成本差异"账户的贷方余额，其差额即为原材料的实际成本，此时，"材料成本差异"账户的调整方式为抵减调整。

（三）业务账户

业务账户是用来反映和监督企业在采购、生产、销售过程中业务活动的账户。业务账户可以分为集合分配账户、成本计算账户、配比账户和财务成果计算账户。

1. 集合分配账户

集合分配账户是用来归集和分配企业生产经营过程中某个阶段所发生的某种费用的账户。企业可以借助集合分配账户来反映和监督有关费用计划的执行情况。例如"制造费用"账户。

集合分配账户的基本结构是，借方登记需要集合分配的费用发生额，贷方登记按受益对象进行分配的费用数额，一般没有期末余额。

2. 成本计算账户

成本计算账户是用来归集某一个经营阶段所发生的费用，并据以计算和确定各个成本计算对象的实际成本的账户。

成本计算账户的结构是，借方归集登记经营过程中某个阶段所发生的应计入成本的全部费用，贷方登记结转已结束某个阶段的成本计算对象的实际成本；期末如有余额在借方，表示尚未结束某个阶段的成本计算对象的实际成本。如"材料采购"账户是用来归集采购阶段所发生的费用并计算各种原材料采购成本；"生产成本"账户是用来归集生产阶段所发生的费用并计算各种产品成本的账户。

3. 配比账户

配比账户又称集合配比账户，是指用来汇集某一会计期间所取得的各种收入，发生的成本、费用，并于期末进行配合比较，借以计算确定该期间财务成果的账户。

配比账户按汇集和结转的性质和经济内容不同又可以分为收入类配比账户和费用

类配比账户。例如"主营业务收入"、"其他业务收入"、"投资收益"和"营业外收入"等账户属于收入类配比账户,"主营业务成本"、"其他业务成本"、"管理费用"、"财务费用"、"销售费用"、"税金及附加"、"所得税费用"、"营业外支出"等账户属于费用类配比账户。

收入类配比账户的结构和运用方法与权益类账户相同,但由于其核算内容属于当期结转的经济业务,故期末没有余额。类似地,费用类配比账户的结构和运用方法与资产类账户相同,但期末没有余额。

4. 财务成果计算账户

财务成果计算账户是用来核算和监督企业一定期间(月份、季度、年度)内全部经营活动的最终财务成果即利润或亏损的账户。例如"本年利润"账户。

财务成果计算账户的基本结构是借方登记一定时期内发生的各种费用的数额;贷方登记一定时期内取得的各项收入的数额;期末,如为贷方余额,表示企业实现的利润数额,如为借方余额,表示企业发生的亏损数额。年度内,"本年利润"账户平时的余额为当年各期的累计利润数额或亏损数额,年终决算时应将其余额结转到"利润分配"账户,结转后无余额。

本章总结

本章综合应用设置账户、借贷记账法、成本计算等会计核算的专门方法,结合工业企业的基本经济业务,系统阐述了企业资金筹集业务、采购过程业务、生产过程业务、销售过程业务、利润形成及其分配业务的核算内容,应设置的相关会计账户以及相应业务的账务处理。

资金筹集业务包括权益筹资和债务筹资。资金筹集业务核算的主要账户包括:银行存款、实收资本(或股本)、资本公积、短期借款、长期借款和固定资产等。

采购过程核算内容主要是购买材料物资、支付货款及采购费用。采购过程业务核算的主要账户包括:材料采购、原材料、应交税费、应付账款、应付票据和预付账款等。

生产过程核算内容主要是生产费用的发生、归集和分配,以及产品生产成本的计算与结转。生产过程业务核算的主要账户包括:生产成本、制造费用、应付职工薪酬、累计折旧和库存商品等。

销售过程核算内容主要是销售收入确认、已售出产品实际成本结转及应缴纳的销售税费的计算。销售过程业务核算的主要账户包括:主营业务收入、主营业务成本、税金及附加、应收账款、应收票据、预收账款、其他业务收入和其他业务成本等。

利润是企业一定时期的收入抵减费用后的差额,将收入抵减费用构成企业利润形成的核算内容,企业赚取的净利润依法分配,则构成利润分配业务的核算内容。利润形成及分配业务核算的主要账户包括:销售费用、管理费用、财务费用、投资收益、营业外收入、营业外支出、所得税费用、本年利润、利润分配、盈余公积和应付股利(或应付利润)等。

重要概念

收益性支出　资本性支出　成本计算对象　成本计算期　采购成本　增值税　生产成本
直接费用　直接材料　直接人工　制造费用　销售费用　管理费用　财务费用　利润分配

复习思考题

1. 简述制造业企业资金运动的过程以及由此而形成的主要经济业务。
2. 企业采购过程中会计核算主要有哪些内容？如何进行账务处理？
3. 材料采购成本包括哪些内容？怎样计算和结转材料采购成本？
4. 生产过程业务核算的主要内容是什么？如何进行账务处理？
5. 简述生产费用、生产成本的含义及其相互关系。
6. 企业销售过程中会计核算主要有哪些内容？如何进行账务处理？
7. 销售费用、管理费用、财务费用各包括哪些内容？如何进行账务处理？
8. 营业外收支各包括哪些项目？如何进行账务处理？
9. 企业如何进行利润形成和利润分配的账务处理？
10. 公司在超市购买了 5 000 元购物卡，如何进行账务处理？

练 习 题

习 题 一

一、目的

练习资金筹集业务的核算。

二、资料

天宇公司为增值税一般纳税人，20×7 年 8 月发生的有关经济业务如下。

1. 收到投资者投入货币资金 900 000 元，已存入银行。
2. 收到长安公司作为资本投入的不需要安装的设备一台，合同约定该设备的价值 300 000 元，增值税进项税额为 51 000 元。
3. 因临时需要，通过银行取得借款 24 000 元，借款期限为四个月，款项当即存入银行。
4. 因购置生产设备向银行借入期限为 2 年、年利率为 6% 的借款 300 000 元，该借款到期一次还本付息。
5. 以银行存款偿还短期借款 5 000 元，长期借款 100 000 元。
6. 收到明达公司作为资本投入的专利权一项，投资双方确认的价值为 200 000 元。明达公司未能提供符合抵扣条件的增值税发票。
7. 按规定将盈余公积金 30 000 元转作资本金。

三、要求

根据上述经济业务编制会计分录。

习 题 二

一、目的

练习采购业务的核算。

二、资料

国泰公司为增值税一般纳税人，材料收发存日常核算采用计划成本法，20×7 年 8 月发生的有关经济业务如下。

1. 购入不需要安装的机器一台，设备买价和税金分别为 50 000 元和 8 500 元，运输费 500 元，包装费 300 元，款项以银行存款支付。

2. 从光明工厂购进甲材料 1 500 千克，单价 30 元，计 45 000 元，增值税 7 650 元；乙材料 2 000 千克，单价 15 元，计 30 000 元，增值税 5 100 元，全部款项以银行存款支付。

3. 用银行存款支付上述甲、乙材料的运杂费 7 000 元，按材料重量比例在两者之间分摊。

4. 从宏天工厂购进丙材料 1 500 千克，单价 50 元，计 75 000 元，增值税 12 750 元，款项尚未支付。

5. 用现金支付丙材料的运费及装卸费 3 000 元。

6. 甲、乙、丙三种材料发生入库前的挑选整理费 3 250 元（按材料重量比例分摊），用现金支付。

7. 本期购进的甲、乙、丙材料均已验收入库。计算并结转三种材料的实际采购成本。

8. 以银行存款预付购买丁材料款 25 000 元。

9. 以银行存款 58 500 元支付之前欠华星公司货款。

三、要求

根据上述经济业务编制会计分录。

习 题 三

一、目的

练习产品生产业务的核算。

二、资料

兴业公司为增值税一般纳税人，材料收发存日常核算采用计划成本法，20×7 年 8 月发生的有关经济业务如下。

1. 本月发出材料的情况如下。

甲产品生产耗用 A 材料 4 000 千克，计划单位成本与实际单位成本均为 10 元，计 40 000 元。

乙产品生产耗用 B 材料 8 000 千克，计划单位成本与实际单位成本均为 2 元，计 16 000 元。

车间一般耗用 C 材料 2 000 千克，计划单位成本与实际单位成本均为 1 元，计 2 000 元。

2. 本月应付工资总额为 60 000 元，其中：甲产品生产工人工资 30 000 元，乙产品生产工人工资 10 000 元，车间管理人员工资 4 000 元，企业行政管理部门人员工资 16 000 元。

3. 以银行存款支付本月工资 60 000 元。

4. 用银行存款支付本月水电费计 5 200 元，其中车间分摊 3 700 元，厂部分摊 1 500 元。

5. 生产车间的生产设备日常维修，发生修理费取得增值税专用发票，注明修理费 2000 元，税率 17%，增值税税额 340 元，用银行存款支付。

6. 以现金支付车间购买办公用品费 440 元。

7. 计提本月生产车间用固定资产折旧费 12 100 元，企业行政管理部门用固定资产折旧费 8 000 元。

8. 月末，将本月发生的制造费用分配转入生产成本（按甲、乙产品的生产工人工资比例分配)。

9. 本月投产甲产品 100 件，全部完工；乙产品 300 件，全部未完工。甲产品已全部完工入库，结转完工产品成本（假设甲、乙产品月初无产品）。

三、要求

根据上述经济业务编制会计分录。

习 题 四

一、目的

练习产品销售业务的核算。

二、资料

汉盛公司为增值税一般纳税人，20×7 年 8 月发生的有关经济业务如下。

1. 向天阳公司销售甲产品 300 件，单位售价 200 元，增值税率 17%，增值税额 10 200 元，款项未收。

2. 向大华公司销售甲产品 100 件，单位售价 200 元；乙产品 150 件，单位售价 400 元，增值税率 17%，增值税额 13 600 元，款项已收并存入银行。

3. 收到天阳公司所欠账款 70 200 元并存入银行。

4. 海化公司向本公司订购甲产品 50 件，收到其预付款项 4 000 元，存入银行。

5. 向海化公司发运甲产品 50 件，单位售价 200 元，增值税率 17%，增值税额 1 700 元（已预收 4 000 元）。

6. 月末，结转已售产品的实际生产成本。其中：甲产品单位生产成本 140 元，乙产品单位生产成本 300 元。

7. 月末，按税法规定计算出应缴纳城市维护建设税 3 000 元，教育费附加 1 285 元。

8. 用银行存款缴纳增值税 10 000 元。

三、要求

根据上述经济业务编制会计分录。

习 题 五

一、目的

练习利润的形成及利润分配等经济业务的核算。

二、资料

银丰公司为增值税一般纳税人，20×7 年 12 月发生的有关经济业务如下。

1. 接受捐赠 24 000 元，并存入银行。

2. 以银行存款 31 400 元支付公益性捐赠支出。

3. 销售甲产品 400 件，单位售价 1 500 元，增值税率 17%，增值税额 102 000 元，款项已通过银行收讫。

4. 销售乙产品 600 件，单位售价 800 元，增值税率 17%，增值税额 81 600 元，款项未收。

5. 厂部管理人员职工王×外出开会，预支差旅费 2 000 元，以现金付讫。

6. 用银行存款支付广告费 2 400 元。

7. 计提应由本月负担的短期借款利息 4 000 元。

8. 以银行存款支付董事会费用 5 200 元。

9. 用银行存款支付银行转账结算的手续费 3 000 元。

10. 王×回厂报销差旅费 2 800 元，差额部分补付现金。

11. 结转已售产品的实际生产成本。其中：甲产品单位生产成本 1 000 元，乙产品单位生产成本 550 元。

12. 月末，按税法规定计算出应缴纳的产品消费税 2 780 元。

13. 按 25% 的所得税税率计算当期应缴纳的所得税费用。

14. 月末将各损益类账户的本期发生额转入"本年利润"账户。

15. 年末，根据"本年利润"账户 11 月 30 日贷方余额 800 000 元和 12 月份净利润额计算全年实现的净利润，并将其转入"利润分配"账户。

16. 按全年净利润的 10% 提取盈余公积金。

17. 企业决定，以现金方式分给投资者利润 300 000 元。

三、要求

根据上述经济业务编制会计分录。

案例分析

林永康在一家大型化工企业做管理工作，由于经济效益不好，企业决定精简人员。为了鼓励职工创业，企业对主动离职的职工每人补偿 150 000 元。林永康曾经学习过市场营销、会计等课程，经过认真考虑，他提交了离职申请，如愿拿到补偿款 150 000 元，又向亲戚借了 250 000 元，投资开办小型超市。他在离家不远的地方找到一间临街的门面房，又购买设备花费 100 000 元，并雇用了 3 名职工，在 20×7 年 1 月 8 日顺利开业。

林永康预计开业的第一年经营将比较困难，但他工作很努力，生意比预计的要好。到了年终时，他打开平时的记录本，经过汇总计算，20×7 年实现销售收入 850 000 元，其中，应收款项 5 000 元。门面房租金支出 50 000 元，人工支出 70 000 元，水电费 8 000 元，各种杂费支出 32 000 元。20×7 年共采购各类商品 950 000 元，其中 50 000 元的商品尚未支付货款。年终盘点时存货价值 350 000 元。假定设备使用年限 10 年。为了简化，可以暂不考虑各种税收。请你帮助林永康梳理一下 20×7 年的账务。

要求：（1）编制必要的会计分录。

（2）计算 20×7 年实现的利润。

（3）计算 20×7 年年末银行账户余额。

第四章 会计凭证

学习目标：
1. 掌握会计凭证的概念。
2. 掌握原始凭证的基本内容、填制方法和审核要求。
3. 掌握记账凭证的基本内容、填制方法和审核要求。
4. 熟悉会计凭证的分类。
5. 了解会计凭证的传递与保管。

导入案例：

李欣是一位会计专业大三的学生，平时有记账的习惯，外出消费，都会索要及保留发票，每天根据发票内容进行记账，个人消费情况一目了然。这样坚持下来，不仅将自己所学的知识学以致用，还能清楚地了解自己的消费习惯，对自己的开支也有了一定的掌控。

大三下学期，李欣去了一家小型的模具公司实习，通过几天的观察，他发现这家公司的会计核算非常不规范，不仅记账金额与发票金额不相符，而且"白条"入账的情况也时有发生，导致了明明有经济业务发生，可是账面上就是反映不出来。另外，车间生产领用材料手续不完善，导致了账面记录与实物严重不相符。公司会计人员在与李欣交谈中透露，最近老板想要从公司账上弄出10万元用于发放工人奖金，打算购买发票将款项报销出来。

针对公司会计核算不规范情况，李欣向老板反映："会计凭证是会计核算的重要依据，填制会计凭证的目的就是为了真实地记录经济业务，每一个合格的会计人员，必须认真准确地填制会计凭证。公司内部制度需要完善，比如生产领用材料，一定要通过填制'领料单'或是'限额领料单'等手续进行控制。公司虚开发票是违法行为，不仅会计人员要受到处罚，公司负责人依法也将会受到惩罚。所以，以后不要再找发票入账了，公司只有真实地列支收入与支出，规范合法经营才能长远地生存发展下去。"

老板听后恍然大悟，认识到公司会计核算中存在问题的严重性，决心从自身开始，在公司内部自上而下搞一次深入的会计知识的学习。

第一节 会计凭证的意义和种类

一、会计凭证的意义

会计凭证是记录经济业务、明确经济责任，据以登记账簿的书面证明。在会计工作中，经济业务的发生，必须以凭证为依据，因此，在经济业务发生时，都必须取得和填制凭证。为了保证会计信息的客观、真实、完整，对所发生的每一项经济业务都必须由经办人员填制或取得会计凭证，登记经济业务的日期，注明经济业务的内容及完成情况，并在凭证上签字或盖章，明确经济责任。

填制和审核会计凭证，是会计核算工作的起点，是"凭证-账簿-报表"这一会计核算程序的基础，也是会计核算的基本方法之一。因此，正确填制和严格审核会计凭证，是保证会计工作正常进行，充分发挥会计的核算和监督职能的前提。会计凭证的意义主要体现在以下几个方面。

（一）及时、正确地反映经济业务的完成情况

任何一项经济业务，都必须及时取得和填制会计凭证，真实、完整、准确地记录经济业务的发生和完成情况。会计凭证不仅保证核算资料的真实性和完整性，并且为会计资料的分析和审计工作提供了重要依据。

（二）登记账簿的依据

会计凭证是登记账簿的依据，任何记账工作都必须在有完整、准确的会计凭证的前提下才能进行，否则不能记账。在一些工作量大或者特殊行业，还可以通过对会计凭证汇总、整理，选择合适的会计核算形式，简化账簿的登记工作。

（三）发挥会计监督作用的重要依据

通过对会计凭证的审核，可以检查会计凭证的登记是否合理、合法，据以反映出所登记的经济业务是否符合国家法律、法规，是否符合企业的规章制度，有无凭空记账的行为等。所以，在会计工作中，会计凭证也发挥了监督的作用，保证企业会计和经济管理工作正常进行。

（四）加强经济责任制的重要手段

会计凭证的填制和审核，都必须按照规定的要求进行，并且由经办人员签字或盖章，明确了经济业务的责任人。保证一旦出现问题，能及时有效地区分责任，找出解决问题的关键，同时，也督促会计工作人员认真负责做好工作。

二、会计凭证的种类

会计凭证的种类繁多，但最常见的是按照会计凭证的填制程序和用途不同来分类，可分为原始凭证和记账凭证。

（一）原始凭证

原始凭证，又称单据，是指在经济业务发生或完成时取得或填制的，用以记录或证明经济业务的发生或完成情况的原始凭据。它是具有法律效力的书面证明，是进行会计核算的原始资料和重要依据。

原始凭证可以按照取得来源、填制手续、格式和用途进行分类。

（1）原始凭证按照取得来源不同，可分为自制原始凭证和外来原始凭证。

① 自制原始凭证是指本单位内部的经办部门和人员在执行和完成某项经济业务时填制的凭证，其特点是由本单位经办人员自行填制，如原材料入库时所填制的"收料单"（表4-1）、发放工资时编制的"工资单"、产品生产完工验收入库填制的"产品入库单"（表4-2）等。

表 4-1 收料单

供货单位：××工厂　　　　　　　　　　　　　　　　　　　　　　　凭证编号：0203
发票编号：0012356　　　　　　　20×7年9月5日　　　　　　　　　收料仓库：1号库

材料类别	材料编号	材料名称及规格	计量单位	数量		金额/元			
				应收	实收	单价	买价	运杂费	合计
A材料	2109		千克	1 000	1 000	10	10 000	700	10 700
备注：							合计		10 700

仓库负责人：李×　　　　记账：洪×　　　　仓库保管员：刘×　　　　收料人：王×

表 4-2 产品入库单

　　　　　　　　　　　　　　　　　　　　　　　　　　　　　　　　　　编号：0325
交库单位：甲车间　　　　　　　20×7年9月30日　　　　　　　　产品仓库：2号库

产品编号	产品名称	规格	单位	交付数量	检验结果		实收数量/件	单价/(元/件)	金额/元
					合格	不合格			
0001	甲产品		件	200	√		200	557.10	111 420
备注：									

记账：洪×　　　　检验：张×　　　　仓库保管员：刘×　　　　经手：王×

② 外来原始凭证是指经济业务发生时，从外单位获得的证明经济业务发生和完成情况的凭证。如买卖商品取得的"增值税专用发票"、出差时的车船票、收款方给付款方开出的收据等。

(2) 原始凭证按照填制手续不同，可分为一次凭证、累计凭证、汇总原始凭证和记账编制凭证。

① 一次凭证是指在经济业务发生时一次填制或取得的，只反映一笔或是若干笔同类性质的经济业务的原始凭证。如"收料单""现金收据""发票"以及银行的各种结算凭证等。外来的原始凭证一般都属于一次凭证。

② 累计凭证是指在一定时期内多次记录不断重复发生的同类经济业务的原始凭证，其特点是在一张凭证内随着经济业务的发生连续登记相同性质的经济业务，并随时结出累计数，期末按实际发生额记账。累计凭证一般为自制原始凭证，如"限额领料单"。

③ 汇总原始凭证是指在会计核算工作中，为简化记账凭证的编制工作，将一定时期内若干张同类性质的经济业务的原始凭证汇总编制而成，用以集中反映某项经济业务总括情况的凭证。如"发出材料汇总表""商品销售汇总表""工资汇总表"等。需要注意的是，汇总原始凭证只能将同类经济业务汇总在一张凭证上，不能汇总两类或是两类以上的经济业务。

④ 记账编制凭证是指会计人员根据账簿记录结果，对某些特定事项进行归类、整理而编制的原始凭证。如"制造费用分配表""固定资产折旧计算表"等。记账编制凭证与上述其他原始凭证的不同之处主要在于，其他原始凭证一般都是依据实际发生的经济业务编制的，而记账编制凭证则是根据账簿记录加以整理后编制的。

(3) 原始凭证按照格式不同，可分为通用凭证和专用凭证。

① 通用凭证是指有关部门统一印制、在一定范围内使用的具有统一格式和使用方法的原始凭证。这里的一定范围，既可以是全国范围，也可以是某省、某市、某地区或某系统。

如全国统一使用的"增值税专用发票"、某地区统一印制的"现金收据"等。

② 专用凭证是指一些单位自行印制，仅在本单位使用的具有特定内容和专门用途的原始凭证。如"产品入库单""收料单"等。

(4) 原始凭证按照用途不同，可分为通知凭证、执行凭证和计算凭证。

① 通知凭证是指通知、要求、指示或命令企业进行某项经济业务的原始凭证。如"银行进账单"（表4-3）、"缴、付款通知书""罚款通知书"等。

表 4-3 ××银行进账单（回单或收款通知）   第×号

收款人	全称	南京市新华工厂		付款人	全称	上海市向阳有限公司								
	账号	10-020800040012345			账号	03-020100240016350								
	开户银行	××银行××路分理处			开户银行	××银行××支行								
人民币（大写）伍万捌仟伍佰元整						千	百	十	万	千	百	十	元	角	分
								¥	5	8	5	0	0	0	0
票据种类		转账支票													
票据张数		1													
单位主管 会计 复核 记账					收款人开户银行盖章										

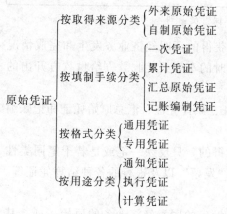

图 4-1 原始凭证的分类总结

② 执行凭证是指用来证明某项经济业务已经发生或已执行完毕的凭证，又称为证明凭证。如"发货单""收料单"等。

③ 计算凭证是指根据其他原始凭证和有关会计核算资料进行相关计算而编制的原始凭证，又称为手续凭证。编制计算凭证的目的，是为了进一步获得会计核算和管理需要的有关资料。这类凭证有"制造费用分配表""产品成本计算单""工资计算表"等。

原始凭证的分类总结如图4-1所示。

（二）记账凭证

记账凭证，又称为分录凭证，是会计人员根据审核后的原始凭证按照经济业务加以归类、整理，据以确定应借、应贷的会计科目及金额而编制的会计凭证，是直接登记账簿的依据。在实际工作中，为了便于登记账簿，需要将来自不同单位、种类繁多、数量庞大、格式大小不一的原始凭证加以归类、整理后，确定会计分录填制具有统一格式的记账凭证并将相关的原始凭证附在记账凭证后面。记账凭证多种多样，可以按照用途、填制方式、是否经过汇总进行分类。

(1) 记账凭证按其用途不同，可分为专用记账凭证和通用记账凭证。

① 专用记账凭证是指用来专门记录某一类经济业务的记账凭证。专用记账凭证按其所记录的经济业务与库存现金和银行存款的收付有无关系，又分为收款凭证、付款凭证和转账凭证三种。

收款凭证是指用于记录库存现金和银行存款收款业务的会计凭证。它是根据有关现金和银行存款收入业务的原始凭证填制。

付款凭证是指用于记录库存现金和银行存款付款业务的会计凭证。它是根据有关现金和银行存款支付业务的原始凭证填制。

收、付款凭证是登记库存现金日记账、银行存款日记账以及有关明细账和总账等账簿的依据，也是出纳人员收、付款项的依据。

转账凭证是指用于记录不涉及库存现金或银行存款业务的会计凭证。它是根据有关转账业务的原始凭证填制。转账凭证是登记总分类账及有关明细分类账的依据。

② 通用记账凭证是指用来记录各种经济业务、具有统一格式的记账凭证。通用记账凭证的格式没有区别，全部以统一的格式记录全部经济业务。在经济业务比较简单的单位，为了简化凭证可以使用通用记账凭证，记录所发生的各种经济业务。

（2）记账凭证按照填制的方式不同，可分为复式记账凭证和单式记账凭证。

① 复式记账凭证是指将每一笔经济业务事项所涉及的全部会计科目及其发生额均在同一张记账凭证中反映的一种凭证。复式记账凭证可以集中反映一项经济业务的科目对应关系，便于了解有关经济业务的全貌、减少凭证数量，从而减轻记账和查账工作。但是复式记账凭证不便于汇总计算每一个会计科目的发生额。上述的专用记账凭证和通用记账凭证都是复式记账凭证。

② 单式记账凭证是指一笔经济业务涉及的科目分别填制在几张凭证上，一张凭证只做一个科目的记账凭证。只填写借方科目的称为借项记账凭证，只填写贷方科目的称为贷项记账凭证。单式记账凭证便于分工记账，但是不能反映某项经济业务的全貌和所涉及的会计科目之间的对应关系，制证工作量大，且不能在一张凭证上反映经济业务的全貌，内容分散，也不便于查账。

（3）记账凭证按照其是否经过汇总，可以分为汇总记账凭证和非汇总记账凭证。

① 汇总记账凭证是指根据同类记账凭证定期加以汇总而重新编制的记账凭证，目的是为了简化登记总分类账的手续。汇总记账凭证根据汇总方法的不同，可分为分类汇总和全部汇总两种。

分类汇总凭证是根据一定期间的记账凭证按其种类分别汇总填制的。如根据现金的收款凭证汇总编制的"现金汇总收款凭证"、根据转账凭证汇总编制的"汇总转账凭证"等都是分类汇总凭证。

全部汇总凭证是根据一定期间的记账凭证全部汇总填制的，如"科目汇总表"就是全部汇总凭证。

② 非汇总记账凭证是指没有经过汇总的记账凭证，前面介绍的收款凭证、付款凭证和转账凭证以及通用记账凭证都是非汇总记账凭证。

记账凭证的分类总结如图4-2所示。

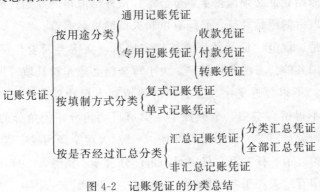

图4-2 记账凭证的分类总结

第二节 原 始 凭 证

一、原始凭证的基本内容

原始凭证是在经济业务发生的同时取得或填制的,用来记录和证明经济业务的会计凭证。由于经济业务的种类繁多,所以原始凭证的格式和内容也是多种多样的,有其不同的要求和特点。但是,不论什么形式的原始凭证,都必须客观、真实地记录和反映经济业务的发生与完成情况,明确有关单位、部门以及人员的责任,所以,可以把原始凭证具有的共性归纳起来,概括出原始凭证具有以下基本内容:

① 原始凭证名称;
② 填制凭证的日期及凭证的编号;
③ 接受凭证的单位名称;
④ 经济业务的内容摘要;
⑤ 经济业务的数量、计量单位、单价和金额;
⑥ 填制单位名称或填制人姓名;
⑦ 填制单位和经办人员签名或盖章。从外单位取得的原始凭证,应盖有填制单位的发票专用章。

二、原始凭证的填制

(一) 原始凭证的填制要求

原始凭证的填制必须符合会计法律、制度的规定,为了保证原始凭证真实、正确、完整、及时地反映经济业务,原始凭证的填制必须符合以下要求。

(1) 记录要真实　原始凭证所填列的经济业务内容和数字,必须真实可靠,即符合国家有关政策、法令、法规、制度的要求,符合有关经济业务的实际情况,不得弄虚作假,更不得伪造凭证。

(2) 内容要完整　原始凭证所要求填列的项目必须逐项填列齐全,不得遗漏和省略;经办业务的有关部门和人员要认真审核。

(3) 手续要完备　单位自制的原始凭证必须有经办单位领导人或者其他指定的人员签名盖章;对外开出的原始凭证必须加盖本单位公章;从外部取得的原始凭证,必须盖有填制单位的公章;从个人取得的原始凭证,必须有填制人员的签名盖章。

(4) 书写要清楚、规范　原始凭证要按规定填写,文字要简要,字迹要清楚,易于辨认,不得使用未经国务院公布的简化汉字。大小写金额必须相符且填写规范,小写金额用阿拉伯数字逐个书写,不得写连笔字,在金额前要填写人民币符号"¥",人民币符号"¥"与阿拉伯数字之间不得留有空白,金额数字一律填写到角分,无角分的,写"00"或符号"—";有角无分的,分位写"0",不得用符号"—"。大写金额用汉字壹、贰、叁、肆、伍、陆、柒、捌、玖、拾、佰、仟、万、亿、元、角、分、零、整等,一律用正楷或行书字体书写,大写金额前未印有"人民币"字样的,应加写"人民币"三个字,"人民币"字样和大写金额之间不得留有空白,大写金额到元或角为止的,后面要写"整"或"正"字,有分的,不写"整"或"正"字。如小写金额为¥1 008.00,大写金额应写成"人民币壹仟零捌元整"。

(5) 编号要连续　如果原始凭证已预先印定编号,在填写错误作废时,应加盖"作废"戳记,妥善保管,不得撕毁。

(6) 不得涂改、刮擦、挖补　原始凭证有错误的,应当由出具单位重开或更正,更正处应当加盖出具单位印章。原始凭证金额有错误的,应当由出具单位重开,不得在原始凭证上更正。

(7) 填制要及时　各种原始凭证一定要及时填写,并按规定的程序及时送交会计机构、会计人员进行审核。

专栏 4-1　　　　　　　　　人民币符号的来历

在书写人民币金额时,人们习惯于在阿拉伯数字前写上"¥"符号,这就是我国人民币的简写符号。"¥"既作为人民币的书写符号,又代表人民币的币制,还表示人民币的单位"元"。在经济往来和会计核算中用阿拉伯数字填写金额时,在金额首位之前加一个"¥"符号,既可防止在金额前添加数字,又可表明是人民币的金额数量。由于"¥"本身表示人民币的单位,所以,凡是在金额前加了"¥"符号的,金额后就不需要再加"元"字。

人民币简写符号"¥"是怎样产生的呢?这要追溯到民国时期。1935年,国民党政府对币制进行改革,以法制形式强制确定了流通货币,即"法币"。开始法币只同英镑"£"保持一定的比价,后来随着美元在国际市场上的作用越来越大,法币又同美元挂了钩。所以,法币符号就借用美元符号而写成"$"。

1948年12月1日中国人民银行成立,并发行了新中国第一套人民币,但在解放初期,人们书写阿拉伯数字金额时,还习惯沿用"$"作为封头符号。直至1955年3月1日,中国人民银行发行第二套人民币,才正式确定人民币的符号。因为人民币单位为"元",而"元"的汉语拼音是"Yuán",因此,人民币符号就采用"元"字汉语拼音字母中的第一个字母"Y"。为了区别"Y"与阿拉伯数字之间的误认和误写,就在"Y"字上加上两横而写成"¥",读音仍为"元"。从此,人们就开始用"¥"符号表示人民币,在书写数字金额时用它作封头符号了,如人民币100元写作"¥100"或者"RMB¥100"。

(二) 外来原始凭证的填制方法

外来原始凭证是企业在同外单位发生经济业务时,由外单位的经办人员填制的。外来原始凭证一般由税务局等部门统一印制,或经税务部门批准由单位印制。从外单位取得的原始凭证,必须盖有填制单位的公章;从个人取得的原始凭证,必须有填制人员的签名或者盖章。

发票,是指在购销商品,提供或者接受服务以及从事其他经营活动中,开具、收取的收付款项凭证。现行税制发票分为全国普通发票、增值税普通发票和增值税专用发票。

1. 全国普通发票的填制方法

除了特殊行业，根据全国普通发票简并票种方案，目前票种设置按照发票的填开方式，将发票简并为通用机打发票、通用手工发票和通用定额发票三大类。发票名称为"××省××税务局通用机打发票""××省××税务局通用手工发票""××省××税务局通用定额发票"。具体使用的票种和规格由各省、自治区、直辖市和计划单列市税务机关确定。

全国普通发票应按编号顺序使用。发票的基本联次为一式三联，其用途分别是，第一联为存根联，第二联为发票（报销）联，第三联为记账联。

全国普通发票应填写：客户名称；商品名称或经济项目；计量单位、数量、单价；大小写金额；开票人和开票日期；加盖开具发票单位的发票专用章。

2. 增值税普通发票的填制方法

增值税普通发票是按照国务院主管部门的规定，分别由省、自治区、直辖市国家税务局、地方税务局指定企业印制。可以由从事经营活动并办理了税务登记的各种纳税人领购使用，未办理税务登记的纳税人也可以向税务机关申请领购使用增值税普通发票。

增值税普通发票只有三联，第一联为存根联，第二联为发票联，第三联为记账联，并且增值税普通发票除运费、收购农副产品、废旧物资的按法定税率作抵扣外，其他一律不予作抵扣用。

增值税普通发票应填写：购买方和销售方名称、纳税人识别号、地址与电话、开户行及账号；货物或应税劳务、服务名称；货物或劳务、服务的规格、数量、计量单位、单价；不含增值税金额；适用税率；应纳增值税额；价税合计大小写金额；开票人、开票日期；加盖销售方的发票专用章。

3. 增值税专用发票的填制方法

增值税专用发票由国务院税务主管部门指定的企业印制，一般只能由增值税一般纳税人领购使用，小规模试点纳税人需要使用的，可以选择自行开具增值税专用发票或者向国税机关申请代开。增值税专用发票不仅是购销双方收付款的凭证，而且可以用作购买方扣除增值税的凭证，因此，增值税专用发票既是经济活动中的重要凭证，又是体现增值税作用的完税证明。"增值税专用发票"的格式，见表4-4。

增值税专用发票有四个联次和七个联次两种，第一联为存根联，第二联为发票联，第三联为抵扣联，第四联为记账联，七联次的其他三联为备用联，分别作为企业出门证、检查和仓库留存用。

增值税专用发票和增值税普通发票的填写方法基本相同。增值税专用发票填制方法详见专栏4-2。

> **专栏 4-2　　　　　　　增值税发票的填制与识别**
>
> 企业开具增值税发票，采用主管税务机关指定的防伪税控设备，根据国家税务局最新规定，增值税发票填制要求如下。
>
> 1."购买方"栏填开要求
>
> 开具增值税专用发票的，需将购买方的4项信息（"名称""纳税人识别号""地址、电话""开户行及账号"）全部填写完整。
>
> 开具增值税普通发票的，如购买方为企业、非企业性单位（有纳税人识别号）和

个体工商户，购买方栏的"名称""纳税人识别号"为必填项（有的地区公司名称是必填项，不需要税号），其他项目可根据实际需要填写；购买方为非企业性单位（无纳税人识别号）和消费者个人的，"名称"为必填项，其他项目可根据实际需要填写。

2."货物或应税劳务、服务名称"栏填开要求

本栏填写货物或劳务的名称。如果销售货物或应税劳务的品种较多，纳税人可按照不同税率的货物进行汇总开具专用发票，在这种情况下，本栏可填写"汇总"或"××等，详见清单"字样。商品和服务税收分类编码对应的简称也会自动显示在此栏。

3."金额""税额"和"价税合计"栏填开要求

纳税人开具增值税发票时"金额"栏应填写不含税金额，纳税人在开具增值税发票时，如不能准确换算不含税金额，可选择"含税金额"选项填入收取的含税收入，开票系统自动换算为不含税金额；"税额"栏填写应纳的税额；"价税合计"栏填写金额与税额合计数，在大写合计数前用"⊗"符号封顶，在"金额"、"税额"栏合计数和"价税合计"栏（小写）合计数前用"￥"符号封顶。

4."销售方"栏填开要求

销售方的"名称"、"纳税人识别号"、"地址、电话"、"开户行及账号"等栏项目的填写内容与购买方有关项目基本相同。

5.其他栏次填开要求

"规格型号""单位""数量""单价"栏可按实际业务填写，无此项目可不填。"收款人"、"复核"栏可按实际需要填写，"开票人"栏为必填项，"销售方（章）"栏应加盖发票专用章。

增值税发票识别的方法有很多，主要方法如下。

增值税专用发票可通过扫描抵扣认证，认证通过发票即为真。增值税普通发票可以通过以下方式查询。

1.看发票监制章。发票上方正中央有一椭圆形红色的"发票监制章"。此章外圆线是一条普通的红色粗线，但内圆线是采用微缩技术印制，由多组"国家税务总局监制"汉字的汉语拼音声母缩写组成，即"GJSHWZJJZH"。通过高倍放大镜可以清晰地看到。

2.看发票的纸张。新版普通发票都是采用有防伪水印的纸张印制，把发票放到阳光下，能够清晰地看到菱形的水印图案，其中菱形中有"SW"字样。

3.网站查询。取得增值税发票的单位和个人可登录全国增值税发票查验平台（https://inv-veri.chinatax.gov.cn），对新系统开具的增值税专用发票、增值税普通发票、机动车销售统一发票和增值税电子普通发票的发票信息进行查验。单位或个人登录网站后输入发票代码、发票号码、开票日期、校验码进行查验。

4.电话查询。拨打查询发票真伪的纳税服务热线电话（区号+12366），输入"发票代码"、"发票号码"和"纳税人识别号"即可进行查询。

表 4-4　江苏增值税专用发票　　　　　　　　　　　　No

发票联

代码

校验码　　　　　　　　　　　　　开票日期：20×7 年 9 月 5 日

购买方	名　称	新华公司					密码区
	纳税人识别号	1232000046600680××					
	地址、电话	××市模范路 5 号　025-358746××					
	开户行及账号	××银行××支行 11060291292100196××					
货物或应税劳务、服务名称	规格型号	单位	数量	单价	金额	税率	税额
A 材料		千克	1 000	10.00	10 000.00	17%	1 700.00
合　计					￥10 000.00		￥1 700.00
价税合计（大写）	⊗壹万壹仟柒佰元整				（小写）￥11 700.00		
销售方	名　称	东兴公司					备注
	纳税人识别号	9131023063105648××					
	地址、电话	××市建宁路 3 号　025-337865××					
	开户行及账号	××银行××支行 10017024090067396××					

收款人：×××　　　复核：×××　　　开票人：×××　　　销售方：（章）

第二联：发票联　购买方的记账凭证

（三）自制原始凭证的填制方法

1. 一次凭证的填制方法

以"领料单"和"收据"为例，介绍一次凭证的填制。

（1）领料单是由领用材料的部门或者人员（简称领料人）根据所需领用材料的数量填写的单据。其内容有领用日期、材料名称、单位、数量、金额等。为明确材料领用的责任，领料单除了要有领用人的签名外，还需要有主管人员的签名、保管人的签名等。"领料单"的格式见表 4-5。

表 4-5　领料单

领料部门：×车间　　　　　　　　　　　　　　　　　　　　　　凭证编号：0218

用途：×产品　　　　　　　20×7 年 9 月 20 日　　　　　　发料仓库：1 号库

材料类别	材料编号	材料名称及规格	计量单位	数量/件		单价/(元/件)	金额/元
				请领	实发		
A 材料	2109		千克	500	500	10.7	5 350
备注：						合计	5 350

记账：×××　　　发料：×××　　　领料部门负责人：×××　　　领料：×××

（2）收据是企业经常使用的经济凭证。当企业因相关业务而收取租金、押金、罚金、赔款以及收到投资方的投资款等都需要开具收据。

收据由企业的出纳人员负责填写，收据应按编号顺序使用。收据的基本联次为一式三联，第一联为存根联，第二联为收据（报销）联，第三联为记账联。收据应填写的内容：收据日期；交款人名称；收受款项事由及收受款项的大写和小写金额，最后加盖开具发票单位的发票专用章和经办人签名或加盖经办人名章。"收据"的格式见表4-6。

表 4-6　收据

20×7 年 5 月 15 日　　　　　　　　　　　　　　　编号：××

付款单位　　　××公司　　　收款方式　　　现金
人民币(大写)金额壹万元整　　　　　　　　　¥10 000.00
收款事由租金

第 × 联

收款单位（盖章）　　　审核：×××　　　经手：×××　　　出纳：×××

2. 累计凭证的填制方法

"限额领料单"是典型的累计凭证，是为了成本控制、避免浪费而产生的，它同领料单的区别在于多了一项"定额"。"限额领料单"是由生产计划部门根据下达的生产任务和材料定额消耗，按每种材料用途分别开出，一料一单，一式两联，一联交仓库据以发料，一联交领料部门据以领料。在领料时，仓库发料人员可以根据"定额"栏的数量来确定是否发料，如果要领的材料累计已超过定额，仓库就不能发料。月末，在限额领料单内结出实发数量和金额，转交会计部门据以核算材料费用，并做材料减少的账务处理。"限额领料单"是多次使用的累计领发料凭证。在有效期间内（一般为一个月），只要领用数量不超过限额就可以连续使用。"限额领料单"的格式见表4-7。

表 4-7　限额领料单

领料部门：×车间　　　　　　　　　　　　　　　领料编号：0203
用途：×产品　　　　　　20×7 年 9 月　　　　　　发料仓库：1 号库

材料类别	材料编号	材料名称及规格	计量单位	单价	全月领用限额	全月实际领用		备注
						数量	金额	
A 材料	2109		千克	10.7	20 000	15 000	160 500	

日期		请领		实发			退库			限额结余
月	日	数量	领料负责人	数量	发料人	领料人	数量	退料人	收料人	
9	8	3 000	刘×	3 000	王×	李×				17 000
9	17	6 000	刘×	6 000	王×	李×				11 000
9	26	6 000	刘×	6 000	王×	李×				5 000

供应部门负责人：×××　　　生产计划部门负责人：×××　　　仓库负责人：×××

3. 汇总原始凭证的填制方法

汇总原始凭证只能将同类的经济业务汇总填列在一张汇总凭证中。在一张汇总凭证中，不能将两类或两类以上的经济业务汇总填列。汇总原始凭证是有关责任者根据经济管理的需要定期编制的。现以"发料凭证汇总表"为例说明汇总原始凭证的编制方法。"发料凭证汇总表"是由材料会计根据各部门到仓库领用材料时填制的领料单定期汇总，送交会计部门做账务处理。"发料凭证汇总表"的格式见表4-8。

4. 计算凭证的填制方法

现以"制造费用分配表"为例介绍计算凭证的填制方法。假定某企业生产甲、乙两种产品，本月发生的制造费用共 60 000 元，按甲、乙产品的生产工时比例分配给甲、乙两种产品。"制造费用分配表"的格式见表 4-9。

表 4-8 发料凭证汇总表

年 月 日   单位：元

用途及领料部门		原材料	燃料	合计
生产领用	一车间			
	二车间			
	小计			
辅助生产车间领用	供电车间			
	锅炉车间			
	小计			
车间一般耗用	一车间			
	二车间			
	小计			
管理部门耗用				
合计				

会计负责人：   审核：   制表：

表 4-9 制造费用分配表

20×7 年 3 月 31 日   单位：元

产品名称	分配标准（生产工时）	分配率	分配金额
甲产品	2 000		40 000
乙产品	1 000		20 000
合计	3 000	20	60 000

主管：×××   审核：×××   制表：××

三、原始凭证的审核

根据《会计法》第十四条规定，会计机构、会计人员必须按照国家统一的会计制度的规定对原始凭证进行审核，对不真实、不合法的原始凭证有权不予接受，并向单位负责人报告；对记载不准确、不完整的原始凭证予以退回，并要求按照国家统一的会计制度的规定更正、补充。对原始凭证的审核内容主要如下。

（一）审核原始凭证的合法性和真实性

审核所发生的经济业务是否符合国家有关规定的要求，是否有违反财经制度的现象；原始凭证中所列的经济业务是否真实，有无弄虚作假情况。如在审核原始凭证中发现有多计或少计收入、费用，擅自扩大开支范围、提高开支标准，巧立名目、虚报冒领、滥发奖金、津贴等违反财经制度和财经纪律的情况，不仅不能作为合法真实的原始凭证，而且要按规定进行处理。

（二）审核原始凭证的合理性

审核所发生的经济业务是否符合厉行节约、反对浪费、有利于提高经济效益的原则，是否存在违反该原则的现象。如经审核原始凭证后确定有突击使用预算结余购买不需要的物品，有对陈旧过时设备进行大修理等违反上述原则的情况，不能作为合理的原始凭证。

（三）审核原始凭证的完整性

审核原始凭证是否具备基本内容，是否存在应填未填或填写不清楚的现象。如经审核原始凭证后确定有未填写接受凭证单位名称，无填证单位或制证人员签章，业务内容与附件不符等情况，不能作为内容完整的原始凭证。

（四）审核原始凭证的正确性

审核原始凭证在计算方面是否存在失误。如经审核凭证后确定有业务内容摘要与数量、金额不相对应，业务所涉及的数量与单价的乘积与金额不符，金额合计错误等情况，不能作为正确的原始凭证。

对于审核后的原始凭证，如发现有不符合上述要求，有错误或不完整之处，应当按照有关规定进行处理；如符合有关规定，就可以根据审核无误的原始凭证来编制记账凭证。

第三节　记账凭证

一、记账凭证的基本内容

记账凭证是根据原始凭证为编制依据，按照复式记账法的原理，编制会计分录，并且据以登记账簿的会计凭证。虽然记账凭证有多种形式，但无论哪一类记账凭证，一般都应具备下列基本内容：

① 记账凭证的名称；
② 填制凭证的日期和凭证的编号；
③ 经济业务的内容摘要；
④ 会计科目、借贷方向和金额；
⑤ 所附原始凭证的张数；
⑥ 填制凭证人员、稽核人员、记账人员、会计机构负责人、会计主管人员签名或盖章。收款和付款记账凭证还应当有出纳人员签名或者盖章。

二、记账凭证的填制

（一）记账凭证的填制要求

填制记账凭证，就是要由会计人员将各项记账凭证要素按规定方法填写齐全，便于账簿登记。各种记账凭证除严格按原始凭证的填制要求填制外，还要注意以下填制要求。

（1）填制记账凭证的依据　填制记账凭证以审核无误的原始凭证为依据。记账凭证可以根据每一张原始凭证填制，或者根据若干张同类原始凭证汇总填制，也可以根据原始凭证汇总表填制。但不得将不同内容和类别的原始凭证汇总后填写在一张记账凭证上。

（2）日期的填写　记账凭证的日期一般应为填制记账凭证当天的日期。但月末结转业务的凭证，按当月最后一天的日期填写。

（3）摘要的填写　摘要是对经济业务的简要说明，填写时既要简明，又要确切。必须针对不同的经济业务特点，考虑到登记账簿的需要，要用简明扼要的语言，准确表达出经济业务的主要内容。

（4）会计科目的填写　必须按会计制度统一规定的会计科目填写，不得只写科目编号，不写科目名称。

（5）金额数字的填写　记账凭证的金额必须与原始凭证的金额相符；金额的登记方向、大小写数字必须正确，符合数字书写规定；在填写金额数字时应平行对准借贷栏次和科目栏次，防止错栏串行；在合计数字前面应填写货币符号"￥"，不是合计数不填写货币符号。

（6）编号的填写　记账凭证的编号方法有多种，在使用通用凭证时，可按经济业务发生的顺序编号。采用专用记账凭证的，如现金收款凭证、现金付款凭证、银行存款收款凭证、银行存款付款凭证和转账凭证，可采用分类编号。例如，现收第×号、银收第×号等。无论采用哪一种编号方法，都应该按月顺序编号，即每月都从1号编起，顺序编至月末。一笔经济业务需要填制两张或者两张以上记账凭证的，可以采用分数编号。如某项经济业务需要编制三张转账凭证，而该凭证的顺序号为7号，可编为转第 $7\frac{1}{3}$ 号、转第 $7\frac{2}{3}$ 号、转第 $7\frac{3}{3}$ 号。前面的数表示凭证顺序，后面分数的分母表示该号凭证共有三张，分子表示三张凭证中的第一张、第二张、第三张。每月末最后一张记账凭证的编号旁边应加注"全"字，以免凭证散失，造成汇总、对账困难。

（7）注销凭证空行　记账凭证应按行次逐项填写，不得跳行或留有空行。对记账凭证中的空行，应划斜线注销。划线应从金额栏最后一笔金额数字下的空行划到合计数行上面的空行，注意斜线两端都不能划到金额数字的行次上。

（8）记账凭证附件张数的计算和填写　除结账和更正错误的记账凭证可以不附原始凭证外，其他记账凭证必须附有原始凭证，并注明所附原始凭证的张数。所附原始凭证的张数的计算，一般以原始凭证的自然张数为准。如果原始凭证中附有原始凭证汇总表，则应把所附的原始凭证和原始凭证汇总表的张数一起计入附件的张数之内。但报销差旅费等零散票据时，可以粘贴在一张纸上，作为一张原始凭证。如果一张原始凭证涉及几张记账凭证的可以将该原始凭证附在一张主要的记账凭证后面，在其他的记账凭证上注明"原始凭证×张，附在第×号记账凭证上"，以便复核和日后查阅。同时还可以附上该原始凭证的复印件。

（9）错误更正　如果在填制记账凭证时发生错误，应当重新填制。已经登记入账的记账凭证发生错误，则应按照错账更正的方法进行更正。

（10）记账凭证的签名盖章　记账凭证填制完成后，需要由有关会计人员签名或盖章，以便加强凭证的管理，明确会计人员的经济责任，互相监督。

专栏 4-3　　　　　　　　如何编写记账凭证摘要

一、日常收支业务摘要的编写要规范统一

各企业根据业务量的大小，分别设置3～5人或以上编制记账凭证，所有人员力求使用统一格式、统一措辞。这样使得会计账簿的摘要体现整体一致性，更重要的是能够充分发挥计算机查询系统中"模糊查询"板块的功能。所以，对日常收支业务采用"主语+谓语+宾语"的句式。即具备经济行为的主体、对象和内容三个最基本的要素。统一措辞虽然在执行初期比较困难，只要大家在工作中注意交流、相互沟通、认真总结，相信很快就能做到统一协调。

例如：张×用现金购买办公用笔花费150元。摘要为：张×报办公用笔。

采用这种句式，在账务"模糊"查询时，只要输入"张×"，当年及往年所有张×经手的业务，所需数据一目了然。充分体现会计电算化方便、高效、快捷的优越性。

二、摘要的编写要简明

所谓简明，即简单明了。太过于简的摘要，不能把经济内容表达清楚。因此要在计算机设定的摘要字数内，抓住重点，将经济内容尽可能全面地表述出来。

例如：采购部赵××借去北京购材料款5 000元。摘要为赵××借购材料款，而不能为赵××借款，更不能为借款。

三、摘要的编写要准确

对反映不同经济内容的同一张记账凭证，每项经济内容准确对应一个摘要，不能笼统使用同一个摘要。现行的借贷记账法和会计基础工作规范允许编制一借多贷、一贷多借以及特殊情况下的多借多贷的记账凭证。目前被广泛使用的会计电算化软件，一般都具有"修改摘要"的功能，为准确编写记账凭证摘要提供了条件。

例如：销售部周×借4 000元去北京开会，回来报账时，差旅费开支1 200元；会务费开支2 500元；退回余款300元。其摘要应按每项经济业务对应的会计分录分别编写为：周×报开会差旅费；周×报会务费；周×还借差旅款。如果此笔凭证用笼统的一个摘要，用起账来令人匪夷所思。对此工作细节，有些会计人员往往容易忽视，给以后的复核、记账、查账等一系列会计工作带来不便。特别强调的是，用银行存款开支的经济业务，对应银行存款科目的摘要，必须反映收款单位名称，便于银行存款日记账同银行对账单的核对。

四、摘要中需要反映必要的数字

（1）需要注明时间的摘要　交纳某月水费、电费、电话费等；提取职工福利费、职工教育费、工会经费等，在摘要中务必注明经济业务所属的时间。不仅有效防止发生漏记、重记的可能，而且便于单位间的账务查询。

例如：某企业收到银行支付凭证，代扣20×7年4月份水电费5 600元。摘要为支付4月份水电费。

（2）需要注明人数的摘要　对发放职工困难补助、发放临时工工资等，在摘要中要注明人次。以便为管理部门统计相关数据，编制报表所用。无需去检查每张记账凭证后所附原始凭证，费时费力，只要使用查询系统"科目查询"板块，所需数据跃然于屏幕，起到事半功倍的效果。

例如：向2名金工车间职工发放困难补助，共计3 500元。摘要为发金工车间职工2人困补。

（3）需要注明数量的摘要　企业需要购置的办公设备数量很大，需要报废的陈旧固定资产也很多。虽然固定资产账中反映资产的数量，但为了便于同固定资产管理部门随时的"动态"对账，在摘要中要注明资产的数量。

例如：技术部通过招标购买空调两台，用转账支票支付货款5 800元。摘要为技术部购买空调两台。

总之，会计工作在讲究宏观控制的同时，也要重视微观管理，会计摘要的编写虽然只是整个会计工作中的一个小小环节，但是它却在会计工作向着更加科学化、规范化管理的进程中发挥着极其重要的作用。

（二）专用记账凭证的填制方法

1. 收款凭证的填制方法

收款凭证是用来记录货币资金收款业务的凭证，它是由会计人员根据审核无误的原始凭证收款后填制的。

收款凭证左上角"借方科目"处，按照业务内容选填"银行存款"或"库存现金"科目；凭证上方的"年、月、日"处，填写财会部门受理经济业务制证的日期；凭证右上角的"编号"处，填写"银收"或"收"字和已填制凭证的顺序编号；"摘要"栏填写能反映经济业务性质和特征的简要说明；贷方"一级科目"和"二级科目"栏填写与银行存款或库存现金收入相对应的一级科目及其二级科目；"金额"栏填写与同一行科目对应的发生额；"合计"栏填写各发生额的合计数；凭证右边"附件　张"处需填写所附原始凭证的张数；凭证下边分别由相关人员签字或盖章；"记账"栏则应在已经登记账簿后画"√"符号，表示已经入账，以免发生漏记或重记错误。如××工厂20×7年9月1日，收到A投资者投入资本40 000元，已存入银行。编制收款凭证见表4-10。

表 4-10　收款凭证

借方科目：银行存款　　　　　　　　　20×7年9月1日　　　　　　　　　　编号：银收第1号

摘要	贷方科目		金　额									记账	附件×张
	一级科目	二级科目	千	百	十	万	千	百	十	元	角	分	
收到资本金	实收资本	A投资者				4	0	0	0	0	0	0	√	
合计			¥	4	0	0	0	0	0	0			

会计主管：韩×　　　记账：李×　　　出纳：刘×　　　审核：程×　　　制单：洪×

2. 付款凭证的填制方法

付款凭证是用来记录货币资金付款业务的凭证，它是由会计人员根据审核无误的原始凭证付款后填制的。

付款凭证的格式及填制方法与收款凭证基本相同，只是将凭证的"借方科目"与"贷方科目"栏目交换位置；填制时先填写"贷方科目"的"库存现金"或"银行存款"科目，再填写作为与付出现金或银行存款相对应的一级科目和二级科目。如××工厂20×7年9月5日，购入不需要安装的机器一台，买价20 000元，增值税3 400元，运输费600元，款项以银行存款支付。编制付款凭证见表4-11。

对于现金和银行存款之间以及各种银行存款之间相互划转的业务，一般只填制一张付款凭证。如从银行取出现金备用，根据该项经济业务的原始凭证，只填制一张银行存款付款凭证。记账时，根据该凭证同时记入"库存现金"和"银行存款"账户。这种方法不仅可以减少记账凭证的编制，而且可以避免重复记账。

表 4-11 付款凭证

贷方科目：银行存款　　　　　20×7年9月5日　　　　　编号：银付第1号

摘要	借方科目		金额									记账
	一级科目	二级科目	千	百	十	万	千	百	十	元	角	分	
购置设备	固定资产	设备				2	0	6	0	0	0	0	√
	应交税费	应交增值税(进项税额)					3	4	0	0	0	0	√
	合计					¥	2	4	0	0	0	0	

附件×张

会计主管：韩×　　记账：李×　　出纳：刘×　　审核：程×　　制单：洪×

3. 转账凭证的填制方法

转账凭证是用来记录与货币资金收付无关的转账业务的凭证，它是由会计人员根据审核无误的原始凭证填制的。在借贷记账法下，将经济业务所涉及的会计科目全部填列在凭证内，借方科目在先，贷方科目在后，将各会计科目所记应借应贷的金额填列在"借方金额"或"贷方金额"栏内。借、贷方金额合计数应该相等。制单人应在填制凭证后签名盖章，并在凭证的右侧填写所附原始凭证的张数。如江城公司20×7年7月10日领用生产A产品所用原材料5 000元。编制转账凭证见表4-12。

表 4-12 转账凭证

20×7年7月10日　　　　　　　　　　　编号：×

摘要	一级科目	二级科目	借方金额								贷方金额								记账
			十	万	千	百	十	元	角	分	十	万	千	百	十	元	角	分	
生产领用材料	生产成本	A产品			5	0	0	0	0	0									√
	原材料												5	0	0	0	0	0	√
	合计			¥	5	0	0	0	0	0		¥	5	0	0	0	0	0	

附件×张

会计主管：李×　　记账：刘×　　审核：郭×　　制单：高×

专栏 4-4　　　　　　　　常用的会计符号

会计人员在填写记账凭证、登记账簿、编制报表时，通常使用约定俗成的下列会计符号。

√——表示已经记账或已核对。填在凭证金额右边或账页余额右边的格子内。

¥——表示人民币。已在金额前写此符号的，金额后边就不用写"元"字。

@——表示单价。

△——表示复原。将原来书写的数字划红线更正或文字更改后，发觉错误，即原写的是对的，仍应恢复原来记载。可以在被划线的数字或被更改的文字下边，用红墨水写此符号，每个数码或文字下边写一个△，并在这笔数字或文字加符号处盖小章。

> No. 或 ♯——表示编号的号码。
> ∑——表示多笔数目的合计，即总和。
> ※——表示对某笔数字、文字另附说明。

（三）通用记账凭证的填制方法

通用记账凭证适用于各种经济业务，使用通用记账凭证登记方法与转账凭证相似。如江城公司 20×7 年 7 月 10 日领用生产 A 产品所用原材料 5 000 元。编制通用记账凭证见表 4-13。

表 4-13　通用记账凭证

20×7年7月10日　　　　　　　　　　　　　　　　编号：×

摘要	一级科目	二级科目	借方金额								贷方金额								记账	附件×张
			十	万	千	百	十	元	角	分	十	万	千	百	十	元	角	分		
生产领用材料	生产成本	A产品			5	0	0	0	0	0									√	
	原材料												5	0	0	0	0	0	√	
合计			¥		5	0	0	0	0	0	¥		5	0	0	0	0	0		

会计主管：李×　　记账：刘×　　出纳：　　审核：郭×　　制单：高×

（四）单式记账凭证的填制方法

单式记账凭证按照一项经济业务所涉及的每个会计科目单独编制，每张凭证只填写一个会计科目和金额。根据经济业务所涉及的借、贷方的对应关系，分为"借项记账凭证"和"贷项记账凭证"。如江城公司 20×7 年 7 月 10 日领用生产 A 产品所用原材料 5 000 元。编制单式记账凭证见表 4-14 和表 4-15。

表 4-14　借项记账凭证

对应科目：原材料　　　　20×7 年 7 月 10 日　　　　　　编号：×

摘要	一级科目	二级科目	账页	金额	附件×张
生产领用材料	生产成本	A产品		5 000	

会计主管：李×　　记账：刘×　　出纳：　　审核：郭×　　制单：高×

表 4-15　贷项记账凭证

对应科目：生产成本　　　20×7 年 7 月 10 日　　　　　　编号：×

摘要	一级科目	二级科目	账页	金额	附件×张
生产领用材料	原材料			5 000	

会计主管：李×　　记账：刘×　　出纳：　　审核：郭×　　制单：高×

在借项记账凭证和贷项记账凭证中所列示的对应科目只起参考作用，不作为登记账簿的依据。

三、记账凭证的审核

记账凭证是登记账簿的直接依据,所以,为了确保账簿记录的完整性和准确性,在登记账簿之前,必须对记账凭证进行严格的审核。记账凭证的审核内容如下。

1. 编制依据是否真实

审核是否按已审核无误的原始凭证填制记账凭证。记录的内容与所附原始凭证是否一致,金额是否相等;所附原始凭证的张数是否与记账凭证所列附件张数相符。

2. 填写项目是否齐全

审核记账凭证摘要、日期、凭证编号、附件张数以及有关人员签章等各个项目填写是否齐全。若发现记账凭证的填制有差错或者填列不完整、签章不齐全,应查明原因,责令更正、补充或重填。只有经过审核无误的记账凭证,才能据以登记账簿。

3. 科目金额是否准确

审核记账凭证所列会计科目(包括一级科目、二级科目)、应借、应贷方向和金额是否正确;借贷双方的金额是否平衡;二级科目金额之和与相应的一级科目的金额是否相等。

4. 书写是否清楚规范

审核记账凭证上有关项目书写是否规范,摘要、科目和数字是否清晰工整,有无涂改现象。

实行电算化的单位,对于记账凭证也要认真审核,做到会计科目使用正确,数字准确无误。打印出来的机制记账凭证要加盖制单人员、审核人员、记账人员及会计机构负责人、会计主管人员印章或签字。

第四节 会计凭证的传递与保管

一、会计凭证的传递

会计凭证的传递,是指各种会计凭证从填制、取得到归档保管为止的全部过程,即在企业内部有关人员和部门之间传送、交接的过程。正确组织会计凭证的传递,对于及时处理和登记经济业务,明确经济责任,实行会计监督,具有重要作用。从一定意义上说,会计凭证的传递起着在单位内部经营管理各环节之间协调和组织的作用。会计凭证传递程序是企业管理规章制度重要的组成部分。

各单位会计凭证的传递程序应当科学、合理,具体办法由各单位根据会计业务的需要自行规定。要规定各种凭证的填写、传递单位与凭证份数,规定会计凭证传递的程序、移交的时间和接受与保管的有关部门。根据各单位经济业务的特点、企业内部机构组织、人员分工情况以及经营管理的需要,从完善内部牵制制度的角度出发,规定各种会计凭证的联次及其流程,使经办业务的部门及其人员及时办理各种凭证手续,既符合内部牵制原则,又提高工作效率。具体做法如下。

(1) 合理确定会计凭证的传递路线 既要保证会计凭证经过必要的处理和审批环节,又要避免在不必要的环节停留,确保有关部门和人员及时了解情况,掌握资料,又不延误会计凭证传递的时间,提高工作效率。

(2) 合理确定会计凭证的传递时间 在保证会计凭证的有关人员完成工作的前提下,尽量减少会计凭证在各个环节上的停留时间,不积压会计凭证,以免影响正常的会计工作。并且,一切会计凭证的传递和处理,都必须在报告期内完成,不允许跨期。

(3) 保证严密的会计凭证传递手续 会计凭证的传递要做到严密完备,确保凭证的收发、交接都能按照规定的手续和制度办理,强化会计凭证的安全和完整。

二、会计凭证的保管

会计凭证的保管是指会计凭证记账后的整理、装订、归档和存查工作。我国《会计基础工作规范》规定了对会计凭证保管的要求,具体要做好以下工作。

(1) 记账凭证应当连同所附的原始凭证或者原始凭证汇总表,按照编号顺序,折叠整齐,按期装订成册,并加具封面。会计凭证封面应注明单位名称、凭证种类、凭证张数、起止号数、年度、月份、会计主管人员、装订人员等有关事项,会计主管人员和保管人员应在封面上签章。

(2) 原始凭证较多时,可单独装订,但应在凭证封面注明所属记账凭证的日期、编号和种类,同时在所属的记账凭证上应注明"附件另订"及原始凭证的名称和编号,以便查阅。

(3) 各种经济合同、存出保证金收据以及涉外文件等重要原始凭证,应当另编目录,单独登记保管,并在有关的记账凭证和原始凭证上相互注明日期和编号。

(4) 原始凭证不得外借,其他单位如因特殊原因需要使用原始凭证时,经本单位会计机构负责人、会计主管人员批准,可以复制。向外单位提供的原始凭证复印件,应当在专设的登记簿上登记,并由提供人员和收取人员共同签名或盖章。

(5) 会计凭证应定期装订成册,防止散失。从外单位取得的原始凭证遗失时,应取得原签发单位盖有公章的证明,并注明原始凭证的号码、金额、内容等,由经办单位会计机构负责人、会计主管人员和单位负责人批准后,才能代作原始凭证。若确实无法取得证明的,如车票丢失,则应由当事人写明详细情况,由经办单位会计机构负责人、会计主管人员和单位负责人批准后,代作原始凭证。

(6) 每年装订成册的会计凭证,在年度终了时可暂由单位会计机构保管一年,期满后应当移交本单位档案机构统一保管;未设立档案机构的,应当在会计机构内部指定专人保管。出纳人员不得兼管会计档案。

(7) 根据《会计档案管理办法》的有关规定,企业会计凭证保管期限为30年,未满保管期限的会计凭证不得任意销毁。会计凭证保管期满后,必须按照规定的审批手续,报经批准后才能销毁。销毁前要填制"会计档案销毁目录",交档案部门编入会计档案销毁清册。批准销毁后要进行监销,并由有关人员签字或盖章。

本章总结

会计凭证是记录经济业务、明确经济责任,据以登记账簿的书面证明。在会计工作中,经济业务的发生,必须以凭证为依据,因此,在经济业务发生时,都必须取得和填制凭证。

会计凭证按其填制程序和用途不同来分类,可分为原始凭证和记账凭证。

原始凭证,又称单据,是指在经济业务发生或完成时取得或填制的,用以记录或证明经济业务的发生或完成情况的原始凭据。它是具有法律效力的书面证明,是进行会计核算的原始资料和重要依据。原始凭证可以按照取得来源、填制手续、格式和用途进行分类。原始凭证按照取得来源分类,可分为自制原始凭证和外来原始凭证;按照填制手续分类,可分为一次凭证、累计凭证、汇总原始凭证和记账编制凭证;按照格式分类,可分为通用凭证和专用凭证；按照用途分类，可分为通知凭证、执行凭证和计算凭证。

记账凭证是会计人员根据审核后的原始凭证按照经济业务加以归类、整理，据以确定应借、贷的会计科目及金额而编制的会计凭证，是直接登记账簿的依据。记账凭证可以按照用途、填制方式、是否经过汇总进行分类。记账凭证按其用途分类，可分为专用记账凭证和通用记账凭证；按照填制方式分类，可分为复式记账凭证和单式记账凭证；按照是否经过汇总分类，可以分为汇总记账凭证和非汇总记账凭证。

原始凭证和记账凭证的填制及审核都必须依照相关的要求进行。

会计凭证的传递，是指各种会计凭证从填制、取得到归档保管为止的全部过程，即在企业、事业和行政单位内部有关人员和部门之间传送、交接的过程。各单位会计凭证的传递程序应当科学、合理，具体办法由各单位根据会计业务的需要自行规定。会计凭证的保管是指会计凭证记账后的整理、装订、归档和存查工作。

重要概念

会计凭证　原始凭证　自制原始凭证　外来原始凭证　一次凭证　累计凭证　汇总原始凭证　记账凭证　收款凭证　付款凭证　转账凭证　复式记账凭证　单式记账凭证　汇总记账凭证　分类汇总凭证　会计凭证的传递　会计凭证的保管

复习思考题

1. 什么是会计凭证？填制和审核会计凭证的意义是什么？
2. 什么是原始凭证？原始凭证是如何分类的？
3. 什么是记账凭证？记账凭证是如何分类的？
4. 原始凭证的填制应该遵循哪些要求？如何审核原始凭证？
5. 记账凭证的填制和审核应该遵循哪些要求？如何审核记账凭证？
6. 阐述原始凭证和记账凭证的区别和联系。
7. 会计凭证的传递和保管应该符合哪些要求？

练 习 题

一、目的

练习记账凭证的编制。

二、资料

开元公司 20×7 年 3 月发生以下经济业务。

1. 从东方工厂购进 A 材料，价款 10 000 元，增值税税率 17%，运杂费 500 元，款项已经用银行存款全部付清，材料验收入库，并结转材料采购成本。

2. 购入设备一台，价款 30 000 元，增值税税率 17%，运杂费 700 元，所有款项尚未支付。

3. 开出转账支票一张，支付上述设备款及运杂费 35 800 元。

4. 车间领用 A 材料价值 3 000 元，用于生产甲产品。

5. 向浦发公司销售产品 1 000 件，价款 54 000 元，增值税税率 17%，并以银行存款代垫运杂费500元,所有款项均尚未收到。

6. 计提固定资产折旧,其中生产车间机器设备折旧4 000元,管理部门设备折旧2 000元。

7. 用银行存款支付本月生产车间水电费8 000元,管理部门水电费1 200元。

8. 从银行提取现金18 000元,以备日常开支。

三、要求

根据上述资料,编制专用记账凭证。

案例分析

江湾机械厂销售科刘×准备到上海开会,20×7年10月18日填制借款单一张,经单位领导李×批准,由刘×经手从财务科借款2 150元,财务科用现金支付。刘×填制的借款单见表4-16。

表4-16 借款单
20×7年10月18日

借款人	刘×	部门	销售科
借款事由	到上海开会		
借款金额	人民币(大写)贰仟壹百伍拾元	¥	2 150.00元
批准	李×	经手人	刘×

要求:(1)刘×填写的借款单是否存在错误,如果有错误,请指出错误之处并帮助刘×填写一张正确的借款单。

(2)如果企业采取收款凭证、付款凭证和转账凭证三种编制记账凭证。请你按照表4-17的格式填制一份记账凭证。

表4-17 ____凭证

____方科目: 　　　　　年 月 日　　　　　　编号:

摘要	____方科目		金额									记账	附件 张
	一级科目	二级科目	千	百	十	万	千	百	十	元	角	分	
合计													

会计主管:　　　　　记账:　　　　　出纳:　　　　　审核:　　　　　制单:

第五章 会计账簿

学习目标：
1. 掌握库存现金日记账和银行存款日记账、总分类账及有关明细分类账的登记方法。
2. 掌握对账和结账的方法。
3. 掌握错账更正的方法。
4. 掌握账项调整的方法。
5. 熟悉会计账簿的概念和种类。
6. 熟悉总分类账与明细分类账的平行登记要点。
7. 了解会计账簿启用规则和登记规则。
8. 了解会计账簿的更换与保管。

导入案例：

周婷大学毕业后在一家民营企业工作5年，从出纳做起，现在已经升任财务部经理。周婷妈为女儿自豪，但女儿的婚事一直让她放心不下。日子过得很快，马上又到年底了，周婷妈开始给女儿打电话。

周婷妈：你今晚能早点回来吃饭吗？

周婷：我对账呀。

周婷妈：怎么又对账？你不是昨天也在对账吗？

周婷：年底账那么多，一天哪里来得及啊。

周婷妈：那明晚呢？

周婷：要检查摊销和计提情况。

周婷妈：那后天呢？

周婷：结账啊。

周婷妈：周末李阿姨介绍了一个小伙子，条件很不错，见见面啊！

周婷：等我忙完后再说吧！

周婷妈有些疑惑，会计工作真的很忙吗？是不是女儿在骗她？你能帮助周婷解释一下，打消周婷妈的疑惑吗？

第一节 会计账簿的意义和种类

一、会计账簿的意义

会计账簿，简称账簿，是指由一定格式的账页所组成的，以经过审核的会计凭证为依据，全面、系统、连续地记录各项经济业务的簿籍。各单位应当按照国家统一的会计制度的规定和会计业务的需要设置会计账簿。

设置和登记会计账簿是编制财务报表的基础，是连接会计凭证与财务报表的中间环节。任何单位每发生一笔经济业务，首先应当取得和填制会计凭证以反映和监督每项经济业务的发生和完成情况。但是，会计凭证的数量繁多且分散，每一张会计凭证只能反映个别经济业务，所提供的信息是零星和分散的，缺乏系统性，不能连续、系统、完整地反映和监督一个会计主体在一定时期内的经济活动、财务状况和经营成果，不便于会计信息的整理与报告。为了适应经济管理的要求，提供完整、连续、系统的核算资料，就需要设置会计账簿，将分散在会计凭证上的大量核算资料加以归类整理，按照一定的要求登记到有关账簿中。通过账簿的设置和登记，可以记载、储存会计信息，分类、汇总会计信息，检查、校正会计信息，编报、输出会计信息。

账簿和账户既有区别，又有联系。账户存在于账簿之中，账户是在账簿中按规定的会计科目开设的，账簿中的每一账页就是账户的存在形式和载体，没有账簿，账户就无法存在；账簿序时、分类地记载经济业务，是在个别账户中完成的。因此，账簿只是一个外在形式，账户才是它的真实内容。账簿与账户的关系是形式和内容的关系。

设置和登记会计账簿，是会计核算中对经济信息进行加工整理的一种专门方法，是会计核算工作的一个重要环节，对加强经济管理具有以下重要意义。

1. 为经营管理提供系统、完整的会计信息

通过设置和登记账簿，可以对经济业务进行序时、分类的记录和反映，将分散在会计凭证中的核算资料加以系统化，全面、系统地提供反映企业财务状况和经营成果的总括核算资料和明细核算资料，从而满足经营管理的需要。

2. 为定期编制财务报表提供准确的数据资料

通过登记账簿，可以分门别类地对经济业务进行归集，积累一定时期内关于资产、负债、所有者权益等财务状况以及收入、费用、利润等经营成果的会计信息，为编制会计报表提供准确的数据资料。

3. 为考核经营成果、分析经济活动提供重要依据

账簿记录反映了企业一定时期资金的筹集和资产的运用情况，提供了企业收入的实现、费用的发生和利润的完成等经营情况的资料，从而为考核经营业绩、分析经济活动提供了重要依据。

专栏 5-1　　　　　　　　　　　"账"的由来

据初步考证，"账"字的出现起源于明代后期，具体时间大约是在嘉靖至万历年间，而且这个"账"字最初起用于民间非官厅。从背景方面考察，正是在16世纪中叶至17世纪初之间，资本主义经济关系开始在中国萌芽，这时工场手工业在中国出现，并在雇工操作方面初具一定规模。同时，商业的发展已使部分商业资本开始向生产领域扩张，不少商人向土地方向的投资日渐淡漠，而开始转向兼营手工业，或直接向控制手工业方面发展。那时候，在货币流通中，白银已成为币制中的主流，在市场上基本遵循着"大数用银，小数用钱"的原则。对此，官方还规范了银钱兑换的比价。在频繁的商品交换与货币收受支付关系处理中，人们对货币越来越重视，并从中日益领悟到它的重要作用，"账"字正是在这一经济环境发生重要变化及人们思想相应发生变化基础上产生的。

众所周知，"贝"是人类最早所使用的一种货币，所以，自古以来通常一些与经济事项有关的字大体上都从"贝"字，诸如财、货、资、贮、贡、费、贩、购、赚、赔，以及贪、贿、赂、赃等等皆是，这些字尤其是在商业及会计账务处理中使用频繁与书写次数更多，故很容易使人同"帐"字联系在一起作比较，并且久而久之便从银钱同账目处理关系，以及银钱在会计核算中的作用出发，认为从"巾"之"帐"字当

从"贝",于是便产生了应当改变应用很多、很广的"帐"字从"巾"而不从"贝"这一例外现象的思想,于是,"账"字便在这种思想支配下被民间的一些人创造出来了。"账"字先在商界流传,后来也开始在一些通俗小说中出现,另外某些与民间文学、戏曲有关系的文人也偶尔使用了"账"字。如《汉语大词典》(1992年版)在解释"账历"一词时所引嘉靖八年(1529年)进士、明代戏曲家、文学家李开先《听选官高君命葬墓志铭》一文,其中"即能查考账历,点验货财"一句便写成"账"字。再如明代晚期冯梦龙(1574~1646年)纂辑的"三言"与凌蒙初(1580~1644年)编写的"二拍"中间或有些地方也用了"账"字。

近年来,在"帐"与"账"的应用方面出现了一种新的趋向,首先是国家语言文字研究与管理机构倾向"帐"与"账"用法分工,凡说明银钱货物的记载与债务关系主要用"账"字,"帐"字虽然亦可用于这方面,但从长远讲,将最终达到统一使用"账"字。随后一些辞书对"帐"与"账"字的解释作了调整。1997年,有关机关还要求财政系统今后统一使用"账"字,这种规定所造成的影响更大。

资料来源:郭道扬.帐(账)的应用考析.会计研究,1998 (11).

二、会计账簿的种类

会计账簿的种类多种多样,可以按不同的标准进行分类,常见的分类方法主要有三种。

1. 账簿按用途分类

账簿按其用途不同可分为序时账簿、分类账簿和备查账簿三类。

(1)序时账簿 序时账簿又称日记账,是按照经济业务发生或完成时间的先后顺序,逐日逐笔进行登记的账簿。序时账簿按其记录内容的不同,又分为普通日记账和特种日记账两种。

普通日记账是用来序时登记各单位全部经济业务发生情况的日记账。在普通日记账中,按照每日所发生的经济业务的先后顺序,逐项编制会计分录,因而这种日记账也称为分录日记账。设置普通日记账的单位,不再填制记账凭证,以免重复。

特种日记账是专门用来记录某一类经济业务发生情况的日记账。特种日记账只将该类经济业务,按其发生的先后顺序记入账簿中,反映这一特定项目的详细情况。例如,各单位为了加强对现金和银行存款的管理,单设现金日记账和银行存款日记账,就是专为提供现金和银行存款收付情况的详细资料而设置的特种日记账。在我国,大多数单位一般只设现金日记账和银行存款日记账,其他各项目一般不再设置特种日记账。

(2)分类账簿 分类账簿又称分类账,是对全部经济业务按照会计要素的具体类别进行分类登记的账簿。在分类账簿中分别反映资产、负债、所有者权益、收入、费用和利润等会计要素增减变化的情况,是企业进行经营管理的重要资料来源。分类账簿按其反映指标的详细程度分为总分类账簿和明细分类账簿两种。

总分类账簿是指按照总分类账户分类登记经济业务的账簿,又称总分类账,简称总账。总分类账簿是用来记录经济业务总括核算资料的账簿。明细分类账簿是指按照明细分类账户分类登记经济业务的账簿,又称明细分类账,简称明细账。明细分类账簿是用来记录经济业务详细核算资料的账簿。总分类账簿与明细分类账簿的作用各不相同,总分类账簿对明细分类账簿起着统驭和控制作用,明细分类账簿对总分类账簿起着必要的补充作用。分类账簿提供的核算信息是编制财务报表的主要依据。

(3) 备查账簿　备查账簿简称备查簿,是对某些在序时账簿和分类账簿中不能登记或登记不全的经济业务进行补充登记的账簿。该种账簿可以对某些经济业务的内容提供必要的参考资料,如以经营租赁方式租入固定资产的登记簿等。

2. 账簿按外表形式分类

账簿按其外表形式不同可分为订本式账簿、活页式账簿和卡片式账簿。

(1) 订本式账簿　订本式账簿又称订本账,是指在启用之前就把许多账页装订在一起,并对账页进行了连续编号的账簿。采用订本式账簿,既可以避免账页散失,也可以防止抽换账页。但是由于账页序号和总数已固定,开设账户时,为每一账户预留的账页数与实际需要量可能不一致,可能会出现预留账页不足或预留账页过多,使用起来欠灵活的现象,而且在同一时间内只能由一人登记账簿,不便于分工记账。订本式账簿主要适用于总分类账、现金日记账和银行存款日记账。

(2) 活页式账簿　活页式账簿又称活页账,是指在账簿登记完毕之前并不固定装订在一起,而是采用活页形式的账簿。采用活页式账簿,页数可根据需要确定,不足时,可随时增加空白账页,而且登记方便,在同一时间内可由多人分工记账。但活页式账簿中的账页容易散失和被抽换,账簿的空白账页在使用时必须连续编号并装置在账夹中。当账簿登记完毕之后(通常是一个会计年度结束之后),要将账页予以装订,加具封面,以便保管。活页式账簿主要适用于各种明细分类账。

(3) 卡片式账簿　卡片式账簿又称卡片账,是指将账户所需格式印刷在卡片上,详细登记各项经济业务的账簿。严格说,卡片式账簿也是一种活页账,只不过它不是装在活页账夹中,而是装在卡片箱内,数量可根据经济业务量增减。在我国,一般单位只对固定资产明细账采用卡片式账簿形式。卡片式账簿登记完毕之后,应将卡片穿孔固定保管。

3. 账簿按账页格式分类

账簿按账页格式的不同可分为三栏式账簿、多栏式账簿和数量金额式账簿。

(1) 三栏式账簿　三栏式账簿是指设有借方、贷方和余额三个基本栏目的账簿。总分类账、各种日记账以及只进行金额核算、不进行数量核算的资本、债权、债务性质的明细分类账都可采用三栏式账簿。三栏式账簿又分为设对方科目和不设对方科目两种,其区别是在摘要栏和借方科目栏之间是否有一栏"对方科目"。有"对方科目"栏的,称为设对方科目的三栏式账簿;没有"对方科目"栏的,称为不设对方科目的三栏式账簿。

(2) 多栏式账簿　多栏式账簿是根据经济业务的特点和经营管理的需要,在账簿的借方和贷方栏下分设若干专栏的账簿。收入、成本、费用、利润和利润分配等明细分类账一般均采用多栏式账簿。

(3) 数量金额式账簿　数量金额式账簿是指在借方、贷方和余额三个栏目内,都分设数量、单价和金额三小栏,借以反映财产物资的实物数量和价值量的账簿。原材料、库存商品等存货明细账一般都采用数量金额式账簿。

会计账簿的分类总结如图 5-1 所示。

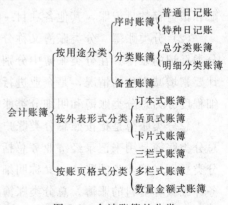

图 5-1　会计账簿的分类

> **专栏 5-2 会计账簿的一些历史名称**
>
> 旧社会，账簿名称没有统一的设计和规定。各行各业的个体经营者根据各自的经营特点和愿望，创造了一些账簿名称，大都意境吉祥，别出心裁，耐人寻味。
>
> (1)"流水"——现金日记账。岁序日月，像流水那样永不停息之意。
> (2)"万年青"——股东明细账。有万年长青之意。
> (3)"一本万利"——进货明细账。顾名思义，进货付出本钱，理应获利。
> (4)"延年益寿"——中药店进货明细账。
> (5)"五谷丰登"——粮食店进货明细账。
> (6)"银清"——营业收入明细账。现银结算，当面交清，不拖不欠之意。
> (7)"梦笔生花"——营业收入明细账。李白少时，梦笔生花，后天才赡逸，名闻天下。"才"与"财"同音，具有盼望发财之意。
> (8)"利市大吉"——门市销售明细账。利市即生意兴隆，大赚其钱。
> (9)"钱清"——银行往来明细账。
> (10)"支清"——支出明细账。
> (11)"上行"——应付款明细账。上字含有尊称味道。
> (12)"源远流长"——应付款明细账。有货源丰厚，往来不绝之意。
> (13)"万商云集"——应收款明细账。顾客云集，生意兴隆，好气派。
> (14)"利达三江"——应收款明细账。销路广大，大盈其利之意。
> (15)"谊结金兰"——各处联行往来明细账。金兰原指异姓结拜兄弟，这里象征联行友谊。
> (16)"堆金积玉"——利润账。真令人羡慕。
> (17)"净彩"——利润账。彩是盈利的美称。
> (18)"陶朱录"——利润分配账。相传范蠡助越王灭吴后，隐居太原经商发财，改名陶朱公，曾散千金三次。以此象征利润分配。
> (19)"万象回春"——积压商品账。期望能够周转，好口彩。
> (20)"承接"——接受来料委托加工账。
> (21)"光前裕后"——年终盘点录。裕后是结转下年的吉祥字眼。
> (22)"勤笔免思"——备忘录。有的用本，有的用木板。孔乙己暂欠酒钱，掌柜的就"暂时记在粉板上"，这块粉板就是备忘录。
>
> 资料来源：王保民. 会计账簿的一些历史名称. 会计之友，1984（6）.

第二节　会计账簿的设置与登记

一、会计账簿的设置原则

任何单位都应当根据本单位经济业务的特点和经营管理的需要，设置一定种类和数量的账簿。一般来说，设置账簿应当遵循下列原则。

① 账簿的设置应能保证全面、系统地反映和监督各单位的经济活动情况，为经营管理提供系统、完整的会计核算资料。

② 设置账簿应在满足实际需要的前提下，考虑人力和物力的节约，力求避免重复设账。

③ 账簿的格式应按照所记录的经济业务内容和需要提供的核算指标进行设计，力求简明、清晰、实用。

二、会计账簿的基本结构

虽然会计账簿所记录的经济业务不同，账簿格式可多种多样，但各主要账簿都应具备以下内容。

(1) 封面　用以标明账簿和记账单位的名称。

(2) 扉页　包括"账簿启用和经管人员一览表"及"账户目录"，见表5-1和表5-2。

(3) 账页　账页是账簿的主要内容，是用来记录经济业务的载体。账页的格式因反映的经济业务内容不同而有所不同，但其基本内容应包括以下六个方面：①账户的名称（总账科目、二级或明细科目）；②登记账户的日期栏；③凭证种类和号数栏；④摘要栏（记录经济业务内容的简要说明）；⑤金额栏（借、贷方金额及余额）；⑥总页次和分户页次。

表5-1　账簿启用和经管人员一览表

单位名称								印　鉴	
账簿名称									
账簿编号									
账簿页数		自第　页起至第　页止共　页							
启用日期		公元　　年　月　日							
经管人员	负责人		主办会计		复　核		记　账		
	姓　名	盖章	姓　名	盖章	姓　名	盖章	姓　名	盖章	
接交记录	经管人员			接管			交　出		
	职别	姓　名	年	月	日	盖章	年	月	日	盖章
备注									

表5-2　账户目录

编号	科目	页码	编号	科目	页码	编号	科目	页码

三、日记账的设置与登记

（一）普通日记账的设置与登记

普通日记账，也称分录日记账，其特点是：将所有经济业务所涉及的会计科目，以会计分录的形式，按照所发生经济业务的先后顺序记入普通日记账，月末根据普通日记账的记录登记总分类账。登记普通日记账前不需要填制记账凭证，而是根据原始凭证和汇总原始凭证，直接登记普通日记账，其格式和内容见表5-3。

表5-3 普通日记账   第90页

20×7年		原始凭证	摘　　要	会计科目	过账符号	借方	贷方
月	日						
12	1	转账支票	收到某单位所欠货款	银行存款		20 000	
				应收账款			20 000
12	2	发货票	购买办公用品	管理费用		1 000	
		转账支票		银行存款			1 000

（二）特种日记账的设置与登记

在我国，一般单位都应当设置库存现金日记账和银行存款日记账，用来序时登记现金和银行存款的收入、支出及结存情况，借以加强对货币资金的管理。

1. 库存现金日记账的设置与登记

库存现金日记账是用来登记库存现金每日收入、支出和结存情况的账簿。库存现金日记账由出纳人员根据库存现金收款凭证、库存现金付款凭证和银行存款付款凭证（记录从银行提取现金业务），按照经济业务发生时间的先后顺序逐日逐笔进行登记。

库存现金日记账的格式有三栏式和多栏式两种。但无论采用三栏式还是多栏式库存现金日记账，都必须使用订本式账簿。三栏式库存现金日记账的格式和内容见表5-4。

表5-4 库存现金日记账   第30页

20×7年		凭证		摘　　要	对方科目	收入	支出	余额
月	日	字	号					
12	1			上月结余				4 000
	2	现付	1	支付采购材料装卸费	材料采购		320	
	2	银付	1	从银行提取现金备发工资	银行存款	50 000		
	2	现付	2	张×预借差旅费	其他应收款		2 000	
	2	现收	1	李×报销差旅费退回余款	其他应收款	160		
	2			本日合计		50 160	2 320	51 840
	…	……	…	……		…	…	…
	31			本日合计		6 400	8 200	3 050
	31			本月合计		143 100	144 050	3 050

库存现金日记账的登记方法如下。

(1) 日期栏　登记记账凭证的日期,应与库存现金实际收付日期一致。

(2) 凭证栏　登记入账的收、付款凭证的种类和编号,"库存现金收(付)款凭证",简写为"现收(付)";"银行存款付款凭证",简写为"银付"。凭证栏还应登记凭证的编号数,以便查账和核对。

(3) 摘要栏　简要说明登记入账的经济业务的内容。

(4) 对方科目栏　登记现金收入或支出的对方科目名称。如从银行提取现金,其对方科目为"银行存款"。对方科目栏的作用在于了解经济业务的来龙去脉。

(5) 收入、支出及余额栏　登记库存现金实际收付的金额。每日终了,应分别计算库存现金收入和支出的合计数,并结出余额。同时,将余额与出纳员保管的库存现金实存数核对,即通常说的"日清",以检查每日库存现金收付是否有误。如账款不符,应查明原因,并记录备案。月终,同样要计算出全月库存现金收入、支出合计数和结存数,通常称为"月结"。

2. 银行存款日记账的设置与登记

银行存款日记账是用来登记银行存款每日收入、支出和结余情况的账簿。银行存款日记账由出纳人员根据银行存款收款凭证、银行存款付款凭证和库存现金付款凭证(记录将现金存入银行的业务),按照经济业务发生时间的先后顺序逐日逐笔进行登记。银行存款日记账应按企业在银行开立的账户和币种分别设置,每个银行账户设置一本日记账。

银行存款日记账的格式与库存现金日记账相同。三栏式银行存款日记账的格式和内容见表 5-5。

表 5-5　银行存款日记账　　　　　　　　　　　　　　　　　　　　第 35 页

20×7年		凭证		摘　要	现金支票号码	转账支票号码	对方科目	收入	支出	余额
月	日	字	号							
12	1			上月结余						300 000
	2	银付	1	提取现金	0968		库存现金		50 000	
	2	银付	2	支付购料款		1736	材料采购		46 800	
	2	银收	1	收回销货款			应收账款	23 400		
	2			本日合计				23 400	96 800	226 600
	…	……	…	……	…	…	……	…	…	…
	31			本日合计				52 000	24 000	316 800
	31			本月合计				908 600	891 800	316 800

银行存款日记账的登记方法如下。

(1) 日期栏　登记记账凭证的日期,应与银行存款实际收付日期一致。

(2) 凭证栏　登记入账的收、付款凭证的种类和编号(与库存现金日记账的登记方法一致)。

(3) 摘要栏　简要说明登记入账的经济业务的内容。

(4) 现金支票号码和转账支票号码栏　如果所记录的经济业务是以支票付款结算的应在这两栏内填写相应的支票号码,以便与开户银行对账。

(5) 对方科目栏　登记银行存款收入或支出的对方科目名称。如开出支票一张支付购料款,其对方科目为"材料采购"。

(6) 收入、支出、余额栏 登记银行存款实际收付的金额。每日终了,分别计算银行存款的收入和支出的合计数,并结出余额,做到日清;月终,应计算出银行存款全月收入、支出合计数和结存数,做到月结。

3. 多栏式日记账的设置与登记

库存现金日记账和银行存款日记账一般采用三栏式账簿。在会计实务中,为了反映每一笔货币资金的收入来源和支出用途,以便分析和汇总对应科目的发生额,也可采用多栏式库存现金日记账和银行存款日记账格式。这种账簿是把收入栏和支出栏分别按照对方科目设专栏进行登记,把经济业务的来龙去脉全部反映出来。如果库存现金和银行存款的对应科目较多,为了避免账页过宽,可以分别设置"库存现金收入日记账"、"库存现金支出日记账"、"银行存款收入日记账"和"银行存款支出日记账"。收入和支出分设的多栏式日记账的格式和内容见表 5-6 和表 5-7。

表 5-6   库存现金(银行存款)收入日记账   第   页

20×7年		收款凭证号数	摘要	贷方科目						支出合计	结余
月	日			应收账款	主营业务收入	其他业务收入	营业外收入	……	收入合计		

表 5-7   库存现金(银行存款)支出日记账   第   页

20×7年		付款凭证号数	摘要	结算凭证		借方科目					
月	日			种类	号数	应付账款	应付票据	管理费用	销售费用	……	支出合计

在设置多栏式日记账的情况下,可将多栏式库存现金日记账和银行存款发生额作为登记总分类账的依据。

四、分类账的设置与登记

(一) 总分类账的设置与登记

总分类账是按照总分类账户分类登记全部经济业务的账簿。在总分类账中,应按照总账科目的编码顺序分别开设账户。由于总分类账一般都采用订本式账簿,所以应事先为每个账户预留若干账页。由于总分类账能够全面、总括地反映经济活动情况,并为编制会计报表提供资料,因而任何单位都要设置总分类账。总分类账的格式一般有三栏式和多栏式两种。

1. 三栏式总分类账的设置与登记

三栏式总分类账又分为不设对方科目和设对方科目两种。

(1) 不设对方科目的三栏式总分类账 不设对方科目的三栏式总分类账在账页中设置借方、贷方和余额三个基本金额栏,其格式和内容见表 5-8。

表 5-8 总分类账

会计科目：应收账款　　　　　　　　　　　　　　　　　　　　　　　　　　　　　　　第 8 页

20×7年		凭证		摘　要	借方	贷方	借或贷	余额
月	日	字	号					
3	1			月初余额			借	86 000
	2	银收	1	收回甲公司货款		50 000	借	36 000
	3	转	4	核销乙公司坏账		5 000	借	31 000
	5	转	8	向甲公司赊销产品	27 000		借	58 000
	…	……	…	…	…	…	……	…
	31			本月发生额及余额	124 000	102 000	借	108 000

(2) 设对方科目的三栏式总分类账　设对方科目的三栏式总分类账除在账页中设置借方、贷方和余额三个基本金额栏外，在摘要栏和借方科目栏之间设有"对方科目"栏，以便可以直接从总分类账户中了解经济业务的来龙去脉，其格式和内容见表 5-9。

2. 多栏式总分类账的设置与登记

多栏式总分类账是把序时账簿和总分类账簿结合在一起的联合账簿，通常称为日记总账。它具有序时账簿和总分类账簿的双重作用。采用这种总分类账簿，可以减少记账的工作量，提高工作效率，并能较全面地反映经济业务的来龙去脉，便于分析各单位的经济活动情况。由于多栏式总分类账将全部总账账户放在一张账页中进行登记，因而账页篇幅较大，不便于登记和保管。所以，它适用于经济业务较少或规模较小的单位。其格式和内容见表 5-10。

表 5-9 总分类账

会计科目：应收账款　　　　　　　　　　　　　　　　　　　　　　　　　　　　　　　第 8 页

20×7年		凭证		摘　要	对方科目	借方	贷方	借或贷	余额
月	日	字	号						
3	1			月初余额				借	86 000
	2	银收	1	收回甲公司货款	银行存款		50 000	借	36 000
	3	转	4	核销乙公司坏账	坏账准备		5 000	借	31 000
	5	转	8	向甲公司赊销产品	主营业务收入	27 000		借	58 000
	…	……	…	…	……	…	…	……	…
	31			本月发生额及余额		124 000	102 000	借	108 000

表 5-10 多栏式总分类账（日记总账）

20×7年		凭证		摘要	库存现金		银行存款		应收账款		原材料		应付账款		主营业务收入		管理费用		……	
月	日	字	号		借方	贷方	借方	贷方	借方	贷方	借方	贷方	借方	贷方	借方	贷方	借方	贷方	借方	贷方

总分类账可以直接根据各种记账凭证逐笔进行登记，也可以将一定时期的各种记账凭证先汇总编制成科目汇总表或汇总记账凭证，再据以登记总账。总分类账的登记方法，取决于所采用的账务处理程序，这一内容将在第六章中做具体介绍。

（二）明细分类账的设置与登记

明细分类账是按照明细分类账户分类登记经济业务的账簿。明细分类账是根据总分类科目所属的二级科目或明细科目开设账户，用来分类、连续地记录有关经济业务详细情况的账簿。根据经济管理的要求和各明细分类账记录内容的不同，明细分类账的格式主要有三栏式、数量金额式和多栏式三种。

1. 三栏式明细分类账的设置与登记

三栏式明细分类账的账页格式与三栏式总分类账相同，即账页只设有借方、贷方和余额三个金额栏，不设数量栏。这种格式适用于那些只需要反映金额而不需要进行数量核算的债权、债务、资本明细账，如"应收账款"、"应付账款"、"短期借款"、"实收资本"、"资本公积"等账户所属的明细分类账。三栏式明细分类账的账页格式和内容见表5-11。

2. 数量金额式明细分类账的设置与登记

数量金额式明细分类账的账页，是在其借方（收入）、贷方（发出）和余额（结存）三栏下都分别设有数量、单价和金额三个专栏。这种格式适用于既要进行金额核算，又要进行实物数量核算的各种财产物资明细账，如"原材料"、"库存商品"等账户所属的明细分类账。数量金额式明细分类账的账页格式和内容见表5-12。

表 5-11 三栏式明细分类账

（应收账款明细账）

明细科目：甲公司　　　　　　　　　　　　　　　　　　　　　　　　　　　第1页

20×7年		凭证		摘要	借方	贷方	借或贷	余额
月	日	字	号					
3	1			月初余额			借	50 000
	2	银收	1	收回赊销货款		50 000	平	0
	5	转	8	赊销产品	27 000		借	27 000
…	…	…	…	……	…	…	……	…
	31			本月发生额及余额	27 000	50 000	借	27 000

表 5-12 数量金额式明细分类账

（原材料明细账）

类别：（略）　　　　　　　　　　　　　　　　　　　　　　　　　　　　编号：0246
计量单位：千克　　　　　　名称及规格：A材料　　　　　　最高储备量：（略）
存放地点：2号库　　　　　　储备定额：（略）　　　　　　最低储备量：（略）

20×7年		凭证		摘要	收入			发出			结存		
月	日	字	号		数量	单价	金额	数量	单价	金额	数量	单价	金额
3	1			月初余额							40	1 500	60 000
	5	转	14	验收入库	70	1 480	103 600				110		
	7	转	27	生产产品领用				60			50		
	12	转	39	车间一般消耗				10			40		
	15	转	46	验收入库	90	1 520	136 800				130		
	19	转	55	生产产品领用				70			60		
	27	转	79	车间一般消耗				20			40		
	31			本月发生额及余额	160	—	240 400	160	1 502	240 320	40	1 502	60 080

3. 多栏式明细分类账的设置与登记

多栏式明细分类账，是根据经济业务的特点和经营管理的需要，将属于同一个总账科目的各个明细科目或明细项目合并在一张账页上进行登记，用以集中反映各有关明细科目或明细项目的核算资料。按明细分类账登记经济业务的不同，多栏式明细分类账的账页又分为借方多栏、贷方多栏和借贷方多栏三种格式。

（1）借方多栏式明细分类账　借方多栏式明细分类账的账页格式适用于借方需要设多个明细科目或明细项目的账户。费用、成本类明细账，如"生产成本"、"制造费用"、"管理费用"、"销售费用"和"营业外支出"等账户的明细分类核算，一般采用借方多栏式明细分类账。借方多栏式明细分类账的账页格式和内容见表 5-13。

表 5-13　借方多栏式明细分类账
（生产成本明细账）

产品名称：甲产品　　　　　　　　　　　　　　　　　　　　　　页次____　总页____

20×7年		凭证		摘要	借方发生额	借方			余额
月	日	字	号			直接材料	直接人工	制造费用	
11	30			月末在产品成本		28 000	14 000	12 000	54 000
12	31	转	12	生产耗用材料	113 000	113 000			
	31	转	14	分配直接人工费	40 000		40 000		
	31	转	29	分配制造费用	36 000			36 000	
12	31	转	30	完工产品成本转出	〔243 000〕	〔141 000〕	〔54 000〕	〔48 000〕	0

注："□"为"红字"，表示冲销。

（2）贷方多栏式明细分类账　贷方多栏式明细分类账的账页格式适用于贷方需要设多个明细科目或明细项目的账户。收入类明细账，如"主营业务收入"和"营业外收入"等账户的明细分类核算，一般采用贷方多栏式明细分类账。贷方多栏式明细分类账的账页格式和内容见表 5-14。

表 5-14　贷方多栏式明细分类账
（营业外收入明细账）

20×7年		凭证		摘要	贷方发生额	贷方			余额
月	日	字	号			捐赠利得	罚款净收入	……	
11	4	银收	3	收到罚款收入	3 000		3 000		3 000
	23	转	29	收到捐赠资产	4 800	4 800			7 800
	31	转	50	结转营业外收入	〔7 800〕	〔4 800〕	〔3 000〕		0

注："□"为红字，表示冲销。

（3）借方贷方多栏式明细分类账　借方贷方多栏式明细分类账的账页格式适用于借方和贷方均需要设多个明细科目或明细项目的账户。"本年利润"账户的明细分类核算，一般采用借方贷方多栏式明细分类账，即按利润构成项目设多栏。借方贷方多栏式明细分类账的账页格式和内容见表 5-15。

表 5-15　借方贷方多栏式明细分类账

(本年利润明细账)

20×7年		凭证		摘要	借方								合计	贷方				合计	借或贷	余额
月	日	字	号		主营业务成本	其他业务成本	税金及附加	销售费用	管理费用	财务费用	营业外支出	所得税费用		主营业务收入	其他业务收入	营业外收入	投资收益			

各种明细分类账的登记方法，应根据各单位的业务量大小、人员多少、经济业务内容和经营管理的需要，依据记账凭证、原始凭证或原始凭证汇总表逐日逐笔登记或定期汇总登记。一般而言，固定资产、债权债务明细分类账应当逐笔登记；存货、收入、费用明细分类账既可以逐笔登记，也可以逐日或定期汇总登记。

（三）总分类账与明细分类账的关系及平行登记

1. 总分类账与明细分类账的关系

总分类账是按照总分类账户分类登记经济业务的账簿；明细分类账是按照明细分类账户分类登记经济业务的账簿，两者既有内在联系，又有区别。总分类账与明细分类账的内在联系主要表现在以下两个方面。

（1）两者所反映的经济业务内容相同　如"原材料"总分类账户与其所属的"甲材料"、"乙材料"等明细分类账户都是用来反映原材料的收发及结存业务的。

（2）登账的原始依据相同　登记总分类账户与登记其所属明细分类账户的记账凭证或原始凭证是相同的，且总分类账户与其所属明细分类账户在总金额上应当相等。

总分类账与明细分类账的区别主要表现在以下两个方面。

（1）反映经济内容的详细程度不同　总分类账反映总分类账户核算内容增减变化的总括情况，提供总括核算资料；明细分类账反映明细分类账户核算内容增减变化的详细情况，提供的是某一明细项目增减变动的详细资料。

（2）作用不同　总分类账提供的会计核算资料，是明细分类账资料的综合，对其所属的明细分类账起着统驭和控制作用；明细分类账提供的详细资料，对其总分类账起着补充和说明作用。

2. 总分类账与明细分类账的平行登记

为了使总分类账与其所属的明细分类账之间能起到统驭与补充的作用，满足各单位经营管理对总括会计信息和详细会计信息的需要，确保核算资料的正确、完整，以及便于账户的核对，必须采用平行登记的方法，在总分类账及其所属的明细分类账之间进行记录。平行登记是指对所发生的每项经济业务，要根据同一会计凭证，一方面登记有关总分类账户；另一方面登记该总分类账户所属各有关明细分类账户的方法。

采用平行登记规则，应注意以下要点。

（1）登记的依据相同　对于发生的每一项经济业务，都应根据审核无误后的同一记账凭证及所附原始凭证,一方面记入有关总分类账户;另一方面记入该总分类账户所属的各有关明细分类账户。

(2) 登记的期间相同　经济业务发生后,总分类账户和所属明细分类账户应当在同一会计期间登记入账。这里的同一会计期间并非指同一时点,因为明细分类账的登记和总分类账的登记可以有先有后,但必须在同一会计期间内登记完成。

(3) 登记的方向一致　这里所指的方向,是指所体现的变动方向,而并非是指账户的借贷方向。一般情况下,总分类账及其所属的明细分类账都按借方、贷方和余额设专栏登记。这时,在总分类账户及其所属明细分类账户中的借贷记账方向是相同的,即总分类账户登记在借方,其所属明细分类账户也应登记在借方;总分类账户登记在贷方,其所属明细分类账户也应登记在贷方,如债权、债务结算账户、各种财产物资账户、资本账户等即属于这种情况。但是有些明细分类账不是按借方、贷方和余额设栏登记,而是按其组成项目采用多栏式格式,对于某项需要冲减有关项目金额的事项,在明细分类账中只能用红字记入其相反的记账方向,而与总分类账中的记账方向不一致。如"生产成本"明细分类账户,借方按其组成项目设置专栏,发生退料需冲减原材料费用时,退料金额记入"生产成本"总分类账户贷方,而明细分类账户则以红字记入借方的原材料项目,以其净发生额来反映原材料费用支出。这时,在总分类账及其所属的明细分类账中,就不可能按相同的借贷记账方向进行登记,但其体现的变动方向是一致的,都表示冲减领用材料费用数额。

(4) 登记的金额相等　记入总分类账户的金额与记入其所属各明细分类账户的金额合计数相等。但需注意,这种金额相等只表明其数量相等,而不一定都是借方发生额相等和贷方发生额相等的关系。如前述"生产成本"明细分类账户采用多栏式时,本月既有领用材料,也有退料的情况下,退料金额登记在"生产成本"总分类账户的贷方,而明细分类账则用红字登记在借方。总分类账与明细分类账借贷方发生额不相等,但体现抵减原材料费用支出的数额是相等的。

因此,总分类账户与其所属的明细分类账户,按平行登记规则进行登记可以概括为:依据相同,期间相同,方向一致,金额相等。

一般情况下,根据上述平行登记规则记账之后,总分类账与明细分类账之间会产生下列数量关系:

① 总分类账有关账户本期发生额与其所属各明细分类账户本期发生额合计数相等;
② 总分类账有关账户期末余额与其所属各明细分类账户期末余额之和相等。

下面以"原材料"和"应付账款"核算为例,说明对总分类账和明细分类账的平行登记方法。

【例 5-1】　融通公司 20×7 年 3 月 1 日"原材料"账户和"应付账款"账户期初余额如下。"原材料"总账账户 85 000 元,其中:甲材料 250 千克,每千克 100 元,共计 25 000 元;乙材料 400 千克,每千克 150 元,共计 60 000 元。"应付账款"账户 90 000 元,其中:大华公司 40 000 元;金星公司 50 000 元。

20×7 年 3 月发生下列经济业务。

(1) 15 日,从大华公司购入甲材料 500 千克,每千克 100 元,共计 50 000 元;乙材料 200 千克,每千克 150 元,价款 30 000 元,增值税率 17%。材料已验收入库,货款尚未支付。

(2) 20日，生产领用甲、乙两种材料，其中，甲材料400千克，单价100元，共计40 000元；乙材料500千克，单价150元，共计75 000元。

(3) 22日，从金星公司购入乙材料400千克，每千克150元，价款60 000元，增值税率17%。材料已验收入库，货款尚未支付。

(4) 26日，以银行存款90 000元偿还前欠购货款，其中，偿还大华公司40 000元，偿还金星公司50 000元。

根据上述经济业务编制如下会计分录。

(1) 借：材料采购——甲材料　　　　　　　　　　　　　　50 000
　　　　　　　　——乙材料　　　　　　　　　　　　　　30 000
　　　应交税费——应交增值税（进项税额）　　　　　　　13 600
　　　贷：应付账款——大华公司　　　　　　　　　　　　　　　93 600
　借：原材料——甲材料　　　　　　　　　　　　　　　　50 000
　　　　　　——乙材料　　　　　　　　　　　　　　　　30 000
　　　贷：材料采购——甲材料　　　　　　　　　　　　　　　　50 000
　　　　　　　　　——乙材料　　　　　　　　　　　　　　　　30 000

(2) 借：生产成本　　　　　　　　　　　　　　　　　　　115 000
　　　贷：原材料——甲材料　　　　　　　　　　　　　　　　　40 000
　　　　　　　　——乙材料　　　　　　　　　　　　　　　　　75 000

(3) 借：材料采购——乙材料　　　　　　　　　　　　　　60 000
　　　应交税费——应交增值税（进项税额）　　　　　　　10 200
　　　贷：应付账款——金星公司　　　　　　　　　　　　　　　70 200
　借：原材料——乙材料　　　　　　　　　　　　　　　　60 000
　　　贷：材料采购——乙材料　　　　　　　　　　　　　　　　60 000

(4) 借：应付账款——大华公司　　　　　　　　　　　　　40 000
　　　　　　　　——金星公司　　　　　　　　　　　　　50 000
　　　贷：银行存款　　　　　　　　　　　　　　　　　　　　　90 000

根据上述资料及会计分录对"原材料"账户和所属甲、乙材料明细账以及"应付账款"账户和所属大华公司、金星公司明细账进行平行登记，登记结果见表5-16～表5-21。

表5-16　总分类账

会计科目：原材料　　　　　　　　　　　　　　　　　　　　　　　　　　　　　　　第15页

20×7年		凭证		摘要	借方	贷方	借或贷	余额
月	日	字	号					
3	1			月初余额			借	85 000
	15	转	6	从大华公司购入材料	80 000		借	165 000
	20	转	13	生产领用		115 000	借	50 000
	22	转	16	从金星公司购入材料	60 000		借	110 000
	31			本月发生额及余额	140 000	115 000	借	110 000

表5-17 原材料明细分类账

材料名称：甲材料　　　　　　　　　　　　　　　　　　　　　　　　　　　　　　　计量单位：千克

20×7年		凭证		摘要	收入			发出			结存		
月	日	字	号		数量	单价	金额	数量	单价	金额	数量	单价	金额
3	1			月初余额							250	100	25 000
	15	转	6	购入	500	100	50 000				750	100	75 000
	20	转	13	生产领用				400	100	40 000	350	100	35 000
	31			本月发生额及余额	500	100	50 000	400	100	40 000	350	100	35 000

表5-18 原材料明细分类账

材料名称：乙材料　　　　　　　　　　　　　　　　　　　　　　　　　　　　　　　计量单位：千克

20×7年		凭证		摘要	收入			发出			结存		
月	日	字	号		数量	单价	金额	数量	单价	金额	数量	单价	金额
3	1			月初余额							400	150	60 000
	15	转	6	购入	200	150	30 000				600	150	90 000
	20	转	13	生产领用				500	150	75 000	100	150	15 000
	22	转	16	购入	400	150	60 000				500	150	75 000
	31			本月发生额及余额	600	150	90 000	500	150	75 000	500	150	75 000

表5-19 总分类账

会计科目：应付账款　　　　　　　　　　　　　　　　　　　　　　　　　　　　　　　第52页

20×7年		凭证		摘要	借方	贷方	借或贷	余额
月	日	字	号					
3	1			月初余额			贷	90 000
	15	转	6	从大华公司购入材料		93 600	贷	183 600
	22	转	16	从金星公司购入材料		70 200	贷	253 800
	26	银付	25	偿还前欠购料款	90 000		贷	163 800
	31			本月发生额及余额	90 000	163 800	贷	163 800

表5-20 应付账款明细分类账

明细科目：大华公司　　　　　　　　　　　　　　　　　　　　　　　　　　　　　　　第1页

20×7年		凭证		摘要	借方	贷方	借或贷	余额
月	日	字	号					
3	1			月初余额			贷	40 000
	15	转	6	购入材料		93 600	贷	133 600
	26	银付	25	偿还前欠购料款	40 000		贷	93 600
	31			本月发生额及余额	40 000	93 600	贷	93 600

表 5-21 应付账款明细分类账

明细科目：金星公司　　　　　　　　　　　　　　　　　　　　　　　　　　　　第 2 页

20×7年		凭证		摘要	借方	贷方	借或贷	余额
月	日	字	号					
3	1			月初余额			贷	50 000
	22	转	16	购入材料		70 200	贷	120 200
	26	银付	25	偿还前欠购料款	50 000		贷	70 200
	31			本月发生额及余额	50 000	70 200	贷	70 200

上例中的总分类账及其所属明细分类账都是按借方、贷方和余额设栏登记的，因而总分类账及其所属明细分类账的借贷记账方向一致，借贷金额相等。

由于总分类账和明细分类账是按平行登记的方法进行登记的，因此可以利用这种关系对总分类账和明细分类账登记的结果进行相互核对。核对通常是通过编制"总分类账户与明细分类账户发生额及余额对照表"进行的。对照表的格式和内容见表 5-22 和表 5-23。

表 5-22 原材料总分类账户与明细分类账户发生额及余额对照表

	账户名称	期初余额		本期发生额		期末余额	
		借方	贷方	借方	贷方	借方	贷方
明细账	甲材料	25 000		50 000	40 000	35 000	
	乙材料	60 000		90 000	75 000	75 000	
	合　计	85 000		140 000	115 000	110 000	
总账	原材料	85 000		140 000	115 000	110 000	

表 5-23 应付账款总分类账户与明细分类账户发生额及余额对照表

	账户名称	期初余额		本期发生额		期末余额	
		借方	贷方	借方	贷方	借方	贷方
明细账	大华公司		40 000	40 000	93 600		93 600
	金星公司		50 000	50 000	70 200		70 200
	合　计		90 000	90 000	163 800		163 800
总账	应付账款		90 000	90 000	163 800		163 800

总分类账与明细分类账之间的这种勾稽关系，是检查账簿记录是否正确的依据。一般在期末都要采用这种方法对总分类账及其所属明细分类账进行相互核对，以便发现错账并及时更正，保证账簿记录正确无误。

第三节　会计账簿的规则

一、启用账簿的规则

（一）启用账簿的一般规则

会计账簿是储存数据资料的重要会计档案，登记会计账簿需要有专人负责。为了明确有关人员的责任，维护会计账簿记录的严肃性，保证会计账簿记录的合法性和会计资料的完整，启用新的会计账簿时，应当在账簿封面上写明单位名称和账簿名称，并在账簿扉页上填写"账簿启用和经管人员一览表"。一览表的主要内容包括账簿名称、单位名称、账簿编号、账簿册数、账簿页数、账簿启用日期、记账人员和会计机构负责人、会计主管人员姓名，并加盖名章和单位公章。

启用订本式账簿应当从第一页到最后一页顺序编定页数，不得跳页、缺号。使用活页式账页应当按账户顺序编号，并需定期装订成册。装订后再按实际使用的账页顺序编定页码，另加目录，标明每个账户的名称和页次。

（二）会计人员交接规则

当记账人员或者会计机构负责人、会计主管人员调动工作或因故离职时，应办理交接手续，在"账簿启用和经管人员一览表"的交接记录栏内，填写交接日期、接办人员和监交人员姓名，并由交接双方人员签名或盖章。

二、登记账簿的规则

为了保证账簿记录的完整性、真实性和正确性，会计人员应当根据审核无误的会计凭证登记会计账簿。登记账簿应当遵循以下基本要求。

（1）登记会计账簿时，应当将会计凭证的日期、编号、业务内容摘要、金额和其他有关资料逐项记入账内，做到数字准确、摘要清楚、登记及时、字迹工整。

（2）登记完毕后，应在记账凭证上签名或者盖章，并注明已经登账的符号（如打"√"等），表示已经记账，以避免重记、漏记。

（3）账簿应保持清晰、整洁，记账文字和数字都要工整并符合规范。账簿中书写的文字和数字应紧靠底线书写，上面要留有适当空格，不要写满格，一般应占格距的1/2，以便留有改错的空间。

（4）登记账簿要用蓝黑墨水或者碳素墨水书写，不得使用圆珠笔（银行的复写账簿除外）或者铅笔书写。在账簿记录中，红字表示对蓝字的冲销、冲减数或表示负数。因此，只在下列情况，才可以用红色墨水记账：

① 按照红字冲账的记账凭证，冲销错误记录；
② 在不设借贷等栏的多栏式账页中，登记减少数；
③ 在三栏式账户的余额栏前，如未印明余额方向的，在余额栏内登记负数余额；
④ 根据国家统一的会计制度规定可以用红字登记的其他会计记录。

（5）各种账簿应按页次顺序连续登记，不得跳行、隔页。如果发生跳行、隔页，应当将空行、空页划线注销，或者注明"此行空白"、"此页空白"字样，并由记账人员签名或者盖章。

（6）凡需要结出余额的账户，结出余额后，应当在"借或贷"栏内写明"借"或者"贷"等字样。没有余额的账户，应在"借或贷"栏内写"平"字，并在"余额"栏用"θ"表示。库存现金日记账和银行存款日记账必须逐日结出余额。

（7）每一账页登记完毕结转下页时，应在该账页的最后一行结出本页合计数及余额，并在该行摘要栏内注明"过次页"字样，然后，再将这个合计数及余额填列在下页第一行有关栏内，并在摘要栏内注明"承前页"字样；也可以将本页合计数及余额只写在下页第一行有关栏内，并在摘要栏内注明"承前页"字样。对需要结计本月发生额的账户，结计"转次页"的本页合计数应当为自本月初起至本页末止的发生额合计数;对需要结计本年累计发生额的账户,结计"转次页"的本页合计数应当为自年初起至本页末止的累计数;对既不需要结计本月发生额,也不需要结计本年累计发生额的账户,可以只将每页末的余额结转次页。

(8) 账簿记录发生错误,不准涂改、挖补、刮擦或用药水消除字迹,不准重新抄写,必须按照规定的方法进行更正。

实行会计电算化的单位发生收款和付款业务的,在输入收款凭证和付款凭证的当天必须将现金日记账和银行存款日记账与库存现金核对无误。

三、错账更正规则

会计人员填制会计凭证和登记会计账簿,必须严肃认真,一丝不苟,尽最大努力防止出现差错,以保证会计核算质量。如果账簿记录发生错误,必须根据错误发生的具体情况,按照规定的方法予以更正。错账更正的方法一般有划线更正法、红字更正法和补充登记法。

专栏 5-3　　　　　　　错账原因及查找方法

1. 错账的主要原因

(1) 记账方向错误　在记账时,在账簿中借方与贷方的记载颠倒,把借方记成贷方或把贷方记成借方。如果把应记的红字的数字误记为蓝字;或把应记的蓝字数字误记为红字,这也属于记账方向错误。

(2) 漏记　在记账时将某一凭证的金额数字遗漏未记入账簿。

(3) 重记　将已经登记入账的金额数字,又重复记入账簿。

(4) 记错科目　在记账时"张冠李戴",如将库存现金记入银行存款科目。

(5) 数字位数移位　在记账时将数字位数移动,即以大写小(少写1个或几个0)或以小写大(多写1个或几个0)。例如将100写成10或将10写成100等。

(6) 数字位数颠倒　在记账时,将某一数字中相邻的两位颠倒登记入账。如将12写成21,123写成132等。

(7) 结账时计算错误　结账时发现数字打错,余额记错,从而导致不符。

(8) 其他　其他不规则错误。

2. 错账的查找方法

(1) 顺查法　即按照原来账务处理的顺序从头到尾进行普遍查找的方法。主要用于期末对账簿进行的全面核对和不规则的错误查找。对于查过的账目要在数字旁边打"√"或其他记号,以免重复查找。

(2) 逆查法　即与原来账务处理的顺序相反,从尾到头地普遍检查的方法。如果会计人员认为错误可能出在当天最后几笔业务或者当月最后几天的业务上,那么,按照这样倒过来的顺序查找,有时可以事半功倍。

(3) 抽查法　指抽取账簿记录当中的某些部分进行局部检查的方法。当发现账簿记录有差错时,可根据差错的具体情况从账簿中抽查部分内容,而不必核对全部内容。例如,差错数字只在角位、分位,或者只是整数百位、千位,就可以缩小查找范围,专门查看角位、分位或者百位、千位的数字,其他的数字不必一一检查。

(4) 偶合法　即根据账簿记录差错中最常见的规律,根据差错的情况来推测差错原因进而查找差错的一种查找方法。主要用来查找带有规律性原因造成的差错。

① 差数法　如会计人员推测可能是漏记、重记的差错，可根据核对不相符的差额进行查找。如日记账余额比总账余额少 300 元，会计人员推断可能是漏记了一笔 300 元的凭证，则可以查找金额为 300 元的凭证。如多 300 元，会计人员推测属于重记，则同样可查找是否将金额为 300 元的凭证重复登记。

② 二除法　如会计人员推测可能是记反方向，则账簿中反映的错误差额必定是偶数，用不相符的差数除以 2，如被除尽，然后根据商数从账簿记录中去查找差错。如果发现现金少记了 164 元，会计人员推测可能是记反方向，则将 164 除以 2 得出 82，从账簿记录中去找金额为 82 的账目进行核对即可。

③ 九除法　如会计人员推测可能是数字位置颠倒或数字位数移位造成的差错，即用不相符的差数除以 9，如被除尽，然后根据商数，检查是否有相同数字移位，如无相同数则考虑为相邻两个数字颠倒。

（一）划线更正法

如果在结账之前发现账簿记录有错误，而记账凭证没有错误，即纯属登账时文字或数字上的错误，应采用划线更正法进行更正。

划线更正法的具体做法是：在错误的文字或数字上划一条红线表示注销，然后在红线的上方用蓝字填写正确的文字或数字，并由记账及相关人员在更正处盖章，以明确责任。对于错误的数字，应全部划红线更正，不得只划线更正其中个别错误数字；对于错误的文字，只需划去错误的部分；对已划销的文字或数字，应当保持原有字迹仍可辨认，以备查核。

【例 5-2】　富邦公司记账人员根据记账凭证登记账簿时，将 93 600 误写成 96 300。更正时，应将错误数字 96 300 全部用红线划掉，然后在其上方空白处用蓝字填写正确数字 93 600，而不能只将错误的两位数字"63"划红线更正为"36"，见表 5-24。

表 5-24　划线更正法示例（应付账款总分类账）

20×7 年		凭证		摘要	借方	贷方	借或贷	余额
月	日	字	号					
3	1			月初余额			贷	90 000
	15	转	6	从大华公司购入材料		93 600 ~~96 300~~ 张×	贷	183 600

（二）红字更正法

红字更正法是采用红字冲销原有错误记录，从而更正账簿记录的一种方法。红字更正法一般适用于下列两种情况。

第一种情况：记账后，在当年内发现记账凭证中应借、应贷的会计科目或记账方向有错误，从而引起账簿记录错误，可采用红字更正法更正。更正的方法是：先用红字填写一张与原错误记账凭证内容完全相同的记账凭证，以示冲销原错误记账凭证；然后用蓝字重新填制一张正确的记账凭证，据以登记入账。

【例 5-3】　富国公司以银行存款 5 000 元偿还之前欠购买材料款，在编制记账凭证时，应借科目误记入"应收账款",并已登记入账。该错误记账凭证所反映的会计分录如下。

(1) 借:应收账款　　　　　　　　　　　　　　　　　　　　　　5 000
　　　贷:银行存款　　　　　　　　　　　　　　　　　　　　　　　　5 000

当发现凭证和记账错误时,应先按照原错误分录用红字填制如下记账凭证进行更正。

(2) 借:应收账款　　　　　　　　　　　　　　　　　　　　　　5 000
　　　贷:银行存款　　　　　　　　　　　　　　　　　　　　　　　　5 000

根据该更正错误记账凭证以红字金额登记入账,冲销原有的错误记录,然后,用蓝字再填制一张正确的记账凭证,并据以登记入账,其会计分录如下。

(3) 借:应付账款　　　　　　　　　　　　　　　　　　　　　　5 000
　　　贷:银行存款　　　　　　　　　　　　　　　　　　　　　　　　5 000

根据以上三张记账凭证登记有关总账账户(以"T"形说明),记录如图 5-2 所示。

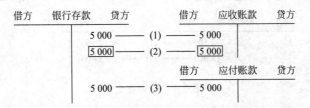

图 5-2　红字更正法情形一

第二种情况:记账后,发现记账凭证所填写的会计科目、记账方向都没有错误,但记录的金额有错误,且所记金额大于应记金额,从而引起账簿记录错误,应采用红字更正法更正。更正的方法是:将多记的金额用红字编制一张与原记账凭证应借、应贷科目完全相同的记账凭证,以冲销多记的金额,并据以登记入账。

【例 5-4】　富国公司以银行存款 5 000 元偿还之前欠购买材料款,在编制证账凭证时,将金额误记为 50 000 元,并已登记入账。该错误记账凭证所反映的会计分录如下。

(1) 借:应付账款　　　　　　　　　　　　　　　　　　　　　　50 000
　　　贷:银行存款　　　　　　　　　　　　　　　　　　　　　　　　50 000

发现错误后,应将多记的金额 45 000 元用红字冲销,即用红字编制一张调减的记账凭证如下。

(2) 借:应付账款　　　　　　　　　　　　　　　　　　　　　　45 000
　　　贷:银行存款　　　　　　　　　　　　　　　　　　　　　　　　45 000

根据以上两张记账凭证登记有关总账账户(以"T"形说明),记录如图 5-3 所示。

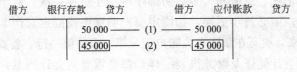

图 5-3　红字更正法情形二

(三) 补充登记法

记账以后,发现记账凭证所填写的会计科目、记账方向都没有错误,只是所记金额小于应记金额,从而引起账簿记录错误,应采用补充登记法更正。更正的方法是:按少记的金额用蓝字再编制一张与原记账凭证应借、应贷科目完全相同的记账凭证,以补充少记的金额,并据以登记入账。

【例 5-5】 圆信公司购入一台复印机,价值 21 000 元(假设此金额是公允的,且供应方未能提供符合抵扣条件的增值税发票),货款已用银行存款支付,但在编制记账凭证时,将金额误记为 2 100 元,少记 18 900 元,并已登记入账。该错误记账凭证所反映的会计分录如下。

(1) 借:固定资产　　　　　　　　　　　　　　　　　　　　　　　2 100
　　　贷:银行存款　　　　　　　　　　　　　　　　　　　　　　　2 100

当发现上述错账时,可将少记的 18 900 元用蓝字另外编制一张调增的记账凭证如下。

(2) 借:固定资产　　　　　　　　　　　　　　　　　　　　　　　18 900
　　　贷:银行存款　　　　　　　　　　　　　　　　　　　　　　　18 900

根据以上两张记账凭证登记有关总账账户(以"T"形说明),记录如图 5-4 所示。

```
  借方   银行存款   贷方            借方   固定资产   贷方
        2 100 ——— (1) ——— 2 100
        18 900 ——— (2) ——— 18 900
```

图 5-4　补充登记法

上述三种错账更正方法的运用可总结为表 5-25。

表 5-25　错账更正方法

错账原因		发现错账时间	适用方法	更正要点
记账凭证无误,登账错误		结账前	划线更正法	①划红线注销 ②用蓝字做正确记录 ③在更正处签章
记账凭证错误,导致登账错误	凭证会计科目错误	过账后	红字更正法情形一	①用红字冲销原错误记录 ②用蓝字重填正确凭证并入账
	凭证借贷方向错误	过账后		
	科目、方向均错误	过账后		
	凭证仅金额多记	过账后	红字更正法情形二	用红字冲销多记金额并入账
	凭证仅金额少记	过账后	补充登记法	用蓝字补记少记金额并入账

四、账簿的更换与保管

为了清晰地反映各个会计年度财务收支状况及其结果,在新的会计年度开始时,要对会计账簿进行更换。日记账、总账和大多数明细账应每年更换一次。对于变动较少的小部分明细账则可以继续使用,不必每年更换,如固定资产明细账或固定资产卡片。更换的新账应将上年的年末余额转过来,填写在新账有关账户记录第一页的第一行。备查账簿可以连续使用。

各种会计账簿同会计凭证及财务报表一样,都是重要的会计档案,必须按照《会计档案管理办法》规定的保存年限妥善保管,不得丢失和任意销毁。年度终了,各种账户在结转下年、建立新账后,一般都要将旧账送交总账会计集中统一管理。会计账簿暂由本单位财务会计部门保管 1 年,期满之后,由财务会计部门编造清册移交本单位的档案部门保管。关于会计账簿归档、整理、保管及销毁等内容,将在第九章详细介绍。

第四节　账项调整

为了正确反映企业在不同时期的财务状况和经营成果，企业必须以权利或责任的发生与否为标准来确认各个会计期间的收入和费用。有些收入款项虽然在本期预先收到并入账，但并不能确认为本期收入；而有些收入虽然在本期内尚未收到现金，却应归属于本期。有些费用虽然在本期已经预付出去并已入账，但并不应确认为本期的费用；而有些费用虽在本期内尚未支付，却应归属于本期。因此，在结账之前，必须对那些收支期和归属期不相一致的收入和费用进行调整。通过调整，使未收到款项的应计收入和未付出款项的应计费用以及已收到款项而不属于本期的收入与已经付出款项而不属于本期的费用，归属于相应的会计期间，使各期收入和费用在相关的基础上进行配比，从而比较准确地计算盈亏。

一、账项调整的意义

账项调整是指按照权责发生制的要求，对已入账的资产或负债项目和尚未入账的事项进行调整，以确定应该属于本期的收入和费用的一种专门方法。

账项调整是将外部交易和事项全部记录完成之后，在编制财务报表之前必须要做的一项工作。账项调整是在结账之前，通过编制账项调整分录完成的。

账项调整的目的是按照应收应付这一标准，合理地反映相互连接的各会计期间应得的收入和应负担的费用，使各期的收入和费用能在相互适应的基础上进行配比，从而比较正确地计算各期的损益。值得注意的是，期末进行账项调整，虽然主要是为了在利润表中正确地反映本期的经营成果，但是，在收入和费用的调整过程中，必然会影响到资产负债表有关项目的增减变动。因此，账项调整有助于正确地反映企业期末财务状况。

持续经营和会计分期是会计核算的两个前提条件（会计假设）。基于这两个前提条件，会计核算要求遵循配比原则和权责发生制基础。即将某一会计期间的成本费用与其有关的收入相互配合比较，以正确计算该期的损益。但在日常账簿中，本期实际收到的收入或付出的费用，有些作为本期收入费用入账，有些则因未确定所属期未能入账，而有些本期虽未实际收到的收入或付出的费用，其归属期应属本期，也尚未入账，这就需要按照权责发生制的要求，将应属本期的收入和费用调整入账，才能正确确认本期的收入和费用，使之做出有意义的配合比较，从而正确地确定本期的损益。

二、账项调整的内容

账项调整主要分为以下几类。

（一）应计收入

应计收入是指企业在本期已向其他单位或个人提供商品或劳务，或财产物资使用权，理应获得属于本期的收入，但由于尚未完成结算过程，或延期付款的原因，致使本期的收入尚未收到，如应收的租金收入、应收的银行存款利息收入等。按权责发生制基础，凡属于本期的收入，不管其款项是否收到，都应作为本期收入，期末应将尚未收到的款项调整入账。

【例5-6】 万家公司在20×6年12月份初，将闲置的办公用房租给B公司使用，租期为6个月，约定在20×7年5月末一次性收取，共计12 000元。

把办公用房租出去，应该获得收入，但由于约定20×7年5月末才收取租金，因此，这笔租金应作为应计收入，按月记入 A 公司的收入当中，到期时再收取全部租金。20×6 年 12 月末 A 公司应编制如下调整分录。

  借：其他应收款——B 公司   2 000
    贷：其他业务收入   2 000

【例 5-7】 万家公司预计一季度银行存款利息 900 元。银行结算利息一般按季度划入企业存款户，但企业应按月计算属于当月的利息收入，在每个季度的各月份将各月的银行存款利息收入估算入账，记入"财务费用"账户的贷方。上述业务所作的会计处理如下。

（1）1 月份末
  借：应收利息   300
    贷：财务费用   300

（2）2 月份末
  借：应收利息   300
    贷：财务费用   300

（3）3 月份末

按实际收到的利息收入，调整 3 月份利息收入，若银行计算并划入企业存款户的利息收入为 950 元。则企业应作如下处理。

  借：银行存款   950
    贷：应收利息   600
      财务费用   350

若 3 月份银行计算并划入企业存款户的本季度利息收入为 830 元，则企业 3 月份应作如下处理。

  借：银行存款   830
    贷：应收利息   600
      财务费用   230

（二）应计费用

应计费用是指企业在本期已耗用，或本期已受益的支出，理应归属为本期发生的费用，如应付银行借款利息、应付职工薪酬、应交各种税费等。由于这些费用尚未支付，故在日常的账簿记录中尚未登记入账。按权责发生制的规定，凡属于本期的费用，不管其款项是否支付，都应作为本期费用处理。期末应将这些属于本期费用，而尚未支付的费用调整入账。

【例 5-8】 银华公司 20×6 年 1 月 1 日从银行取得借款 250 000 元，期限 6 个月，年利率为 6%，因此，1 月份应付银行存款利息为 1 250 元（250 000×6%×1/12）。该企业 1 月末应编制调整会计分录如下。

  借：财务费用   1 250
    贷：应付利息   1 250

【例 5-9】 银华公司 20×6 年 7 月份按规定计算出应交消费税 10 000 元，应交城市维护建设税 700 元，应交教育费附加 300 元，应编制会计分录如下。

  借：税金及附加   11 000
    贷：应交税费——应交消费税   10 000

——应交城市维护建设税	700
——应交教育费附加	300

(三) 预收收入

本期已收款入账，因尚未向付款单位提供商品或劳务，或财产物资使用权，不属于本期收入的预收款项，是一种负债性质的预收收入。在计算本期收入时，应该将这部分预收收入进行账项调整，记入"预收账款"账户，待确认为本期收入后，再从"预收账款"账户转入有关收入账户。

【例 5-10】 20×6 年 10 月 30 日，盛洋运输公司与华茂公司签订一份为期一年的劳务合同，从 20×6 年 11 月 1 日起，盛洋运输公司负责为华茂公司运送商品。华茂公司按合同规定于 11 月 1 日预付相当于前半年的运输劳务费 60 000 元，20×7 年 10 月 31 日，合同期满，华茂公司支付其余 50% 的运输劳务费 60 000 元。

(1) 20×6 年 11 月 1 日，盛洋运输公司收到预付运输费时，编制会计分录如下。

借：银行存款　　　　　　　　　　　　　　　　　　　　60 000
　　贷：预收账款　　　　　　　　　　　　　　　　　　　　　60 000

(2) 20×6 年 12 月 31 日，盛洋运输公司结转本年度实现的运输收入，编制会计分录如下。

借：预收账款　　　　　　　　　　　　　　　　　　　　20 000
　　贷：主营业务收入　　　　　　　　　　　　　　　　　　　20 000

(3) 20×7 年 10 月 31 日，盛洋运输公司收到余下运输劳务款，编制会计分录如下。

借：银行存款　　　　　　　　　　　　　　　　　　　　60 000
　　预收账款　　　　　　　　　　　　　　　　　　　　40 000
　　贷：主营业务收入　　　　　　　　　　　　　　　　　　100 000

(四) 预付费用

预付费用是指本期已付款入账，但应由本期和以后各期分别负担的费用，如预付房屋租金、预付保险费等。在计算本期费用时，应该将这部分费用进行调整。计提固定资产折旧费、无形资产的摊销也属于此类调整事项。预付的各项支出既不属于或不完全属于本期费用，就不能直接全部记入本期有关费用账户。

【例 5-11】 全通公司为增设一处零售点签订了一份房屋租赁合同，租约的条款内容是：租期自 20×6 年 11 月 1 日起，为期一年，年租金 60 000 元，分两期支付，每期支付 50%，第一期租金 20×6 年 11 月 1 日支付。

(1) 20×6 年 11 月 1 日，全通公司支付首期租金时

借：预付账款——预付房租费　　　　　　　　　　　　　　30 000
　　贷：银行存款　　　　　　　　　　　　　　　　　　　　30 000

(2) 20×6 年 12 月 31 日，全通公司结转应由当年分摊的房租费

借：销售费用　　　　　　　　　　　　　　　　　　　　10 000
　　贷：预付账款——预付房租费　　　　　　　　　　　　　10 000

【例 5-12】 华融公司 6 月份计提固定资产折旧情况如下：甲车间厂房计提折旧 25 000 元，机器设备计提折旧 30 000 元，管理部门房屋建筑物计提折旧 30 000 元，运输工具计提折旧 15 000 元。

借：制造费用		55 000
管理费用		45 000
贷：累计折旧		100 000

第五节　对账与结账

为了总结企业某一会计期间的经济活动情况，考核经营成果，必须使各种会计账簿的记录保持完整和正确，以便据以编制财务报表。为此，必须定期进行对账和结账工作。

一、对账

对账是指对会计账簿记录进行核对。为了确保会计账簿记录的完整性和正确性，如实反映和监督经济活动，为编制财务报表提供真实可靠的数据资料，在有关经济业务过账之后，必须进行账簿记录的核对工作。对账分为日常核对和定期核对。日常核对是指会计人员在进行日常的账务处理时，对账簿记录与会计凭证的核对。定期核对是指在期末结账前对账簿记录进行的核对。对账工作一般包括账证核对、账账核对和账实核对。

（一）账证核对

账证核对是指将会计账簿记录与记账凭证及其原始凭证进行核对，包括核对时间、凭证字号、内容摘要、金额是否一致，记账方向是否相同，以保证过账的准确性。这种核对主要是在日常编制凭证和记账过程中进行的。每月终了，如果发现账证不符时，应追本溯源，进行会计账簿与会计凭证的检查核对，以确保账证相符。

（二）账账核对

账账核对是指将不同会计账簿之间的有关记录进行核对。账账核对的主要内容包括：
① 总分类账各账户借方期末余额合计数与贷方期末余额合计数是否相符；
② 总分类账各账户期末余额与其所属明细分类账各账户期末余额合计数是否相符；
③ 库存现金、银行存款日记账期末余额与库存现金、银行存款总分类账户期末余额是否相符；
④ 会计部门各种财产物资的明细分类账期末余额与财产物资保管或使用部门的有关财产物资的明细分类账期末余额是否相符。

（三）账实核对

账实核对是指将各项财产物资、债权债务等账簿的账面余额与实存数额进行核对。具体内容包括：
① 库存现金日记账账面余额与库存现金实际数额是否相符；
② 银行存款日记账账面余额与银行对账单的余额是否相符；
③ 各种财产物资明细分类账账面余额与财产物资实存数额是否相符；
④ 各种应收、应付款明细分类账账面余额与有关债务、债权单位的账面记录是否相符。
实际工作中的账实核对一般是通过财产清查进行的，有关内容将在第七章详细介绍。

二、结账

结账是指在会计期末计算并结出各账户的本期发生额和期末余额。在一定时期结束时

（如月末、季末或年末），为编制财务报表，需要进行结账。结账的内容通常包括两个方面：一是结清各种损益类账户，据以计算确定本期利润；二是结出各资产、负债和所有者权益账户的本期发生额合计数和期末余额。

（一）结账程序

结账工作通常包括以下程序。

1. 将本期经济业务全部登记入账

结账前，必须将本期发生的各项经济业务全部登记入账，并保证其正确性。

2. 进行账项调整

按照权责发生制的要求，将本期需要调整的全部账项调整入账，以合理确定应由本期受益的收入及负担的费用。既不能把将要发生的经济业务提前入账，也不能将本期发生的经济业务延至下期入账。

3. 结转损益类账户

对于期末应予结转的业务，应编制记账凭证并记入有关会计账簿。期末结转业务就是将全部损益类账户（即收入类账户和费用类账户）的本期发生额，通过编制结转分录转入"本年利润"账户，从而将损益类账户结平。编制结转分录时，将所有收入类账户的贷方余额从其借方转入"本年利润"账户贷方，即借记各收入账户，贷记"本年利润"账户；将所有费用类账户的借方余额从其贷方转入"本年利润"账户借方，即借记"本年利润"账户，贷记各费用账户。结转后，所有收入类账户和费用类账户的余额都为零。

4. 结算出各账户本期发生额和余额，并结转下期

在本期全部经济业务登记入账基础上，应当计算并结出库存现金日记账、银行存款日记账、总分类账和明细分类账各账户的本期发生额及期末余额，并将资产、负债、所有者权益和成本类账户的期末余额结转下期。

（二）结账方法

结账工作于各个会计期末进行，因此可分为月结、季结和年结。结账时，应结出每个账户的期末余额。需要结出当月、当季发生额和本年累计发生额的（如各项损益类账户），应在摘要栏内注明"本月合计"、"本季合计"和"本年累计"字样。

具体方法如下。

（1）办理月结，应在各账户本月份最后一笔记录下面划一条通栏红线，表示本月结束；然后，在这条红线下面一行的摘要栏内注明"本月发生额及余额"或"本月合计"字样，并结算出本月发生额和月末余额；最后，在该栏下面再划一条通栏红线，表示完成月结工作。月内只有一笔发生额的账户，可以不需结计总数，只需在该笔记录下划一条通栏红线，表示完成月结工作。

（2）办理季结，应在各账户本季度最后一个月的月结下面一行的摘要栏内注明"本季发生额及余额"或"本季合计"字样，并结算出本季发生额及季末余额；然后，在该栏下面划一条通栏红线，表示完成季结工作。

（3）办理年结，应在各账户12月份月结或季结下面一行的摘要栏内注明"本年发生额及余额"字样，并结算出全年发生额和年末余额；然后，在该栏下面划通栏双红线，表示完成年结工作。

（4）对需要给出本年累计发生额的账户，为了反映自年初开始至本月末为止的累计发生额，还应在月结或季结下面再单列一行进行累计发生额的登记，同时在摘要栏内注明"本年

累计"字样,并在该栏下面划一条通栏红线。年末,在全年累计栏下划通栏双红线,表示完成年结工作。

(5) 年终结账时,还应将各账户上年结转到本年的借方(或贷方)余额,按照原来相同的方向,抄列在全年发生额合计数下一行的借方(或贷方)栏内,并在摘要栏内注明"上年结转"字样;同时,将本年末借方(或贷方)余额按相反方向,抄列下一行的贷方(或借方)栏内,并在摘要栏内注明"结转下年"字样;最后,加计借方和贷方合计数相等,并在摘要栏内注明"本年累计"字样。在下一年度需要更换新账的,应在进行年结的同时,在新账中有关账户的第一行摘要栏内注明"上年结转"或"年初余额"字样,并在余额栏内填入上年结转的余额。新旧账有关账户余额的转记事项,不编制记账凭证。

现以"银行存款"账户为例说明结账方法,见表5-26。

表5-26 总分类账

会计科目:银行存款　　　　　　　　　　　　　　　　　　　　　　　　　　单位:万元

20×7年		凭证		摘要	借方	贷方	借或贷	余额
月	日	字	号					
1	1			上年结转			借	5 200
1	8				2 400	3 600	借	4 000
				……	…	…	……	……
1	31			本月发生额及余额	5 000	5 400	借	4 800
2	28			本月发生额及余额	2 920	3 320	借	4 400
3	31			本月发生额及余额	5 880	4 980	借	5 300
3	31			本季发生额及余额	13 800	13 700	借	5 300
				……	…	…	……	……
12	31			本月发生额及余额	4 700	3 280	借	7 100
12	31			本季发生额及余额	15 200	14 300	借	7 100
12	31			本年发生额及余额	64 000	62 100	借	7 100
12	31			上年结转	5 200			
12	31			结转下年		7 100		
12	31			本年累计	69 200	69 200	平	

专栏 5-4　　　　　　　　　　会计圈子里的俚语

每个圈子都会有个性化的语言体系,会计圈子同样语言丰富。会计学科除了大量专业词汇外,还有许多延续下来的俚语。这些俚语言简意赅,却内涵丰富。下面这些俚语,你都知道吗?

1. 坐支:收到现金后不存入银行,直接用于现金开支。
2. 白条:非正式的票据,如报销时不合规的单据、替代现金的欠条等。
3. 小金库:收到现金后不让会计入账,冀图在账外支配,小金库往往与偷税、贪污关联度高。

4. 替票：报销时，因为未能正常取得发票，而用 B 发票去报销 A 费用。
5. 套票：印上了真发票号码的假发票，这是发票贩子们骗人的常用手段。
6. 传票：会计使用的记账凭证和银行里的一些凭证被称为传票，它是会计凭证的代名词。
7. 流水账：资金支出的序时账，按时间先后排列，一般未经人为加工，真实性较高。
8. 两套账：会计人员做一套真账给老板看，做一套假账给税务、银行看。
9. 挂账：资金以借款名义支出后，未取得票据报销，也未归还，在会计账上一直以债权面目示人，实质是公司的潜亏。
10. 冲账：把以前错误的记录，用红字相同地做一次，红字表示减少，正负抵消了，它是错账更正的方法。
11. 未账：为粉饰会计信息，隐瞒已发生的经济业务，干脆先不做账务处理，使之不在会计账、表中体现，让审计监管更难于发现。
12. 呆账：债务到期后，不能确定将来是否能收回的往来账。
13. 坏账：经过认真核实，确认无法收回的往来账。
14. 洗大澡：上市公司预计今后数年将持续亏损，索性一次亏够，以期下一年度能扭亏为盈，上市公司面临被 ST 时惯用的伎俩。
15. 阴阳合同：为了避税，有意签署两份制式相同但金额不同的合同，金额高的用于执行，金额低的用于纳税，其目的就是为了少交税。
16. 盈余管理：粉饰财务报表的雅称，目的是为了让报表更好看或为平滑业绩，但都会通过形式上合法、合规的手段操作。
17. 数豆子的人：bean-counter 是英语中对会计师的俗称。

本章总结

设置和登记会计账簿，是会计核算中对经济信息进行加工整理的一种专门方法。账簿按其用途不同可分为序时账簿、分类账簿和备查账簿三类；按其外表形式不同可分为订本式账簿、活页式账簿和卡片式账簿；按账页格式的不同可分为三栏式账簿、多栏式账簿和数量金额式账簿。

序时账簿又称日记账，是按照经济业务发生或完成时间的先后顺序，逐日逐笔进行登记的账簿。在我国，一般单位都应当设置库存现金日记账和银行存款日记账，用来序时登记库存现金和银行存款的收入、支出及结存情况。库存现金日记账和银行存款日记账一般采用订本式账簿，账页格式一般为三栏式和多栏式两种。

分类账簿又称分类账，是对全部经济业务按照会计要素的具体类别进行分类登记的账簿。分类账簿可以分为总分类账簿和明细分类账簿。

总分类账簿简称总账，是用来记录经济业务总括核算资料的账簿。一般采用订本式账簿，账页格式一般为三栏式。明细分类账簿简称明细账，是指按照明细分类账户分类登记经济业务的账簿，一般采用活页式账簿，常用的账页格式有三栏式、多栏式和数量金额式。

总分类账是按照总分类账户分类登记经济业务的账簿；明细分类账是按照明细分类账户

分类登记经济业务的账簿。

总分类账与明细分类账应按照平行登记的要求进行登记。平行登记的规则是总分类账与明细分类账登记的依据相同，期间相同，方向一致，金额相等。

备查账簿简称备查簿，是对某些在序时账簿和分类账簿中不能登记或登记不全的经济业务进行补充。

会计人员如果发现账簿记录发生错误，应该按照规定的方法予以更正。错账更正的方法一般有划线更正法、红字更正法和补充登记法。

账项调整是指每一个会计期末，为准确确定该期间的收入、费用和资产、负债，根据权责发生制对部分会计事项予以调整的行为。账项调整一般通过编制账项调整分录进行。

为了编制财务报表，必须定期进行对账和结账工作。对账是对会计账簿记录进行核对，对账工作一般包括账证核对、账账核对和账实核对。结账是在会计期末计算并结出各账户的本期发生额和期末余额，结账工作可分为月结、季结和年结。

重要概念

会计账簿　日记账　总分类账　明细分类账　平行登记　划线更正法　红字更正法　补充登记法　普通日记账　特种日记账　三栏式账簿　多栏式账簿　数量金额式账簿　订本式账簿　活页式账簿　卡片式账簿　账项调整　应计收入　应计费用　对账　结账

复习思考题

1. 什么是会计账簿？为什么要设置和登记会计账簿？
2. 会计账簿的账页格式有哪几种？各种格式的账页分别适用于哪些账簿？
3. 什么是总账？其登记依据是什么？
4. 简述库存现金日记账和银行存款日记账的内容及登记方法。
5. 什么是明细分类账？它可采用哪几种账页格式？
6. 简述总分类账和明细分类账的关系及其平行登记规则。
7. 错账更正的方法有哪些？各方法的使用范围是什么？
8. 企业通常需要进行账项调整的业务有哪些方面？
9. 什么是结账？如何结账？
10. 什么是对账？对账的具体内容是什么？

练习题

习题一

一、目的

练习错账更正法。

二、资料

江北公司20×7年8月在有关账簿登记中发现下列问题。

(1) 开出现金支票 850 元购买办公用品，所编制的会计分录如下。

借：管理费用　　　　　　　　　　　　　　　　　　　　　　　　580

　　贷：银行存款　　　　　　　　　　　　　　　　　　　　　　　　580

(2) 结转已销售产品的生产成本 56 000 元，所编制的会计分录如下。

借：主营业务成本　　　　　　　　　　　　　　　　　　　　　65 000

　　贷：库存商品　　　　　　　　　　　　　　　　　　　　　　　65 000

(3) 用现金支付咨询费 2 600 元，所编制的会计分录如下。

借：管理费用　　　　　　　　　　　　　　　　　　　　　　　2 600

　　贷：库存现金　　　　　　　　　　　　　　　　　　　　　　　2 600

登账时，其"管理费用"科目借方所登记金额为 2 900 元。

三、要求

采用适当的方法更正错账。

习　题　二

一、目的

练习登记银行存款日记账。

二、资料

虹桥公司 20×7 年 12 月 1 日银行存款日记账的期初余额为 98 700 元。该公司 12 月份发生下列有关经济业务。

(1) 2 日，以银行存款归还之前欠浦口工厂货款 70 200 元。

(2) 3 日，出售甲产品 2 000 件，货款 200 000 元及发票上的增值税税额 34 000 元，当即收到并存入银行。

(3) 5 日，以银行存款上缴上月未交所得税 18 000 元。

(4) 9 日，收到丁家桥厂还来之前欠货款 43 290 元，存入银行。

(5) 10 日，从银行提取现金 35 000 元，备发工资。

(6) 14 日，以银行存款支付外购 A 材料的价款 94 000 元及增值税税额 15 980 元。

(7) 18 日，出售甲产品 1 000 件，货款 100 000 元及增值税税额 17 000 元，当即收到并存入银行。

三、要求

(1) 根据上述经济业务编制会计分录。

(2) 登记银行存款日记账。

习　题　三

一、目的

练习结账和错账更正法。

二、资料

江宁公司 20×7 年 3 月份发生的部分经济业务如下。

(1) 1 日，用现金归还之前欠秦淮公司的货款 870 元。

(2) 3 日，向建邺工厂销售产品计价款 5 000 元，增值税 850 元，货已发出，货款已收存银行。

（3）6 日，通过银行收到鼓楼公司之前欠的货款 9 800 元。

（4）9 日，以银行存款支付之前欠河西机械厂的货款 5 600 元。

（5）12 日，向白下公司销售产品计价款 6 700 元，增值税 1 139 元，货已发出，货款尚未收到。

（6）14 日，收回栖霞公司之前欠货款 3 800 元，存入银行。

（7）16 日，向建宁公司（增值税小规模纳税人）销售产品开出普通发票，收到货款现金 2 340 元。

（8）19 日，向建邺工厂销售产品计价 4 500 元，增值税 765 元，货已发出，货款尚未收到。

（9）21 日，将销货款现金 2 340 元送存银行。

（10）24 日，以银行存款支付之前欠老山工厂货款 2 870 元。

（11）27 日，收回白下公司前欠的货款 7 839 元，存入银行。

（12）30 日，以银行存款支付之前欠雨花工厂的货款 5 240 元。

江宁公司 20×7 年 3 月份发生的部分经济业务所填的记账凭证（以会计分录代替）见表 5-27。

表 5-27　会计分录用纸（代记账凭证）

序号	20×7年		凭证		摘　　要	会计账户	金　额	
	月	日	字	号			借方	贷方
1	3	1	现付	1	归还前欠秦淮公司的货款	应付账款	780	
						库存现金		780
2		3	银收	1	向建邺工厂销售产品	银行存款	5 850	
						主营业务收入		5 000
						应交税费		850
3		6	银收	2	收到鼓楼公司前欠的货款	银行存款	980	
						应收账款		980
4		9	银付	1	支付前欠河西机械厂的货款	应付账款	5 600	
						银行存款		5 600
5		12	转	1	向白下公司销售产品	应收账款	7 839	
						主营业务收入		7 839
6		14	银收	3	收回栖霞公司前欠货款	银行存款	3 800	
						应收账款		3 800
7		16	现收	1	向建宁公司销售产品	库存现金	2 340	
						主营业务收入		2 340
8		19	转	2	向建邺工厂销售产品	应收账款	5 265	
						主营业务收入		4 500
						应交税费		765
9		21	现付	2	将销货款现金送存银行	银行存款	3 240	
						库存现金		3 240
10		24	银付	2	支付前欠老山工厂货款	银行存款	2 870	
						应收账款		2 870

续表

序号	20×7年 月	20×7年 日	凭证 字	凭证 号	摘要	会计账户	金额 借方	金额 贷方
11		27	银收	4	收回白下公司前欠的货款	银行存款	8 793	
						应收账款		8 793
12		30	银付	3	支付前欠雨花工厂的货款	应付账款	2 540	
						银行存款		2 540

对江宁公司20×7年3月份发生的上述经济业务，根据所填记账凭证登记总分类账簿，见表5-28～表5-33。

表5-28 主营业务收入（总分类账）

20×7年 月	20×7年 日	凭证 字	凭证 号	摘要	√	借方 十万千百十元角分	贷方 十万千百十元角分	借或贷	余额 十万千百十元角分
3	3	银收	1	向建邺工厂销售产品			5 0 0 0 0 0		
	12	转	1	向白下公司销售产品			7 8 3 9 0 0		
	16	现收	1	向建宁公司销售产品			2 3 4 0 0 0		
	19	转	2	向建邺工厂销售产品			4 5 0 0 0 0		

表5-29 应收账款（总分类账）

20×7年 月	20×7年 日	凭证 字	凭证 号	摘要	√	借方 十万千百十元角分	贷方 十万千百十元角分	借或贷	余额 十万千百十元角分
3	1			期初余额				借	8 7 0 0 0 0
	6	银收	2	收鼓楼公司前欠货款			9 8 0 0 0		
	12	转	1	向白下公司销售产品		7 9 3 8 0 0			
	14	银收	3	收栖霞公司前欠货款			8 0 3 0 0		
	19	转	2	向建邺工厂销售产品		5 2 6 5 0 0			
	27	银收	4	收白下公司前欠货款			8 7 9 3 0 0		

表 5-30 应付账款（总分类账）

20×7年		凭证字号	摘要	√	借方 十万千百十元角分	贷方 十万千百十元角分	借或贷	余额 十万千百十元角分
月	日							
3	1		期初余额				贷	2 6 9 0 0 0 0
	1	现付1	归还秦淮公司货款		7 8 0 0 0			
	9	银付1	支付河西机械厂货款		6 5 0 0 0 0			
	24	银付2	支付老山工厂货款		8 2 7 0 0 0			
	30	银付3	支付雨花工厂货款		2 5 4 0 0 0			

表 5-31 库存现金（总分类账）

20×7年		凭证字号	摘要	√	借方 十万千百十元角分	贷方 十万千百十元角分	借或贷	余额 十万千百十元角分
月	日							
3	1		期初余额				借	3 1 0 0 0 0
	1	现付1	归还秦淮公司货款			7 8 0 0 0		
	16	现收1	向建宁公司销售产品		2 3 4 0 0 0			
	21	现付2	将销货款现金存银行			3 2 4 0 0 0		

表 5-32 应交税费（总分类账）

20×7年		凭证字号	摘要	√	借方 十万千百十元角分	贷方 十万千百十元角分	借或贷	余额 十万千百十元角分
月	日							
3	1		期初余额				贷	1 2 0 0 0 0
	1	银付1	向建邺工厂销售产品			5 8 0 0 0		
	19	转2	向建邺工厂销售产品			7 6 5 0 0 0		

表 5-33 银行存款（总分类账）

20×7年		凭证字号	摘要	√	借方 十万千百十元角分	贷方 十万千百十元角分	借或贷	余额 十万千百十元角分
月	日							
3	1		期初余额				借	9 3 0 0 0 0
	1	银收1	向建邺工厂销售产品		5 5 8 0 0 0			
	3	银收2	收鼓楼公司前欠货款		9 8 0 0 0 0			
	9	银付1	支付河西机械厂货款			7 6 5 0 0 0		
	14	银收3	收栖霞公司前欠货款		8 3 0 0 0 0			
	21	现付2	将销货款现金存银行		3 2 4 0 0 0			
	24	银付2	支付老山工厂货款			8 2 7 0 0 0		
	27	银收4	收白下公司前欠货款		8 7 9 3 0 0			
	30	银付3	支付雨花工厂货款			2 5 4 0 0 0		

三、要求

(1) 将记账凭证和经济业务与所登账簿进行核对,找出记账凭证和所登账簿中的差错。

(2) 对于账目核对中发现的差错,应视不同的错误采取相应的更正方法,用文字说明每题的改错方法,错误处用正确的方法予以改正(将更正会计分录填入表5-34),并根据更正后的会计分录登账。

(3) 按规定办理账簿月结手续。

表 5-34　更正记账凭证用纸

序号	20×7年		凭证		摘　要	会计账户	金　额		错账更正方法
	月	日	字	号			借　方	贷　方	

案例分析

李××是一位成功的个体企业主,他不但善于经营自己的专卖店,而且对会计也较为熟悉。李××的专卖店在南京夫子庙小有名气,在每天川流不息的客户中,有大学学生、公司职员、政府官员等各类购物人群,无论哪些客户,李××和他的专卖店员工都热情招待,尽最大可能满足他们的购买要求,从而赢得客户的信赖。在李××及其员工的精心管理下,专卖店的财务状况运转也很不错,使得专卖店连续运营两年以来,业务蒸蒸日上,利润也逐年上升。

以下试算表(表5-35)是从专卖店20×7年12月31日的分类账中摘录的一部分。

表 5-35　试算表　　　　　　　　　　　　　　　单位:元

账户名称	借方金额	贷方金额
库存现金	8 000	
银行存款	50 000	
商品采购	500 000	
库存商品(期初数)	24 000	
固定资产——办公设备	92 000	
实收资本		89 200
销售收入		620 000
营业费用——水电费	10 000	
营业费用——租金	18 000	
营业费用——职工薪酬	7 200	
合计	709 200	709 200

有下列事项需要做期末调整:

① 应计水电费 2 600 元；
② 年末房屋租金上调，需补交租金 1 000 元；
③ 办公设备应计提 10% 的折旧费用；
④ 应付职工薪酬 12 000 元；
⑤ 期末存货价值 32 000 元（提示：根据库存商品期初数、本期商品采购数以及期末存货价值，可以倒推出本期销货成本）。

假设你是该专卖店的会计，根据上述资料，进行相应的账务处理。

第六章 账务处理程序

学习目标：
1. 掌握账务处理程序的概念。
2. 掌握组织账务处理程序的要求及账务处理程序的种类。
3. 掌握科目汇总表的编制方法。
4. 熟悉记账凭证账务处理程序的特点、优缺点及适用范围。
5. 熟悉汇总记账凭证账务处理程序的特点、优缺点及适用范围。
6. 熟悉科目汇总表账务处理程序的特点、优缺点及适用范围。
7. 了解多栏式日记账账务处理程序的特点、优缺点及适用范围。

导入案例：

蒙奇动漫公司是一家小型的漫画和动画制作出版公司，在会计处理上一直严格遵循平行登记的要求，根据同一张记账凭证及所附原始凭证，同时登记明细分类账和总分类账，在每个会计期的期末按时结账、编制财务报表。可是随着公司规模的扩大、业务的增加，会计的记账工作也变得越来越重，每个月都要花费大量的时间来登记各类账簿，月底还要加班，公司会计部门甚至抱怨人手不够，于是公司老板增加了一位会计人员。可惜好景不长，没过多久，会计部门又开始月底加班、抱怨工作量太大，工作负担太重。但是公司不可能无限制地增加会计人员，为了解决这个问题，公司老板咨询了恒智会计师事务所。

事务所的资深合伙人吴会计师指出，问题出在登记总账上。会计人员按照同一张记账凭证，同时登记明细账和总账，造成登记总账的工作量居高不下，降低了整个会计系统的效率，公司规模越大，这个问题就越严重。吴会计师建议公司会计部门引入一种新的凭证——科目汇总表，每个月定期编制科目汇总表，然后再根据科目汇总表来登记总账。吴会计师详细讲解了科目汇总表的编制和使用方法。公司采纳了吴会计师的建议，果然极大地减少了登记总账的工作量，有效地提高了会计工作的效率。

第一节 账务处理程序概述

一、账务处理程序的意义

账务处理程序，又称会计核算组织程序、会计核算形式，是指在会计核算过程中，会计凭证、会计账簿、财务报表相结合的方式，即由填制和审核原始凭证到编制记账凭证，登记日记账、明细分类账和总分类账，编制财务报表的工作程序和方法等。通俗地说，就是通过凭证、账簿、报表组织体系，按一定的步骤将三者有机结合起来，最终产生并提供有用的会计信息。

账务处理程序主要包括账簿组织和记账程序两部分内容。账簿组织是指会计核算所应用的会计凭证和会计账簿的种类、格式，以及各种凭证之间、凭证与账簿之间、各种账簿之间的关系。记账程序是指运用一定的记账方法，从填制和审核会计凭证、登记会计账簿到编制财务报表的工作程序，即对发生的经济业务利用会计凭证、会计账簿和财务报表进行核算的步骤与过程。

事实上，会计凭证、会计账簿和财务报表三种会计核算方法并不是彼此孤立的，如何应用会计凭证、会计账簿和财务报表等方法，与企业所确定的记账程序有着密切的关系，即使是对于同样的经济业务进行账务处理，如果采用的记账程序不同，所采用的会计凭证、会计账簿和财务报表的种类与格式也有所不同。在手工会计下，不同种类与格式的会计凭证、会计账簿、财务报表与一定的记账程序和记帐方法相结合，就形成了在做法上有着一定区别的账务处理程序。

账簿组织、记账程序与会计凭证、会计账簿及财务报表有机结合的关系，如图6-1所示。

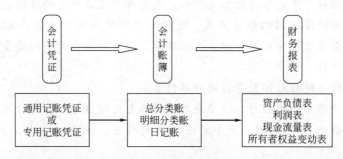

图6-1 账务处理程序流程

从图6-1中可以看出，账务处理程序是以账簿组织为核心，把会计凭证、会计账簿和财务报表与记账程序有机地结合起来，形成了一个严密的核算体系。这对于提高会计信息的质量，保证会计记录的完整性、正确性和会计信息的及时性具有重要意义。账务处理程序将各个会计核算岗位的工作联系起来，对于减少不必要的会计核算环节、减轻会计人员的工作量、提高会计工作效率有重要的意义。

二、组织账务处理程序的要求

账务处理程序是做好会计工作的一个重要前提，对于提高会计工作的质量和效率，正确、及时地编制财务报表，起着重要的作用。尽管每个会计单位各有其业务特点，但都应该对账务处理程序做出明确的规定。合理、适用的账务处理程序，一般应该符合以下三个要求：

① 要适合本单位所属行业的特点，即在设计财务处理程序时，要考虑自身单位组织规模的大小，经济业务的性质和简繁程度。同时，还要有利于会计工作的分工协作和内部控制。

② 要能够全面、系统、及时和正确地提供会计信息，满足本单位各部门和社会各相关方的需要。

③ 要在保证会计核算质量的前提下，尽可能地简化会计核算手续，提高会计核算的效率，节约账务处理的费用。

三、账务处理程序的种类

我国企业一般采用的账务处理程序，主要有：

① 记账凭证账务处理程序；

② 汇总记账凭证账务处理程序；
③ 科目汇总表账务处理程序；
④ 多栏式日记账账务处理程序。

各种账务处理程序有很多相同点，比如都要根据原始凭证编制记账凭证；一般都是根据原始凭证（或原始凭证汇总表）和记账凭证登记日记账和明细账；根据账簿记录编制财务报表。各种账务处理程序也存在区别，其根本区别在于登记总分类账的依据和方法不同。下面分别介绍各种账务处理程序的特点、步骤、主要优缺点和适用范围。

专栏 6-1　　　　　　　　账务处理程序的选择

在账务处理程序中，账簿组织是核心，决定着对凭证种类的选择，制约着各种凭证之间、凭证与账簿之间的联系方式。账务处理程序的设计方法，主要是指会计凭证、会计账簿和记账程序的结合方法。在实际工作中，企业面临的更多的问题是如何选择账务处理程序。

一、选择账务处理程序应考虑的外界因素

选择和设计账务处理程序，除了应对各种账务处理程序本身进行深入比较外，还应进一步考虑企业经营规模、业务特点、机构设置、人员安排和会计核算手段等因素。

1. 企业的经营规模

一般情况下，中小型企业规模小，业务量较少，因此企业管理和决策对会计信息的依赖性较小，而且核算目标主要是对外报表和纳税申报。在这种情况下，设计账务处理程序首先考虑的是简单实用，可选择记账凭证账务处理程序。大中型企业业务量大，企业管理和决策对会计信息依赖性多，而且会计核算目标除了满足对外报告的需要外，更重要的是为企业管理服务，需要对内部提供较为详细的财务分析报告。因此，在选择账务处理程序时，一方面，要考虑处理大量会计信息的需要；另一方面要便于对会计信息进行分析。为此，可以采用汇总记账凭证、科目汇总表或多栏式日记账账务处理程序。如特大型企业，编制汇总记账凭证工作量大，一般采用科目汇总表账务处理程序。

2. 企业的业务特点

在不同企业中，业务种类千差万别，有的企业业务综合，有的企业业务单一，有的企业业务繁杂，因此，设计的账务处理程序也有不同。例如，银行业务比较单一，要求时效性，常以原始凭证代替记账凭证，直接依据科目日结单登记总账；在一般企业中，业务单一的企业还可以通过日记总账或汇总记账凭证来进行账务处理。在业务较繁杂的企业中，为了简化核算手续，可以采用科目汇总表形式来进行账务处理。

3. 企业的会计核算手段

在账务处理程序的演变中，重要的一点就是减少手工记账的工作量。如从日记账账务处理程序过渡到记账凭证账务处理程序，再发展到汇总记账凭证账务处理程序和科目汇总表账务处理程序。因此，在手工处理的情况下，减少工作量成为账务处理程序设计的一个重要因素。在现代企业中，由于会计电算化的发展和普及，会计核算工作量的问题居次要地位，更重要的问题是如何设置会计科目，如何利用现代手段来为管理提供更多、更有用的会计信息，为企业管理和决策提供优质服务。

二、选用账务处理程序时应注意的问题

1. 对选用的账务处理程序进行补充、修改或创新

企业按前面的方法，选定某一账务处理程序后，并不意味着账务处理程序设计任务的完成。因为通过上述方法选定的账务处理程序，虽说符合企业的实际情况，但它是相对于其他账务处理程序而言的，实际上，它不能与企业的实际情况完全相符，即使相符，也存在该形式是否最有效率的问题。因此，在确定某一核算形式主框架后，需要结合业务做进一步分析，找出与实际业务不协调之处，进行补充和修改，在符合会计制度的前提下，可以对核算形式进行创新。

（1）对会计凭证的补充与创新　比如，可以使用汇总原始凭证，可以部分原始凭证代替记账凭证，可以编制简易记账凭证或累计记账凭证。

（2）从记账凭证与日记账关系上进行补充或创新　比如，设置一式两份的套写记账凭证：一份用于登记分类账；另一份用于按时间顺序分类装订，并定期结出发生额和余额，以此代替日记账。

（3）从日记账与总分类账之间进行创新　比如，企业可以设置多栏式现金（银行存款）日记账，根据日记账中的科目累计发生额登记总账，从而简化登记总账工作量。

（4）从总账和明细账的关系上进行改进　比如，对于某些明细账数量不多的总账，可以将总账与所属明细账设在一起，通过加宽总账账页，按其明细科目设置专栏来解决。

2. 会计资料的利用和检查问题

会计资料要得到充分利用，在设计时应注意两个问题。一是要利用总账进行分析。在设计总账时可以设置对应账户或设计多栏式总账，以反映账户与账户之间的对应关系，分析企业全部资金的来龙去脉；二是要利用日记账和明细账提供分析报告。日记账具有及时反映经济业务的特点，在设计账务处理程序时，要明确指出哪个环节，依据什么资料，做出什么报告。为了便于检查财会工作，在设计会计核算程序时，应注意三个问题：一是要建立完整的序时账簿体系；二是要建立内部控制；三是同一集团内部核算要注意适当统一。

第二节　记账凭证账务处理程序

一、记账凭证账务处理程序的特点和核算要求

记账凭证账务处理程序是直接根据各种记账凭证逐笔登记总分类账的一种账务处理程序。其特点是：直接根据记账凭证逐笔登记总分类账，记账凭证成为登记总分类账的依据。记账凭证账务处理程序是最基本的账务处理程序，其他账务处理程序都是在此基础上进一步发展而来。

采用记账凭证账务处理程序，记账凭证一般采用收款凭证、付款凭证和转账凭证三种格

式,也可以采用通用格式。需要设置的账簿有库存现金日记账、银行存款日记账、总分类账和明细分类账。其中,库存现金日记账和银行存款日记账一般均采用三栏式;总分类账也采用三栏式,并按账户分别开设账页;明细分类账则可根据各单位的实际情况分别选择三栏式、多栏式或数量金额式。

二、记账凭证账务处理程序的步骤

记账凭证账务处理程序的步骤如下:
① 根据原始凭证编制原始凭证汇总表（只在相同业务较多时）;
② 根据原始凭证（或原始凭证汇总表）编制记账凭证;
③ 根据收款凭证、付款凭证逐笔登记库存现金日记账和银行存款日记账;
④ 根据原始凭证（或原始凭证汇总表）和记账凭证逐笔登记各明细分类账;
⑤ 根据记账凭证逐笔登记总分类账;
⑥ 期末,将库存现金日记账、银行存款日记账和各种明细分类账的余额与有关总分类账的余额核对相符;
⑦ 期末,根据总分类账和明细分类账的记录,编制财务报表。

记账凭证账务处理程序如图 6-2 所示。

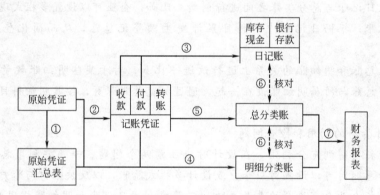

图 6-2 记账凭证账务处理程序

三、记账凭证账务处理程序的优缺点及适用范围

记账凭证账务处理程序简单明了,易于理解,总分类账详细地记录了经济业务的发生情况,来龙去脉清楚,便于核对账目。其不足之处是:当企业规模较大、经济业务繁多时,直接根据记账凭证登记总分类账的工作量很大。记账凭证账务处理程序一般只适用于规模小、经济业务较少的企业。

第三节　汇总记账凭证账务处理程序

一、汇总记账凭证账务处理程序的特点和核算要求

汇总记账凭证账务处理程序是根据记账凭证定期编制汇总记账凭证,然后根据汇总记账凭证登记总分类账的一种账务处理程序。其特点是:首先根据原始凭证（或原始凭证汇总表）编制记账凭证,然后定期根据记账凭证分别编制汇总收款凭证、汇总付款凭证和汇总转

账凭证，再根据汇总记账凭证登记总分类账。

汇总记账凭证的编制依据是记账凭证，而记账凭证一般分为收款凭证、付款凭证和转账凭证。与此相适应，汇总记账凭证也分为汇总收款凭证、汇总付款凭证和汇总转账凭证。

（一）汇总收款凭证的编制

汇总收款凭证是根据一定时期全部收款凭证汇总编制的凭证。依据收款凭证编制的汇总收款凭证分为汇总现金收款凭证和汇总银行存款收款凭证。收款凭证的借方科目只有"库存现金"和"银行存款"两个，如果按其借方科目设置汇总记账凭证，可以减少汇总记账凭证的张数，因此汇总收款凭证按借方设置凭证，按贷方科目归类汇总编制。

汇总收款凭证的具体编制方法是：①设置汇总现金收款凭证和汇总银行存款收款凭证两张汇总凭证；②分别将与"库存现金"和"银行存款"对应的贷方科目归类汇总；③加总各贷方科目的本期合计数。汇总收款凭证一般可5天或10天汇总一次，每月编制一张。

以第三章新华工厂20×7年9月经济业务编制的记账凭证为基础编制汇总收款凭证的具体格式见表6-1。

表 6-1 汇总收款凭证

借方科目：银行存款　　　　　　　　　20×7年9月　　　　　　　　　汇收第1号

贷方科目	金额				总账页数	
	1~10日	11~20日	21~30日	合计	借方	贷方
实收资本	16 000			16 000		
短期借款	30 000			30 000		
长期借款	60 000			60 000		
主营业务收入		50 000		50 000		
应交税费		8 500		8 500		
应收账款		10 000		10 000		
预收账款		5 000		5 000		
营业外收入			3 000	3 000		
合计	106 000	73 500	3 000	182 500		

会计主管：×××　　　　记账：×××　　　　稽核：×××　　　　填制：×××

（二）汇总付款凭证的编制

汇总付款凭证是根据一定时期全部付款凭证汇总编制的凭证。依据付款凭证编制的汇总付款凭证分为汇总现金付款凭证和汇总银行存款付款凭证。付款凭证的贷方科目只有"库存现金"和"银行存款"两个，如果按其贷方科目设置汇总记账凭证，可以减少汇总记账凭证的张数，因此汇总付款凭证按贷方设置凭证，按借方科目归类汇总编制。

汇总付款凭证的具体编制方法是：①设置汇总现金付款凭证和汇总银行存款付款凭证两张汇总凭证；②分别将与"库存现金"和"银行存款"对应的借方科目归类汇总；③加总各借方科目的本期合计数。汇总付款凭证一般可5天或10天汇总一次，每月编制一张。

以第三章新华工厂20×7年9月经济业务编制的记账凭证为基础编制汇总付款凭证的具体格式见表6-2。

表 6-2 汇总付款凭证

贷方科目：银行存款　　　　　　　　　20×7年9月　　　　　　　　　汇付第1号

借方科目	金额				总账页数	
	1～10日	11～20日	21～30日	合计	借方	贷方
应交税费	1 700			1 700		
材料采购	11 500			11 500		
预付账款	6 500			6 500		
应付账款	9 126			9 126		
应付职工薪酬			121 000	121 000		
制造费用			1 500	1 500		
销售费用		8 000		8 000		
营业外支出			3 500	3 500		
合计	28 826	8 000	126 000	162 826		

会计主管：×××　　　　记账：×××　　　　稽核：×××　　　　填制：×××

（三）汇总转账凭证的编制

汇总转账凭证是根据一定时期全部转账凭证汇总编制的凭证。转账凭证不像收款凭证或付款凭证那样借方或贷方的科目单一，转账凭证的借方或贷方均无规律可循。一般规定汇总转账凭证一律按照贷方科目设置，按照借方科目归类汇总。

汇总转账凭证的具体编制方法是：①按照转账凭证的贷方科目设置若干张汇总转账凭证；②分别将与贷方科目对应的借方科目归类汇总；③加总各借方科目的本期合计数。如果某一贷方科目的转账凭证数量不多时，可以不编制汇总转账凭证，以转账凭证代替汇总转账凭证。汇总转账凭证一般可5天或10天汇总一次，每月编制一张。

以第三章新华工厂20×7年9月经济业务编制的记账凭证为基础编制汇总转账凭证（"原材料"账户）的具体格式见表6-3。

表 6-3 汇总转账凭证

贷方科目：原材料　　　　　　　　　20×7年9月　　　　　　　　　汇转第1号

借方科目	金额				总账页数	
	1～10日	11～20日	21～30日	合计	借方	贷方
生产成本		49 800		49 800		
制造费用		8 180		8 180		
合计		57 980		57 980		

会计主管：×××　　　　记账：×××　　　　稽核：×××　　　　填制：×××

二、汇总记账凭证账务处理程序的步骤

汇总记账凭证账务处理的步骤如下：
① 根据原始凭证编制原始凭证汇总表；
② 根据原始凭证（或原始凭证汇总表）填制记账凭证；
③ 根据收款凭证、付款凭证逐笔登记现金日记账和银行存款日记账；

④ 根据原始凭证或原始凭证汇总表、记账凭证逐笔登记明细分类账；

⑤ 根据收款凭证编制汇总收款凭证，根据付款凭证编制汇总付款凭证，根据转账凭证编制汇总转账凭证；

⑥ 根据汇总收款凭证、汇总付款凭证和汇总转账凭证登记总分类账；

⑦ 期末，将库存现金日记账、银行存款日记账和各种明细分类账的余额与有关总分类账的余额核对相符；

⑧ 期末，根据总分类账和明细分类账的记录，编制财务报表。

汇总记账凭证账务处理程序如图 6-3 所示。

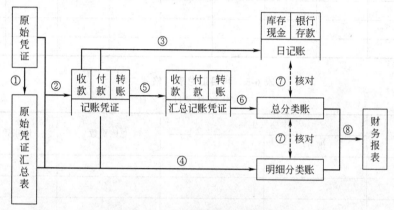

图 6-3　汇总记账凭证账务处理程序

三、汇总记账凭证账务处理程序的优缺点及适用范围

汇总记账凭证账务处理程序能充分反映经济业务中各账户的对应关系，完整反映经济业务的来龙去脉。总分类账是根据汇总记账凭证定期登记入账的，大大减轻了登记总分类账的工作量。其缺点是：转账凭证较多时，编制汇总转账凭证的工作量较大，而且按每一贷方科目编制汇总转账凭证，未考虑到经济业务的性质，也不利于会计核算的分工。汇总记账凭证账务处理程序适用于规模较大、经济业务较多的企业。

第四节　科目汇总表账务处理程序

一、科目汇总表账务处理程序的特点和核算要求

科目汇总表账务处理程序，又称记账凭证汇总表账务处理程序，是根据记账凭证定期编制科目汇总表，然后根据科目汇总表登记总分类账的一种账务处理程序。其特点是：先根据记账凭证定期编制科目汇总表，并以科目汇总表作为登记总分类账的依据。

科目汇总表即记账凭证汇总表，是根据收款凭证、付款凭证和转账凭证填制的。根据企业经济业务的多少和复杂程度，科目汇总表可以每天填制，也可以定期（1 天、3 天、5 天、10 天、15 天或 1 个月）填制。

填制科目汇总表时，在"会计科目"一栏内填入核算使用的所有账户名称，然后加计一定期间内记账凭证中记载的各账户的借方发生额和贷方发生额，并将合计数填入科目汇总表中相应账户的"借方金额"栏和"贷方金额"栏内。科目汇总表能够总括地反映出企业某一日期或某一时期各账户的借方、贷方发生额，其格式如同试算平衡表中的"本期发生额"

栏。根据借贷记账规则，如果没有记账的错误，"借方金额"栏和"贷方金额"的合计数应该相等。经过试算平衡之后，可以根据科目汇总表的数据登记总分类账。

科目汇总表的格式见表6-4和表6-5。

表6-4 科目汇总表（格式一）

201×年×月　　　　　　　　　　　　　　　　　　　　科汇第　号

会计科目	1~10日		11~20日		21~31日		本月合计		总账页数
	借方	贷方	借方	贷方	借方	贷方	借方	贷方	
合计									

表6-5 科目汇总表（格式二）

201×年×月×日至×日　　　　　　　　　　　　　　　　科汇第　号

会计科目	本期发生额		总账页数	记账凭证起讫号数
	借方	贷方		
合计				

科目汇总表（格式一）适用于按旬汇总的单位。将记账凭证按旬汇总，编制一张科目汇总表。按旬汇总后应根据科目汇总表登记总分类账。

科目汇总表（格式二）适用于按其他时间间隔汇总的单位，如1天、3天、5天、1个月等。将记账凭证定期汇总，每月编制若干张科目汇总表，每编制一张科目汇总表时，即据此登记总分类账。

科目汇总表账务处理程序是在记账凭证账务处理程序的基础上，通过增设科目汇总表而形成的。为了便于编制科目汇总表，记账凭证可以采用单式记账凭证的形式。

二、科目汇总表账务处理程序的步骤

科目汇总表账务处理程序的步骤如下：

① 根据原始凭证编制原始凭证汇总表；
② 根据原始凭证或原始凭证汇总表填制记账凭证；
③ 根据收款凭证、付款凭证逐笔登记现金日记账和银行存款日记账；
④ 根据原始凭证或原始凭证汇总表、记账凭证逐笔登记明细分类账；
⑤ 根据记账凭证填制科目汇总表；
⑥ 根据科目汇总表登记总分类账；
⑦ 期末，将库存现金日记账、银行存款日记账和各种明细分类账与有关总分类账的余额核对相符；
⑧ 期末，根据总分类账和明细分类账的记录，编制财务报表。

科目汇总表账务处理程序如图6-4所示。

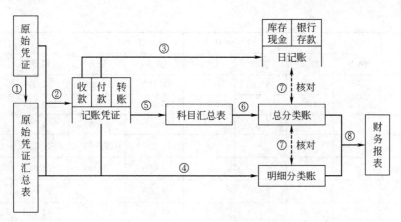

图 6-4 科目汇总表账务处理程序

以第三章新华工厂 20×7 年 9 月经济业务编制的记账凭证为基础编制科目汇总表的具体格式见表 6-6。

表 6-6 科目汇总表

20×7 年 9 月　　　　　　　　　　　　　　　　　　　　　科汇第 9 号

会计科目	1～10 日		11～20 日		21～31 日		本月合计		总账页数
	借方	贷方	借方	贷方	借方	贷方	借方	贷方	
库存现金						820		820	
银行存款	106 000	28 826	73 500	8 000	3 000	126 000	182 500	162 826	
应收账款			124 605	10 000			124 605	10 000	
预付账款	6 500						6 500		
材料采购	19 300					19 300	19 300	19 300	
原材料				57 980	19 300		19 300	57 980	
库存商品					181 300	127 200	181 300	127 200	
固定资产	74 000						74 000		
累计折旧						9 440		9 440	
短期借款		30 000						30 000	
应付账款	9 126	9 126					9 126	9 126	
预收账款			117 000	5 000			117 000	5 000	
应付职工薪酬					135 000	135 000	135 000	135 000	
应交税费	3 026			43 605		25 465	3 026	69 070	
应付股利						23 000		23 000	
应付利息						1 500		1 500	
其他应付款						14 000		14 000	
长期借款		60 000						60 000	
实收资本		90 000						90 000	
盈余公积						7 039.5		7 039.5	
本年利润					259 500	259 500	259 500	259 500	
利润分配					30 039.5	70 395	30 039.5	70 395	
生产成本			49 800		131 500	181 300	181 300	181 300	

续表

会计科目	1~10日 借方	贷方	11~20日 借方	贷方	21~31日 借方	贷方	本月合计 借方	贷方	总账页数
制造费用			8 180		23 320	31 500	31 500	31 500	
主营业务收入				256 500	256 500		256 500	256 500	
营业外收入						3 000	3 000	3 000	
主营业务成本					127 200		127 200	127 200	
营业税金及附加					2 000		2 000	2 000	
销售费用			8 000		8 000		16 000	16 000	
管理费用					15 440		15 440	15 440	
财务费用					1 500		1 500	1 500	
营业外支出					3 500		3 500	3 500	
所得税费用					23 465		23 465	23 465	
合计	217 952	217 952	381 085	381 085	1 223 564.5	1 223 564.5	1 822 601.5	1 822 601.5	

三、科目汇总表账务处理程序的优缺点及适用范围

科目汇总表账务处理程序的特点是根据记账凭证编制科目汇总表，根据科目汇总表登记总分类账。这一特点决定了它可以大大减少登记总分类账的工作量，而且科目汇总表可以起到试算平衡的作用。但按照相同科目归类编制的科目汇总表只反映各会计科目本期的借方、贷方发生额，不能反映经济业务的账户对应关系，无法反映经济业务的来龙去脉，也不利于开展会计检查工作。科目汇总表账务处理程序适用于规模较大、经济业务较多的企业。

第五节　多栏式日记账账务处理程序

一、多栏式日记账账务处理程序的特点和核算要求

多栏式日记账账务处理程序是根据多栏式库存现金日记账、多栏式银行存款日记账和转账凭证汇总表登记总分类的一种账务处理程序。其特点是：设置多栏式库存现金日记账和多栏式银行存款日记账，并根据它们登记总分类账。对于转账业务，可以根据转账凭证逐笔登记总分类账，也可以先根据转账凭证填制转账凭证科目汇总表，据以登记总分类账。

多栏式库存现金日记账的格式见表6-7。

表6-7　多栏式库存现金日记账

年		凭证号	摘要	收入		收入合计	支出		支出合计	余额
月	日			对应账户贷方			对应账户借方			

如果企业的库存现金、银行存款收付业务特别多,则可分别编制多栏式库存现金收入日记账、多栏式库存现金支出日记账、多栏式银行存款收入日记账、多栏式银行存款支出日记账。多栏式库存现金收入日记账和多栏式银行存款支出日记账的基本格式见表6-8和表6-9。

表6-8 多栏式库存现金收入日记账

年		收款凭证编号	摘要	贷方科目				收入合计	支出合计	余额
月	日			银行存款	……	……	……			

表6-9 多栏式银行存款支出日记账

年		付款凭证编号	摘要	结算凭证		借方科目					支出合计
月	日			种类	编号	……	……	……	……	……	

在这种账务处理程序下,由于库存现金日记账、银行存款日记账都按其对应账户设置专栏,具备了库存现金、银行存款收(付)款凭证科目汇总表的作用,在期末就可以直接根据这些日记账登记总分类账。登记时,应根据多栏式日记账收入合计栏的本月发生额,记入总分类账库存现金、银行存款账户的借方,并根据收入栏下各专栏对应账户的本月发生额,记入总分类账各有关账户的贷方;同时,根据多栏式日记账付出合计栏的本月发生额,记入总分类账库存现金、银行存款账户的贷方,并根据付出栏下各专栏对应账户的本月发生额,记入总分类账各有关账户的借方。对于库存现金和银行存款之间相互划转数额,因已分别包括在有关日记账的收入和付出合计栏的本月发生额之内,所以无需再根据有关对应账户专栏的合计数登记总分类账,以免重复。对于转账业务,则根据转账凭证科目汇总表登记总分类账,在转账业务不多的企业里,可以直接根据转账凭证逐笔登记总分类账。

二、多栏式日记账账务处理程序的步骤

多栏式日记账账务处理程序的步骤如下:
① 根据原始凭证编制原始凭证汇总表;
② 根据原始凭证(或原始凭证汇总表)填制收款凭证、付款凭证和转账凭证;
③ 根据收款凭证和付款凭证登记多栏式库存现金日记账和多栏式银行存款日记账;
④ 根据原始凭证和原始凭证汇总表、记账凭证登记明细分类账;
⑤ 根据转账凭证定期汇总编制转账凭证科目汇总表;
⑥ 期末根据多栏式库存现金、银行存款日记账和转账凭证汇总表登记总分类账;

⑦ 期末，将各种明细分类账的余额与有关总分类账的余额核对相符；
⑧ 期末，根据总分类账和明细分类账的记录，编制财务报表。

多栏式日记账核算形式的账务处理程序如图 6-5 所示。

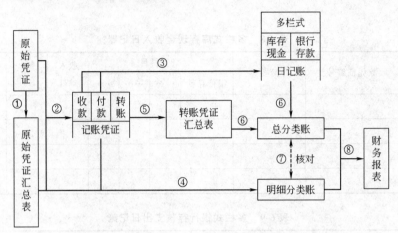

图 6-5　多栏式日记账核算形式的账务处理程序

三、多栏式日记账账务处理程序的优缺点及适用范围

多栏式日记账账务处理程序的优点是可以简化总分类账的登记工作。缺点是在业务复杂、会计科目设置较多的企业里，多栏式日记账的栏次过多，账页庞大，不便于记账和审核。多栏式日记账账务处理程序适用于规模不大、会计科目少而收付业务较多的企业。

专栏 6-2　　　　　　　　多栏式日记账账务处理方法

在根据多栏式现金日记账和银行存款日记账登记总账的情况下，账务处理可有如下两种做法。

第一种做法：由出纳人员根据审核后的收、付款凭证逐日逐笔登记现金和银行存款的收入日记账和支出日记账，每日应将支出日记账当日支出合计数，转记入收入日记账中支出合计栏中，以结算当日账面余额。会计人员应对多栏式现金和银行存款日记账的记录加强检查监督，并负责于月末根据多栏式现金和银行存款日记账各专栏的合计数，分别登记与总账有关的账户。

第二种做法：另外设置现金和银行存款出纳登记簿，由出纳人员根据审核后的收、付款凭证逐日逐笔登记，以便逐笔掌握库存现金收付情况，及时同银行核对收付款项；然后将收、付款凭证交由会计人员据以逐日汇总登记多栏式现金和银行存款日记账，并于月末根据多栏式日记账登记总账。出纳登记簿与多栏式现金和银行存款日记账要相互核对。

上述第一种做法可以简化核算工作，第二种做法可以加强内部牵制。总之，采用多栏式现金和银行存款日记账可以减少收、付款凭证的汇总编制手续，简化总账登记工作，而且可以清晰地反映账户的对应关系，了解现金和银行存款收、付款项的来龙去脉。

本章总结

　　账务处理程序是指在会计核算过程中，会计凭证、会计账簿、财务报表相结合的方式，即由填制和审核原始凭证到编制记账凭证，登记日记账、明细分类账和总分类账，编制财务报表的工作程序和方法等。账务处理程序主要包括账簿组织和记账程序两部分内容。

　　记账凭证账务处理程序是直接根据各种记账凭证逐笔登记总分类账的一种账务处理程序。记账凭证账务处理程序简单明了，易于理解，总分类账详细地记录了经济业务的发生情况，来龙去脉清楚，便于核对账目。其不足之处是，当企业规模较大、经济业务繁多时，直接根据记账凭证登记总分类账的工作量很大。记账凭证账务处理程序一般只适用于规模小、经济业务较少的企业。

　　汇总记账凭证账务处理程序是根据记账凭证定期编制汇总记账凭证，然后根据汇总记账凭证登记总分类账的一种账务处理程序。汇总记账凭证账务处理程序能充分反映经济业务中各账户的对应关系，完整反映经济业务的来龙去脉。其缺点是，转账凭证较多时，编制汇总转账凭证的工作量较大，而且按每一贷方科目编制汇总转账凭证，未考虑到经济业务的性质，也不利于会计核算的分工。汇总记账凭证账务处理程序适用于规模较大、经济业务较多的企业。

　　科目汇总表账务处理程序，又称记账凭证汇总表账务处理程序，是根据记账凭证定期编制科目汇总表，然后根据科目汇总表登记总分类账的一种账务处理程序。科目汇总表账务处理程序的特点是根据记账凭证编制科目汇总表，根据科目汇总表登记总分类账。科目汇总表账务处理程序适用于规模较大、经济业务较多的企业。

　　多栏式日记账账务处理程序的特点是根据多栏式库存现金日记账、多栏式银行存款日记账和转账凭证汇总表登记总分类账。多栏式日记账账务处理程序适用于企业规模不大、会计科目少而收付业务较多的企业。

重要概念

　　账务处理程序　记账凭证账务处理程序　汇总收款凭证　汇总付款凭证　汇总转账凭证　汇总记账凭证账务处理程序　科目汇总表　科目汇总表账务处理程序　多栏式日记账　多栏式日记账账务处理程序

复习思考题

1. 什么是账务处理程序？常见的账务处理程序有哪些？
2. 合理的、适用的账务处理程序，一般应该符合哪些要求？
3. 简要说明记账凭证账务处理程序的特点、一般程序、优缺点和适用范围。
4. 什么是汇总记账凭证？如何编制汇总记账凭证？
5. 简要说明汇总记账凭证账务处理程序的特点、一般程序、优缺点和适用范围。
6. 什么是科目汇总表？如何编制科目汇总表？
7. 简要说明科目汇总表账务处理程序的特点、一般程序、优缺点和适用范围。
8. 什么是多栏式日记账？如何编制多栏式日记账？

9. 简要说明多栏式日记账账务处理程序的特点、一般程序、优缺点和适用范围。

练 习 题
习 题 一

一、目的

练习科目汇总表的编制。

二、资料

高华公司20×7年3月1～10日根据发生的经济业务编制记账凭证如下（以会计分录代替）。

凭证编号	借方会计科目	金额	贷方会计科目	金额
银收1	银行存款	50 000	短期借款	50 000
转1	生产成本	6 500	原材料	6 500
银付1	库存现金	15 000	银行存款	15 000
现付1	应付职工薪酬	15 000	库存现金	15 000
银收2	银行存款	9 000	应收账款	9 000
银付2	库存现金	800	银行存款	800
现付2	其他应收款	250	库存现金	250
银付3	应付账款	4 300	银行存款	4 300
转2	固定资产	100 000	实收资本	100 000
转3	盈余公积	5 000	实收资本	5 000

三、要求

根据上述记账凭证为该公司编制3月1日至10日的科目汇总表。

习 题 二

一、目的

练习汇总记账凭证账务处理程序和科目汇总表账务处理程序。

二、资料：海峰公司20×7年12月份发生业务如下。

（1）12月1日，购入材料一批，已经验收入库，货款尚未支付。其中以单价52元/千克购入A材料3 000千克，以单价20元/千克购入B材料2 000千克。两种材料运杂费共计5 000元，款项尚未支付，增值税税率17%。该公司材料运杂费按材料重量比例分摊。

（2）12月2日，以银行存款支付各种税金17 000元。

（3）12月4日，上月销售货款8 100元，现已收讫并存入银行。

（4）12月5日，从银行提取现金25 000元，并且发放职工工资18 500元。

（5）12月7日，厂部管理人员报销市内交通费用200元，以现金付讫。

（6）12月10日，销售产品一批。其中销售甲产品350件，单价160元/件；销售乙产品320件，单价80元/件。增值税税率17%。货款尚未收到。

（7）12月15日开出转账支票，支付10日销售业务的运杂费3 360元。

（8）12月18日开出转账支票，支付上月所欠购料款7 000元。

（9）12月20日，职工报销医药费2 500元，已经以现金付讫。

（10）12月20日，收到投资者追加投资350 000元，当即存入银行。

（11）12月25日，采购部门职工张×报销差旅费1 500元。其曾预支现金2 000元，余款退回企业。

(12) 12月26日，赊销产品一批。其中甲产品560件，单价158元/件；乙产品490件，单价80元/件，增值税税率17%。代垫运杂费4 200元，已经用支票付讫。

(13) 12月28日，本月10日销售货款现已收讫并存入银行。

(14) 12月31日，"材料耗用汇总表"列示本月份原材料耗用情况如下：甲产品耗用A材料1 680千克，B材料840千克；乙产品耗用A材料840千克，B材料700千克。此外，车间一般耗用B材料250千克。据此结转本月耗用的材料费用。

(15) 12月31日，本月应付工资总额37 660元，其中：甲产品生产工人工资15 120元，乙产品生产工人工资12 180元，车间管理人员工资3 920元，行政管理人员工资6 440元。

(16) 12月31日开出金额为10 000元的转账支票向红十字捐款。

(17) 12月31日，有如下期末调整事项：

① 按照规定的折旧率，生产车间计提折旧费用7 800元，管理部门计提折旧费用5 000元；

② 本月份应付水电费1 200元，其中生产车间负担75%，其余由管理部门负担；

③ 本月份应缴纳消费税1 000元。

(18) 12月31日，按照甲、乙两种产品的本月生产工人工资比例分配并且结转本月制造费用。

(19) 12月31日，结转本月完工验收入库产品成本。假设月初没有在产品，本月投产产品月末全部完工，甲产品、乙产品分别完工1 000件和1 200件。

(20) 12月31日，结转本月已销售产品成本。

(21) 12月31日，结转本月收入以及相关的成本费用。计算确定本月实现的利润总额。

(22) 12月31日，根据本月实现的利润，按照25%的税率计算并结转应交所得税。

(23) 12月31日，计算并结转本月实现的净利润。

三、要求

(1) 根据以上资料，编制收款凭证、付款凭证和转账凭证。

(2) 根据记账凭证编制汇总收款凭证、汇总付款凭证和汇总转账凭证。

(3) 根据记账凭证编制科目汇总表，科目汇总表每旬编制一张。

案例分析

吴××于20×7年5月，以每月2 000元租用一间店面，投资创办了天原公司，主要经营各种服装的批发兼零售。5月1日，吴××以公司名义在银行开立账户，存入100 000元作为资本，用于经营。由于吴××不懂会计，他除了将所有的发票等单据都收集保存起来以外，没有作任何其他记录。到月底，吴××发现公司的存款反而减少，只剩下58 987元，外加643元现金。

另外，尽管客户赊欠的13 300元尚未收现，但公司也有10 560元货款尚未支付。除此之外，实地盘点库存服装，价值25 800元。吴××开始怀疑自己的经营，前来向你请教。对吴××保存的所有单据进行检查分析，汇总一个月情况显示如下：

(1) 吴××存入银行100 000元。

(2) 内部装修花费20 000元，均已用支票支付（假设每月摊销500元）。

(3) 购入服装两批，每批价值 35 200 元，其中第一批用支票支付，第二批购入，赊欠价款的 30%，其余用支票支付。

(4) 1～31 日零售服装收入共计 38 800 元，全部收现，存入开户银行。

(5) 1～31 日批发服装收入共计 25 870 元，其中赊销 13 300 元，其余的货款收入均存入银行。

(6) 支票支付店面租金 2 000 元。

(7) 本月份从存款户提取现金五次共计 10 000 元，其中 4 000 元支付雇佣的店员工资，5 000 元用作个人生活费，其余备日常零星开支。

(8) 本月水电费 543 元，支票支付。

(9) 电话费 220 元，用现金支付。

(10) 其他各种杂费 137 元，用现金支付。

要求：

(1) 替吴××设计一套合理的账簿体系，并帮他记账（假设不考虑税收）；

(2) 向吴××报告公司的财务状况，解答其疑惑，评述其经营业绩。

第七章 财产清查

> **学习目标：**
> 1. 掌握财产物资盘存制度。
> 2. 掌握银行存款余额调节表的编制方法。
> 3. 掌握货币资金、实物资产和往来款项清查结果的账务处理。
> 4. 熟悉财产清查的概念与种类。
> 5. 熟悉货币资金、实物资产和往来款项的清查方法。
> 6. 了解财产清查前的准备工作。
>
> **导入案例：**
> 平阳公司是一家生产汽车配件的企业，主要生产各种规格的轮胎，公司生产的主要原材料是外购的橡胶和钢丝。公司销售前景很好，但是利润一直不高，经理为此很烦恼。
>
> 一天，经理刚上班收到一封举报信，反映公司原材料大量丢失，怀疑内部人员盗窃。通过查看仓库监控录像，发现一名保管人员勾结社会不法分子盗窃橡胶和钢丝。经理找到保管人员谈话，保管人员在事实面前承认其盗窃行为，公司对该保管人员进行开除处理，并移送公安机关。
>
> 为了杜绝再次发生盗窃事件，经理组织了公司财务、采购、生产等部门的负责人员，共同对盗窃事件进行分析，检查公司制度是否存在问题。大家认为这次发生盗窃事件与公司存货核算制度有一定关联。公司在存货的核算上一直采用实地盘存制，每月对生产用的存货进行一次盘点，根据每月进货数及盘存数倒推产品销售成本。正是因为实地盘存制存在缺陷，所以保管人员多次盗窃才没有被发现。财务总监建议存货核算采用永续盘存制。
>
> 请问：实地盘存制和永续盘存制有何不同，公司采用永续盘存制能够有效避免盗窃事件的发生吗？

第一节 财产清查的意义和种类

一、财产清查的意义

财产清查是指通过对各项财产实物、库存现金的实地盘点以及对银行存款、往来款项的核对，查明各项财产物资、货币资金、往来款项的实存数和账面数是否相符的一种会计核算方法。

企业各项资产的增减变动及其结余情况，通过编制与审核会计凭证、连续地登记账簿得到了正确反映。但是在实际工作中，由于种种原因，账簿记录会发生差错，各种财产的实际结存数也会发生差错。概括起来，主要有以下原因：

① 在收发物资中，由于计量、检验不准确而造成品种、数量或质量上的差错；
② 财产物资在运输、保管、收发过程中，在数量上发生自然增减变化；

③ 在财产增减变动中，由于手续不齐或计算、登记上发生错误；
④ 由于管理不善或工作人员失职，造成财产损失、变质或短缺等；
⑤ 贪污盗窃、徇私舞弊造成的损失；
⑥ 自然灾害造成的非常损失；
⑦ 未达账项引起的账实不符等。

为了保证账簿记录的真实性，正确掌握各种财产物资的实存数量，必须在账簿记录的基础上应用财产清查方法，对各种财产进行定期或不定期的盘点和核对，使账簿记录与各项财产实存数相一致，做到账实相符。

通过财产清查，可以起到以下作用。

（一）保护财产的安全和完整

通过财产清查，可以查明各项财产物资的保管是否良好，有无短缺、损毁情况。对于发现的问题，应查明原因，认真处理。如管理制度存在问题，应建立和健全管理制度；对管理人员失职造成的损失，应追究经济责任，给予必要的纪律处分；对于贪污盗窃、违法乱纪行为，应给予法律制裁。通过建立和健全各项责任制度，切实保证财产的安全和完整。

（二）保证会计信息资料的真实性

通过财产清查，可以确定各项财产物资的实有数，与其账存数核对，查明各项财产物资的账实是否相符，分析产生差异的原因，并及时调整账存记录，使其账实相符，从而保证会计信息资料的真实性。

（三）挖掘财产物资潜力，提高物资使用效率

通过财产清查，可以查明各项财产物资的结存和利用情况，以便采取不同措施，积极利用和处理，提高物资使用效率。对储备不足的，应予以补充，确保生产需要；对超储、积压、呆滞的财产物资，应及时处理，防止盲目采购和不合理的积压，充分挖掘物资潜力，加速资金周转，提高资金使用效果，从而提高经济效益。

（四）保证财经纪律和结算制度的执行

通过财产清查，可以查明单位有关业务人员是否遵守财经纪律和结算制度，有无贪污盗窃、挪用公款的情况；查明各项资金使用是否合理，是否符合党和国家的方针政策和法规，从而使工作人员自觉地遵纪守法、维护财经纪律。

二、财产清查的种类

财产清查可按不同标准进行分类，主要分类有以下两种。

（一）按清查对象的范围分类

财产清查按其清查范围的不同，可分为全面清查和局部清查。

1. 全面清查

全面清查是指对所有的财产物资进行全面盘点与核对。其清查对象具体包括以下内容：
①财产物资，如原材料、在产品、自制半成品、库存商品、在途物资、委托加工物资、受托

代保管物资、固定资产等；②货币资金和有价证券，如库存现金、银行存款、其他货币资金和有价证券及外币等；③债权债务等往来款项，如应收账款、应付账款、其他应收款、其他应付款等。全面清查内容多，范围广，工作量大，一般在以下几种情况下才需要进行全面清查。

① 年终决算之前，需要进行一次全面清查，确保年度财务报表的正确性与可靠性。
② 单位撤销、合并或改变隶属关系时，需要进行一次全面清查，以便明确责任。
③ 单位更换主要负责人或单位改制时，需要进行全面清查，以便摸清家底。

2. 局部清查

局部清查是指根据需要只对一部分财产物资所进行的清查。在一般情况下，对流动性较大的原材料、库存商品等，除年度全面清查外，还应根据需要随时轮流盘点或重点抽查；对于各种贵重物资要每月至少清查一次；对于库存现金，应由出纳人员每日清点；对于银行存（借）款，每月应与银行核对一次；对于其他债权债务，每年至少与有关往来单位核对一至两次。

（二）按清查时间分类

财产清查按照清查时间的不同，可分为定期清查和不定期清查。

1. 定期清查

定期清查是指在规定的时间内所进行的财产清查。一般是在年度、季度、月度、每日结束后进行。例如，每日结账时，要对现金进行账实核对。定期清查可以是全面清查，也可以是局部清查，例如年底决算前进行全面清查，月底时则进行局部清查。

2. 不定期清查

不定期清查也称临时清查，是指根据实际需要临时进行的财产清查。一般在以下几种情况下，需要进行不定期清查。

① 更换财产物资和现金的保管人员，应对其所保管的财产物资和现金进行清查，以分清责任。
② 发生非常灾难和意外损失时，要对受损失的有关财产进行清查，以便查明损失情况。
③ 单位撤销、合并或改变隶属关系时，需要进行不定期清查，以便摸清家底。
④ 有关单位（如财税、银行等部门）对本单位进行会计检查时，应按照检查的要求和范围进行清查，以便验证会计资料的准确性。

不定期清查可以是全面清查，也可以是局部清查。

第二节　财产物资盘存制度

企业日常的财产物资实际结存数量的核算一般有永续盘存制和实地盘存制两种方法。通过这两种方法，确定库存物资的数量，再乘以单位成本，便可以计算出库存物资的金额。由于这两种方法对财产物资在账簿中的记录和期末结存数额的计算方法均不相同，因此，企业可根据经营管理的需要和财产物资品种的不同，分别采用不同的方法。

1. 永续盘存制

永续盘存制，又称账面盘存制，是平时对企业各项财产物资分别设立明细账，根据会计凭证连续记载其增减变化并随时结出余额的一种管理制度。其计算公式为：

期末账面结存数量＝期初账面结存数量＋本期账面收入合计数量－本期账面发出合计数量

永续盘存制下，账簿登记情况见表 7-1。

表 7-1 原材料明细账

材料名称：甲材料　　　　　　　　　　　　　　　　　　　数量单位：件　金额单位：元

20×7年		摘要	收入			发出			结存		
月	日		数量	单价	金额	数量	单价	金额	数量	单价	金额
12	1	期初余额							300	10	3 000
	3	购入	900	9	8 100				1 200		
	9	发出				800			400		
	16	购入	600	10	6 000				1 000		
	25	发出				300			700		
	31	合计	1 500		14 100	1 100			700		

由表 7-1 可知，存货的收入、发出数量平时都要根据有关的会计凭证在存货明细账中进行连续记录，并随时计算出账面结存数量，期末存货的账面结存金额根据企业采用的成本计算方法不同（如先进先出法、加权平均法或者个别计价法等）分别确定。

本例中如果采用先进先出法（假定先购进的存货先发出），则有：

期末存货结存数量为 300＋(900＋600)－(800＋300)＝700(件)

期末存货价值为 600×10＋100×9＝6 900(元)

永续盘存制的优点是能从账簿资料中及时反映出企业各项财产物资的收入、发出和结存数额，为及时掌握单位财产增减变动情况和余额提供可靠依据，以便加强单位财产物资的管理。永续盘存制的缺点是登记明细账的工作量较大。永续盘存制在企业中广泛采用。本书中有关财产物资结存，都是按永续盘存制处理的。

在永续盘存制下，尽管登记手续比较严密，记录及时，但仍存在账实不符的客观原因，对各种财产物资仍然需要盘点，其盘点的主要目的是核对账实是否相符，以便进一步查清账实不符的原因。

2. 实地盘存制

实地盘存制，又称以存计耗制、以存计销制，是平时根据有关会计凭证，只登记财产物资的收入数，不登记发出数，月末或一定时期可根据期末盘点资料，确定各种财物的实有数额，然后再根据"本期发出数＝期初结存数＋本期收入数－期末实际结存数"的公式，倒算出本期发出数额，并记入有关明细账中的一种物资盘存管理制度。

实地盘存制下，账簿登记情况见表 7-2。

表 7-2 原材料明细账

材料名称：甲材料　　　　　　　　　　　　　　　　　　　数量单位：件　金额单位：元

20×7年		摘要	收入			发出			结存		
月	日		数量	单价	金额	数量	单价	金额	数量	单价	金额
12	1	期初余额							300	10	3 000
	3	购入	900	9	8 100						
	9	发出									
	16	购入	600	10	6 000						
	25	发出									
	31	合计	1 500		14 100	1 200			600		

期末结存 600 件是通过实物盘点确定的数量。

本期发出数＝期初结存数＋本期收入数－期末实际结存数＝300＋1 500－600＝1 200（件）

期末财产物资库存数的确定，一般分为两个步骤：首先进行实地盘点，确定盘点数量，盘点结果要填制"盘存单"并列明各种物资的盘存数量；其次要调整盘存数，即如果月末已经销售但尚未提运出库的物资或者已经提运出库但尚未做销售入库的物资，都要进行调整，以确定实际库存数量。其调整计算公式为：

$$实际库存数量＝盘点数量＋已提未销售量－已销未提数量$$

实地盘存制的优点是简化日常核算工作。缺点是：①不能随时反映各项财产物资的收入、发出和结存的动态，不便于管理人员掌握财产物资的动态资料；②容易掩盖财产物资管理中的自然和人为的损失，削弱了对财产物资的控制；③采用这种方法只能到期末盘点和结转耗用或销货成本，而不能随时结转成本。所以，实地盘存制的实用性较差，仅适用于数量大、价值低、收发频繁的物资。

在实地盘存制下，盘点只作为计算财产物资发出数的依据，不能用于核对账实是否相符。

企业可根据财产物资类别和管理要求，对有些实物实行永续盘存制，而对另一些实物实行实地盘存制。但是，盘存方法一经确定，前后各期应保持一致。

第三节　财产清查的方法

一、财产清查的准备工作

财产清查是一项复杂细致的工作，它涉及面广、政策性强、工作量大。在进行财产清查前，必须有计划、有组织地做好各项准备工作。准备工作主要分以下几个方面。

① 成立清查组织。为了加强领导，保质保量完成财产清查工作，一般应在单位负责人的领导下，由有关部门的主管人员、生产技术人员、财会人员、实物保管人员，组成财产清查的专门小组，负责财产清查的组织领导工作。其主要任务是：制订财产清查计划，确定清查对象、范围和进度，配备必要的工作人员，提出清查工作的具体要求；在清查过程中，应做好具体组织和检查工作，及时研究处理清查过程中出现的问题；清查完毕，应总结财产清查结果，对发生的财产物资盈亏提出处理意见。

② 会计部门应在进行财产清查之前，将总账、明细账等有关资料登记齐全，核对正确，结出余额，为账实核对提供正确的账簿资料。

③ 财产物资保管和使用等业务部门应登记好所经管的各种财产物资明细账，并结出余额。同时将所保管和使用的各种财产物资整理好，挂上标签，标明品种、规格、数量，以备查对。

④ 对银行存款、银行借款和结算款项，要取得银行对账单，以便查对。

⑤ 对应用的所有表册（比如盘存单、实存账存对比表等），都要准备妥当。

⑥ 对需使用的度量衡器，要提前校验正确，保证计量准确。

二、货币资金的清查方法

货币资金包括库存现金、银行存款和其他货币资金。它是企业财产中流动性最强的资产，是财产清查的一项重要内容。下面重点介绍库存现金和银行存款的清查方法。

1. 库存现金的清查

清查库存现金是通过实地盘点的方法,确定库存现金的实存数,再与现金日记账的账面余额进行核对,以查明余缺情况。由于现金的收支业务十分频繁,容易出现差错,因此,除了要求出纳员每天在业务终了时进行清点外,有关部门还要定期或不定期进行抽查。

清查前,出纳员应将现金收付凭证全部登记入账,结出现金日记账的余额。库存现金清查时出纳员必须在场,现钞应逐张查点。一切借条、收据都不准抵充现金,并查明库存现金是否超过限额,有无坐支现金的问题,然后根据清查结果编制"库存现金盘点报告表"(格式见表7-3),它既是盘存清单,又是实存账存对比表。

表7-3 库存现金盘点报告表

单位名称: 年 月 日

实存金额	账存金额	对比结果		备注
		盘盈	盘亏	

盘点人签章: 出纳员签章:

有价证券如国库券及其他各种票据的清查方法与库存现金相同。

2. 银行存款的清查

银行存款的清查与库存现金的清查方法不同,它是采取与开户银行核对账目的方法进行的。在与银行核对账目之前,应详细检查本单位银行存款日记账的正确性与完整性,然后根据银行送来的对账单,逐笔核对其发生额和余额,以检查账单的符合程度。通过核对,往往发现双方账目不一致。其主要原因如下:

一是双方账目可能发生记账错误。比如企业在几家银行同时开户,记账时可能发生银行之间串户错误;同理,银行也可能把各存款单位账目混淆。

二是未达账项,即企业与银行之间,由于凭证传递时间和记账时间的不同,发生一方已经入账,另一方尚未入账的账项。未达账项主要有以下四种情况:

① 企业已经作存款增加入账,但银行尚未入账,如企业存入的支票;
② 企业已作存款减少入账,但银行尚未入账,如企业开出支票或其他付款凭证;
③ 银行已作企业存款的增加入账,但企业尚未入账,如委托银行代收的款项;
④ 银行已作企业存款的减少入账,但企业尚未入账,如银行直接代付的水电费款项。

由于上述未达账项的存在,往往造成企业银行存款日记账余额与银行对账单不一致,为了消除未达账项的影响,企业应对未达账项进行调节,编制"银行存款余额调节表"。

"银行存款余额调节表"的编制方法一般在企业银行存款日记账余额和银行对账单余额的基础上,将企业的账面余额和银行对账单余额各自补记对方已入账而本单位尚未入账的金额,然后验证经过调节后的双方余额是否相符。如果相符,表明企业与银行的账目没有差错。否则,说明记账有错误,应进一步查明原因,予以更正。

其调节公式如下:

企业银行存款日记账余额+银行已收而企业未收的款项-银行已付而企业未付的款项=银行对账单余额+企业已收而银行未收的款项-企业已付而银行未付的款项

下面通过举例说明"银行存款余额调节表"的编制方法。

【例7-1】 光明公司20×7年5月31日银行存款日记账的账面余额57 000元,银行对账单余额63 000元。经逐笔核对，查明有下列未达账项。

（1）5月30日，公司送存转账支票2 000元，公司已收款入账，银行尚未入账。

（2）5月30日，公司开出一张5 000元转账支票，并已入账，持票人尚未到银行办理转账手续。

（3）5月31日，外地某公司信汇汇款3 300元，银行已收款入账，公司尚未收到收款通知单。

（4）5月31日，供电局以委托收款方式结算电费300元，银行已付款入账，公司尚未收到付款通知单。

根据上述未达账项，编制"银行存款余额调节表"，见表7-4。

表7-4 银行存款余额调节表

20×7年5月31日　　　　　　　　　　　　　　　　　　　　　　单位：元

银行存款日记账	金额	银行对账单	金额
账面存款余额	57 000	银行对账单余额	63 000
加：银行已收，公司未收款项	3 300	加：公司已收，银行未收款项	2 000
减：银行已付，公司未付款项	300	减：公司已付，银行未付款项	5 000
调节后的余额	60 000	调节后的余额	60 000

表7-4所列双方余额经过调节后是相等的，表明双方的账簿记录一般没有错误；否则，说明一方或双方记账有误，应及时查明原因进行更正。

调节后的余额既不是企业银行存款日记账的余额，也不是银行对账单的余额，它是企业银行存款的真实数字，也是企业当日可以动用的银行存款限额。

需要注意的是，由于未达账项不是错账、漏账，因此，企业不需要根据银行存款余额调节表登记账簿，必须等到银行方面转来有关正式结算凭证后方可进行账务处理。

三、实物资产的清查方法

各种实物资产，都要从数量上和质量上进行清查。由于各种实物资产的形态、体积、重量等不尽相同，因而应当采用不同的方法。

实物资产的清查是指对原材料、在产品、低值易耗品、库存商品、固定资产等的清查。对这类财产的清查通常采用实地盘点法，有些堆垛笨重的商品，点数、过秤确有困难，也可采用技术推算的方法。清查时，既要从数量上核实，还要对质量进行鉴定。

在财产清查过程中，实物保管人员与盘点人员须同时在场清查，以明确经济责任。清查盘点的结果应及时登记在"盘存单"上（格式见表7-5），由盘点人和实物保管人签字或盖章。

表7-5 盘存单

单位名称：　　　　　　　盘点时间：　年　月　日　　　　　　　编号：
财产类别：　　　　　　　存放地点：

编号	名称	计量单位	数量	单价	金额	备注

盘点人签章：　　　　　　　　　　　实物保管人签章：

盘存单是用来记录和反映各种财产物资在盘点日实有数量和质量的原始凭证。为了进一步查明盘点结果同账簿余额是否一致，还应根据"盘存单"和账簿记录编制"实存账存对比表"（格式见表7-6）。实存账存对比表是一个非常重要的原始凭证，在这个凭证上所确定的各种实物的实存同账存之间的差异，是经批示后调整账簿记录的原始凭证，也是分析盈亏原因，明确经济责任的重要依据。

表7-6 实存账存对比表

编号	类别及名称	计量单位	单价	实存		账存		差异				备注
								盘盈		盘亏		
				数量	金额	数量	金额	数量	金额	数量	金额	

单位主管签章：　　　盘点负责人签章：　　　实物负责人签章：　　　制表人签章：

在实际工作中，为了简化手续，盘点数可以直接填写在"实存账存对比表"的实存栏内，不另填写"盘存单"。

四、往来款项的清查方法

往来款项主要包括应收、应付款项和预收、预付款项等。为了保证往来款项账目的正确性，并促进及时清算，防止长期拖欠，应对往来款项及时清查。

对于与外单位发生的往来款项清查一般采用函询法。具体程序如下。

首先，在清查之前，应对本单位各项应收、应付款项和预收、预付款项进行逐笔核对，确保所记载的款项准确。其次，在确认往来款项记载准确无误后，向对方填发对账单。对账单应按明细账逐笔抄列一式两联。其中一联作为回单，对方单位如核对相符，应在回单上盖章后退回。如发现数字不符，应将不符情况在回单上注明或另抄对账单退回，作为进一步核对的依据。最后，在收到对方回单后，应填制"往来款项清查表"，其格式见表7-7。

表7-7　往来款项清查表

总分类账户名称：　　　　　　　　　　年　月　日

明细分类账户		清查结果		核对不符原因分析		备注
名称	账面余额	核对相符金额	核对不符金额	未达账项金额	有争议账项金额	

经过双方核对账目，如果确是记账差错，应按规定的方法予以更正；如果对方单位经过反复联系仍无法收回对账单回单时，应报请批准后另行处理。

专栏7-1　　　　　　　　财产清查的技术方法

对各项财产物资都要从数量上和质量上进行清查，清查的技术方法主要有实地盘点法、技术推算法、查询法和函证法。

1. 实地盘点法

指对各项实物通过逐一清点，或用计量器具来确定其实有数量的方法。这种方法适用范围较广泛，大部分财产物资（如存货、固定资产、现金等）都采用这种方法。

2. 技术推算法

指通过技术推算（如量方、计尺等方法）确定实物实有数量的方法。这种方法一般适用于那些堆存量很大，不便于逐一点数或过磅，而单位价值又较低的物资。例如盘点露天存放的矿石、沙子，可以采用此法。比如露天存放的某类矿石，单价500元/t，经测定1m³ 矿石的重量为0.8t，经过实地丈量，该堆矿石的体积为2 000m³，应用技术推算法，可以推算该堆矿石金额为800 000元。计算方法如下：

矿石总重量＝2 000×0.8＝1 600（t）

矿石金额＝1 600×500＝800 000（元）

3. 核对法

指将两种或两种以上的书面资料相互对照，以检验其内容是否一致的方法。银行存款的清查可以采用此法。

4. 查询法

指通过调查征询的方式，取得必要资料，以查明其实际情况的方法。具体又分面询法和函询法两种，面询法是直接找有关单位或个人进行面谈，函询法指发函给有关单位或个人，让对方通过函件来说明经济业务的实际情况，作为判断问题的依据，往来款项的清查，一般采用函询法。

第四节　财产清查结果的处理

一、财产清查结果处理的一般程序

1. 对财产盘盈、盘亏和损毁提出处理意见

通过财产清查所确定的清查资料和账簿记录之间的差异，比如财产的盘盈、盘亏和多余积压，以及逾期债权、债务等，都要认真查明其性质和原因，明确经济责任，提出处理意见，按照规定程序经有关部门批准后，予以认真严肃的处理。

2. 认真总结经验，建立和健全各种规章制度

财产清查以后，针对所发现的有关会计工作、管理工作的问题，应当认真总结经验教训，提出改进意见，建立和健全各种规章制度，从而提高会计工作、管理工作的质量。

3. 及时调整账簿记录，保证账实相符

财产清查后，如果实存数和账存数一致，账实相符，不必进行账项调整，如果实存数和账存数存在差异，财会部门必须及时地进行账簿记录的调整。具体应分两步进行：第一步，应将已经查明的财产盘盈、盘亏和损失等，根据有关原始凭证（如财产物资盘存单等）编制记账凭证，据以记入有关账户，使各项财产的账存数与实存数完全一致。第二步，待查明原因，明确责任后，按照差异发生的原因和报经批准的结果，根据有关批文编制记账凭证，据以登记入账。

二、财产清查结果的账务处理

(一) 账户的设置

1. "待处理财产损溢"账户

为了核算与监督企业在财产清查中财产物资的盘盈、盘亏和毁损情况,应当设置和运用"待处理财产损溢"账户。

"待处理财产损溢"账户是资产类账户,用来核算企业在财产清查过程中查明的各项财产物资的盘盈、盘亏和毁损的价值。该账户的贷方登记待处理财产物资的盘盈数及经批准后的盘亏转销数;借方登记待处理财产物资的盘亏和毁损数及经批准后的盘盈转销数;贷方余额表示尚待批准处理的财产物资盘盈数,借方余额表示尚待批准处理的财产物资盘亏和毁损数。企业应查明财产盘盈、盘亏和毁损的原因,在期末结账前处理完毕,处理后该账户应无余额。根据需要,本账户下可设"待处理流动资产损溢"和"待处理固定资产损溢"两个明细账户。"待处理财产损溢"账户的结构与内容如图7-1所示。

待处理财产损溢

借方	贷方
(1) 待处理财产物资的盘亏和毁损数 (2) 经批准后的盘盈转销数	(1) 待处理财产物资的盘盈数 (2) 经批准后的盘亏转销数
尚待批准处理的财产物资盘亏和毁损数与盘盈数的差额	尚待批准处理的财产物资盘盈数与盘亏和毁损数的差额

图 7-1 "待处理财产损溢"账户的结构与内容

2. "坏账准备"账户

企业应当定期或者至少每年年度终了,对应收款项进行全面检查,预计各项应收款项可能发生的坏账,对于没有把握收回的应收款项,应当计提坏账准备。通过"坏账准备"账户,核算应收款项的坏账准备计提、转销等情况。

"坏账准备"账户是资产备抵账户,该账户借方登记实际发生的坏账损失金额和冲减的坏账准备金额,贷方登记当期计提的坏账准备、收回已转销的应收账款而恢复的坏账准备。期末余额一般在贷方,反映企业已计提但尚未转销的坏账准备。

"坏账准备"账户的结构与内容如图7-2所示。

坏账准备

借方	贷方
实际发生的坏账损失金额和冲减的坏账准备金额	当期计提的坏账准备、收回已转销的应收账款而恢复的坏账准备
	已计提但尚未转销的坏账准备

图 7-2 "坏账准备"账户的结构与内容

(二) 库存现金清查结果的账务处理

1. 库存现金盘盈的账务处理

库存现金盘盈时,应及时办理库存现金的入账手续,调整库存现金账簿记录,即按盘盈的金额借记"库存现金"科目,贷记"待处理财产损溢——待处理流动资产损溢"科目。

对于盘盈的库存现金，应及时查明原因，按管理权限报经批准后，按盘盈的金额借记"待处理财产损溢——待处理流动资产损溢"科目，按需要支付或退还他人的金额贷记"其他应付款"科目，按无法查明原因的金额贷记"营业外收入"科目。

【例7-2】 华富公司在库存现金清查中，发现库存现金溢余300元。

在报经批准前，根据"库存现金盘点报告表"确定的库存现金盘盈数，调整账面记录，编制会计分录如下。

　　借：库存现金　　　　　　　　　　　　　　　　　　　　　　300
　　　　贷：待处理财产损溢——待处理流动资产损溢　　　　　　　　300

经核查，未查明原因，报请批准后作营业外收入处理，编制会计分录如下。

　　借：待处理财产损溢——待处理流动资产损溢　　　　　　　　300
　　　　贷：营业外收入　　　　　　　　　　　　　　　　　　　　300

2. 库存现金盘亏的账务处理

库存现金盘亏时，应及时办理盘亏的确认手续，调整库存现金账簿记录，即按盘亏的金额借记"待处理财产损溢——待处理流动资产损溢"科目，贷记"库存现金"科目。

对于盘亏的库存现金，应及时查明原因，按管理权限报经批准后，按可收回的保险赔偿和过失人赔偿的金额借记"其他应收款"科目，按管理不善等原因造成净损失的金额借记"管理费用"科目。

【例7-3】 华宝公司在财产清查中，盘亏库存现金600元。

在报经批准前，根据"库存现金盘点报告表"确定的库存现金盘亏数，调整账面记录，编制会计分录如下。

　　借：待处理财产损溢——待处理流动资产损溢　　　　　　　　600
　　　　贷：库存现金　　　　　　　　　　　　　　　　　　　　　600

经核查，上述库存现金短缺中200元应由出纳员王丽赔偿，另外400元无法查明原因。在批准后，根据批准处理意见，编制会计分录如下。

　　借：其他应收款——王丽　　　　　　　　　　　　　　　　　200
　　　　管理费用　　　　　　　　　　　　　　　　　　　　　　400
　　　　贷：待处理财产损溢——待处理流动资产损溢　　　　　　　600

华宝公司收到出纳员王丽赔偿的库存现金200元，编制会计分录如下。

　　借：库存现金　　　　　　　　　　　　　　　　　　　　　　200
　　　　贷：其他应收款——王丽　　　　　　　　　　　　　　　　200

（三）存货清查结果的账务处理

1. 存货盘盈的账务处理

存货盘盈时，应及时办理存货的入账手续，调整存货账簿记录，即按盘盈的金额借记"原材料"、"库存商品"等科目，贷记"待处理财产损溢——待处理流动资产损溢"科目。

对于盘盈的存货，应及时查明原因，按管理权限报经批准后，按盘盈的金额借记"待处理财产损溢——待处理流动资产损溢"科目，贷记"管理费用"科目。

【例7-4】 华润公司在财产清查中盘盈甲材料30千克，实际单位成本2 000元。

报批前，根据"实存账存对比表"的记录，编制会计分录如下。

借：原材料——甲材料	60 000	
贷：待处理财产损溢——待处理流动资产损溢		60 000

经查明，这项盘盈材料因计量仪器不准溢余，经批准冲减管理费用，编制会计分录如下。

借：待处理财产损溢——待处理流动资产损溢	60 000	
贷：管理费用		60 000

或用红字编制会计分录如下。

借：管理费用	60 000	
贷：待处理财产损溢——待处理流动资产损溢		60 000

（金额加框表示红字）

2. 存货盘亏的账务处理

造成存货盘亏、毁损的原因很多，如在保管过程发生的自然损耗；记录过程中发生的错记、重记、漏记或计算上的错误；在收、发、退中发生计量或检验不准确；管理不善或工作人员失职而造成的财产损失、变质或短缺；不法分子贪污盗窃、营私舞弊；自然灾害等。

存货发生盘亏、毁损时，应借记"待处理财产损溢——待处理流动资产损溢"科目，贷记"原材料"、"库存商品"等科目。

待查明原因，报经批准处理后，根据造成盘亏、毁损的原因，分别以下情况处理。

（1）应由过失人和保险公司赔偿，计入其他应收款；

（2）属于定额内自然损耗造成的短缺，计入管理费用；

（3）属于收发计量差错和管理不善等造成的短缺或毁损，将扣除可收回的保险公司和过失人赔款以及残料价值后的净损失，计入管理费用；

（4）属于自然灾害或意外事故等非常原因造成的毁损，将扣除可收回的保险公司和过失人赔款以及残料价值后的净损失，计入营业外支出。

【例 7-5】 华润公司在财产清查中盘亏乙材料 50 千克，实际成本为 10 000 元，相关增值税专用发票上注明的增值税额为 1 700 元。

报经批准前，先调整账面余额，编制会计分录如下。

借：待处理财产损溢——待处理流动资产损溢	11 700	
贷：原材料——乙材料		10 000
应交税费——应交增值税（进项税额转出）		1 700

经查明，如属于定额范围内的自然损耗，则计入作管理费用，编制会计分录如下。

借：管理费用	11 700	
贷：待处理财产损溢——待处理流动资产损溢		11 700

如属于保管人员过失造成短缺，则应由过失人赔偿，计入其他应收款，编制会计分录如下。

借：其他应收款——××	11 700	
贷：待处理财产损溢——待处理流动资产损溢		11 700

如属于非常损失，则应经批准计入营业外支出，编制会计分录如下。

借：营业外支出——盘亏损失	11 700	
贷：待处理财产损溢——待处理流动资产损溢		11 700

（四）固定资产清查结果的账务处理

1. 固定资产盘盈的账务处理

企业在财产清查中盘盈的固定资产，根据《企业会计准则第 28 号—会计政策、会计估计变更和差错更正》的规定，应当作为重要的前期差错进行会计处理，通过"以前年度损益调整"科目核算。盘盈的固定资产通常按其重置成本作为入账价值，借记"固定资产"科目，贷记"以前年度损益调整"科目。

【例 7-6】 汇安公司在固定资产清查中盘盈设备一台，重置成本为 60 000 元。假定汇安公司按净利润的 10% 提取法定盈余公积，不考虑相关税费及其他因素的影响。汇安公司应编制会计分录如下。

(1) 盘盈固定资产

借：固定资产　　　　　　　　　　　　　　　　　　　　　　　60 000
　　贷：以前年度损益调整　　　　　　　　　　　　　　　　　　60 000

(2) 结转留存收益

借：以前年度损益调整　　　　　　　　　　　　　　　　　　　60 000
　　贷：盈余公积——法定盈余公积　　　　　　　　　　　　　　6 000
　　　　利润分配——未分配利润　　　　　　　　　　　　　　　54 000

2. 固定资产盘亏的账务处理

企业在财产清查中盘亏的固定资产，按照盘亏固定资产的账面价值，借记"待处理财产损溢——待处理固定资产损溢"科目，按照已计提的累计折旧，借记"累计折旧"科目，按照已计提的减值准备，借记"固定资产减值准备"科目，按照固定资产的原价，贷记"固定资产"科目。

企业按管理权限报经批准后，按照可收回的保险赔偿或过失人赔偿，借记"其他应收款"科目，按照应计入营业外支出的金额，借记"营业外支出——盘亏损失"科目，贷记"待处理财产损溢——待处理流动资产损溢"科目。

【例 7-7】 在财产清查中，盘亏设备一台，账面价值 120 000 元，已提折旧 80 000 元，购入时增值税税额为 20 400 元。汇安公司应编制会计分录如下。

(1) 盘亏固定资产

借：待处理财产损溢——待处理固定资产损溢　　　　　　　　40 000
　　累计折旧　　　　　　　　　　　　　　　　　　　　　　　80 000
　　贷：固定资产　　　　　　　　　　　　　　　　　　　　　120 000

(2) 转出不可抵扣的进项税额

借：待处理财产损溢——待处理固定资产损溢　　　　　　　　20 400
　　贷：应交税费——应交增值税（进项税额转出）　　　　　　20 400

(3) 经批准，该盘亏设备作为营业外支出处理

借：营业外支出——盘亏损失　　　　　　　　　　　　　　　　60 400
　　贷：待处理财产损溢——待处理固定资产损溢　　　　　　　60 400

（五）结算往来款项盘存的账务处理

在财产清查过程中发现的长期未结算的往来款项，应及时清查。对于经查明确实无法支付的应付款项可按规定程序报批准后，转作营业外收入。

对于无法收回的应收款项则作为坏账损失冲减坏账准备。按现行制度规定，在资产负债表日，应收款项发生减值的，按应减记的金额，借记"资产减值损失——计提的坏账准备"科目，贷记"坏账准备"科目。对于确实无法收回的应收账款，应按照规定的手续审批后，以批准的文件为原始凭证，作坏账损失处理，冲减"坏账准备"科目。

【例 7-8】 20×7 年 12 月 31 日，格林公司在财产清查中，查明确实无法收回的应收账款 26 000 元，经批准作为坏账处理。

报经批准前，先计提坏账准备，编制会计分录如下。

借：资产减值损失——计提的坏账准备   26 000
    贷：坏账准备   26 000

经批准，作为坏账损失处理，编制会计分录如下。

借：坏账准备   26 000
    贷：应收账款   26 000

专栏 7-2   未及时对账引发的公款盗用案例

深圳某证券营业部财务部设财务经理、会计及出纳三个岗位，按照内部牵制制度的要求对出纳的工作进行了如下安排：出纳负责保管现金、登记现金及银行存款日记账，每月月初到开户银行取回银行对账单。财务经理将银行对账单与银行存款日记账核对后编制银行存款余额调节表。

20×2 年 8 月，由于该营业部总经理调离，新总经理对营业部情况不熟悉，很多事务需要财务经理协助处理，财务经理因工作繁忙便没有核对 8~11 月份的银行对账单，也未编制银行存款余额调节表。营业部出纳朱某见财务经理 8 月份未核对银行对账单，便从 9 月份开始挪用营业部资金（以客户提取保证金为名，填写现金支票，自己提现后使用）。12 月初，财务经理要其将银行对账单拿来核对，以便编制银行存款余额调节表。朱某见事情败露，于当晚潜逃。第二天，财务经理发现银行对账单与银行存款日记账不符，便向总公司汇报，经过仔细检查，发现朱某从 9 月份挪用第一笔资金开始，3 个月时间累计挪用人民币 90 万元、港币 10 万元。该事件发生后，营业部一方面向公安机关报案；另一方面与朱某的家长联系，很快将其抓获归案。在审判过程中，因朱某父母赔偿了营业部全部资金损失，朱某被从轻判处 2 年有期徒刑。

从以上案例可以总结出经验教训：银行对账单虽然是一个很普通的对账凭证，但财务部门不能忽视银行对账单的作用，必须坚持按月由出纳以外的人员核对银行对账单和银行存款日记账，并编制银行存款余额调节表。案例中，财务经理没有及时对账，从而给犯罪分子以盗用公款的机会，其实只要财务经理坚持按月对账，就可有效防止出纳盗用公款。

本章总结

财产清查作为会计核算的专门方法，对于保护单位财产的安全完整、保证会计信息的真实准确、挖掘财产潜力、加速资金周转、维护财经纪律等方面都起着积极的作用。

财产清查按其清查范围的不同，可分为全面清查和局部清查。按照清查时间的不同，可分为定期清查和不定期清查。定期清查和不定期清查的范围应视具体情况而定，可以是全面清查，也可以是局部清查。

财产物资的盘存制度有两种：永续盘存制与实地盘存制。其目的都是为了确定期末财产物资的结存数额，但由于它们的具体做法不同，因而适用于不同情况下的财产物资盘存需要。

未达账项是指企业与银行之间，由于凭证传递时间和记账时间的不同，发生一方已经入账，另一方尚未入账的账项。未达账项主要有四种情况：企业已经作存款增加入账，银行尚未入账；企业已作存款减少入账，但银行尚未入账；银行已作企业存款的增加入账，但企业尚未入账；银行已作企业存款的减少入账，但企业尚未入账。企业一般通过编制"银行存款余额调节表"，消除未达账项的影响。

财产清查结果的处理需要设置"待处理财产损溢"账户。财产清查结果的处理分为两个阶段：一是审批前的会计处理，关键是调整有关资产科目的账面金额，使其与资产的盘存结果一致，保证账实相符；二是审批后的会计处理，即对清查过程中盘盈、盘亏的各种资产按照审批的意见进行转销。

重要概念

财产清查　全面清查　局部清查　定期清查　不定期清查　实地盘存制　永续盘存制　未达账项

复习思考题

1. 什么是财产清查？为什么要进行财产清查？
2. 试述财产清查的种类。在哪些情况下需要进行全面清查？
3. 什么是永续盘存制？什么是实地盘存制？它们各有何优缺点？
4. 财产清查前应做好哪些准备工作？
5. 库存现金的清查采用什么方法？
6. 什么是未达账项？未达账项有哪几种类型？
7. 如何编制"银行存款余额调节表"？
8. 如何进行库存现金和存货盘盈、盘亏的账务处理？
9. 如何进行固定资产盘盈、盘亏的账务处理？

练 习 题

习 题 一

一、目的
练习编制银行存款余额调节表。

二、资料
某企业 20×7 年 7 月 31 日的银行存款日记账账面余额为 690 000 元，而银行对账单上企业存款余额为 680 000 元，经逐笔核对，发现有以下未达账项。

（1）7月26日企业开出转账支票 3 000 元，持票人尚未到银行办理转账，银行尚未登账。

（2）7月28日企业委托银行代收款项4 000元，银行已收款入账，但企业未接到银行的收款通知，因而未登记入账。

（3）7月29日，企业送存购货单位签发的转账支票15 000元，企业已登账，银行未登账。

（4）7月30日，银行代企业支付水电费2 000元，企业尚未接到银行的付款通知，故未登记入账。

三、要求

（1）根据以上有关内容，编制"银行存款余额调节表"。

（2）分析调节后是否需要编制有关会计分录？

（3）在编表时企业可动用的银行存款的限额是多少？

习 题 二

一、目的

练习财产清查结果的账务处理

二、资料

日新公司年终进行财产清查，在清查中发现下列事项。

（1）一台账外机器，重置成本为100 000元。假定日新公司按净利润的10％提取法定盈余公积，不考虑相关税费及其他因素的影响。

（2）盘亏设备一台，账面原价40 000元，已提折旧12 000元，购入时增值税税额为6 800元。

（3）甲材料账存7 500元，实存7 850元，系收发计量不准确造成。

（4）查明确实无法收回的应收账款20 000元。

上列各项盘盈、盘亏，经查原因属实，报请领导审核批准，作如下处理。

（1）账外机器尚可使用，作为增加以前年度损益调整处理。

（2）盘亏设备系因自然灾害招致毁损，属于非常损失，作为营业外支出处理。

（3）甲材料收发计量不准确，作为管理费用处理。

（4）无法收回的应收账款，作为坏账损失处理。

三、要求

根据上述经济业务内容分别编制审批前和审批后的会计分录。

案例分析

夏×开了一家五金商品零售店，这是他从军队退役后从事的第一项工作。几年的军旅生涯使他增强了做事的勇气和信心，在夏×的努力经营下，商店的业务进展比较顺利。

商店是1月初开始营业的，转眼已经到3月底，于是夏×根据流水账清算了一下账目，对本月的存货收发进行了清点。上月末库存1 200件，每件单价12元；本月初购进4 000件，购入单价为13元；本月中旬购进3 000件，其中2 000件的购进单价为14元，1 000件的购进单价为15元；本月共售出4 200件，售出价22元。

夏×从没有学过会计知识，请你代他回答下列问题。

（1）存货盘存的方法是什么？其特点是什么？

（2）如果采用先进先出法，计算期末存货的价值。

第八章 财务报告

学习目标：
1. 掌握资产负债表、利润表、现金流量表及所有者权益变动表的概念。
2. 掌握资产负债表、利润表的结构、内容和编制方法。
3. 熟悉财务报告的概念和组成。
4. 熟悉财务报表的分类。
5. 熟悉财务报表编制的基本要求。
6. 熟悉现金流量表、所有者权益变动表的结构、内容和编制方法。
7. 了解资产负债表、利润表、现金流量表及所有者权益变动表的作用。
8. 了解财务报表附注的内容。

导入案例：

王鹏大学毕业，有幸留在南京，进入一家大型国有企业工作。经过大半年的生产现场实习，熟悉生产流程后，作为会计科班出身被安排到财务部门从事专业工作。王鹏初出茅庐，早上早早来到公司打扫卫生，帮着同事抹桌子、打开水。晚上，其他同事下班回家，王鹏住在出租屋准备注册会计师考试，生活充实而满足。

转眼在财务部轮岗半年，王鹏对出纳、资产管理、费用报销核算等岗位有了一定的了解。财务部部长又交给王鹏一项新的任务，年末编制资产负债表。王鹏很是兴奋，积极做好编制报表前的各项准备工作：严格审核会计账簿的记录和有关资料；进行全面财产清查、核实债务，并按规定程序报批，进行相应的会计处理；按规定进行结账，结出有关会计账簿的余额和发生额，并核对各会计账簿之间的余额。

王鹏在大学会计模拟实习时曾经编制过资产负债表，但实际操作要比模拟实习复杂很多。编制资产负债表时遇到很多问题，在师傅的指点下，一一得到解决，终于完成了资产负债表的编制工作。但王鹏还是有些疑惑，资产负债表反映企业期末的财务状况，为什么不能全部直接根据总账的期末余额填列？

第一节 财务报告概述

通过日常的记账和算账工作，把各项经济业务分类地登记在会计账簿中虽然有助于反映企业的日常经济活动和财务收支情况，但就某一会计期间经济活动的整体而言，其提供的是比较分散、部分的会计信息，不能揭示和概括地说明企业经济活动的全貌，因此，还必须对日常核算的资料进行整理、分类、计算和汇总，编制财务报告，才能总括地揭示和反映经营及财务活动的总体情况。

一、财务报告的概念和作用

财务报告是企业对外提供的反映企业某一特定日期的财务状况和某一会计期间的经营成果、现金流量等会计信息的文件。财务报告是对会计核算工作的全面总结。编制财务报告是会计核算的一种专门方法，也是会计工作的一项重要内容。

从上述定义可以看出，财务报告包括以下几层含义：①财务报告应当是对外报告，其服务对象主要是投资者、债权人等外部使用者，专门为了内部管理需要的报告不属于财务报告的范畴；②财务报告应当综合反映企业的生产经营状况，包括某一时点的财务状况和某一时期的经营成果与现金流量等信息，以勾画出企业的整体和全貌；③财务报告必须形成一个系统的文件，不应是零星的或者不完整的信息。

财务报告的使用者包括投资者、贷款人、供应商和其他商业债权人、政府及其机构和社会公众。他们利用财务报告的目的不同，对财务报告提供的信息有不同的需求，但是，其中有些需要对于所有的使用者是共同的。财务报告一般可以提供有助于企业外部利害关系人了解企业并制定有关经济决策的会计信息。具体来讲，财务报告将通过提供如下信息，满足报表使用者的需求。

① 提供对投资者、债权人以及其他使用者作出合理的投资、信贷及类似决策有用的信息。

② 提供有助于投资者、债权人以及其他使用者评价来自股利、利息，以及来自证券或贷款的出售、偿还，或是到期时预期现金收入的金额、时间和不确定性的信息。

③ 提供关于企业的经济资源、对这些资源的要求权以及使用资源和对资源的要求权发生变动的交易、事项与情况的信息。

④ 提供有助于政府有关机构了解企业生产经营情况和财务状况、了解企业有关税款、管理费的征缴情况和国家政策法规执行情况的信息。

⑤ 提供关于企业一定时期内生产经营业绩和财务业绩的信息，以便了解企业管理当局对其所承担的所有者交付的受托经管责任的履行情况。

二、财务报告的组成

财务报告主要包括财务报表、财务报表附注和其他应当在财务报告中披露的相关信息和资料。

财务报表是财务报告的主要组成部分。对外报送的财务报表包括资产负债表、利润表、现金流量表、所有者权益变动表等报表。财务报表分别从不同的侧面反映了企业的财务状况、经营成果和现金流量方面的信息。

资产负债表是反映企业在某一特定日期的财务状况的财务报表。企业编制资产负债表的目的是通过如实反映企业的资产、负债和所有者权益金额及其结构情况，从而有助于使用者评价企业资产的质量以及短期偿债能力、长期偿债能力、利润分配能力等。

利润表是反映企业在一定会计期间的经营成果的财务报表。企业编制利润表的目的是通过如实反映企业实现的收入、发生的费用以及应当计入当期利润的利得和损失等金额及其结构情况，从而有助于使用者分析评价企业的盈利能力及其构成与质量。

现金流量表是反映企业在一定会计期间的现金和现金等价物流入及流出的财务报表。企业编制现金流量表的目的是通过如实反映企业各项活动的现金流入和现金流出，从而有助于使用者评价企业生产经营过程特别是经营活动中所形成的现金流量和资金周转情况。

所有者权益变动表是全面反映一定时期所有者权益变动的情况，不仅包括所有者权益总量的增减变动，还包括所有者权益增减变动的重要结构性信息，特别是要反映直接计入所有者权益的利得和损失，从而有助于使用者准确理解所有者权益增减变动的根源。

财务报表附注是对在财务报表中列示项目所作的进一步说明,以及对未能在这些报表中列示项目的说明等。附注由若干附表和对有关项目的文字性说明组成。企业编制附注的目的是通过对财务报表本身作补充说明,以更加全面、系统地反映企业财务状况、经营成果和现金流量的全貌,从而有助于向使用者提供更为有用的决策信息,帮助其做出更加科学合理的决策。

财务报表是财务会计报告的核心内容,但是除了财务报表及其附注之外,财务报告还应当包括其他相关信息,具体可以根据有关法律法规的规定和外部使用者的信息需求而定。如企业可以在财务报告中披露其承担的社会责任、对社区的贡献、可持续发展能力等信息,这些信息对于使用者的决策也是相关的,尽管属于非财务信息,无法包括在财务报表中,但是如果有规定或者使用者有需求,企业应当在财务报告中予以披露。

财务报告是一个单位依法向有关信息使用者提供反映企业财务状况和经营成果的书面文件,财务报告的真实、准确、完整与否,对财务报表使用者的决策产生直接影响,因此,会计人员在日常工作中的每个环节都要严格按照企业会计准则及国家统一会计制度的规定执行。除此之外,单位负责人对财务报告也应认真审核,严格把关,保证财务报告的真实、完整。

根据法律和国家有关规定应当对财务报告进行审计的,财务报告编制单位应当先行委托注册会计师进行审计,并将注册会计师出具的审计报告随同财务报告一并对外提供。

综上所述,财务报告的组成如图8-1所示。

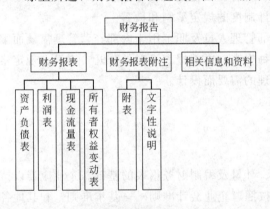

图 8-1 财务报告的组成

三、财务报表的分类

为了更好地理解、掌握财务报表,应按不同标准对财务报表进行分类。

1. 按反映的经济内容不同,可分为动态报表与静态报表

动态报表是反映企业某一会计期间资金的来源与运用以及经营成果形成情况的报表,如现金流量表、利润表等。这种报表的特点是对一定期间"发生额"的情况进行反映,提供的是时期指标。

静态报表是反映企业特定日期财务状况的报表,如资产负债表。这种报表的特点是对期末的资产、负债及所有者权益的所处状态的描述,提供的是时点指标。

2. 按编报时间不同,可分为年报与中报

年报,即年度财务报表,又称决算报表,是反映企业全年的经营活动情况及成果,以及年末财务状况的报表。年报于年度终了后编制,企业应当在每个会计年度结束后四个月内编制完成年度财务报表。我国现行财务报表中,所有财务报表均需编制年度财务报表,并且年度财务报表要经过注册会计师审计,因此,在所有的财务报表中,年度财务报表所提供的信息最为可靠、完整。

中报,即中期财务报表,指短于一个完整的会计年度的财务报表。中期财务报表又分为月度财务报表、季度财务报表和半年度财务报表。

月度财务报表是反映企业一个月的经营成果以及月末财务状况的报表。月报于每月终了

后编制，要求简明扼要。月度财务报表应于月份终了后六天内报出。

季度财务报表是反映企业一个季度的经营成果以及季末财务状况的报表。企业应在会计年度前三个月、九个月结束后的十五日内编制季度财务报表。我国会计制度过去对季度财务报表没有披露要求，对于上市公司，证监会要求从2002年第一季度起，所有上市公司必须编制并披露季度财务报表。根据我国现行会计制度规定，月度、季度财务报表至少应当包括资产负债表和利润表。

半年度财务报表是反映企业半年度的财务成果以及半年期末财务状况的报表。企业应在会计年度中期结束后的六十日内编制半年度财务报表，半年度财务报表包括资产负债表、利润表、现金流量表和附注。

根据企业管理的特殊需要，有的单位还要求编制日报、旬报等报表。

3. 按编报的会计主体不同，可分为个别报表与合并报表

个别报表是以单个企业为会计主体编制的报表，反映单个企业自身的财务状况与经营成果。合并报表是以通过控股关系组成的企业集团为会计主体编制的报表，它是在母公司与子公司单独编制的个别报表的基础上，由母公司编制的，反映的是整个企业集团的财务状况与经营成果。

4. 按报送对象不同，可分为对外报表与对内报表

对外报表，即外部报表，是报送给企业外部有关单位或个人使用的报表。对外报送的财务报表包括资产负债表、利润表、现金流量表、所有者权益变动表等报表，对外报送的财务报表要严格遵守企业会计准则及国家统一的会计制度的规定编制和披露。

对内报表，即内部报表，是报送给企业内部管理人员及职工用于内部经营管理需要而编制的报表，如现金日报表、销货日报表以及各种报表。内部报表不对外公开，它没有规定格式，也无统一的指标体系，完全依企业内部管理的需要而设计。

四、财务报表编制的基本要求

（一）以持续经营为基础编制

持续经营是会计的基本前提，是会计确认、计量及编制财务报表的基础。企业应当以持续经营为基础，根据实际发生的交易和事项，按照《企业会计准则——基本准则》和其他各项会计准则的规定进行确认和计量，在此基础上编制财务报表。

以持续经营为基础编制财务报表不再合理的，企业应当采用其他基础编制财务报表，并在附注中声明财务报表未以持续经营为基础编制的事实、披露未以持续经营为基础编制的原因和财务报表的编制基础。

（二）按正确的会计基础编制

除现金流量表按照收付实现制原则编制外，企业应当按照权责发生制原则编制财务报表。

（三）至少按年编制财务报表

企业至少应当按年编制财务报表。企业在编制年度财务报表时，可能存在年度财务报表涵盖的期间短于一年的情况，比如企业在年度中间（如5月18日）开始设立等。在这种情况下，企业应当披露年度财务报表的涵盖期间及短于一年的原因，并应当说明报表数据不具

可比性的事实。

（四）项目列报遵守重要性原则

关于项目在财务报表中是单独列报还是合并列报，应当依据重要性原则来判断。如果某个项目单个看不具有重要性，则可将其与其他项目汇总列报；如具有重要性，则应当单独列报。

重要性，是指在合理预期下，财务报表某项目的省略或错报会影响使用者据此作出经济决策的，该项目具有重要性。

企业在进行重要性判断时，应该根据企业所处的具体环境，从项目的性质和金额两方面予以判断。一方面应当考虑该项目在性质上是否属于企业日常活动、是否显著影响企业的财务状况、经营成果和现金流量等因素；另一方面应当判断项目金额大小的重要性，考虑该项目金额占资产总额、负债总额、所有者权益总额、营业收入总额、营业成本总额、净利润、综合收益总额等直接相关项目金额的比重或所属报表单列项目金额的比重。

同时，企业对各项目重要性的判断标准一经确定，不得随意变更。具体而言，应当遵循以下几点。

（1）性质或功能不同的项目，应当在财务报表中单独列报，但是不具有重要性的项目可以汇总列报。比如：存货和固定资产在性质上和功能上都有本质差别，必须在资产负债表上单独列报。

（2）性质或功能类似的项目，一般可以汇总列报，但是对其具有重要性的类别应当单独列报。比如，原材料、在产品、库存商品等项目在性质上类似，因此可以汇总为"存货"在资产负债表上进行列报。

（3）重要性原则不仅适用于报表，还适用于附注。某些项目的重要性程度不足以在资产负债表、利润表、现金流量表或所有者权益变动表中单独列示，但对附注却具有重要性，则应当在附注中单独披露。比如，制造业企业的原材料、在产品、库存商品等项目的重要性程度不足以在资产负债表上单独列示，因此在资产负债表上汇总列示，但是鉴于其对制造业企业的重要性，应当在附注中单独披露。

（4）《企业会计准则第30号——财务报表列报》规定在财务报表中单独列报的项目，应当单独列报。其他会计准则规定单独列报的项目，应当增加单独列报项目。

（五）保持各个会计期间财务报表项目列报的一致性

可比性是会计信息质量的一项重要质量要求，目的是使同一企业不同期间和同一期间不同企业的财务报表相互可比，因此必须保持各个会计期间财务报表项目列报的一致性。

在以下规定的特殊情况下，财务报表项目的列报是可以改变的。

① 会计准则要求改变财务报表项目的列报；

② 企业经营业务的性质发生重大变化后，变更财务报表项目的列报能够提供更可靠、更相关的会计信息。

除此之外，财务报表项目的列报应当在各个会计期间保持一致，不得随意变更。

（六）各项目之间的金额不得相互抵销

财务报表项目应当以总额列报，财务报表中的资产项目和负债项目的金额、收入项目和费用项目的金额以及直接计入当期利润的利得项目和损失项目的金额不得相互抵销，但其他会计准则另有规定的除外。这是因为,如果相互抵消,所提供的信息就不完整,信息的可比性大为降低。比如,企业欠客户的应付账款不得与其他客户欠本企业的应收账款相抵消,如果抵消就掩盖了交易的实质。

以下两种情况不属于抵消,可以以净额列示。(1)资产或负债项目按扣除备抵项目后的净额列示,不属于抵销。(2)非日常活动产生的利得和损失,以同一交易形成的收益扣减相关费用后的净额列示更能反映交易实质的,不属于抵销。

(七)至少应当提供所有列报项目上一个可比会计期间的比较数据

当期财务报表的列报,至少应当提供所有列报项目上一个可比会计期间的比较数据,以及与理解当期财务报表相关的说明,但其他会计准则另有规定的除外。

在财务报表项目的列报确需发生变更的情况下,企业应当对可比期间的数据按照当期的列报要求进行调整,并在附注中披露调整的原因和性质,以及调整的各项目金额。对可比数据进行调整不切实可行的,应当在附注中披露不能调整的原因。

(八)应当在财务报表的显著位置披露编报企业的名称等重要信息

企业应当在财务报表的显著位置(如表首)至少披露下列各项。(1)编报企业的名称;(2)资产负债表日或财务报表涵盖的会计期间;(3)人民币金额单位;(4)财务报表是合并财务报表的,应当予以标明。

五、编制财务报表前的准备工作

为了达到上述财务报表的编制要求,在编制财务报表前企业必须做好以下工作。

(1)检查本期内所有的经济业务是否全部登记入账,保证账簿记录的完整性。在编制财务报表前,必须将本期发生的所有经济业务全部登记入账,不得将本期的经济业务留到下期入账或将下期的经济业务提前至本期入账,如有上述情况发生,应当补记或转出。

(2)进行财产清查,保证账实相符。企业在编制年度财务报告前,应当按照下列规定,全面清查资产、核实债务:

① 结算款项,包括应收款项、应付款项、应交税费等是否存在,与债务、债权单位的相应债务、债权金额是否一致;

② 原材料、在产品、自制半成品、库存商品等各项存货的实存数量与账面数量是否一致,是否有报废损失和积压物资等;

③ 各种投资是否存在,投资收益是否按国家统一的会计制度规定进行确认和计量;

④ 房屋、建筑物、机器设备、运输工具等各项固定资产的实存数量与账面数量是否一致;

⑤ 在建工程的实存数量与账面数量是否一致;

⑥ 需要清查、核实的其他内容。

企业通过财产清查,查明各项结算款项的拖欠情况及其原因、财产物资的实存数量与账面数量是否一致、材料物资的实际储备情况、各项投资是否达到预期目的、固定资产的使用情况及其完好程度等。企业清查、核实后,应当将清查、核实的结果及其处理办法向企业的董事会或者相应机构报告,并根据国家统一的会计制度的规定进行相应的会计处理,以保证账实相符,为编制财务报表提供正确的数据。

(3)核对账簿记录,做到账证相符、账账相符。会计账簿登记,必须以经过审核的会计凭证为依据，并符合会计制度的规定，定期核对会计账簿记录与原始凭证、记账凭证的时间、凭证字号、内容、金额是否一致，记账方向是否相符，切实做到账证相符。

会计账簿包括总账、明细账、日记账和备查账。每一会计事项，一方面要记入有关总账；另一方面要记入该账所属的明细账。企业应定期进行总账和有关账户的余额核对，如总账与明细账核对，总账与日记账核对，会计部门的财产物资明细账与财产物资保管、使用部门的有关明细账核对等，确保账账相符。

（4）根据权责发生制要求进行期末账项调整，正确计算本期损益。根据权责发生制，应将属于本期发生的一切收支账项全部调整入账，应调整和结转的账项主要有：计提坏账，固定资产折旧、无形资产及长期待摊费用摊销等。

（5）按时结账。企业应按照有关规定按时结账，结出有关账户的余额和发生额，并核对各会计账簿之间的余额。不得为了赶编报表而提前结账，不得任意估计数字，严禁弄虚作假，篡改数字。

（6）进行试算平衡。在财产清查、对账和结账的基础上，根据总分类账的记录，编制总分类账本期发生额和余额试算表。根据试算平衡表（实际工作中，有的企业可能编制工作底稿）编制财务报表。

专栏 8-1　　　　　　　　财务报告与天气预报

天气预报与财务报告，乍一看似乎是风马牛不相及的两种事物，但仔细分析起来，其实两者有很大的相似性，都会对人们的决策产生重要影响。

第一，两者都是一种重要的信息，都是人们进行决策的重要参考。当银行审核贷款、股东进行投资时，往往需要以企业财务报告作为参考因素；当人们出差到另一个城市时，需要看看天气预报以决定行程及所携带的物品等。无论是财务报告还是天气预报，都会对人们的决策产生重要影响。

第二，两者都是由专业人员提供的。对会计人员来说，要经过系统学习和考试才能获得从业资格，需要熟悉会计准则才能将企业各项纷繁复杂的业务转变成财务报告中的数据；对于天气预报员来说，同样要经过系统学习才能掌握从各种气象数据中分析出天气预报信息的技术。无论是财务报告还是天气预报，其生成与发布过程都是有严格的技术要求的。

第三，两者质量的评价标准都对决策有用。无论是天气预报还是财务报告，既然都是决策的重要参考因素，那么衡量信息质量的一个重要标准就是决策有用性。对于天气预报来说，通过探测气球、气象卫星、大型计算机等设备，设计各种复杂的模型进行运算，目的是为了保证预报结果的准确；而对于财务报告来说，通过权责发生制、复式记账、账户设置等原则和方法，其目的正是为了让财务报告能真实、全面地反映企业的现状，给决策提供更加可靠的依据。

如果用天气预报来类比的话，就好比在10月底的某一段日子，出现了连续的高温，温度计指示气温高达30度，于是商家做出判断，天气将持续炎热，于是投入重金囤积夏令商品。但是事实上不会有哪个商家会这样做，因为我们对天气的运行规律还是有个基本的认识的，10月底的炎热只是反常现象，而严寒的到来是不以人的意志为转移的。

> 但是在经济世界中，人们的认识恐怕就没有这么透彻了，当市场乐观情绪高涨时，一系列的融资、投资链条就会启动，但是很可能这样的热情高涨只是昙花一现，泡沫破灭后，留给投资者更多的可能是惨重的损失。
> 　　就像发生厄尔尼诺现象，气候反常后，人们不是去责怪温度计，而是反思人们对环境的破坏，当人们反观经济现象时，其实不也应该这样吗？
> 　　资料来源：高汉祥. 财务报告与天气预报. 中国会计报，2010-6-25.

第二节　资产负债表

一、资产负债表的概念和作用

资产负债表是反映企业某一特定日期（如月末、季末、年末等）财务状况的财务报表。由于它反映的是某一时点的情况，所以又称为静态报表。它是根据"资产＝负债＋所有者权益"这一会计等式，依照一定的分类标准和顺序，将企业在一定日期的全部资产、负债和所有者权益项目进行适当分类、汇总、排列后编制而成的。

资产负债表是企业的主要财务报表之一，它主要提供有关企业财务状况方面的信息。其主要作用概括如下：

① 可以提供某一日期资产的总额及其结构。这是衡量企业经营规模大小、分析企业生产经营能力及抵御风险能力的重要资料。

② 可以提供某一日期负债的总额及其结构。反映企业未来需要用多少资产或劳务清偿债务以及清偿时间，即流动负债有多少、长期负债有多少、长期负债中有多少需要用当期流动资金进行偿还等。

③ 可以提供某一日期所有者权益的总额及其结构。据以判断资本保值、增值的情况以及对负债的保障程度。

④ 可以提供进行会计分析的基本资料。例如，将流动资产与流动负债对比，可以反映企业短期债务的偿还能力；将负债总额与所有者权益对比，可以反映企业的资本结构是否合理，了解企业所面临的财务风险等。

二、资产负债表的结构和内容

（一）资产负债表的结构

资产负债表一般由表首、正表两部分构成。其中，表首的内容包括报表名称、编制单位、编制日期、报表编号、货币名称、计量单位等。正表是资产负债表的主体，列示了用以说明企业财务状况的各个项目。

资产负债表的格式，常见的有账户式与报告式两种。

1. 账户式资产负债表

按照T形账户构思设计的，它将该表分为左右两个基本部分，左边列示资产，右边列示负债和所有者权益，左右两方合计数必然相等。其简化格式见表8-1。

表 8-1 账户式资产负债表

资产	负债和所有者权益
流动资产 非流动资产 资产总计	流动负债 非流动负债 所有者权益 负债和所有者权益总计

2. 报告式资产负债表

将资产、负债、所有者权益项目上下垂直排列，资产列示在上面，负债和所有者权益列示在下面。其简化格式见表 8-2。

表 8-2 报告式资产负债表

资产
　流动资产
　非流动资产
　资产总计

负债
　流动资产
　非流动负债
　负债合计
所有者权益
　……
　所有者权益合计
　负债和所有者权益总计

从上述资产负债表的两种格式可以看出，账户式资产负债表反映资产、负债、所有者权益之间关系比较直观，有利于使用者通过左右两方的对比，了解企业的财务状况，也便于对财务报表结构分析；报告式资产负债表便于编制若干期资产负债表，也便于对某些项目加括号注释，但会计等式的关系不如账户式那样明确。

账户式资产负债表在世界各地被普遍采用，我国《企业会计准则》规定格式也是这一种，资产负债表的格式见表 8-3。

表 8-3 资产负债表　　　　　　　　　　　　　　　　　　　　　　会企 01 表

编制单位：　　　　　　　　　＿＿年＿＿月＿＿日　　　　　　　　　单位：元

资　产	期末余额	年初余额	负债和所有者权益 （或股东权益）	期末余额	年初余额
流动资产：			流动负债：		
货币资金			短期借款		
交易性金融资产			交易性金融负债		
衍生金融资产			衍生金融负债		

续表

资　产	期末余额	年初余额	负债和所有者权益（或股东权益）	期末余额	年初余额
应收票据及应收账款			应付票据及应付账款		
预付款项			预收款项		
应收利息			应付职工薪酬		
应收股利			合同负债		
其他应收款			应交税费		
存货			其他应付款		
合同资产			持有待售负债		
持有待售资产			一年内到期的非流动负债		
一年内到期的非流动资产			其他流动负债		
其他流动资产			流动负债合计		
流动资产合计			非流动负债：		
非流动资产：			长期借款		
债权投资			应付债券		
其他债权投资			其中：优先股		
长期应收款			永续债		
长期股权投资			长期应付款		
其他权益工具投资			预计负债		
其他非流动金融资产			递延收益		
投资性房地产			递延所得税负债		
固定资产			其他非流动负债		
在建工程			非流动负债合计		
生产性生物资产			负债合计		
油气资产			所有者权益(或股东权益)：		
无形资产			实收资本(或股本)		
开发支出			其他权益工具		
商誉			其中：优先股		
长期待摊费用			永续债		
递延所得税资产			资本公积		
其他非流动资产			减：库存股		
非流动资产合计			其他综合收益		
			盈余公积		
			未分配利润		
			所有者权益(或股东权益)合计		
资产总计			负债和所有者权益(或股东权益)总计		

（二）资产负债表的内容

资产负债表根据资产、负债、所有者权益之间的勾稽关系，按照一定的分类标准和顺序，把企业一定日期的资产、负债和所有者权益各项目予以适当排列。在资产负债表中，企业通常按资产、负债、所有者权益分类分项反映。也就是说，资产类项目按流动性强弱进行列示，具体分为流动资产和非流动资产；负债类项目按偿还期的长短进行列示，具体分为流动负债和非流动负债；所有者权益类项目按永久性程度列示，具体分为实收资本、资本公积、盈余公积、未分配利润等。资产负债表各项目的排列详见专栏 8-2。

专栏 8-2　　　　　　　　资产负债表项目的排列

　　资产按其流动性的强弱，可分为流动资产与非流动资产两类。其中流动资产的价值在一次周转中完全实现，变现能力较强，而非流动资产的价值不能在一次周转中完全实现，它要经过多次周转才能完全实现价值，故它的变现能力要比流动资产弱。由于报表使用者最关心企业的偿债能力，所以排列资产项目时，一般依其流动性的强弱，流动资产排在非流动资产之前。

　　对流动资产项目的排列，可作进一步分析。货币资金流动性或变现能力最强，所以放在第一位；应收票据和应收账款都是企业商品或劳务已经销售或提供，款项尚未收到，它们一般都有一定的收账期，但应收票据和应收账款的流动性或变现能力是不相同的，前者强于后者。原因在于应收票据一旦由债务人或银行承兑后，它对债权人的债务就有了一个明确的承诺，并且有法律效力。而应收账款没有这种明确承诺，法律效力不及应收票据；预付款项与应收票据和应收账款不同，前者是付出货币，用于购进，一旦购进完成，该项预付款项必须经过一个完整的资金循环过程，才能转化为货币资金，一旦购进不成，该预付款项就可以像应收票据和应收账款那样，以货币资金形式直接收回，这时，预付款项具有暂时将一笔货币资金存放于其他企业的性质。企业支付预付款是为了购买货物，并不是想收回货币，收回货币的情况不常见。而应收票据和应收账款是付出商品，随后即收回货币，它处于资金运动的终极阶段，从这点出发，预付款项的流动性或变现能力是不及应收票据和应收账款的；其他应收款主要是各种赔款、罚款、存出保证金、备用金以及向职工收取的各种垫付款等，企业的这种债权没有相应的抵押物，完全取决于债务人的个人信用，其法律保证度很低，所以，其流动性或变现能力一般来说是次于其他债权的；从理论上讲，存货因已完成购进过程，比预付款项的流动性或变现能力强。但是，企业决定以预付款项的方式进行购进时，通常是以商品的市场销路极为畅通为前提，否则，企业不会冒预付款项可能不能收回的危险的。通过预付款项购进的商品是很容易实现销售的。一旦购进不成立时，预付款项能立即收回，并转化为货币资金。因此，存货的流动性或变现能力弱于预付款项；一年内到期的非流动资产，因是从非流动资产转化而来，可以说它是介于流动资产与非流动资产之间的一种资产。

　　对于非流动资产项目，也是按流动性标准排序的。金融资产需要在若干年的投资期内逐渐收回，其变现能力或流动性次于流动资产；固定资产不像可供出售金融资产能获得一个比原投资额大的现金流入量，它只是原垫支的补偿，所以，其变现能力次于金融资产；在建工程需要建成后才能使用，它只有货币资金的投入，而无收回，所以，谈不上变现问题，这样，其变现能力或流动性必然弱于在用的固定资产；无形资产及其他资产是否能实现，要借助于实物资产的作用才能实现，所以，其变现能力次于其他非流动资产。无形资产与长期待摊费用相比较，无形资产是收益性无形资产，它虽无实物形态，但它的使用可以产生收益。而长期待摊费用是支出性无形资产，它既无实物形态，也不能直接产生收益，它必须依靠实物资产的变现来得到补偿。

负债按照偿还期的长短，分为流动负债与非流动负债两类。为便于报表使用者了解企业的偿债能力，负债项目的排列与资产项目的排列相对应，将需要较早偿还的流动负债排列在前，非流动负债则排列在后，各类负债的具体项目，亦按到期日的远近顺序排列。

就流动负债项目来说，短期借款属于银行信用，而各种应付款、预收款属于商业信用，同样期限的银行信用比之商业信用更具有到期偿还的约束性，所以，它放在流动负债的最前面；应付票据是企业对外发生债务时所开出承兑的商业汇票，这种汇票不仅是一种必须到期支付的法律凭证，具有强制性，而且，一旦由银行承兑就由商业信用转化为银行信用，它的到期偿还约束性较强，但应付票据的到期偿还约束性不如短期借款；应付账款不能转化为银行信用，也不同于应付票据而具有较强的偿还约束力，所以，同期的应付账款比之应付票据的流动性较弱；预收款项是企业按合同规定向购货单位预收的货款，应付账款完成了购进环节，而预收款项已经完成销售环节，所以，预收款项的偿还压力比应付账款要小得多；应付职工薪酬、应交税费都是以企业已实现的收入为基础的，他们都有相应的货币准备，到期便可以支付，他们的偿付压力是极其小的；一年内到期的非流动负债，因其是从长期负债转入的，是介于流动负债和长期负债之间的负债，因此应放在流动负债的最后面。

在非流动负债项目中，长期借款是银行信用，具有更强的偿还约束性；应付债券的偿付具有较强的约束性，它比长期应付款的流动性要强；长期应付款是商业信用，是否到期偿付主要取决于债务方的信用程度。

在所有者权益项目中，实收资本（股份公司中称为股本）是企业的法定资本额，在企业经营期内，一般是不能抽回的，它属于永久性存在项目，所以，实收资本排在所有者权益项目中的最前面；资本公积可以按规定转增资本，它的稳定性要弱于实收资本；盈余公积在一定的条件下，可以转增资本，还可以用于弥补亏损，所以，它的稳定性又弱于资本公积；盈余公积与未分配利润相比，前者已指定用途，后者尚未指定用途，相比较而言，未分配利润的稳定性更差，所以，未分配利润排在所有者权益的最后面。

三、资产负债表的编制方法

（一）资产负债表各项目的列报说明

（1）"货币资金"项目，反映企业库存现金、银行结算户存款、外埠存款、银行汇票存款、银行本票存款、信用卡存款、信用证保证金存款等的合计数。本项目应根据"库存现金"、"银行存款"、"其他货币资金"科目的期末余额合计数填列。

（2）"交易性金融资产"项目，反映资产负债表日企业分类为以公允价值计量且其变动计入当期损益的金融资产，以及企业持有的直接指定为以公允价值计量且其变动计入当期损益的金融资产的期末账面价值。本项目应根据"交易性金融资产"科目的相关明细科目期末余额分析填列。自资产负债表日起超过一年到期且预期持有超过一年的以公允价值计量且其变动计入当期损益的非流动金融资产的期末账面价值,在"其他非流动金融资产"项目反映。

(3)"衍生金融资产"项目,反映企业衍生工具业务中的衍生金融工具的公允价值及其变动形成的衍生资产。本项目根据"衍生工具"、"套期工具"、"被套期项目"科目的期末借方余额合计数填列。

(4)"应收票据及应收账款"项目,反映资产负债表日以摊余成本计量的、企业因销售商品、提供服务等经营活动应收取的款项,以及收到的商业汇票,包括银行承兑汇票和商业承兑汇票。本项目应根据"应收票据"科目的期末余额,以及"应收账款"和"预收账款"科目所属的相关明细科目的期末借方余额合计数,减去"坏账准备"科目中相关坏账准备期末余额后的金额填列。

(5)"预付款项"项目,反映企业按照购货合同规定预付给供应单位的款项等。本项目应根据"预付账款"和"应付账款"科目所属各明细科目的期末借方余额合计数,减去"坏账准备"科目中有关预付账款计提的坏账准备期末余额后的净额填列。

(6)"其他应收款"项目,反映企业除应收票据、应收账款、预付账款等经营活动以外的其他各种应收、暂付的款项。本项目应根据"应收利息""应收股利"和"其他应收款"科目的期末余额合计数,减去"坏账准备"科目中相关坏账准备期末余额后的净额填列。

(7)"存货"项目,反映企业期末在库、在途和在加工中的各项存货的可变现净值或成本(成本与可变现净值孰低)。存货包括各种材料、商品、在产品、半成品、包装物、低值易耗品、委托代销商品等。本项目应根据"材料采购"、"原材料"、"低值易耗品"、"库存商品"、"周转材料"、"委托加工物资"、"委托代销商品"、"受托代销商品"、"生产成本"等科目的期末余额合计数,减去"受托代销商品款"、"存货跌价准备"科目期末余额后的净额填列。材料采用计划成本核算,以及库存商品采用计划成本核算或售价核算的企业,还应按加或减"材料成本差异"、"商品进销差价"后的净额填列。

(8)"合同资产"项目,反映企业已向客户转让商品而有权收取对价的权利,且该权利取决于时间流逝之外的其他因素。本项目应根据"合同资产"科目的相关明细科目期末余额分析填列。

(9)"持有待售资产"项目,反映资产负债表日划分为持有待售类别的非流动资产及划分为持有待售类别的处置组中的流动资产和非流动资产的期末账面价值。该项目应根据在资产类科目的"持有待售资产"科目的期末余额,减去"持有待售资产减值准备"科目的期末余额后的净额填列。

(10)"一年内到期的非流动资产"项目,反映企业将于一年内到期的非流动资产项目金额。本项目应根据有关科目的期末余额填列。

(11)"其他流动资产"项目,反映企业除以上流动资产项目以外的其他流动资产。本项目应根据有关科目的期末余额填列。

(12)"债权投资"项目,反映资产负债表日企业以摊余成本计量的长期债权投资的期末账面价值。本项目应根据"债权投资"科目的相关明细科目期末余额,减去"债权投资减值准备"科目中相关减值准备的期末余额后的净额分析填列。自资产负债表日起一年内到期的长期债权投资的期末账面价值,在"一年内到期的非流动资产"项目反映。企业购入的以摊余成本计量的一年内到期的债权投资的期末账面价值,在"其他流动资产"项目反映。

(13)"其他债权投资"项目,反映资产负债表日企业分类为以公允价值计量且其变动计入其他综合收益的长期债权投资的期末账面价值。本项目应根据"其他债权投资"科目的相关明细科目期末余额分析填列。自资产负债表日起一年内到期的长期债权投资的期末账面价值,在"一年内到期的非流动资产"项目反映。企业购入的以公允价值计量且其变动计入其他综合收益的一年内到期的债权投资的期末账面价值,在"其他流动资产"项目反映。

(14)"长期应收款"项目,反映企业融资租赁产生的应收款项和采用递延方式分期收款、实质上具有融资性质的销售商品和提供劳务等经营活动产生的长期应收款项等。本项目应根据"长期应收款"科目的期末余额,减去相应的"未实现融资收益"科目和"坏账准备"科目所属相关明细科目期末余额后的净额填列。

(15)"长期股权投资"项目,反映投资方对被投资单位实施控制、重大影响的权益性投资,以及对其合营企业的权益性投资。本项目应根据"长期股权投资"科目的期末余额,减去"长期股权投资减值准备"科目期末余额后的净额填列。

(16)"其他权益工具投资"项目,反映资产负债表日企业指定为以公允价值计量且其变动计入其他综合收益的非交易性权益工具投资的期末账面价值。本项目应根据"其他权益工具投资"科目的期末余额填列。

(17)"其他非流动金融资产"项目,反映企业除以上非流动金融资产项目以外的其他非流动金融资产。本项目应根据有关科目的期末余额填列。

(18)"投资性房地产"项目,反映为赚取租金或资本增值或两者兼有而持有的房地产,主要包括已出租的土地使用权、持有并准备增值后转让的土地使用权和已出租的建筑物。企业采用成本模式计量投资性房地产的,本项目应根据"投资性房地产"科目的期末余额,减去"投资性房地产累计折旧(摊销)"和"投资性房地产减值准备"科目期末余额后的净额填列;企业采用公允价值模式计量投资性房地产的,本项目应根据"投资性房地产"科目的期末余额填列。

(19)"固定资产"项目,反映资产负债表日企业固定资产的期末账面价值和企业尚未清理完毕的固定资产清理净损益。本项目应根据"固定资产"科目的期末余额,减去"累计折旧"和"固定资产减值准备"科目的期末余额后的金额,以及"固定资产清理"科目的期末余额填列。

(20)"在建工程"项目,反映资产负债表日企业尚未达到预定可使用状态的在建工程的期末账面价值和企业为在建工程准备的各种物资的期末账面价值。本项目应根据"在建工程"科目的期末余额,减去"在建工程减值准备"科目的期末余额后的金额,以及"工程物资"科目的期末余额,减去"工程物资减值准备"科目的期末余额后的金额填列。

(21)"生产性生物资产"项目,反映企业持有的生产性生物资产。本项目应根据"生产性生物资产"科目的期末余额,减去"生产性生物资产累计折旧"和"生产性生物资产减值准备"科目期末余额后的净额填列。

(22)"油气资产"项目,反映企业持有的矿区权益和油气井及相关设施的原价减去累计折耗和累计减值准备后的净额。本项目应根据"油气资产"科目的期末余额,减去"累计折耗"科目期末余额和相应减值准备后的净额填列。

(23)"无形资产"项目,反映企业持有专利权、非专利技术、商标权、著作权、土地使用权等无形资产的成本减去累计摊销和减值准备后的净值。本项目应根据"无形资产"科目的期末余额,减去"累计摊销"和"无形资产减值准备"科目期末余额后的净额填列。

（24）"开发支出"项目，反映企业开发无形资产过程中能够资本化形成无形资产成本的支出部分。本项目应根据"研发支出"科目中所属的"资本化支出"明细科目期末余额填列。

（25）"商誉"项目，反映企业合并中形成的商誉的价值。本项目应根据"商誉"科目的期末余额，减去相应减值准备后的净额填列。

（26）"长期待摊费用"项目，反映企业已经发生但应由本期和以后各期负担的分摊期限在一年以上的各项费用。长期待摊费用中在一年内（含一年）摊销的部分，在资产负债表"一年内到期的非流动资产"项目填列。本项目应根据"长期待摊费用"科目的期末余额减去将于一年内（含一年）摊销的数额后的净额填列。

（27）"递延所得税资产"项目，反映企业根据所得税准则确认的可抵扣暂时性差异产生的递延所得税资产。本项目应根据"递延所得税资产"科目的期末余额填列。

（28）"其他非流动资产"项目，反映企业除以上非流动资产项目以外的其他非流动资产。本项目应根据有关科目的期末余额填列。

（29）"短期借款"项目，反映企业向银行或其他金融机构等借入的期限在一年以下（含一年）的各种借款。本项目应根据"短期借款"科目的期末余额填列。

（30）"交易性金融负债"项目，反映资产负债表日企业承担的交易性金融负债，以及企业持有的直接指定为以公允价值计量且其变动计入当期损益的金融负债的期末账面价值。本项目应根据"交易性金融负债"科目的相关明细科目期末余额填列。

（31）"衍生金融负债"项目，反映企业衍生工具业务中的衍生金融工具的公允价值及其变动形成的衍生负债。本项目根据"衍生工具"、"套期工具"、"被套期项目"科目的期末贷方余额合计数填列。

（32）"应付票据及应付账款"项目，反映资产负债表日企业因购买材料、商品和接受服务等经营活动应支付的款项，以及开出、承兑的商业汇票，包括银行承兑汇票和商业承兑汇票。本项目应根据"应付票据"科目的期末余额，以及"应付账款"和"预付账款"科目所属的相关明细科目的期末贷方余额合计数填列。

（33）"预收款项"项目，反映企业按照购货合同规定预付给供应单位的款项。本项目应根据"预收账款"和"应收账款"科目所属各明细科目的期末贷方余额合计数填列。

（34）"合同负债"项目，反映企业已收到或应收客户对价而应向客户转让商品的义务。本项目应根据"合同负债"科目的相关明细科目期末余额分析填列。

（35）"应付职工薪酬"项目，反映企业为获得职工提供的服务或解除劳动关系而给予的各种形式的报酬或补偿。企业提供给职工配偶、子女、受赡养人、已故员工遗属及其他受益人等的福利，也属于职工薪酬。职工薪酬主要包括短期薪酬、离职后福利、辞退福利和其他长期职工福利。本项目应根据"应付职工薪酬"科目所属各明细科目的期末贷方分析填列。外商投资企业按规定从净利润中提取的职工奖励及福利基金，也在本项目列示。

（36）"应交税费"项目，反映企业按照税法规定计算应交纳的各种税费，包括增值税、消费税、城市维护建设税、教育费附加、企业所得税、资源税、土地增值税、房产税、城镇土地使用税、车船税、矿产资源补偿费等。企业代扣代缴的个人所得税，也通过本项目列示。企业所交纳的税金不需要预计应交数的，如印花税、耕地占用税等，不在本项目列示。本项目应根据"应交税费"科目的期末贷方余额填列；如"应交税费"科目期末为借方余额，应以"-"号填列。

（37）"其他应付款"项目，反映企业除应付票据、应付账款、预收款项、应付职工薪酬、应交税费等经营活动以外的其他各项应付、暂收的款项。本项目应根据"应付利息""应付股利"和"其他应付款"科目的期末余额合计数填列。

(38)"持有待售负债"项目，反映资产负债表日处置组中与划分为持有待售类别的资产直接相关的负债的期末账面价值。该项目应根据在负债类科目的"持有待售负债"科目的期末余额填列。

(39)"一年内到期的非流动负债"项目，反映企业非流动负债中将于资产负债表日后一年内到期部分的金额，如将于一年内偿还的长期借款。本项目应根据有关科目的期末余额分析填列。

(40)"其他流动负债"项目，反映企业除上述流动负债以外的其他流动负债。本项目应根据有关科目的期末余额填列。

(41)"长期借款"项目，反映企业向银行或其他金融机构借入的期限在一年以上（不含一年）的各项借款。本项目应根据"长期借款"总账科目余额扣除"长期借款"科目所属明细科目中将在资产负债表日起一年内到期且企业不能自主地将清偿义务展期的长期借款后的金额计算填列。

(42)"应付债券"项目，反映企业为筹集长期资金而发行的债券本金和利息。本项目应根据"应付债券"科目的期末余额填列。在"应付债券"项目下设"其中：优先股"和"永续债"两个项目，分别反映企业发行的分类为金融负债的优先股和永续债的账面价值。

(43)"长期应付款"项目，反映资产负债表日企业除长期借款和应付债券以外的其他各种长期应付款项的期末账面价值。该项目应根据"长期应付款"科目的期末余额，减去相关的"未确认融资费用"科目的期末余额后的金额，以及"专项应付款"科目的期末余额填列。

(44)"预计负债"项目，反映企业根据或有事项等相关准则确认的各项预计负债，包括对外提供担保、未决诉讼、产品质量保证、重组义务以及固定资产和矿区权益弃置义务等产生的预计负债。本项目应根据"预计负债"科目的期末余额填列。

(45)"递延收益"项目，反映尚待确认的收入或收益。本项目核算包括企业根据政府补助准则确认的应在以后期间计入当期损益的政府补助金额、售后租回形成融资租赁的售价与资产账面价值差额等其他递延性收入。本项目应根据"递延收益"科目的期末余额填列。

(46)"递延所得税负债"项目，反映企业根据所得税准则确认的应纳税暂时性差异产生的所得税负债。本项目应根据"递延所得税负债"科目的期末余额填列。

(47)"其他非流动负债"项目，反映企业除上述非流动负债以外的其他非流动负债。本项目应根据有关科目的期末余额减去将于一年内（含一年）到期偿还数后的余额分析填列。非流动负债各项目中将于一年内（含一年）到期的非流动负债，应在"一年内到期的非流动负债"项目内反映。

(48)"实收资本（或股本）"项目，反映企业各投资者实际投入的资本（或股本）总额。本项目应根据"实收资本"（或"股本"）科目的期末余额填列。

(49)"其他权益工具"项目，反映企业发行的除普通股以外分类为权益工具的金融工具的账面价值，并在"其他权益工具"项目下设"其中：优先股"和"永续债"两个项目，分别反映企业发行的分类为权益工具的优先股和永续债的账面价值。在"应付债券"项目下增设"其中：优先股"和"永续债"两个项目，分别反映企业发行的分类为金融负债的优先股和永续债的账面价值。如属流动负债的，应当比照上述原则在流动负债类相关项目列报。

(50)"资本公积"项目，反映企业收到投资者出资超出其在注册资本或股本中所占的份额以及直接计入所有者权益的利得和损失等。本项目应根据"资本公积"科目的期末余额填列。

（51）"库存股"项目，反映企业持有尚未转让或注销的本公司股份金额。本项目应根据"库存股"科目的期末余额填列。

（52）"其他综合收益"项目，反映企业其他综合收益的期末余额。本项目应根据"其他综合收益"科目的期末余额填列。

（53）"盈余公积"项目，反映企业盈余公积的期末余额。本项目应根据"盈余公积"科目的期末余额填列。

（54）"未分配利润"项目，反映企业尚未分配的利润。未分配利润是指企业实现的净利润经过弥补亏损、提取盈余公积和向投资者分配利润后留存在企业的、历年结存的利润。本项目应根据"本年利润"科目和"利润分配"科目的余额计算填列。未弥补的亏损在本项目内以"－"号填列。

（二）年初余额栏的列报方法

资产负债表金额栏分为"年初余额"和"期末余额"两栏，其中，"年初余额"栏内各项数字，应根据上年末资产负债表"期末余额"栏内所列项目填列。如果本年度资产负债表规定的各个项目的名称和内容同上年度不一致，应对上年年末资产负债表各项目的名称和数字按照本年度的规定进行调整，填入本年度资产负债表的"年初余额"栏。

（三）期末余额栏的列报方法

资产负债表编制的主要资料来源于日常会计核算的账簿记录，但是，它并不是将账簿中的数据直接登记到资产负债表中，而是根据需要按项目编排列示。资产负债表中的项目不同于会计科目，运用会计科目是为了将企业发生的经济业务或事项登记到账簿中去，而资产负债表中的项目是便于会计报表使用者了解企业的财务状况，但两者存在一定的关系。

资产负债表"期末余额"栏内各项数字，一般应根据资产、负债和所有者权益类科目的期末余额填列，具体方法如下。

（1）根据总账科目的余额直接填列。如"短期借款"、"应付职工薪酬"、"应交税费"、"预计负债"、"实收资本（或股本）"、"资本公积"、"库存股"、"盈余公积"等项目，应根据有关总账科目的余额直接填列。

（2）根据几个总账科目的余额计算填列。如"货币资金"项目，需根据"库存现金"、"银行存款"、"其他货币资金"三个总账科目余额的合计数填列；"其他非流动资产"、"其他流动资产"项目，应根据有关科目的期末余额分析填列。

（3）根据有关明细账科目的余额计算填列。如"应付账款"项目，需要根据"应付账款"和"预付账款"两个科目所属的相关明细科目的期末贷方余额计算填列；"预收款项"项目，需要根据"应收账款"和"预收账款"两个科目所属的相关明细科目的期末贷方余额计算填列。

（4）根据有关科目余额减去其备抵科目余额后的净额填列。"无形资产"项目应根据"无形资产"科目的期末余额，减去"累计摊销"、"无形资产减值准备"科目余额后的净额填列。

（5）根据总账科目和明细账科目的余额分析计算填列。如"长期借款"项目，需根据"长期借款"总账科目余额扣除"长期借款"科目所属的明细科目中将在资产负债表日起一年内到期，且企业不能自主地将清偿义务展期的长期借款后的金额计算填列。

（6）综合运用上述填列方法分析填列。如"存货"项目，应根据"材料采购"、"原材料"、"低值易耗品"、"库存商品"、"周转材料"、"委托加工物资"、"生产成本"、"材料成本差异"等总账科目期末余额的分析汇总数,再减去"存货跌价准备"科目期末余额后的金额填列。

四、资产负债表编制举例

假设日新公司20×7年12月31日有关账户期末余额,见表8-4。

表8-4 日新公司账户期末余额表

20×7年12月31日　　　　　　　　　　　　　　　　　　　单位:元

账户名称	借方余额	贷方余额	账户名称	借方余额	贷方余额
库存现金	85 850		短期借款		305 500
银行存款	954 082		应付账款		722 000
交易性金融资产	55 000		预收账款		20 000
应收票据	519 200		应付职工薪酬		126 000
应收账款	508 000		应交税费		190 944
坏账准备		5 000	应付股利		193 603
预付账款	11 000		长期借款		1 608 000
材料采购	425 008		实收资本		4 222 215
原材料	835 840		资本公积		23 199
库存商品	2 738 878		盈余公积		48 375
生产成本	150 000		利润分配		241 772
固定资产	1 423 540				
累计折旧		50 000			
在建工程	13 610				
无形资产	9 000				
长期待摊费用	27 600				

经查明,有关所属明细账户金额为:

	借方	贷方
"应收账款"	600 000元	92 000元
"预收账款"	6 000元	26 000元
"应付账款"	3 000元	725 000元
"预付账款"	12 000元	1 000元

现将上列资料归纳以后填入资产负债表项目,如下所示。

(1)将"库存现金"、"银行存款"账户的期末余额合计列入"货币资金"项目,共计1 039 932元(85 850+954 082)。

(2)将"坏账准备"账户从"应收账款"账户中减去,再根据"应收账款"和"预收账款"账户所属各明细账户的期末借方余额合计数计算"应收账款"项目的余额为601 000元(600 000-5 000+6 000);根据"应收账款"和"预收账款"账户所属各明细账户的期末贷方余额合计数计算,"预收款项"项目的余额为118 000元(92 000+26 000)。

(3)将"材料采购"、"原材料"、"库存商品"、"生产成本"账户的期末余额合计列入"存货"项目,共计4 149 726元(425 008+835 840+2 738 878+150 000)。

(4)从"固定资产"账户中减去"累计折旧"账户列入"固定资产"项目的余额1 373 540元(1 423 540-50 000)。

(5)根据"应付账款"和"预付账款"账户所属各明细账户的期末贷方余额合计数计算"应付账款"项目的余额为726 000元(725 000+1 000);根据"应付账款"和"预付账款"

账户所属各明细账户的期末借方余额合计数计算,"预付款项"项目的余额为15 000元(3 000+12 000)。

(6) 其他各项目按账户余额表数字直接填列。

经过分析计算后编制的资产负债表,见表8-5。

表 8-5 资产负债表

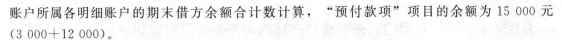

编制单位:日新公司　　　　20×7年12月31日　　　　单位:元

资　产	期末余额	年初余额	负债和所有者权益	期末余额	年初余额
流动资产:			流动负债:		
货币资金	1 039 932		短期借款	305 500	
交易性金融资产	55 000		交易性金融负债		
衍生金融资产			衍生金融负债		
应收票据及应收账款	1 120 200		应付票据及应付账款	726 000	
预付款项	15 000		预收款项	118 000	
其他应收款			合同负债		
存货	4 149 726		应付职工薪酬	126 000	
合同资产			应交税费	190 944	
持有待售资产			其他应付款	193 603	
一年内到期的非流动资产			持有待售负债		
其他流动资产			一年内到期的非流动负债		
流动资产合计	6 379 858		其他流动负债		
非流动资产:			流动负债合计	1 660 047	
债权投资			非流动负债:		
其他债权投资			长期借款	1 608 000	
长期应收款			应付债券		
长期股权投资			其中:优先股		
其他权益工具投资			永续债		
其他非流动金融资产			长期应付款		
投资性房地产			预计负债		
固定资产	1 373 540		递延收益		
在建工程	13 610		递延所得税负债		
生产性生物资产			其他非流动负债		
油气资产			非流动负债合计	1 608 000	
无形资产	9 000		负债合计	3 268 047	
开发支出			所有者权益:		
商誉			实收资本	4 222 215	
长期待摊费用	27 600		其他权益工具		
递延所得税资产			其中:优先股		
其他非流动资产			永续债		
非流动资产合计	1 423 750		资本公积	23 199	
			减:库存股		
			其他综合收益		
			盈余公积	48 375	
			未分配利润	241 772	
			所有者权益合计	4 535 561	
资产总计	7 803 608		负债和所有者权益总计	7 803 608	

> **专栏 8-3　　　　　利用口诀来理解资产负债表有关项目的填列**
>
> 在编制资产负债表，填写"应收账款"、"预付款项"、"应付账款"、"预收款项"这四个项目时，要区分对应明细账户的借方或者贷方余额来计算填列。为便于学习总结四个计算公式如下。
>
> （1）资产方应收账款项目金额＝"应收账款"明细账户借方余额＋"预收账款"明细账户借方余额（假定不考虑坏账准备）
>
> （2）负债方预收款项项目金额＝"应收账款"明细账户贷方余额＋"预收账款"明细账户贷方余额
>
> （3）资产方预付款项项目金额＝"预付账款"明细账户借方余额＋"应付账款"明细账户借方余额（假定不考虑坏账准备）
>
> （4）负债方应付账款项目金额＝"应付账款"明细账户贷方余额＋"预付账款"明细账户贷方余额
>
> 在这四个公式的基础上总结了以下的"五言"口诀，帮助同学们加深记忆。
>
> 两收合一收，借贷分开走。
>
> 两付合一付，各走各的路。
>
> 应该说第一句用来配合公式(1)、(2)，第二句可以配合公式(3)、(4)，这样填制有关项目的准确性就大大提高了。比如某个企业只设置了"应收账款"、"应付账款"账户，而没有设置"预付账款"、"预收账款"账户。其"应收账款"账户有两个明细账户，余额分别是借方4 000元和贷方7 000元，"应付账款"账户也有两个明细账户，余额分别是借方5 000元和贷方6 000元，则根据口诀可以迅速计算出"应收账款"项目的金额为4 000元、"预付款项"项目的金额为5 000元、"应付账款"项目的金额为6 000元、"预收款项"项目的金额为7 000元。

第三节　利　润　表

一、利润表的概念和作用

利润表，又称损益表，它是反映企业在一定会计期间（如月度、季度或年度）的经营成果的财务报表。利润表是由企业收入、费用和利润三大会计要素构成，它是一张动态报表，其编制的理论依据是"收入－费用＝利润"这一会计等式。利润是企业经营成果的综合体现，又是利润分配的主要依据，因此，利润表是财务报表中的主要报表。

根据利润表所提供的资料，可以了解企业经营业绩的主要来源和构成，有助于使用者判断净利润的质量及其风险，有助于使用者预测净利润的持续性，从而做出正确的决策。利润表的作用具体表现如下。

① 通过利润表，可以反映企业一定会计期间收入的实现情况，如实现的营业收入有多少、实现的投资收益有多少、实现的营业外收入有多少等。

② 可以反映一定会计期间的费用耗费情况，如耗费的营业成本有多少、税金及附加有多少及销售费用、管理费用、财务费用各有多少、营业外支出有多少等。

③ 可以反映企业生产经营活动的成果，即净利润的实现情况，据以判断资本保值、增

值等情况。

④ 将利润表与其他报表结合使用，还可以提供会计分析的基本资料。例如将净利润与资产总额进行比较，计算出资产净利率，可以反映企业的盈利能力。

二、利润表的结构和内容

利润表是通过一定的表格来反映企业经营成果的财务报表。利润表一般由表首、正表两部分构成。其中，表首的内容包括报表名称、编制单位、编制日期、报表编号、货币名称、计量单位等；正表列示了利润表的具体内容。

由于不同国家和地区对财务报表的信息要求不完全相同，利润表的具体项目排列方式也不完全相同。按照收入与费用的排列方式不同，利润表可分为单步式利润表和多步式利润表。

单步式利润表是指将计入利润的各种"收入"项目和各种"费用"项目分别汇集，最后用"收入"总额减去"费用"总额从而得出利润数额的利润表格式。单步式利润表的优点主要有两个方面：一是结构简单，易于理解；二是对所有收入与费用一视同仁，不分彼此先后，这就避免了多步式下必须区分费用、支出与相应收入配比的先后层次。缺点是一些有意义的中间信息被省略，不能给使用者直接提供所需的某些有价值的资料。国外上市公司常采用这种结构。

多步式利润表是指根据利润的构成项目，分步骤地逐步计算各项利润构成项目，从而得出各项利润数字的利润表格式。多步式利润表中利润形成的排列格式注意了收入与费用、支出配比的层次性，其好处是，能直观地反映净利润的形成过程以及营业利润与非营业利润对利润总额的影响，从而可以发现企业经营管理的薄弱环节；有利于同行业企业之间的比较；将同一企业前后期利润表的相应项目进行比较，可以预测企业未来的盈利能力。但多步式利润表容易使人产生收入与费用的配比有先后顺序的误解，收入、费用、支出项目的归类、分步带有主观性。

我国企业一般采用多步式利润表的形式，即通过分别计算列示营业收入、营业利润、利润总额、净利润、其他综合收益的税后净额、综合收益总额等的方式来进行利润表的编制。计算公式如下：

营业利润＝营业收入－营业成本－税金及附加－销售费用－管理费用－财务费用－资产减值损失＋公允价值变动收益（－公允价值变动损失）＋投资收益（－投资损失）＋资产处置收益（－资产处置损失）＋其他收益

利润总额＝营业利润＋营业外收入－营业外支出

净利润＝利润总额－所得税费用

综合收益总额＝净利润＋其他综合收益的税后净额

我国利润表的格式见表8-6。

三、利润表的编制方法

（一）利润表各项目的列报说明

(1) "营业收入"项目，反映企业经营主要业务和其他业务所确认的收入总额。本项目应根据"主营业务收入"和"其他业务收入"科目的发生额分析填列。

表8-6　利润表

会企02表

编制单位：　　　　　　　　　　　　　　年　　月　　　　　　　　　　　　　　单位：元

项　　目	本期金额	上期金额
一、营业收入		
减：营业成本		
税金及附加		
销售费用		
管理费用		
研发费用		
财务费用		
其中：利息费用		
利息收入		
资产减值损失		
信用减值损失		
加：其他收益		
投资收益（损失以"－"号填列）		
其中：对联营企业和合营企业的投资收益		
净敞口套期收益（损失以"－"号填列）		
公允价值变动收益（损失以"－"号填列）		
资产处置收益（损失以"－"号填列）		
二、营业利润（亏损以"－"号填列）		
加：营业外收入		
减：营业外支出		
三、利润总额（亏损总额以"－"号填列）		
减：所得税费用		
四、净利润（净亏损以"－"号填列）		
（一）持续经营净利润（净亏损以"－"号填列）		
（二）终止经营净利润（净亏损以"－"号填列）		
五、其他综合收益的税后净额		
（一）不能重分类进损益的其他综合收益		
1. 重新计量设定受益计划变动额		
2. 权益法下不能转损益的其他综合收益		
3. 其他权益工具投资公允价值变动		
4. 企业自身信用风险公允价值变动		
……		
（二）将重分类进损益的其他综合收益		
1. 权益法下可转损益的其他综合收益		
2. 其他债权投资公允价值变动		
3. 金融资产重分类计入其他综合收益的金额		
4. 其他债权投资信用减值准备		
5. 现金流量套期储备		
6. 外币财务报表折算差额		
……		
六、综合收益总额		
七、每股收益		
（一）基本每股收益		
（二）稀释每股收益		

（2）"营业成本"项目，反映企业经营主要业务和其他业务所发生的成本总额。本项目应根据"主营业务成本"和"其他业务成本"科目的发生额分析填列。

(3)"税金及附加"项目,反映企业经营业务应负担的消费税、城市建设维护税、教育费附加、资源税、土地增值税及房产税、车船费、城镇土地使用税、印花税等相关税费。本项目应根据"税金及附加"科目的发生额分析填列。

(4)"销售费用"项目,反映企业在销售商品过程中发生的包装费、广告费等费用和为销售本企业商品而专设的销售机构的职工薪酬、业务费等经营费用。本项目应根据"销售费用"科目的发生额分析填列。

(5)"管理费用"项目,反映企业为组织和管理生产经营发生的管理费用。本项目应根据"管理费用"的发生额分析填列。

(6)"研发费用"项目,反映企业进行研究与开发过程中发生的费用化支出。本项目应根据"管理费用"科目下的"研发费用"明细科目的发生额分析填列。

(7)"财务费用"项目,反映企业筹集生产经营所需资金等而发生的筹资费用。本项目应根据"财务费用"科目的发生额分析填列。

(8)"利息费用"项目,反映企业为筹集生产经营所需资金等而发生的应予费用化的利息支出。本项目应根据"财务费用"科目的相关明细科目的发生额分析填列。

(9)"利息收入"项目,反映企业确认的利息收入。本项目应根据"财务费用"科目的相关明细科目的发生额分析填列。

(10)"资产减值损失"项目,反映企业各项资产发生的减值损失。本项目应根据"资产减值损失"科目的发生额分析填列。

(11)"信用减值损失"项目,反映企业计提的各项金融工具减值准备所形成的预期信用损失。本项目应根据"信用减值损失"科目的发生额分析填列。

(12)"其他收益"项目,反映收到的与企业日常活动相关的计入当期收益的政府补助。本项目应根据"其他收益"科目的发生额分析填列。

(13)"投资收益"项目,反映企业以各种方式对外投资所取得的收益。本项目应根据"投资收益"科目的发生额分析填列。如为投资损失,本项目以"-"号填列。

(14)"净敞口套期收益"项目,反映净敞口套期下被套期项目累计公允价值变动转入当期损益的金额或现金流量套期储备转入当期损益的金额。本项目应根据"净敞口套期损益"科目的发生额分析填列;如为套期损失,以"-"号填列。

(15)"公允价值变动收益"项目,反映企业应当计入当期损益的资产或负债公允价值变动收益。本项目应根据"公允价值变动损益"科目的发生额分析填列,如为净损失,本项目以"-"号填列。

(16)"资产处置收益"项目,反映企业出售划分为持有待售的非流动资产(金融工具、长期股权投资和投资性房地产除外)或处置组(子公司和业务除外)时确认的处置利得或损失,以及处置未划分为持有待售的固定资产、在建工程、生产性生物资产及无形资产而产生的处置利得或损失。债务重组中因处置非流动资产产生的利得或损失和非货币性资产交换中换出非流动资产产生的利得或损失也包括在本项目内。本项目应根据"资产处置损益"科目的发生额分析填列;如为处置损失,以"-"号填列。

(17)"营业利润"项目,反映企业实现的营业利润,如为亏损,本项目以"-"号填列。

(18)"营业外收入"项目,反映企业发生的营业利润以外的收益,主要包括债务重组利得、与企业日常活动无关的政府补助、盘盈利得、捐赠利得等。本项目应根据"营业外收入"科目的发生额分析填列。

(19)"营业外支出"项目,反映企业发生的营业利润以外的支出。主要包括债务重组损失、公益性捐赠支出、非常损失、盘亏损失、非流动资产毁损报废损失等。本项目应根据"营业外支出"科目的发生额分析填列。

(20)"利润总额"项目,反映企业实现的利润。如为亏损,本项目以"一"号填列。

(21)"所得税费用"项目,反映企业应从当期利润总额中扣除的所得税费用。本项目应根据"所得税费用"科目的发生额分析填列。

(22)"净利润"项目,反映企业实现的净利润。如为亏损,本项目以"一"号填列。

(23)"持续经营净利润"项目,反映净利润中与持续经营相关的净利润。如为净亏损,以"一"号填列。

(24)"终止经营净利润"项目,反映净利润中与终止经营相关的净利润。如为净亏损,以"一"号填列。

(25)"其他综合收益的税后净额"项目,反映企业根据企业会计准则规定未在损益中确认的各项利得和损失扣除所得税影响后的净额。

(26)"综合收益总额"项目,反映企业净利润与其他综合收益(税后净额)的合计金额。

(27)"每股收益"项目,包括基本每股收益项目和稀释每股收益两项指标,反映普通股或潜在普通股已公开交易的企业,以及正处在公开发行普通股或潜在普通股过程中的企业的每股收益信息。

(二)上期金额栏的列报方法

利润表"上期金额"栏内各项数字,应根据上年该期利润表"本期金额"栏内所列数字填列。如果上年该期利润表规定的各个项目的名称和内容同本期不相一致,应对上年该期利润表各项目的名称和数字按本期的规定进行调整,填入利润表"上期金额"栏内。

(三)本期金额栏的列报方法

(1)根据账户的发生额分析填列 利润表中大部分项目都可以根据损益类科目的发生额分析填列。如"营业收入"、"营业成本"、"税金及附加"、"销售费用"、"管理费用"、"财务费用"、"营业外收入"、"营业外支出"、"所得税费用"等。

(2)根据报表项目之间的关系计算填列 利润表中的某些项目需要根据报表项目之间的关系计算填列,如"营业利润"、"利润总额"、"净利润"等。

(3)根据有关公式计算填列 利润表中"基本每股收益"和"稀释每股收益"需要根据有关规定计算填列。其计算公式为:基本每股收益=归属普通股股东的当期净利润÷当期实际发行在外普通股的加权平均数,稀释每股收益=调整的归属普通股股东的当期净利润÷调整的发行在外普通股的加权平均数。

四、利润表编制举例

海信公司 20×7 年度有关收入、费用账户的发生额见表 8-7。

表 8-7 海信公司收入、费用账户的本期发生额

20×7年　　　　　　　　　　　　　　　　　　　　单位:元

账户名称	借方发生额	贷方发生额
主营业务收入		382 000
其他业务收入		15 000

续表

账 户 名 称	借方发生额	贷方发生额
投资收益		12 000
营业外收入		1 200
主营业务成本	251 000	
税金及附加	14 800	
销售费用	25 000	
管理费用	15 000	
财务费用	13 000	
其他业务成本	10 000	
营业外支出	1 000	
所得税费用	20 000	

根据上述资料，计算各项目内容如下。

(1) 营业收入＝主营业务收入＋其他业务收入
＝382 000＋15 000＝397 000（元）

(2) 营业成本＝主营业务成本＋其他业务成本
＝251 000＋10 000＝261 000（元）

(3) 营业利润＝营业收入－营业成本－税金及附加－销售费用－管理费用－财务费用＋投资收益＝397 000－261 000－14 800－25 000－15 000－13 000＋12 000＝80 200（元）

(4) 利润总额＝营业利润＋营业外收入－营业外支出
＝80 200＋1 200－1 000＝80 400（元）

(5) 净利润＝利润总额－所得税费用
＝80 400－20 000＝60 400（元）

根据计算的结果编制海信公司20×7年度利润表，见表8-8。

表8-8 利润表

会企02表

编制单位：海信公司　　　　　　　20×7年　　　　　　　单位：元

项　　目	本期金额	上期金额
一、营业收入	397 000	
减：营业成本	261 000	
税金及附加	14 800	
销售费用	25 000	
管理费用	15 000	
财务费用	13 000	
资产减值损失		
加：公允价值变动收益（损失以"－"号填列）		
投资收益（损失以"－"号填列）	12 000	
其中：对联营企业和合营企业的投资收益		
二、营业利润（亏损以"－"号填列）	80 200	
加：营业外收入	1 200	
减：营业外支出	1 000	
三、利润总额（亏损总额以"－"号填列）	80 400	
减：所得税费用	20 000	
四、净利润（净亏损以"－"号填列）	60 400	
五、其他综合收益的税后净额		
六、综合收益总额		

续表

项　　目	本期金额	上期金额
七、每股收益 　　（一）基本每股收益 　　（二）稀释每股收益		

第四节　现金流量表

一、现金流量表的概念和作用

资产负债表是反映企业在某一特定日期的财务状况的财务报表，它可以反映企业在某一特定日期所拥有的资产、负债及所有者权益情况，是一张静态的财务报表。将不同时期的资产负债表进行比较，可以看出某一时期内各项目的变动结果，但无法反映这种变动的原因。利润表是反映企业在一定时期内经营成果的财务报表。它虽然是一张动态财务报表，但仅能反映企业本期营业活动所取得的成果，提供有关企业本期营业收入的实现情况，成本的控制和费用的节省情况，利润的实现情况等信息。由于利润表是按权责发生制原则确认和计量收入及费用的，它无法说明企业经营活动引起的现金流入和现金流出的信息，也不能说明筹资活动和投资活动提供多少资金，运用了多少资金等方面的信息。由此可见，虽然资产负债表和利润表具有重要的作用，但所提供的信息有一定的局限性，不能满足财务报表使用者的需要。为了弥补资产负债表和利润表的不足，需要企业编制现金流量表。

我国 1993 年颁布的《企业会计准则》，规定企业应编制财务状况变动表或现金流量表，但由于制度中只规定了财务状况变动表的具体格式和编制方法，没有规定现金流量表的格式和编制方法，所以大多数企业只编制财务状况变动表，而不编制现金流量表。但随着社会主义市场经济体制的建立，越来越多的报表使用者为了了解企业的现金来源和现金运用情况，评价企业的偿债能力和支付能力，要求企业编制现金流量表，1998 年颁布的《企业会计准则——现金流量表》明确提出用现金流量表取代财务状况变动表。2006 年颁布的新会计准则体系对现金流量的编制进行了补充和完善。

现金流量表，是反映企业一定会计期间现金和现金等价物流入和流出的报表。现金流量表属于动态报表。编制现金流量表的主要目的，是为财务报表使用者提供企业一定会计期间内现金和现金等价物流入及流出的信息，以便于财务报表使用者了解和评价企业获取现金和现金等价物的能力，并据以预测企业未来现金流量。现金流量表的作用，具体有以下三个方面。

1. 现金流量表可使企业的投资者和债权人了解企业现金流动的信息

市场经济条件下，企业现金流量在很大程度上决定着企业的生存和发展。即使企业有盈利能力，但若现金周转不畅，资金调度不灵，将严重影响企业的发展，甚至影响企业的生存。通过现金流量表，投资者和债权人了解企业经过一段时间的经营后，是否有足够的现金支付股利或偿还到期的债务。

2. 现金流量表有助于预测企业未来现金流量

评价过去是为了预测未来。通过现金流量表所反映的企业过去一定期间的现金流量以及其他生产经营指标，可以了解企业现金的来源和用途是否合理，了解经营活动产生的现金流量有多少，企业在多大程度上依赖外部资金，就可以据以预测企业未来现金流量，从而为企业编制现金流量计划、组织现金调度、合理节约地使用现金创造条件,为投资者和债权人评价企业的未来现金流量、作出投资和信贷决策提供必要信息。

3. 现金流量表有助于分析企业收益质量及影响现金净流量的因素

利润表中列示的净利润指标,反映了一个企业的经营成果,这是体现企业经营业绩的最重要的一个指标。但是,利润表是按照权责发生制原则编制的,它不能反映企业经营活动产生了多少现金,并且没有反映投资活动和筹资活动对企业财务状况的影响。通过编制现金流量表,可以掌握企业经营活动、投资活动和筹资活动的现金流量,将经营活动产生的现金流量与净利润相比较,就可以从现金流量的角度了解净利润的质量,并进一步判断,是哪些因素影响现金流入,从而为分析和判断企业的财务前景提供信息。

二、现金流量表的结构和内容

现金流量表以现金及现金等价物为基础编制,划分为经营活动、投资活动和筹资活动。现金流量表按照收付实现制原则编制,将权责发生制下的盈利信息调整为收付实现制下的现金流量信息。

现金流量表中的现金一般包括现金及现金等价物。其中现金是指企业库存现金以及可以随时用于支付的存款。现金等价物是指企业持有的期限短、流动性强、易于转换为已知金额现金、价值变动风险很小的投资。其中,期限短一般是指从购买日起3个月内到期。例如可在证券市场上流通的3个月内到期的短期债券等。

现金流量表的结构包括基本报表和补充资料(在附注中披露)。现金流量表的基本报表格式见表8-9,现金流量表的补充资料格式见表8-10。

表 8-9　现金流量表

会企03表

编制单位:　　　　　　　　　　　　　　　___年___月　　　　　　　　　　　单位:元

项　目	本期金额	上期金额
一、经营活动产生的现金流量		
销售商品、提供劳务收到的现金		
收到的税费返还		
收到其他与经营活动有关的现金		
经营活动现金流入小计		
购买商品、接受劳务支付的现金		
支付给职工以及为职工支付的现金		
支付的各项税费		
支付其他与经营活动有关的现金		
经营活动现金流出小计		
经营活动产生的现金流量净额		
二、投资活动产生的现金流量		
收回投资收到的现金		
取得投资收益收到的现金		
处置固定资产、无形资产和其他长期资产收回的现金净额		
处置子公司及其他营业单位收到的现金净额		
收到其他与投资活动有关的现金		
投资活动现金流入小计		
购建固定资产、无形资产和其他长期资产支付的现金		
投资支付的现金		

续表

项　　　目	本期金额	上期金额
取得子公司及其他营业单位支付的现金净额		
支付其他与投资活动有关的现金		
投资活动现金流出小计		
投资活动产生的现金流量净额		
三、筹资活动产生的现金流量		
吸收投资收到的现金		
取得借款收到的现金		
收到其他与筹资活动有关的现金		
筹资活动现金流入小计		
偿还债务支付的现金		
分配股利、利润或偿付利息支付的现金		
支付其他与筹资活动有关的现金		
筹资活动现金流出小计		
筹资活动产生的现金流量净额		
四、汇率变动对现金及现金等价物的影响		
五、现金及现金等价物净增加额		
加：期初现金及现金等价物余额		
六、期末现金及现金等价物余额		

表 8-10　现金流量表补充资料　　　　　　　　　　　　　　　　单位：元

补　充　资　料	本期金额	上期金额
1. 将净利润调节为经营活动现金流量		
净利润		
加：资产减值准备		
固定资产折旧、油气资产折耗、生产性生物资产折旧		
无形资产摊销		
长期待摊费用摊销		
处置固定资产、无形资产和其他长期资产的损失（收益以"－"号填列）		
固定资产报废损失（收益以"－"号填列）		
公允价值变动损失（收益以"－"号填列）		
财务费用（收益以"－"号填列）		
投资损失（收益以"－"号填列）		
递延所得税资产减少（增加以"－"号填列）		
递延所得税负债增加（减少以"－"号填列）		
存货的减少（增加以"－"号填列）		
经营性应收项目的减少（增加以"－"号填列）		
经营性应付项目的增加（减少以"－"号填列）		
其他		
经营活动产生的现金流量净额		
2. 不涉及现金收支的重大投资和筹资活动		
债务转为资本		
一年内到期的可转换公司债券		
融资租入固定资产		
3. 现金及现金等价物净增加情况		
现金的期末余额		
减：现金的期初余额		
加：现金等价物的期末余额		
减：现金等价物的期初余额		
现金及现金等价物净增加额		

基本报表是现金流量表的主体,它由以下六个部分组成:经营活动产生的现金流量;投资活动产生的现金流量;筹资活动产生的现金流量;汇率变动对现金的影响;现金及现金等价物净增加额和期末现金及现金等价物余额。

补充资料包括三项内容:将净利润调节为经营活动现金流量;不涉及现金收支的重大投资和筹资活动;现金及现金等价物净变动情况。

现金流量表各项目之间存在以下勾稽关系。

① 在基本报表中,各项现金流入小计－各项现金流出小计＝各项现金流量净额。

② 在基本报表中,经营活动产生的现金流量净额＋投资活动产生的现金流量净额＋筹资活动产生的现金流量净额＋汇率变动对现金的影响额＝现金及现金等价物净增加额。

③ 在补充资料中,净利润＋调节项目金额＝经营活动产生的现金流量净额。

④ 在补充资料中,现金期末余额－现金期初余额＋现金等价物期末余额－现金等价物期初余额＝现金及现金等价物净增加额。

⑤ 基本报表中的"经营活动产生的现金流量净额"＝补充资料中的"经营活动产生的现金流量净额"。

⑥ 基本报表中的"现金及现金等价物净增加额"＝补充资料中的"现金及现金等价物净增加额"。

三、现金流量表中经营活动现金流量的编制方法

经营活动的现金流量要按收付实现制确认损益,而现行的会计是按权责发生制确认损益的,由于确认基础不同,利润表上的收入、费用数据不能直接作为编制现金流量表的依据,必须结合具体的有关账户,才能确定经营活动对现金流量的影响。在编制现金流量表时,列报经营活动现金流量的方法有两种:一是直接法;二是间接法。

所谓直接法,是指按现金收入和现金支出的主要类别直接反映企业经营活动产生的现金流量,如销售商品、提供劳务收到的现金;购买商品、接受劳务支付的现金等就是按现金收入和支出的来源直接反映的。在直接法下,一般是以利润表中的营业收入为起算点,调节与经营活动有关的项目的增减变动,然后计算出经营活动产生的现金流量。

在我国,采用直接法编制现金流量表时经营活动产生的现金流入项目主要包括:

① 销售商品、提供劳务收到的现金;

② 收到的税费返还;

③ 收到其他与经营活动有关的现金。

经营活动产生的现金流出项目主要包括:

① 购买商品、接受劳务支付的现金;

② 支付给职工以及为职工支付的现金;

③ 支付的各项税费;

④ 支付的其他与经营活动有关的现金。

所谓间接法,是指以净利润为起算点,调整不涉及现金的收入、费用、营业外收支等有关项目,据此计算出经营活动产生的现金流量。由于净利润是按照权责发生制原则确定的,且包括了投资活动和筹资活动收益和费用,将净利润调节为经营活动现金流量,实际上就是将按权责发生制原则确定的净利润调整为现金净流入,并剔除投资活动和筹资活动对现金流量的影响。具体来说,需要在净利润基础上进行调节的项目主要包括:

① 资产减值准备；
② 固定资产折旧；
③ 无形资产摊销；
④ 长期待摊费用摊销；
⑤ 处置固定资产、无形资产和其他长期资产的损益；
⑥ 固定资产报废损失；
⑦ 公允价值变动损失；
⑧ 财务费用；
⑨ 投资损益；
⑩ 递延税款；
⑪ 存货；
⑫ 经营性应收项目；
⑬ 经营性应付项目。

采用直接法编报的现金流量表，便于分析企业经营活动产生的现金流量的来源和用途，预测企业现金流量的未来前景；采用间接法编报的现金流量表，便于将净利润与经营活动产生的现金流量净额进行比较，了解净利润与经营活动产生的现金流量差异的原因，从现金流量的角度分析净利润的质量。根据现行企业会计准则的规定，企业应当采用直接法编报现金流量表，同时要求提供在净利润基础上调节为经营活动产生的现金流量的信息。也就是说，同时采用直接法和间接法两种方法编报现金流量表。

现金流量表中各项目，应根据资产负债表、利润表以及有关账户的记录，分析填列。

专栏 8-4　　　　　　　　　　面子、日子和底子

人们知道，利润表是反映企业当期的盈利状况，是企业的经营收入减去发生的成本及所有费用后得到的净利润，是归股东所有的财富，体现为净利润。由于这个净利润应该归股东所有，所以在期末转入股东权益，增加未分配利润。之所以说利润表是"面子"，是因为投资者在选择进行投资决策分析的时候，往往关注企业的盈利能力，通过利润表反映企业的净利润率、毛利润率以及和资产负债表对比产生的净资产收益率等指标可以在不同企业之间进行比较分析，因此，如果企业的利润率高，即投资回报率高，自然"面子"很好看。当然，在具体分析的时候要关注比如主营业务利润所占的份额，还要对照现金流量表看当期的利润的增加有没有相对应的现金的增加等。

现金流量表是反映企业当期经营活动、投资活动和融资活动所引发的现金的流动情况。从该表的三个部分不难看出，经营活动的现金流量和利润表的主营业务利润是相关联的，但是要经过必要的调整后才能反映实际现金的流转情况，比如，由于应收账款的变化，企业的营业收入的增加并没有带来同样数额现金增加，因此在根据净利润调整到经营现金流量时也要按照当期和上年的资产负债表里的各项目（应收、应付、存货等）的变化调整；投资活动的现金流量是和利润表的投资收益相关联的，但是，现金流量表更真实地反映某项投资收益是否有现金流入企业，同时，这部分与资产负债表的长期投资的增减相关；融资活动主要与资产负债表的负债部分的变动相关，比如企业在当年有新申请的银行贷款并到位，则表现为在资产负债表的银行存款和长期负债的增加及现金流量表的融资活动产生的现金流量的增加。因此,在企业编制现金流量表的过程,就是对比分析利润表和资产负债表的过程。之所以称现金流量表为"日子",主要因为任何一个企业的运作都要有足够的营运资金,才能够及时偿付应付的债务,因此,很多企业的供应商往往更关注企业的现金流转和充足情况,有现金的"日子"才好过。

资产负债表当然是"底子",就如同人们家庭的家底一样。因为企业之所以能够盈利和发展,主要是由于企业有相当的厂房、设备等固定资产和现金、存货等流动资产,再加上良好的管理团队,才能在这个基础上为股东盈利和发展企业。投资者在比较不同企业的资产负债表时,往往关注企业的资产规模、资产负债率等指标,通过比较,可以看到企业的"底子"是否"厚实"。

第五节 所有者权益变动表

一、所有者权益变动表的概念和作用

随着现代企业制度的建立,企业的资本经营使所有者权益经常发生变化,为了便于会计信息使用者分析企业所有者权益的增减变化情况,为决策提供有用的信息,要求企业编制所有者权益变动表。

所有者权益变动表(在股份公司中称为"股东权益变动表")是指反映构成所有者权益的各组成部分当期的增减变动情况的报表。

通过所有者权益变动表,既可以为报表使用者提供所有者权益总量增减变动的信息,也能为其提供所有者权益增减变动的结构性信息,特别是能够让报表使用者理解所有者权益增减变动的根源。

所有者权益变动表体现的是一种全面收益观念,它是架于资产负债表和利润表之间的桥梁,一方面展示了资产负债表中所有者权益变动的原因和具体内容;另一方面又是对利润表的补充,同时还把绕过利润表而直接在资产负债表中列示的项目和内容充分披露出来。

二、所有者权益变动表的结构和内容

所有者权益变动表包括表首、正表两部分。其中,表首说明报表名称、编制单位、编制日期、报表编号、货币名称、计量单位等。

为了清楚地表明构成所有者权益的各组成部分当期的增减变动情况,所有者权益变动表正表以矩阵的形式列示。一方面,列示导致所有者权益变动的交易或事项,即所有者权益变动的来源,对一定时期所有者权益变动情况进行全面反映;另一方面,按照所有者权益各组成部分(包括实收资本、资本公积、其他综合收益、盈余公积、未分配利润和库存股)列示交易或事项对所有者权益各部分的影响。

在所有者权益变动表中,企业至少应当单独列示反映下列信息的项目:①综合收益总额;②会计政策变更和差错更正的累计影响金额;③所有者投入和向所有者分配利润;④提出的盈余公积;⑤实收资本或股本、资本公积、盈余公积、未分配利润的期初和期末的余额及其调节情况。

我国企业所有者权益变动表的格式见表8-11。

表 8-11 所有者权益变动表

会企 04 表

编制单位：　　　　　　　　　　　　　　　　　　　年度　　　　　　　　　　　　　　　单位：元

项目	本年金额										上年金额									
	实收资本（或股本）	其他权益工具			资本公积	减：库存股	其他综合收益	盈余公积	未分配利润	所有者权益合计	实收资本（或股本）	其他权益工具			资本公积	减：库存股	其他综合收益	盈余公积	未分配利润	所有者权益合计
		优先股	永续债	其他								优先股	永续债	其他						
一、上年年末余额																				
加：会计政策变更																				
前期差错更正																				
其他																				
二、本年年初余额																				
三、本年增减变动金额（减少以"一"号填列）																				
（一）综合收益总额																				
（二）所有者投入和减少资本																				
1. 所有者投入的普通股																				
2. 其他权益工具持有者投入资本																				
3. 股份支付计入所有者权益的金额																				
4. 其他																				
（三）利润分配																				
1. 提取盈余公积																				
2. 对所有者（或股东）的分配																				
3. 其他																				
（四）所有者权益内部结转																				
1. 资本公积转增资本（或股本）																				
2. 盈余公积转增资本（或股本）																				
3. 盈余公积弥补亏损																				
4. 设定收益计划变动额结转留存收益																				
5. 其他综合收益结转留存收益																				
6. 其他																				
四、本年年末余额																				

三、所有者权益变动表的编制方法

（一）所有者权益变动表各项目的列报说明

1. "上年年末余额"项目，反映企业上年资产负债表中实收资本（或股本）、资本公积、库存股、其他综合收益、盈余公积、未分配利润的年末余额。

2. "会计政策变更"和"前期差错更正"项目，分别反映企业采用追溯调整法处理的会计政策变更的累积影响金额和采用追溯重述法处理的会计差错更正的累积影响金额。

为了体现会计政策变更和前期差错更正的影响，企业应在上期期末所有者权益余额的基础上进行调整得出本期期初所有者权益，根据"盈余公积"、"利润分配"、"以前年度损益调整"等科目及其所属明细科目的发生额分析填列。

3. "本年年初余额"项目，反映企业对"上年年末余额"进行"会计政策变更"和"前期差错更正"调整后的余额。该项目根据"上年年末余额"项目加"会计政策变更"和"前期差错更正"项目后的数字填列。

4."本年增减金额变动额"项目分别反映如下内容。

（1）"综合收益总额"项目，反映企业净利润和其他综合收益扣除所得税影响后的净额相加后的合计金额。

（2）"所有者投入和减少资本"项目，反映企业当年所有者投入的资本和减少的资本。

①"所有者权益投入"项目，反映企业接受投资者投入形成的实收资本（或股本）和资本溢价或股本溢价。

②"股份支付计入所有者权益的金额"项目，反映企业处于等待期中的权益结算的股份支付当年计入资本公积的金额。

（3）"利润分配"项目，反映企业当年对所有者（或股东）分配的利润（或股利）金额和按照规定提取的盈余公积金额，对应填列在"未分配利润"和"盈余公积"项目栏内。

①"提取盈余公积"项目，反映企业按照规定提取的盈余公积。根据"利润分配"科目所属明细科目借方发生额填列。

②"对所有者（或股东）的分配"项目，反映对所有者（或股东）分配的利润（或股利）金额。根据"利润分配"科目所属明细科目借方发生额填列。

（4）"所有者权益内部结转"项目，反映企业构成所有者权益的组成部分之间当年的增减变动情况。

①"资本公积转增资本（或股本）"项目，反映企业当年以资本公积转增资本（或股本）的金额。根据"实收资本（或股本）"和"资本公积"科目所属明细科目的发生额分析填列。

②"盈余公积转增资本（或股本）"项目，反映企业当年以盈余公积转增资本（或股本）的金额。根据"实收资本（或股本）"和"盈余公积"科目所属明细科目的发生额分析填列。

③"盈余公积弥补亏损"项目，反映企业当年以盈余公积弥补亏损的金额。根据"利润分配"和"资本公积"科目所属明细科目的发生额分析填列。

④"其他综合收益结转留存收益"项目，主要反映：企业指定为以公允价值计量且其变动计入其他综合收益的非交易性权益工具投资终止确认时，之前计入其他综合收益的累计利得或损失从其他综合收益中转入留存收益的金额；企业指定为以公允价值计量且其变动计入当期损益的金融负债终止确认时，之前由企业自身信用风险变动引起而计入其他综合收益的累计利得或损失从其他综合收益中转入留存收益的金额等。根据"其他综合收益"科目的相关明细科目的发生额分析填列。

（二）上年金额栏的填列方法

所有者权益变动表"上年金额"栏内的各项数字，应根据上年度所有者权益变动表"本年金额"栏内所列数字填列。如果上年度所有者权益变动表规定的各个项目的各个名称和内容同本年度不一致，应对上年度所有者权益变动表内各项目的名称和数字按本年度的规定进行调整，填入所有者权益变动表"上年金额"栏内。

（三）本年金额栏的填列方法

所有者权益变动表"本年金额"栏内各项数字一般应根据"实收资本（或股本）"、"其他权益工具"、"资本公积"、"库存股"、"其他综合收益"、"盈余公积"、"利润分配"、"以前年度损益调整"等科目的发生额分析填列。

> **专栏 8-5　　　　　　四张财务报表之间的关系**
>
> 从数量关系上看，四张财务报表之间的关系如图 8-2 所示。
>
>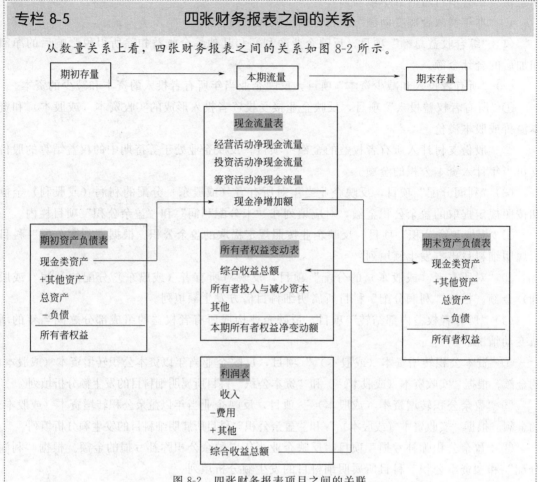
>
> 图 8-2　四张财务报表项目之间的关联
>
> 由图 8-2 可以看出，资产负债表反映某一时点的价值存量，利润表、现金流量表和所有者权益变动表反映的是两个时点之间的流量，即存量的变化。
>
> 利润表反映了所有者权益变化的一部分，现金流量表则反映了资产负债表中现金类资产的变化过程，所有者权益变动表反映了资产负债表中所有者权益具体项目的变化过程。四张财务报表反映了企业会计期间的总体财务状况、经营成果和现金流动情况。

第六节　财务报表附注

一、财务报表附注的概念和作用

财务报表附注是对资产负债表、利润表、现金流量表和所有者权益变动表等报表中列示项目的文字描述或明细资料，以及对未能在这些报表中列示项目的说明。财务报表附注由若干附表和对有关项目的文字性说明组成。财务报表附注的意义在于提高会计信息的质量，增强财务报表的真实性、准确性和完整性，使财务报表使用者获得充分的信息，做出正确的判断。概括地说，财务报表附注具有以下作用。

（1）提高会计信息的可比性　财务报表是依据企业会计准则编制而成的，而企业会计准则在许多方面规定了可供选择的多种会计处理方法，企业可结合本行业的特点及其具体情况进行选择，这就导致了不同行业或同一行业各个企业所提供的会计信息之间的差异。即使是同一个企业由于经济环境变化，不同会计期间的会计处理方法也有可能不同。因此企业有必要在财务报表附注中揭示变更的情况、原因，并说明企业因会计处理方法改变而产生的差异及其影响，这就提高了同行业企业之间及本企业前后期会计资料的可比性。

(2) 增进财务报表的可理解性　财务报表数据之间存在着内在逻辑关系，理解这种逻辑关系需要一定的专业知识。财务报表附注对表中数据进行解释，将一个抽象的数据分解成若干的具体项目，并说明产生这些项目的会计方法，有助于财务报表使用者正确理解财务报表。

(3) 体现会计信息的完整性　财务报表以数字表示为主，财务报表附注则重在文字说明，辅以数字注释，两者结合，给财务报表使用者提供更加全面的信息。

二、财务报表附注披露的基本要求

(1) 财务报表附注披露的信息应是定量、定性信息的结合，从而能从量和质两个角度对企业经济事项完整地进行反映，也才能满足信息使用者的决策需求。

(2) 财务报表附注应当按照一定的结构进行系统合理的排列和分类，有顺序地披露信息。由于附注的内容繁多，因此更应按逻辑顺序排列，分类披露，条理清晰，具有一定的组织结构，以便于使用者理解和掌握，也更好地实现财务报表的可比性。

(3) 财务报表附注相关信息应当与资产负债表、利润表、现金流量表和所有者权益变动表等报表中列示的项目相互参照，以有助于使用者联系相关联的信息，并由此从整体上更好地理解财务报表。

三、财务报表附注的内容

根据《企业会计准则——应用指南》的规定，企业编制的财务报表附注应包括以下主要内容。

1. 企业的基本情况

企业注册地、组织形式和总部地址；企业的业务性质和主要经营活动；公司名称；财务报告的批准者和财务报告批准报出日期。

2. 财务报表的编制基础

企业应当以持续经营为基础编制财务报表。

3. 遵循企业会计准则的声明

企业应当明确说明编制的财务报表是否符合企业会计准则的要求，真实、完整地反映了企业的财务状况、经营成果和现金流量等有关信息。

4. 重要会计政策和会计估计

企业应当披露采用的重要会计政策和会计估计。不重要的会计政策和会计估计可以不披露。在披露重要会计政策和会计估计时，应当披露重要会计政策的确定依据和财务报表项目的计量基础，以及会计估计中所采用的关键假设和不确定因素。

例如："采用备抵法核算坏账计提损失"、"领用原材料发出时采用加权平均法计价"等属于会计政策。

"生产用机器设备按照10年，净残值5%"，计提固定资产折旧，属于会计估计。

5. 会计政策和会计估计变更以及差错更正的说明

企业应当按照会计准则的规定，披露会计政策和会计估计变更以及差错更正的有关情况。

6. 报表重要项目的说明

企业对报表重要项目的说明，应当按照资产负债表、利润表、现金流量表、所有者权益变动表及其项目列示的顺序，采用文字和数字描述相结合的方式进行披露。报表重要项目的明细金额合计，应当与报表项目金额相衔接。

7. 其他需要说明的重要事项

主要包括或有和承诺事项、资产负债表日后非调整事项、关联方关系及其交易等，具体的披露要求须遵循相关准则的规定。

本章总结

财务报告是企业对外提供的反映企业某一特定日期的财务状况和某一会计期间的经营成果、现金流量等会计信息的文件。财务报告主要包括财务报表、财务报表附注和其他应当在财务报告中披露的相关信息和资料。

财务报表可以按照不同的标准分类。按反映的经济内容，可分为动态报表与静态报表；按编报时间，可分为中报与年报；按报送对象，可分为对内报表与对外报表；按编报的会计主体不同，可分为个别报表与合并报表。

资产负债表是反映企业某一特定日期财务状况的财务报表。由于它反映的是某一时点的情况，所以又称为静态报表。它是根据"资产＝负债＋所有者权益"这一会计等式，依照一定的分类标准和顺序，将企业在一定日期的全部资产、负债和所有者权益项目进行适当分类、汇总、排列后编制而成的。资产负债表常见的有账户式与报告式两种。我国资产负债表采用账户式。资产类项目按流动性强弱进行列示，负债类项目按偿还期的长短进行列示，所有者权益类项目按永久性程度列示。

利润表是反映企业在一定会计期间的经营成果的财务报表。利润表动态反映企业资金运动，利润表是动态报表。按照收入与费用的排列方式不同，利润表可分为单步式利润表和多步式利润表，我国企业一般采用多步式利润表的形式，即通过分别计算列示营业收入、营业利润、利润总额、净利润等方式来进行利润表的编制。

现金流量表是反映企业一定会计期间现金和现金等价物流入和流出的报表，现金流量表属于动态报表。现金流量表的结构包括基本报表和补充资料。基本报表是现金流量表的主体，它由六个部分组成：经营活动产生的现金流量；投资活动产生的现金流量；筹资活动产生的现金流量；汇率变动对现金的影响；现金及现金等价物净增加额和期末现金及现金等价物余额。补充资料包括三项内容：将净利润调节为经营活动现金流量；不涉及现金收支的重大投资和筹资活动；现金及现金等价物净变动情况。

所有者权益变动表是指反映构成所有者权益各组成部分当期的增减变动情况的报表。通过所有者权益变动表，既可以为报表使用者提供所有者权益总量增减变动的信息，也能为其提供所有者权益增减变动的结构性信息，特别是能够让报表使用者准确理解所有者权益增减变动的根源。

财务报表附注是对资产负债表、利润表、现金流量表和所有者权益表变动表等报表中列示项目的文字描述或明细资料，以及对未能在这些报表中列示项目的说明。财务报表附注由若干附表和对有关项目的文字性说明组成。财务报表附注的意义在于提高会计信息的质量，增强财务报表的真实性、准确性和完整性，使财务报表使用者获得充分的信息，做出正确的判断。

重要概念

财务报告 财务报表 动态报表 静态报表 个别报表 合并报表 资产负债表 利润表 现金流量表 现金等价物 直接法 间接法 所有者权益变动表 财务报表附注

复习思考题

1. 什么是财务报告？财务报告主要包括哪些内容？
2. 什么是财务报表？财务报表的作用是什么？
3. 编制财务报表有哪些具体要求？
4. 编制资产负债表的依据是什么？
5. 资产负债表项目的填列方法有哪几种？试举例说明。
6. 简述利润表的概念和作用。
7. 为什么要编制现金流量表？
8. 通过所有者权益变动表可以了解哪些信息？
9. 财务报表附注主要包括哪些内容？

练习题

习题一

一、目的

练习资产负债表的编制。

二、资料

鑫欣公司20×7年12月31日全部总账和有关明细账余额见表8-12。

表8-12 鑫欣公司总账和有关明细账余额

20×7年12月31日   单位：元

总账	明细账户	借方余额	贷方余额	总账	明细账户	借方余额	贷方余额
库存现金		6 000		短期借款			372 000
银行存款		90 000		应付账款			60 000
交易性金融资产		84 000			F企业		42 000
应收账款		138 000			H企业	30 000	
	A公司	60 000			I企业		48 000
	B公司		12 000	预收账款			6 000
	C公司	90 000			J企业		24 000
预付账款		28 200			K企业	18 000	
	D公司	30 000		其他应付款			72 000
	E公司		1 800	应付职工薪酬			208 200
其他应收款		60 000		应交税费			360 000
原材料		162 000		应付股利			120 000
生产成本		48 000		长期借款			384 000

续表

总 账	明细账户	借方余额	贷方余额	总 账	明细账户	借方余额	贷方余额
库存商品		120 000		实收资本			300 000
长期股权投资		62 000		资本公积			68 000
固定资产		2 400 000		盈余公积			132 480
累计折旧			360 000	利润分配	未分配利润		959 520
无形资产		180 000					
长期待摊费用		24 000					

三、要求

根据上述资料编制资产负债表。

习 题 二

一、目的

练习利润表的编制。

二、资料

(1) 景福公司20×7年1～9月份利润表各项目累计数见表8-13。

表8-13 利润表

20×7年9月　　　　　　　　　　　　　　　　　　　　单位：元

项　　目	本月数	本年累计数
一、营业收入		4 024 000
减：营业成本		2 502 000
税金及附加		202 000
销售费用		402 000
管理费用		102 000
财务费用		42 000
加：投资收益	略	65 000
二、营业利润		839 000
加：营业外收入		97 000
减：营业外支出		35 000
三、利润总额		901 000
减：所得税费用		297 330
四、净利润		603 670

(2) 景福公司20×7年10月份有关损益类账户的发生额见表8-14。

表8-14 损益类账户发生额

20×7年10月　　　　　　　　　　　　　　　　　　　　单位：元

账 户 名 称	借方发生额	贷方发生额
主营业务收入		402 000
其他业务收入		17 000
投资收益		17 490
营业外收入		45 000

续表

账户名称	借方发生额	贷方发生额
主营业务成本	262 000	
税金及附加	34 000	
销售费用	14 000	
管理费用	45 000	
财务费用	18 000	
其他业务成本	15 000	
营业外支出	53 000	
所得税费用	12 000	

三、要求

根据以上资料编制该公司10月份的利润表。

案例分析

杰克·韦尔奇是美国通用电气公司（GE）董事长兼首席执行官，他是世界超一流的企业经营家，他还是世界上率先开始实践"裁员"与"现金流量经营"的先导者。

著名的韦尔奇语录这样说："如果将发展事业的指标定为3个，那么它们分别是员工的满意程度、顾客的满意程度以及现金流量。只要在你需要的时候手边总有所需的现金，那么所有事情都会十分顺利。得到顾客的满意，市场份额就会增加；得到员工的满意，生产效率就会提高，有了现金一切都会顺利。"

杰克·韦尔奇简单明了地指出了企业经营的要点，另外请特别留意他重视现金流量的观点。正是由于杰克·韦尔奇20世纪90年代初期将经营的重点从追求利润转换成重视现金，并获得成功，这才在世界范围内掀起了重视现金流量经营的热潮。

亏损企业中很多是与杰克·韦尔奇所强调的3个成功要点背道而驰的。一般是制造不能满足顾客需求的落伍产品，出现亏损，然后借无法盈利裁员从而使员工士气低落，最终导致资金匮乏而破产，并将破产理由强调成融资困难。这样的企业在世界任何国家都为数不少。

讨论：杰克·韦尔奇为什么重视现金流量？

第九章 会计工作的组织与管理

学习目标：
1. 掌握我国现行会计法律制度的内容。
2. 掌握《企业会计准则——基本准则》的主要内容。
3. 掌握会计档案的保管期限。
4. 熟悉会计工作岗位责任制。
5. 熟悉会计专业技术资格考试制度。
6. 了解代理记账的业务范围。
7. 了解会计人员职业道德的主要内容。
8. 了解会计信息化的发展。

导入案例：

明达公司财务部经理离任后，董事长说："2017年新修正的《会计法》取消了从事会计工作的人员必须取得会计从业资格证书的规定。让技术部经理李鑫担任财务部经理吧，李鑫虽是学电气工程的，也没接触过会计工作，但组织能力挺强的，可以边干边学吗！"

李鑫上任不久，董事长就布置任务说："现在公司资金紧张，急需向银行贷款，提供给银行的财务报表一定要漂亮一点，请你们技术处理一下。"李鑫认为这是领导对自己的信任，不能辜负领导的期望。他找来业务骨干，加班加点编制出一份漂亮的财务报表，获得银行贷款3 000万元。

李鑫接任后，感到财务部会计人员较少，他要求出纳同时兼任稽核和会计档案的保管工作。一天，反贪局到明达公司调查离任财务部经理的经济问题，会计档案保管人得到李鑫同意后，将部分记账凭证和数本账册借给反贪局。由于记账凭证太多，李鑫要求财会人员将保存满8年的会计凭证销毁。

你认为董事长让李鑫担任财务部经理是否合适？李鑫对财务报表技术处理是否违反会计职业道德要求？明达公司出纳同时兼任稽核和会计档案的保管工作是否合理？会计档案能否借给反贪局？根据《会计档案管理办法》，会计凭证应该保留多少年才能销毁？

第一节 会计法律制度

一、会计法律制度的概念和内容

会计法律制度是指国家权力机关和行政机关制定的，用于调整会计关系的各种法律、法规、规章和规范性文件的总称。会计法律制度具有公认性、统一性、广泛使用性。作为一种标准，它能帮助会计人员解决如何工作的问题，为评价会计工作提供客观依据；作为一种机制，它是保障和促进会计活动达到预期目的的一种制约力量。

我国现行的会计法律制度由会计法律、会计行政法规、会计部门规章、地方性会计法规四个部分组成。

1. 会计法律

会计法律是指由全国人民代表大会及其常务委员会经过一定立法程序制定的有关会计工作的法律，属于会计法律制度中最具权威、层次最高的法律规范，是制定其他会计法规的依据，也是指导会计工作的基本大法。会计法律主要包括《中华人民共和国会计法》（简称《会计法》）。

2. 会计行政法规

会计行政法规是指国务院制定并发布，或者国务院有关部门拟定并经过国务院批准发布，调整经济生活中某些方面会计关系的法律规范。

会计行政法规制定的依据是会计法律，其权威性和法律效力仅次于会计法律。会计行政法规通常以条例、办法、规定等具体名称出现。我国现行会计行政法规主要包括《总会计师条例》《企业财务会计报告条例》。

3. 会计部门规章

会计部门规章是指国务院财政部门根据法律、行政法规的规定发布的指导会计工作的具体规定。会计部门规章的效力低于会计法律和会计行政法规。

我国现行会计法律中将国务院财政部门制定的会计部门规章称为"国家统一的会计制度"。国家统一的会计制度是指有关会计核算、会计监督、会计机构和会计人员以及会计工作管理的制度，主要包括《企业会计准则》《会计基础工作规范》《代理记账管理办法》《会计档案管理办法》等。

4. 地方性会计法规

地方性会计法规是指由省、自治区、直辖市人民代表大会及其常务委员会在与会计法律、会计行政法规不相抵触的前提下，制定发布的关于会计核算、会计监督、会计机构和会计人员以及会计工作管理的规范性文件。它是我国会计法律制度的最后一个层次。

二、会计法

1985年1月21日第六届全国人民代表大会常务委员会第九次会议通过了《会计法》，这是我国第一部会计法。它的实施标志着我国会计工作从此走上了法治的轨道。1993年12月29日第八届全国人民代表大会常务委员会第五次会议对该法进行了修正。1999年10月31日第九届全国人民代表大会常务委员会第十二次会议对该法进行了修订。2017年11月4日第十二届全国人民代表大会常务委员会第三十次会议修正，自2017年11月5日起施行。

《会计法》是一项重要的经济法律，是会计工作的基本规范，是制定其他一切会计法规、制度、办法、程序等的法律依据。现行的《会计法》共有七章五十二条。具体包括：总则；会计核算；公司、企业会计核算的特别规定；会计监督；会计机构和会计人员；法律责任；附则等。

1. 总则

总则说明了会计法的作用、适用范围、会计人员行使职权的保障措施、会计工作的管理体系等内容。如明确规定《会计法》适用于国家机关、社会团体、公司、企业、事业单位和其他组织办理会计事务。国务院财政部门主管全国的会计工作，县级以上地方各级人民政府财政部门管理本行政区域内的会计工作。国家实行统一的会计制度。特别强调了单位负责人对本单位的会计工作和会计资料的真实性、完整性负责。

2. 会计核算规定

《会计法》规定会计核算的内容主要包括：款项和有价证券的收付；财物的收发、增减和使用；债权债务的发生和结算；资本、基金的增减；收入、支出、费用、成本的计算；财务成果的计算和处理等。规定会计核算以人民币为记账本位币。我国会计年度采用公历年度，即1月1日起至12月31日为一个会计年度。会计核算部分还就会计程序和核算方法作了规定，对会计凭证、会计账簿和财务会计报告提出了基本要求。

3. 公司、企业会计核算的特别规定

考虑到公司、企业的会计核算的特点，会计法对公司、企业会计核算作了特别规定，如公司、企业必须根据实际发生的经济业务事项，按照国家统一的会计制度的规定确认、计量和记录资产、负债、所有者权益、收入、费用、成本和利润。明确规定禁止的一些行为。

4. 会计监督规定

《会计法》规定各单位应当建立、健全本单位内部会计监督制度，明确各单位的会计机构和会计人员为会计监督的主体，负责监督本单位的经济活动。规定了单位必须接受财政、审计、税务、人民银行、证券监管、保险监管等部门监督检查。

5. 会计机构的设置和会计人员的配备

《会计法》规定各单位应当根据会计业务的需要，设置会计机构和配备会计人员。会计机构内部应当建立稽核制度。会计人员应当具备从事会计工作所需要的专业能力。会计人员应当遵守职业道德，提高业务素质。会计人员调动工作或者离职，必须与接管人员办清交接手续。

6. 法律责任

《会计法》规定了单位负责人、会计人员违反会计核算、会计监督的有关规定的法律责任。特别规定有下列四种情况，构成犯罪的，要依法追究刑事责任，内容包括：伪造、变造会计凭证、会计账簿，编制虚假财务会计报告；隐匿或者故意销毁依法应当保存的会计凭证、会计账簿、财务会计报告；授意、指使、强令会计机构、会计人员及其他人员伪造、编造会计凭证、会计账簿，编制虚假财务会计报告或者隐匿、故意销毁依法应当保存的会计凭证、会计账簿、财务会计报告；单位负责人对依法履行职责、抵制违反会计法规定行为的会计人员以降级、撤职、调离工作岗位、解聘或者开除等方式实行打击报复。

三、会计准则

会计准则又称会计标准，是会计核算工作的基本规范。它就会计核算的原则和会计核算业务的处理做出规定，为单位会计制度的制定提供依据。我国已颁布的会计准则有《企业会计准则》《小企业会计准则》《政府会计准则》《事业单位会计准则》。

（一）企业会计准则

我国自1988年开始研究起草企业会计准则，1992年11月经国务院批准，财政部发布《企业会计准则》，自1993年7月1日起执行。这标志着我国会计准则从理论研究步入会计实务，为会计准则体系的建立、发展和完善奠定了基础。

会计准则体系作为技术规范，有着严密的结构和层次。我国企业会计准则体系由四部分内容组成：一是基本准则，在整个准则体系中起统驭作用，主要规范会计目标、会计假设、会计信息质量要求、会计要素的确认、计量和报告原则等。基本准则的作用是指导具体准则的制定和为尚未有具体准则规范的会计实务问题提供处理原则；二是具体准则，主要规范企业发生的具体交易或事项的会计处理；三是应用指南，主要包括具体准则解释和会计科目、主要账务处理等，为企业执行会计准则提供操作性规范。四是解释性公告，对会计实务中出现的紧急事务或热点、难点问题提出备选方案和指引。这四项内容既相对独立，又互为关联，构成统一整体。截至2017年年底，我国发布的企业会计准则包括1个基本准则、42个具体准则、34个应用指南和12个解释性公告。

企业会计准则自2007年1月1日起在上市公司范围内施行，鼓励其他企业执行。从2008年1月1日起，企业会计准则扩大了实施范围，包括中央国有企业、城市商业银行等非上市银行业金融机构，非上市保险公司，以及部分地方国有企业等。

1. 基本准则

基本准则是企业会计准则体系的概念基础，是具体准则、应用指南和解释性公告等的制定依据，地位十分重要。财政部1992发布的《企业会计准则》属于基本准则。为了进一步规范企业会计行为，提高会计信息质量，在借鉴国际惯例、充分考虑我国实际的情况下，2006年2月财政部对《企业会计准则——基本准则》作了重大修订。2014年7月财政部对《企业会计准则——基本准则》有关公允价值的定义进行重新表述。

我国现行的《企业会计准则——基本准则》内容主要包括财务报告目标；会计基本假设；会计基础；会计信息质量要求；会计要素分类及其确认、计量原则；财务报告等。

2. 具体准则

具体准则是根据会计基本准则的要求，就经济业务的会计处理及其程序做出具体规定。1997年5月，我国颁布了第一个具体会计准则，即《企业会计准则——关联方关系及交易的披露》，以后陆续发布了16个具体准则。2006年财政部修改了以前颁布的16项具体准则，新制定22项具体准则。2014年和2017年财政部陆续修订了10个具体准则，发布了4份新的具体准则。截至2017年年底，共有42项具体准则（见表9-1）。

具体准则按其内容分为一般业务准则、特殊业务准则和报告类准则，主要规范了各项具体业务事项的确认、计量和报告。

一般业务准则是对所有企业会计核算中普遍存在的会计事项的处理做出规定。如存货、长期股权投资、固定资产、无形资产、收入、资产减值、职工薪酬等。

特殊业务准则是就一些比较特殊的会计业务的处理方法和程序做出规定，如生物资产、金融工具确认和计量、金融资产转移、套期会计、原保险合同、再保险合同、石油天然气开采等。

报告类准则是对企业信息披露做出的规定，如财务报表列报、现金流量表、中期财务报告、合并财务报表、分部报告等。

表9-1 企业具体会计准则一览表

编号	具体准则名称	发布日期	修订日期
1	存货	2006.02.15	
2	长期股权投资	2006.02.15	2014.03.13
3	投资性房地产	2006.02.15	
4	固定资产	2006.02.15	
5	生物资产	2006.02.15	
6	无形资产	2006.02.15	

续表

编号	具体准则名称	发布日期	修订日期
7	非货币性资产交换	2006.02.15	
8	资产减值	2006.02.15	
9	职工薪酬	2006.02.15	2014.01.27
10	企业年金基金	2006.02.15	
11	股份支付	2006.02.15	
12	债务重组	2006.02.15	
13	或有事项	2006.02.15	
14	收入	2006.02.15	2017.07.05
15	建造合同	2006.02.15	
16	政府补助	2006.02.15	2017.05.10
17	借款费用	2006.02.15	
18	所得税	2006.02.15	
19	外币折算	2006.02.15	
20	企业合并	2006.02.15	
21	租赁	2006.02.15	
22	金融工具确认和计量	2006.02.15	2017.03.31
23	金融资产转移	2006.02.15	2017.03.31
24	套期会计	2006.02.15	2017.03.31
25	原保险合同	2006.02.15	
26	再保险合同	2006.02.15	
27	石油天然气开采	2006.02.15	
28	会计政策、会计估计变更和差错更正	2006.02.15	
29	资产负债表日后事项	2006.02.15	
30	财务报表列报	2006.02.15	2014.01.26
31	现金流量表	2006.02.15	
32	中期财务报告	2006.02.15	
33	合并财务报表	2006.02.15	2014.02.17
34	每股收益	2006.02.15	
35	分部报告	2006.02.15	
36	关联方披露	2006.02.15	
37	金融工具列报	2006.02.15	2014.06.20 2017.05.02
38	首次执行企业会计准则	2006.02.15	
39	公允价值计量	2014.01.26	
40	合营安排	2014.02.17	
41	在其他主体中权益的披露	2014.03.14	
42	持有待售的非流动资产、处置组和终止经营	2017.04.28	

3. 应用指南

企业会计准则主要侧重于框架性与方向性，对会计处理与会计报表编制的具体指导，客观上需要有配套的文件的支持，财政部2006年年底推出的《应用指南》是对具体准则相关条款的细化和重点难点内容提供的操作性规定。《应用指南》是企业会计准则体系的重要组成部分。《应用指南》由两部分组成，第一部分为会计准则解释，第二部分为会计科目和主要账务处理。

4. 解释性公告

企业会计准则发布实施后应该保持相对稳定，实际工作中如果出现了新业务需要加以规范，应该借鉴国际财务报告准则体系中的解释公告，由财政部根据企业会计准则执行情况和有关问题印发解释性公告。从2007年11月至2017年12月财政部陆续印发了12个解释性公告。

（二）小企业会计准则

2011年10月18日，财政部发布了《小企业会计准则》，要求符合适用条件的小企业自2013年1月1日起施行，鼓励小企业提前执行。《小企业会计准则》一般适用于在我国境内依法设立、经营规模较小的企业。

《小企业会计准则》在体例上由正文和附录两个部分组成。正文部分具体规定了小企业会计确认、计量和报告的基本要求，附录部分包括"会计科目、主要账务处理和财务报表"。

《小企业会计准则》借鉴国际惯例，结合我国小企业的实际情况，以《企业会计准则》为基础，根据通俗易懂、简便易行、充分体现小企业自身以及会计信息使用者的需求等要求加以制定。《小企业会计准则》与《企业会计准则》相比，具有以下特点。

① 简化会计科目。小企业经济业务相对简单，一级会计科目设置明显减少。

② 简化了部分业务的账务处理。任何资产都不计提资产减值准备；统一采用直线摊销债券的折价和溢价；资本公积仅核算资本溢价（或股本溢价）；取消了外币财务报表折算差额等。

③ 简化报表体系。小企业的财务报表至少应包括资产负债表、利润表、现金流量表和附注4个组成部分，不必编制所有者权益（股东权益）变动表。

④ 消除会计与税法差异。小企业部分会计要素与计价方法完全采用税法规定，比如会计要素采用历史成本计量；固定资产折旧年限和无形资产摊销期限的确定应当考虑税法的规定；长期待摊费用的核算内容和摊销期限与税法保持一致等。

（三）政府会计准则

我国政府会计准则体系由政府会计基本准则、具体准则和应用指南三部分组成。

为了规范政府的会计核算，保证会计信息质量，根据《中华人民共和国会计法》《中华人民共和国预算法》和其他有关法律、行政法规，2015年10月23日，财政部发布《政府会计准则——基本准则》。2016年7月6日，财政部发布《政府会计准则第1号——存货》《政府会计准则第2号——投资》《政府会计准则第3号——固定资产》《政府会计准则第4号——无形资产》。

《政府会计准则》与《企业会计准则》相比，具有以下特点。

① 政府会计由预算会计和财务会计构成。预算会计实行收付实现制，财务会计实行权责发生制。

② 政府预算会计要素包括预算收入、预算支出与预算结余。政府财务会计要素包括资产、负债、净资产、收入和费用。

③ 政府财务报表至少应当包括资产负债表、收入费用表、现金流量表和附注。

(四) 事业单位会计准则

2012年12月5日,财政部修订发布了《事业单位会计准则》,自2013年1月1日起在各级各类事业单位施行。该准则对我国事业单位的会计工作进行了规范,共九章,包括总则、质量要求、资产、负债、净资产、收入、支出费用、财务报告和附则等。

《事业单位会计准则》与《企业会计准则》相比,具有以下特点。

① 事业单位会计核算一般采用收付实现制,部分经济业务或者事项采用权责发生制核算的,由财政部在会计制度中具体规定。

② 事业单位会计要素包括资产、负债、净资产、收入、支出(或费用)。

③ 事业单位的财务报表至少应当包括资产负债表、收入支出表或者收入费用表、财政补助收入支出表和附注。

第二节 会计机构和会计人员

一、会计机构

会计机构是各单位办理会计业务的职能部门。建立和健全会计机构,是保证会计工作的正常进行、充分发挥会计管理工作的重要条件。

(一) 会计机构的设置

会计机构是单位的内部职能部门,设置会计机构要与单位的管理机构相匹配,满足处理单位会计业务的需要。一般来说,实行独立核算的大中型企业、实行企业化管理的事业单位,以及财务收支数额较大、会计业务较多的机关团体和其他组织都应当单独设置会计机构。在一些业务规模小、会计工作较少的单位,可以不单独设置会计机构,但必须配备专职会计人员。如果一个单位既没有设置会计机构,也没有配备专职会计人员,可以委托会计事务所或者持有代理记账许可证书的其他代理记账机构进行代理记账,以使单位的会计工作有序进行。

为了加强会计工作,企业一般都设置财务会计处、科、组,大型企业集团还可以设置财务公司,在本单位领导人或总会计师的领导下,负责办理企业的财务会计工作,同时,还要接受上级管理机构、国家财政、税务和审计等部门的指导及监督,并按规定向他们报送会计报表。

企业各车间、工程处、仓库等内部单位,根据工作需要,也可以设置专职的核算人员或指定专人负责核算工作。规模较大的工业企业的车间,可以设置财务会计机构,负责该车间的财务会计工作,并指导和帮助所属各工段、班组进行经济核算。企业内部单位的财务会计工作是整个企业财务会计工作的组成部分,因此,这些部门的财务会计工作应受总会计师的领导和监督。

由于会计工作与财务工作都是综合性的经济管理工作,因此它们的关系十分密切。在我国实际工作中,通常把财务与会计工作的机构合并为一个部门,称为财会处、科、组等。但是，财务工作和会计工作还是有区别的：前者主要负责资金的筹集与使用，后者主要进行会计核算，提供会计信息。随着市场经济体制的不断完善，企业财务工作越来越重要，因此，大型企业可以在总会计师的统一领导下，分别设置财务处和会计处两个平行的管理部门，它们有明确的职责分工，并在工作中密切联系，相互协作，相互监督。

（二）会计机构内部核算组织形式

企业会计机构内部核算组织形式，一般分为独立核算和非独立核算。

1. 独立核算

独立核算是指对本单位的经济活动进行全面的、系统的会计核算。实行独立核算的单位称为独立核算单位。它的特点是：具有一定的自有资金，有独立经营的自主权，独立计算盈亏，在银行独立开户，独立对外结算，具有完整的账簿系统，定期编制财务报表。独立核算的单位，应单独设置会计机构，配备必要的会计人员。如果会计业务不多，也可以不设专门的会计机构，而只配备专门的会计人员。

实行独立核算单位的核算组织形式又可以分为集中核算和非集中核算两种。

集中核算就是记账工作主要集中在会计机构进行。企业内部的各部门一般不进行单独核算，而只对所发生的经济业务进行原始记录，并对原始凭证进行初步的审核和汇总，定期送交会计机构，由会计机构进行总分类账和明细分类账核算，编制财务报表。实行集中核算，可以减少核算层次，有利于及时掌握全面的经营情况。这种核算组织形式适用于规模较小的企业采用。

非集中核算又称为分散核算，就是企业的内部部门对本身所发生的经济业务进行较全面的核算。例如，在工业企业里，车间设置成本明细账，登记本车间发生的生产成本并计算出所完成产品的制造成本，厂部会计机构只根据车间报送的资料进行产品成本的总分类核算。实行非集中核算，有利于各部门及时利用核算资料进行日常的考核和分析，因地制宜地解决生产、经营和管理上的问题。这种核算组织形式适用于规模较大的企业采用。

在一个企业内部，对各部门所发生的经济业务，是实行集中核算还是非集中核算，主要取决于企业内部经营管理的需要，取决于企业内部是否实行分级管理和分级核算。集中核算与非集中核算是相对的，一个企业往往对某项经济业务采用集中核算，而对另外一些经济业务采用非集中核算。此外，对集中核算或非集中核算的具体内容和方法也不一定完全相同。但是，无论采用哪一种组织形式，企业对外的现金收支、银行存款上的往来、应收和应付款项的结算都应由会计机构集中处理。

2. 非独立核算

实行非独立核算的单位又称报账单位，是指向上级机构领取一定数额的备用金和物资从事业务活动，定期将有关的核算资金报送上级机构，由上级机构综合进行会计核算的单位。非独立核算单位一切收入要全部上缴给上级机构，发生的各项支出则向上级机构报销，平时只进行原始凭证的填制、整理和汇总，以及现金日记账、实物明细账的登记工作，不独立计算盈亏，也不单独编制财务报表。例如：商业企业所属的门市部、分销店就属于非独立核算单位。非独立核算单位一般不设置专门的会计机构，但需要配备专职会计人员负责处理日常的会计工作。

（三）会计工作岗位责任制

会计工作岗位责任制，就是在会计机构内部，按照会计工作的内容，将会计工作划分为若干个岗位，并为每个岗位规定职责和要求的责任制。

各单位建立会计工作岗位责任制，要从本单位实际情况出发，考虑本单位的规模的大小、会计核算业务的繁简和管理的需要，依据高效和精简的原则，划分工作岗位。会计工作一般包括以下岗位：①总会计师岗位，会计机构负责人（会计主管人员）岗位；②出纳岗位；③稽核岗位；④资本、基金核算岗位；⑤收入、支出、债权债务核算岗位；⑥工资核算、成本费用核算、财务成果核算岗位；⑦财产物资的收发、增减核算岗位；⑧总账岗位；⑨对外财务会计报告编制岗位；⑩会计电算化岗位；⑪会计档案管理岗位。

会计工作岗位可以一人一岗、一人多岗或者一岗多人，但要符合内部牵制制度的要求，出纳人员不得兼任稽核、会计档案保管和收入、费用、债权债务账目的登记工作。

实行会计工作岗位责任制，并不要求会计人员长期地固定在某一工作岗位上，会计人员的工作岗位要做到定岗定人不定死，有计划地进行岗位轮换，以便会计人员全面熟悉财会工作，增强业务素质，提高业务水平，同时，还可以加强会计工作内部监督。

为了避免会计工作岗位责任制流于形式，各单位应加强对岗位责任制的考核。会计工作岗位责任制可按月考核，也可按季考核，年终总结。通过考核，增强会计人员的责任感、使命感。

专栏 9-1　　　　　某公司会计岗位设置和职责

为进一步提高会计信息质量，优化会计业务流程，加强财会组织自身建设，牢固树立服务意识，加强财务管理和会计监督，确保有关法律法规和规章制度的贯彻执行，根据《中华人民共和国会计法》、《会计基础工作规范》、《会计电算化工作规范》，结合公司管理要求和财务会计工作的实际情况，特制定以岗位责任制为基础、任务导向的会计控制制度。

一、会计岗位的设置

公司财务部依据会计核算和财务管理适度分离的原则，设置会计核算中心和资金结算中心两个职能部门。会计核算中心主要负责公司会计核算工作，构建会计核算体系和会计核算流程，制定会计核算制度。资金结算中心主要负责公司资金管理和财务管理。

公司财务部根据业务需要设置财务部主任、财务部副主任兼主任会计师、会计核算中心主任、资金结算中心主任、总稽核、预算成本、总账报表、资产管理、工资社保、应收应付、报销核算、银行出纳、现金出纳等岗位。

基本会计岗位根据工作需要可以一人一岗、一人多岗或者一岗多人，但出纳人员不得兼管稽核、会计档案保管和收入、费用、债权债务账目的登记工作；其他岗位不得兼管现金或有价证券。会计电算化条件下，基本会计岗位的会计人员兼任软件操作岗位。

会计工作岗位实行主副岗制度，在主岗缺岗或工作量过大的情况下，副岗有责任完成或协助完成本段时间主岗的工作。主岗缺岗时主副岗要填列"工作交接单"，办理交接手续。

会计人员上岗必须持有会计人员从业资格证和会计电算化合格证，电算系统管理员必须经过会计电算化中级知识培训或具有同等水平并跟随电算主管（或系统管理员）三个月以上实习。会计人员上岗实行回避制度，主管会计人员的直系亲属不得担任出纳工作。

二、会计岗位的职责

财务部会计工作岗位根据会计核算、资金结算、财务管理和会计电算化需要建立岗位责任制。

财务部主任： 全面负责公司财务管理和会计核算工作。

财务部副主任兼主任会计师： 协助部主任负责公司财务管理和会计核算工作。负责制定、审核公司财务管理和会计核算制度；负责公司在岗财务人员的业务培训、考核和管理工作；负责公司机关费用的审核；负责完成公司领导交办或者上级主管部门布置的有关工作；在部主任缺岗的情况下代行主任职责。

会计核算中心主任： 全面负责会计核算中心工作。负责制定会计核算方面的制度并依据制度审查会计凭证、会计账簿、会计报表等会计信息的规范性；兼任电算主管，负责协调计算机及会计软件系统的运行工作；负责各经营单位及工程项目的会计核算管理；负责对外提供、填报各类会计资料；将会计核算中心各岗月度工作报告集中报财务部主任；在所属岗位缺岗的情况下代行职责。

资金结算中心主任： 全面负责资金结算中心工作。制定资金及财务管理方面的制度；负责资金的筹措、调配、运用、收益及安全管理；负责公司年度资金预算及日常资金计划；负责组织编制经济活动分析资料；负责公司贷款、担保及保险等事项。负责管理公司银行账户；向财务部主任报告月度资金使用和预算执行情况；在所属岗位缺岗的情况下代行职责。

总稽核： 负责公司机关及经营单位会计凭证的审核；负责审核会计核算各岗位账实、账证、账账相符情况；负责审核公司全套报表；负责管理计算机账务；负责保管会计档案；负责会计凭证的装订工作，由各会计核算岗位按月轮流装订；兼任财务电算网络系统管理员，负责财务电算网络的正常运行；副岗为总账报表。

预算成本： 负责预算编制、监控、考核和分析工作；负责依据承包经营责任书等对所属单位上缴款项的催缴管理；负责把公司资金管理委员会批准的预算录入会计软件；负责对经营单位及工程项目成本管理的检查、指导和分析；负责编报公司定期经济活动财务分析报告；负责制定成本费用管理办法；负责经营单位预算执行情况和承包经营指标的监控；分析利用会计报表，并根据需要报送内部管理报表；副岗为资产管理。

总账报表： 负责编制公司、公司本部和公司机关月度会计报表和年度财务决算；配合预算成本岗进行经济活动的财务分析和评价工作；保管本年度财务报告；副岗为总稽核。

资产管理： 负责流动资产、固定资产和无形资产等的管理和核算工作；负责资产盘活、对外投资等财务管理工作；负责小型基建的管理；配合其他部门参与合同管理工作并保管合同；负责财产物资的购置清查盘点工作；负责编制资产预算以及执行情况的监控；负责担保、保险管理及相关的索赔工作；负责公司产权报表的编制和上报；副岗为预算成本。

工资社保： 负责离退休金及在职职工工资及相关费用的计算、提取、发放和分摊等核算工作；负责各项社保基金的管理，配合人事部编制社保报表；负责分管业务会计科目的清理和核对；负责本部门的文件收发；兼任职业安全和质量认证体系认证员；副岗为报销核算。

报销核算：负责公司机关各项日常性现金及银行收付款业务的审核工作，并进行会计处理；负责备用金清理和核对；负责填制内部单位存入资金结算中心存款的按季结息、银行手续费等相关费用的分摊凭证；负责公司各职能部门预算或费用包干执行情况的监控；副岗为工资社保。

银行出纳：负责银行和内部单位收付款业务；负责保管转账支票、银行对账单、法定代表人和资金结算中心印鉴、空白票据及各类银行往来票据等，并登记"支票（票据）登记簿"；负责资金结算中心票据的编号、盖章；负责办理银行账户的开立和注销；负责税收管理工作；不得填制会计凭证；副岗为现金出纳。

现金出纳：负责保管所有现金、有价证券、现金支票、发票、收据及公司用于签发支票的财务专用章等；负责现金收付款及银行提现业务；不得填制会计凭证；副岗为银行出纳。

二、代理记账

代理记账是指代理记账机构接受委托办理会计业务。代理记账机构是指依法取得代理记账资格，从事代理记账业务的机构。

根据《会计法》的规定，不具备设置会计机构或者会计人员的单位，应当委托经批准设立从事会计代理记账业务的中介机构代理记账。

为规范具体代理记账业务，财政部于1994年6月23日发布了《代理记账管理暂行办法》。2005年财政部对其修订后印发了《代理记账管理办法》，明确了从事代理记账业务的条件、代理记账资格的申请要求和程序、代理记账业务委托双方的权利和义务，以及对代理记账机构的监管要求。为贯彻落实国务院行政审批制度和商事制度改革的相关要求，切实转变政府职能，并进一步规范代理记账资格管理，加强事中事后监管，促进代理记账行业健康发展，2016年2月16日财政部对《代理记账管理办法》进行了修订。

（一）代理记账业务的审批

除会计师事务所以外的机构从事代理记账业务应当经县级以上地方人民政府财政部门（以下简称审批机关）批准，领取由财政部统一规定样式的代理记账许可证书。具体审批机关由省、自治区、直辖市、计划单列市人民政府财政部门确定。

会计师事务所及其分所可以依法从事代理记账业务。

（二）代理记账的业务范围

代理记账机构可以接受委托办理下列业务。

① 根据委托人提供的原始凭证和其他相关资料，按照国家统一的会计制度的规定进行会计核算，包括审核原始凭证、填制记账凭证、登记会计账簿、编制财务报告等。

② 对外提供财务报告。

③ 向税务机关提供税务资料。

④ 委托人委托的其他会计业务。

(三) 委托人、代理记账机构及其从业人员应履行的义务

(1) 委托人委托代理记账机构代理记账，应当在相互协商的基础上，订立书面委托合同。委托合同除应具备法律规定的基本条款外，应当明确下列内容：①双方对会计资料真实性、完整性各自应当承担的责任；②会计资料传递程序和签收手续；③编制和提供财务报告的要求；④会计档案的保管要求及相应的责任；⑤终止委托合同应当办理的会计业务交接事宜。

(2) 委托人应当履行下列义务：①对本单位发生的经济业务事项，应当填制或者取得符合国家统一的会计制度规定的原始凭证；②应当配备专人负责日常货币收支和保管；③及时向代理记账机构提供真实、完整的原始凭证和其他相关资料；④对于代理记账机构退回的，要求按照国家统一的会计制度的规定进行更正、补充的原始凭证，应当及时予以更正、补充。

(3) 代理记账机构及其从业人员应当履行下列义务：①遵守有关法律、法规和国家统一的会计制度的规定，按照委托合同办理代理记账业务；②对在执行业务中知悉的商业秘密予以保密；③对委托人要求其作出不当的会计处理，提供不实的会计资料，以及其他不符合法律、法规和国家统一的会计制度行为的，予以拒绝；④对委托人提出的有关会计处理相关问题予以解释。

代理记账机构为委托人编制的财务报告，经代理记账机构负责人和委托人负责人签名并盖章后，按照有关法律、法规和国家统一的会计制度的规定对外提供。

(四) 对代理记账机构的监管

县级以上人民政府财政部门对代理记账机构及其从事代理记账业务情况实施监督检查。

未经批准从事代理记账业务的，由县级以上人民政府财政部门按照有关法律、法规予以查处。

代理记账机构采取欺骗、贿赂等不正当手段取得代理记账资格的，由审批机关撤销其资格。

代理记账机构在经营期间达不到本办法规定的资格条件的，审批机关发现后，应当责令其在60日内整改；逾期仍达不到规定条件的，由审批机关撤销其代理记账资格。

三、会计人员

会计人员是从事会计工作，处理会计业务，完成会计任务的人员。会计人员的数量和质量是做好会计工作、完成会计任务的决定性因素，因此，各单位应当根据实际需要，配备一定数量并具有一定素质的会计人员。

(一) 总会计师制度

总会计师是在单位主要领导人领导下，主管财务会计工作的负责人。建立总会计师制度，是我国加强经济核算，发挥会计职能作用的一项重要经验。

我国从20世纪60年代初，在一些国有大中型企业中，开始试行总会计师制度。1978年，国务院颁布施行的《会计人员职权条例》中，专设一章明确规定建立总会计师制度，并把设置总会计师制度扩大到所有企业。1985年颁布实施的《会计法》第一次以法律的形式明确了设置总会计师的要求，充分肯定了总会计师制度。1990年国务院发布施行《总会计师条例》，该条例对总会计师的地位、职责、权限、任免与惩罚作了完整、全面、具体的规

定。2006年国务院国有资产监督管理委员会发布《中央企业总会计师工作职责管理暂行办法》，使我国总会计师制度进入了一个新的发展时期。

依据《会计法》，国有的和国有资产占控股地位或者主导地位的大、中型企业必须设置总会计师。总会计师必须取得会计师任职资格后，主管一个单位或者单位内一个重要方面的财务会计工作的时间不少于3年，并有较高的理论政策水平，熟悉国家财经法规，有较强的组织领导能力。总会计师是一个行政职位，负责组织领导本单位的财务与会计工作，参与本单位的重要经济决策。

随着我国改革开放，外资企业大量进入中国投资，国外广泛设置的财务总监职位也被引入中国。财务总监与总会计师有些相似，因此，《中央企业总会计师工作职责管理暂行办法》规定：设置属于企业高管层的财务总监、首席财务官等类似职位的企业或其各级子企业，可不再另行设置总会计师职位，但应当明确指定其履行总会计师工作职责。

专栏 9-2　　　　　　　　CFO 与总会计师有何不同？

CFO 是英文 chief financial officer 的缩写，即公司首席财务官或财务总监。作为现代企业管理中非常重要的高级管理职位，CFO 是穿插在金融市场和价值管理之间的不可或缺的角色。他们站在股东和经营者之间，是公司重要的战略决策制定和执行者之一。

在西方发达国家，CFO 是与 CEO 同等重要的关键角色，CFO 是掌握着企业神经系统（财务信息）和血液系统（现金资源）的灵魂人物，其拥有的权利足以影响公司的发展方向。作为股东价值管理的中枢，CFO 不仅是公司财务战略的主导者，更是公司战略管理的重要参与者。尤其是上市公司的 CFO，在提升公司整体赢利能力和管理水平、保证信息披露的真实性方面发挥着至关重要的作用。

国外的 CFO 与我国的总会计师不仅在称谓上不同，而且两者在角色定位、产生方式和责权范围也存在差异。

1. CFO 与总会计师的角色定位不同

根据我国《总会计师条例》的规定，企业的总会计师是单位行政领导成员，协助单位主要行政领导人工作，直接对单位主要行政领导人负责。可见总会计师的地位从属于单位主要行政领导人，而且要直接对单位主要行政领导人负责。根据国际惯例，CFO 并不从属于公司的行政主管，而是直接从属于公司董事会，直接对董事会负责，其地位要高于总会计师。

2. CFO 与总会计师的产生方式不同

我国总会计师是由本单位主要行政领导人提名，政府主管部门任命或者聘任。虽然总会计师的任命和聘任要由代表国有资产所有者的政府部门决定，但是实际上本单位的主要行政领导人往往起决定性作用。根据国际惯例，CFO 则是由董事会委派或聘任，并不需要经由公司行政主管提名，后者对 CFO 的产生并不起决定性作用。

3. CFO 与总会计师的责权范围不同

从职责和权限范围看，总会计师负责组织领导本单位的财务管理、成本管理、预算管理、会计核算和会计监督等方面的工作，参与本单位重要经济问题的分析和决策。

> CFO 的职责和权限均大于总会计师，其职能兼具监督和创造价值两个方面。对此，安永大华会计师事务所管理合伙人汤云为教授指出："财务总监将视野从传统总会计师关注的财务与会计的狭窄领域，拓展到公司的战略和资源管理，将职能从传统总会计师从属于总经理的被动的、低层次的地位，提升到配合总经理统管公司的财务大权。"
> 资料来源：杨世忠，颜丽芬. 财务总监与总会计师有何不同？财务与会计：理财版，2006（2）.

（二）会计专业技术资格

我国从 1992 年开始对会计专业技术资格实行全国统一考试制度。会计专业技术资格考试是我国评价选拔优秀会计人才、促进会计人员成长成才的主要渠道，也是落实会计人才强国战略的重要措施。公开公平的会计专业技术资格考试制度，使一批批优秀会计人才脱颖而出。

《会计专业技术资格考试暂行规定》把会计专业技术资格分为初级资格、中级资格和高级资格三个级别。目前初级、中级会计师资格实行全国统一考试制度，高级会计师资格实行考试与评审相结合制度。

1. 考试报名条件

报名参加会计专业技术资格考试的人员，应具备下列基本条件：（1）坚持原则，具备良好的职业道德品质；（2）认真执行《中华人民共和国会计法》和国家统一的会计制度以及有关财经法律、法规、规章制度，无严重违反财经纪律的行为；（3）履行岗位职责，热爱本职工作。

报名参加初级资格考试的人员，除应具备上述基本条件外，还应具备教育部门认可的高中毕业以上学历。

报名参加中级资格考试的人员，除应具备上述基本条件外，还应符合以下条件之一：（1）取得大专学历的，从事会计工作满 5 年；（2）取得本科学历的，从事会计工作满 4 年；（3）取得双学士学位或研究生班毕业的，从事会计工作满 2 年；（4）取得硕士学位的，从事会计工作满 1 年；（5）取得博士学位。

报名参加高级会计师资格考试的人员，除应具备上述基本条件外，还应符合以下条件之一：（1）《会计专业职务试行条例》规定的高级会计师职务任职基本条件；（2）省级财政、人力资源和社会保障部门或中央单位批准的本地区、本部门申报高级会计师职务任职资格评审条件。

2. 考试科目和时间

会计专业技术初级资格考试全部实行无纸化方式考试，考试科目为：《初级会计实务》和《经济法基础》。参加初级资格考试的人员，在一个考试年度内通过全部科目的考试，才可获得初级资格证书。《初级会计实务》科目的考试时长为 2 小时，《经济法基础》科目的考试时长为 1.5 小时，两个科目连续考试，时间不能混用。

会计专业技术中级资格考试全部实行无纸化方式考试，考试科目为：《中级会计实务》《财务管理》和《经济法》。会计专业技术中级资格考试以 2 年为一个周期，参加考试的人员应在连续的 2 个考试年度内通过全部科目的考试，方可获得中级资格证书。《中级会计实务》

科目考试时长为 3 小时,《财务管理》科目考试时长为 2.5 小时,《经济法》科目考试为 2 小时。

高级资格考试实行纸笔方式开卷考试,考试科目为《高级会计实务》。参加高级资格考试并达到合格标准的人员,由全国会计专业技术资格考试领导小组办公室核发高级会计资格考试成绩合格证。《高级会计实务》科目考试时长为 3.5 小时。

通过全国统一考试获得会计专业技术资格的会计人员,表明其已具备担任相应会计专业职务的水平和能力。单位在岗位需要时,可根据有关规定,按照德才兼备的原则,从获得会计专业技术资格的会计人员中择优聘任。

(三) 注册会计师执业资格

注册会计师,是指通过注册会计师执业资格考试并取得注册会计师证书在会计师事务所执业的人员,英文全称 Certified Public Accountant,简称为 CPA。

注册会计师全国统一考试是财政部依据《中华人民共和国注册会计师法》和《注册会计师全国统一考试办法》设立的专业技术人员准入类职业资格考试。担任注册会计师和审计类岗位必须通过注册会计师全国统一考试。

根据《注册会计师全国统一考试办法》,注册会计师全国统一考试分为专业阶段考试和综合阶段考试。

1. 考试报名条件

同时符合下列条件的中国公民,可以申请参加注册会计师全国统一考试专业阶段考试:(1) 具有完全民事行为能力;(2) 具有高等专科以上学校毕业学历,或者具有会计或者相关专业中级以上技术职称。

同时符合下列条件的中国公民,可以申请参加注册会计师全国统一考试综合阶段考试:(1) 具有完全民事行为能力;(2) 已取得注册会计师全国统一考试专业阶段考试合格证。

有下列情形之一的人员,不得报名参加注册会计师全国统一考试:(1) 因被吊销注册会计师证书,自处罚决定之日起至申请报名之日止不满 5 年者;(2) 以前年度参加注册会计师全国统一考试因违规而受到停考处理期限未满者。

2. 考试科目和时间

考试采用闭卷、计算机化考试方式。

专业阶段考试科目为:《会计》《审计》《财务成本管理》《公司战略与风险管理》《经济法》和《税法》。专业阶段考试报名人员可以同时报考 6 个科目,也可以选择报考部分科目。专业阶段考试的单科考试合格成绩 5 年内有效。对在连续 5 个年度考试中取得专业阶段考试全部科目合格成绩的考生,颁发注册会计师全国统一考试专业阶段考试合格证。《会计》科目的考试时长为 3 小时,《审计》科目的考试时长为 2.5 小时,《财务成本管理》科目的考试时长为 2.5 小时,《公司战略与风险管理》科目的考试时长为 2.0 小时,《经济法》科目的考试时长为 2.0 小时,《税法》科目的考试时长为 2.0 小时。

综合阶段考试科目:《职业能力综合测试(试卷一)》和《职业能力综合测试(试卷二)》。对取得综合阶段考试科目合格成绩的考生,颁发注册会计师全国统一考试全科合格证。《职业能力综合测试(试卷一)》科目的考试时长为 3.5 小时,《职业能力综合测试(试卷二)》科目的考试时长为 3.5 小时。

(四) 会计人员的职责权限

为了充分发挥会计人员的工作积极性,更好地完成会计任务,应当明确会计人员的职责和权限,以便会计人员的工作有明确的方向和办事准则。在我国,会计人员的工作职责和权限是由国家统一规定的。国务院1978年颁发的《会计人员职权条例》对会计人员的工作职责和权限作了比较具体明确的规定。

会计人员的主要职责如下。

(1) 做好会计基础工作,如实反映情况。会计人员要以实际发生的经济业务为依据,按照会计制度的规定,做到手续完备,内容真实,数字准确,账目清楚,日清月结,及时编制会计报表并按期报账。必须妥善保管会计凭证、账簿、报表等档案资料。这是会计人员最基本的职责。

(2) 维护国家财经纪律,加强会计监督。会计人员应按照国家有关规定,对本单位的经济行为进行监督。反对贪污浪费和违法乱纪行为,自觉抵制不正之风,积极配合有关机构如财政、审计、税务机关的监督等。

(3) 参与经营管理,讲求经济效益。会计人员要认真编制并严格执行财务计划、预算,遵守各项收入制度、费用开支范围和开支标准。按照经济核算原则,定期检查、分析财务计划、预算的执行情况,挖掘增收节支的潜力,考核资金使用效果,揭露经营管理中的问题,及时向领导提出建议。

会计人员除上述主要职责外,还有其他一些职责,如参与市场调查、拟定产品价格、落实内部经济责任制等。随着市场经济的发展,会计人员的工作职责也不断地向广度和深度发展。

为了保障会计人员能够切实地履行职责,国家对他们赋予了必要的工作权限。会计人员的权限主要有以下几个方面。

(1) 有权要求本单位有关部门、人员遵守国家财经纪律和财务会计制度。如有违反,会计人员有权拒绝付款、拒绝报销或拒绝执行,并向本单位领导人报告。对于弄虚作假、徇私舞弊、欺骗上级等违法乱纪行为,会计人员必须坚决拒绝执行,并向本单位领导人或上级机关、财政部门报告。

(2) 有权参与本单位编制计划、制定定额、签订经济合同,参加有关的生产、经营管理会议。领导人和有关部门对会计人员提出的有关财务开支和经济效果方面的问题和意见,要认真考虑,合理的意见要加以采纳。

(3) 有权监督、检查本单位有关部门的财务收支、资金使用和财产保管、收发、计量、检验等情况。保证财务收支合理、资金使用恰当、财产真实。

各级领导和有关人员要支持会计人员行使工作权限。如果有人对会计人员坚持原则,对反映情况进行阻挠或打击报复,上级机关要查明情况,严肃处理,情况严重的,还要给以法律制裁。

(五) 会计人员的法律责任

我国《会计法》第四十条、第四十二条、第四十三条、第四十四条规定了与会计人员有关的法律责任。

1. 第四十条规定,因有提供虚假财务会计报告,做假账,隐匿或者故意销毁会计凭证、会计账簿、财务会计报告,贪污、挪用公款,职务侵占等与会计职务有关的违法行为被依法追究刑事责任的人员，不得再从事会计工作。

2. 第四十二条规定，有下列行为之一，构成犯罪的，依法追究刑事责任；会计人员有下列行为之一、情节严重的，五年内不得从事会计工作。

（1）不依法设置会计账簿的；

（2）私设会计账簿的；

（3）未按照规定填制、取得原始凭证或者填制、取得的原始凭证不符合规定的；

（4）以未经审核的会计凭证为依据登记会计账簿或者登记会计账簿不符合规定的；

（5）随意变更会计处理方法的；

（6）向不同的会计资料使用者提供的财务会计报告编制依据不一致的；

（7）未按照规定使用会计记录文字或者记账本位币的；

（8）未按照规定保管会计资料，致使会计资料毁损、灭失的；

（9）未按照规定建立并实施单位内部会计监督制度或者拒绝依法实施的监督或者不如实提供有关会计资料及有关情况的；

（10）任用会计人员不符合《会计法》规定的。

3. 第四十三条规定，伪造、变造会计凭证、会计账簿，编制虚假财务会计报告，构成犯罪的，依法追究刑事责任。尚不构成犯罪的，由县级以上人民政府财政部门予以通报，可以对单位并处五千元以上十万元以下的罚款；对其直接负责的主管人员和其他直接责任人员，可以处三千元以上五万元以下的罚款；对其中的会计人员，五年内不得从事会计工作。

4. 第四十四条规定，隐匿或者故意销毁依法应当保存的会计凭证、会计账簿、财务会计报告，构成犯罪的，依法追究刑事责任。尚不构成犯罪的，由县级以上人民政府财政部门予以通报，可以对单位并处五千元以上十万元以下的罚款；对其直接负责的主管人员和其他直接责任人员，可以处三千元以上五万元以下的罚款；对其中的会计人员，五年内不得从事会计工作。

第三节 会计人员职业道德

会计人员职业道德是会计人员从事会计工作应当遵循的道德标准。它是社会道德体系中的一个重要组成部分。会计人员职业道德如何，关系到国家会计、财务法规和制度能否贯彻执行，关系到维护经济秩序，促进经济改革和发展的大问题。

目前，我国处于经济转轨时期，社会上存在许多不良风气，在会计行业集中表现为假账盛行。2001年4月16日，朱镕基总理在视察上海国家会计学院时指出"实行社会主义市场经济，不能没有与之相适应的'游戏规则'。不按游戏规则办事，经济秩序就会大乱，现代化就不可能实现。要按'游戏规则'办事，就必须培养大批高素质的会计人才。'不做假账'是每个会计人员最基本的职业道德和行为准则"。同年10月29日，在视察北京国家会计学院时进一步指出，"诚信为本，操守为重，遵循准则，不做假账"，应该是会计人员遵守的基本职业道德。

一、会计人员职业道德的概念

会计人员职业道德是指在会计职业活动中应当遵循的、体现会计职业特征的、调整会计职业关系的职业行为准则和规范。会计人员职业道德是一般职业道德在会计工作中的具体体现,是引导、制约会计行为,调整会计人员与社会、会计人员与不同利益集团以及会计人员之间关系的社会规范。

我国素有"礼仪之邦"的美称,有悠久漫长的历史和辉煌灿烂的文化,"仁义礼智信"已经成为我国人民普遍遵循、崇尚的行为准则。我国会计界老前辈潘序伦先生创办了立信会计学校,造就了立信精神,构造了立信会计模式,"信以立志,信以守身,信以处世,信以待人,毋忘立信,当必有成"。"立信"乃会计之本,没有信用就没有会计。综观国际,一些国际会计组织和先进发达国家都制定会计职业道德规范,如 1980 年 7 月,国际会计师联合会职业道德委员会拟订并经国际会计师联合会理事会批准,公布了《国际会计职业道德准则》,规定了正直、客观、独立、保密、技术标准、业务能力、道德自律七个方面的职业道德内容。1983 年 6 月 1 日,美国管理会计师协会的管理会计事务委员会发表一份公告,概括了管理会计师的职业道德行为准则包括:正直、客观、独立、遵从、保密、披露相关性、职业的胜任能力。

会计人员职业道德是道德在会计职业实践活动中的具体体现,它具有以下特征。

(1) 职业性　会计人员职业道德的内容与会计职业实践活动紧密相连,反映会计职业活动对会计从业人员行为的道德要求。

(2) 实践性　由于会计活动都是具体的实践活动,因此根据会计职业实践经验概括出来的职业道德规范,具有较强的针对性、实践性,容易形成条文,它一般用行业公约、工作守则、行为须知、操作规程等具体的规章制度形式开展教育、约束本行业的从业人员,如《中国注册会计师职业道德基本准则》可以直接指导、规范注册会计师的职业活动。

(3) 自律性　会计职业道德对会计工作和会计人员的约束作用,主要依靠社会舆论和道德的力量来维护,因此,会计职业道德需要会计从业人员自觉遵守,具有很强的自律性。

(4) 继承性　会计职业道德作为社会意识形态的一种特殊形式,是受社会经济关系决定的,随着社会经济关系的变化而变化,但是,由于会计人员职业道德是与会计职业活动紧密结合的,所以,即使在不同的社会经济发展阶段,会计职业因服务对象、服务手段、职业利益、职业责任和义务相对稳定,会计职业行为的道德要求的核心内容仍然能够被继承和发扬。

二、会计人员职业道德的主要内容

会计人员职业道德是根据会计职业的特点,对会计人员在社会生活中的行为所提出的道德要求。这种要求是会计人员在长期工作实践中形成的,并通过一定的传统习惯方式固定下来,为大家所共同遵守。我国过去没有成文的、统一的会计人员职业道德规范,只在一些文件中体现了对会计人员职业道德的要求。为了适应新形势,规范会计工作,财政部对《会计人员工作规则》进行了修改,在此基础上颁布了《会计基础工作规范》,第一次以条文的形式,专门对会计人员职业道德提出了具体要求。《会计基础工作规范》对会计人员职业道德的规定主要包括六个方面。

(1) 爱岗敬业　要求会计人员热爱会计工作,安心本职岗位,忠于职守,尽心尽力,尽职尽责。会计人员首先要清醒地意识到会计管理工作的重大意义,热爱本职工作,安心本职工作。其次,会计是一项技术性很强的工作,光有美好愿望,还是不能把会计工作做好的。这就要求会计人员要有认真踏实、一丝不苟的工作态度,刻苦钻研技术,勤奋工作。

(2) 熟悉法规　会计人员应当熟悉财经法律、法规、规章和国家统一会计制度,并宣传、解释国家的财经方针、政策，促使有关人员自觉地贯彻执行。

（3）依法办事　遵纪守法是每个公民应尽的义务。会计人员在日常工作中，对各项财务收支活动要严格审查，坚决执行国家的法律、规章和制度，严格把守关口，坚持原则，秉公办事，敢于抵制、揭露违反财经制度的行为。

（4）实事求是、客观公正　会计资料是经济管理的重要信息，会计人员一定要从客观实际出发，完整、准确、如实地反映经济活动情况，绝不任意篡改账目，隐瞒事实真相。会计工作涉及各方利益，因此，会计人员在处理会计业务时，要公正地对待有关各方，不偏袒任何一方。

（5）做好服务　会计人员要熟悉本单位的生产运营和业务管理情况，积极参与企业运营的全过程，充分运用掌握的会计信息，积极提出建议，为改善企业经营管理，提高经济效益服务。

（6）保守秘密　会计人员在处理会计业务时会涉及大量的商业秘密。在没有法律规定和单位领导人同意之前，会计人员不能把在执行职务时所获得的应当保密的信息，私自向外界提供或者泄露给第三者，以求谋取私利。

会计人员职业道德能否为广大会计工作者所接受，关键看它是否符合社会发展的趋势，是否反映了时代的特点和要求，同时，也和传播教育的程度有关。因此，在重视会计人员职业道德规范制定的同时，还要重视会计人员职业道德规范教育。有目的、有组织地向会计人员传播会计人员职业道德，提高他们对会计人员职业道德的认识，培养职业道德情感，树立职业道德信念，从而养成良好的职业道德习惯。

三、会计职业道德建设组织与实施

各级财政部门、会计职业团体、机关和企事业单位都应建立健全会计职业道德建设的组织与实施制度和机制，齐抓共管，保证会计职业道德建设的各项任务和要求落到实处。

（一）财政部门履行会计管理职能，组织和推动会计职业道德建设

财政部门采用多种形式开展会计职业道德宣传教育，将会计职业道德建设与会计专业技术资格评聘、会计法执法检查以及会计人员表彰奖励制度相结合。逐步完善会计从业人员的考核、奖惩、继续教育和退出等制度，建立会计人员诚信档案。

为了促进会计人员遵守职业道德，要加强对会计人员职业道德规范执行情况的检查、监督。各级财政部门应当定期检查会计人员遵守职业道德的情况，并作为会计人员晋升、晋级、聘任专业职务、表彰奖励的重要考核依据。会计人员违反职业道德的，由所在单位进行处罚，情况严重的，由会计发证机关吊销会计证，取消其从事会计工作的资格。

（二）会计职业组织建立行业自律机制和会计职业道德惩戒制度

会计行业自律是会计职业组织对整个会计职业的会计行为进行自我约束、自我控制的过程。对于尚未违反会计法律制度，但违反了会计职业道德规范的行为，可以由职业团体通过自律性监管，对违反会计职业道德规范的行为进行相应的惩罚，根据情节轻重程度采取通报批评、罚款、支付费用和取消其会员资格等。

（三）企事业单位会计职业道德建设的组织与实施

在日常工作中，企事业单位任用合格会计人员，注意开展对会计人员的道德和纪律教

育，并加强检查，督促会计人员坚持原则，诚实守信；在制度建设上，要重视内部控制制度建设，完善内部约束机制，有效防范舞弊和经营风险。单位负责人要做遵纪守法的表率，支持会计人员依法开展工作。

（四）社会舆论监督，形成良好的社会氛围

良好会计职业道德风尚的树立，离不开社会舆论的支持和监督。强化舆论监督，有利于在全社会形成诚实守信的氛围。要以新闻媒体为阵地，广泛开展会计职业道德的宣传教育，使社会各界了解会计职业道德规范的内容，促进良好的会计职业道德深入人心。要在全社会会计人员中倡导诚信为荣，失信为耻的职业道德意识，引导会计人员加强职业修养。

第四节　会计档案管理

一、会计档案的概念与内容

1. 会计档案的概念

《会计法》规定，各单位对会计凭证、会计账簿、财务会计报告和其他会计资料应当建立档案，妥善保管。财政部和国家档案局 2015 年联合发布的《会计档案管理办法》所称的会计档案，是指单位在进行会计核算等过程中接收或形成的，记录和反映单位经济业务事项的，具有保存价值的文字、图表等各种形式的会计资料，包括通过计算机等电子设备形成、传输和存储的电子会计档案。会计档案是记录和反映经济业务的重要史料和证据，它是各单位的重要档案之一，也是国家档案的重要组成部分。

2. 会计档案的内容

根据《会计档案管理办法》的规定，下列会计资料应当及时进行归档。

（1）会计凭证，包括原始凭证、记账凭证。

（2）会计账簿，包括总账、明细账、日记账、固定资产卡片及其他辅助性账簿。

（3）财务报告，包括月度、季度、半年度、年度财务报告。

（4）其他会计资料，包括银行存款余额调节表、银行对账单、纳税申报表、会计档案移交清册、会计档案保管清册、会计档案销毁清册、会计档案鉴定意见书及其他具有保存价值的会计资料。

单位可以利用计算机、网络通信等信息技术手段管理会计档案。

同时满足下列条件的，单位内部形成的属于归档范围的电子会计资料可仅以电子形式保存，形成电子会计档案。

（1）形成的电子会计资料来源真实有效，由计算机等电子设备形成和传输。

（2）使用的会计核算系统能够准确、完整、有效接收和读取电子会计资料，能够输出符合国家标准归档格式的会计凭证、会计账簿、财务会计报表等会计资料，设定了经办、审核、审批等必要的审签程序。

（3）使用的电子档案管理系统能够有效接收、管理、利用电子会计档案，符合电子档案的长期保管要求，并建立了电子会计档案与相关联的其他纸质会计档案的检索关系。

（4）采取有效措施，防止电子会计档案被篡改。

（5）建立电子会计档案备份制度，能够有效防范自然灾害、意外事故和人为破坏的

影响。

（6）形成的电子会计资料不属于具有永久保存价值或者其他重要保存价值的会计档案。

满足上述条件，单位从外部接收的电子会计资料附有符合《中华人民共和国电子签名法》规定的电子签名的，可仅以电子形式归档保存，形成电子会计档案。

预算、计划、制度等文件资料不属于会计档案，应当按照文书档案规定办理。

二、会计档案的归档

在一定会计期间终了后，单位的会计机构或会计人员所属机构（以下统称单位会计管理机构）按照归档范围和归档要求，负责定期将应当归档的会计资料整理立卷，编制会计档案保管清册。

当年形成的会计档案，在会计年度终了后，可由单位会计管理机构临时保管一年，再移交单位档案管理机构保管。因工作需要确需推迟移交的，应当经单位档案管理机构同意。单位会计管理机构临时保管会计档案最长不超过三年。临时保管期间，会计档案的保管应当符合国家档案管理的有关规定，且出纳人员不得兼管会计档案。

单位会计管理机构在办理会计档案移交时，应当编制会计档案移交清册，并按照国家档案管理的有关规定办理移交手续。纸质会计档案移交时应当保持原卷的封装。电子会计档案移交时应当将电子会计档案及其元数据一并移交，且文件格式应当符合国家档案管理的有关规定。特殊格式的电子会计档案应当与其读取平台一并移交。单位档案管理机构接收电子会计档案时，应当对电子会计档案的准确性、完整性、可用性、安全性进行检测，符合要求的才能接收。

三、会计档案的保管

档案部门接到会计档案原则上应当保持原卷册的封装，如果确实需要拆封重新整理的，应报经领导批准，会同财会部门共同拆装整理。重新整理装订后，双方应加盖名章。

会计档案是重要的经济档案材料，各单位对会计档案必须进行科学管理。配备与档案数量相适应的柜、架、箱等装具，注意防潮、防霉、防虫、防鼠、防火等，做到存放有序、查找方便，严格执行安全和保密制度。

对于电算化会计档案，还要注意做好防磁、防尘等工作。重要会计档案应准备双份，存放在两个不同的地点。采用磁性介质保存会计档案，要定期进行检查，定期进行复制，防止由于磁性介质损坏而使会计档案丢失。

会计档案保管期限由财政部和国家档案局规定。各种会计档案的保管期限，按其特点可分为永久性和定期性两类，定期保管期限一般分为 10 年和 30 年。会计档案的保管期限，从会计年度终了后的第一天算起。

各类会计档案的保管期限原则上应当按照《会计档案管理办法》规定的期限执行该期限为最低保管期限。

企业和其他组织会计档案保管期限见表 9-2。

表 9-2 企业和其他组织会计档案保管期限表

序号	档案名称	保管期限	备注
一	会计凭证		
1	原始凭证	30 年	

续表

序号	档案名称	保管期限	备注
2	记账凭证	30年	
二	会计账簿		
3	总账	30年	
4	明细账	30年	
5	日记账	30年	
6	固定资产卡片		固定资产报废清理后保管5年
7	其他辅助性账簿	30年	
三	财务报告		
8	月度、季度、半年度财务报告	10年	
9	年度财务报告	永久	
四	其他会计资料		
10	银行存款余额调节表	10年	
11	银行对账单	10年	
12	纳税申报表	10年	
13	会计档案移交清册	30年	
14	会计档案保管清册	永久	
15	会计档案销毁清册	永久	
16	会计档案鉴定意见书	永久	

四、会计档案的查阅

本单位或外单位人员如果因工作需要，查阅会计档案必须办理一定的手续。本单位人员查阅会计档案要经财会负责人同意；外单位人员查阅会计档案，要凭正式的单位介绍信，并经单位负责人批准。对批准查阅的会计档案，要详细登记查阅的档案名称、查阅日期、查阅人员的姓名和工作单位、查阅理由、归还日期等。查阅的档案应在档案管理部门指定或同意的地点阅卷，不得带出单位。

查阅会计档案时，不准在案卷上添加或做任何记录，不得抽换或删改、涂写和拆卷，未经档案所有单位的批准，阅卷人不得擅自摘录档案内容。

单位保存的会计档案一般不得对外借出。确因工作需要且根据国家有关规定必须借出的，应当严格按照规定办理相关手续。

五、会计档案的销毁

对于定期保管的会计资料，单位应当定期对已到保管期限的会计档案进行鉴定，并形成会计档案鉴定意见书。经鉴定，仍需继续保存的会计档案，应当重新划定保管期限；对保管期满、确无保存价值的会计档案，可以销毁。会计档案鉴定工作应当由单位档案管理机构牵头，组织单位会计、审计、纪检监察等机构或人员共同进行。

经鉴定可以销毁的会计档案，应当按照以下程序销毁。

（1）单位档案管理机构编制会计档案销毁清册，列明拟销毁会计档案的名称、卷号、册数、起止年度、档案编号、应保管期限、已保管期限和销毁时间等内容。

(2) 单位负责人、档案管理机构负责人、会计管理机构负责人、档案管理机构经办人、会计管理机构经办人在会计档案销毁清册上签署意见。

(3) 单位档案管理机构负责组织会计档案销毁工作,并与会计管理机构共同派员监销。监销人在会计档案销毁前,应当按照会计档案销毁清册所列内容进行清点核对;在会计档案销毁后,应当在会计档案销毁清册上签名或盖章。电子会计档案的销毁还应当符合国家有关电子档案的规定,并由单位档案管理机构、会计管理机构和信息系统管理机构共同派员监销。

保管期满但未结清的债权债务会计凭证和涉及其他未了事项的会计凭证不得销毁,纸质会计档案应当单独抽出立卷,电子会计档案单独转存,保管到未了事项完结时为止。单独抽出立卷或转存的会计档案,应当在会计档案鉴定意见书、会计档案销毁清册和会计档案保管清册中列明。

专栏 9-3　　中兴通讯的会计档案管理

财政部和国家档案局 2015 年联合发布的《会计档案管理办法》明确不再单一强调企业必须建立纸质档案,而是在一定条件下可以通过完善的信息系统,来实现企业会计档案的保存。这一重大修订,对于像中兴通讯这样的全球化企业来说,无疑具有非常重要的意义。

随着会计电算化和网络技术的广泛应用,过去需要多人完成的记账、算账和报账工作,只需一台计算机便可准确、快速完成,其所带来的信息采集和加工成本的节约是显而易见的。与此同时,企业对会计档案的管理由实物向电子化转变也成为可能。会计档案电子化不仅仅是对纸张、笔墨的简单节约,更是对会计信息采集和披露成本的节约。

中兴通讯在档案管理规范化方面,通过原始单据的扫描、归档、保管、调阅等岗位的精细化分工,使得档案整理、加工工作更加高效;在档案管理流程方面,将档案的实物流和电子流传递过程分开,通过相关编码相互关联,实现了档案原始凭证的电子化储存;在系统建设方面,网络报账环节的影像管理系统与电子档案系统相辅相成,共同构成完整的电子档案管理体系。

中兴通讯的档案管理规范采用三统一的原则,即分类标准统一、档案形成统一、管理要求统一,将各类会计账册分门别类进行保管。档案管理规范主要包括员工提单规范、影像扫描规范、档案整理规范和档案借阅规范等。

(1) 员工提单规范。员工在网上报账系统提单后,系统会自动生成单据号码,员工打印带有票据条形码(票据号)的单据封面,并将发票等原始凭证粘贴到 A4 纸上,按单据份数装订,投递到票据箱或递交至本地扫描员,在登记簿中登记递交的单据信息。在这个过程中,票据条形码可以对票据物理位置进行实时跟踪,有效粘贴票据成为电子会计档案管理的第一步。

(2) 影像扫描规范。票据员使用扫描枪,扫描单据封面的条形码,系统会自动生成影像,并根据文件上传的顺序为影像分配索引号,索引号用打码器印在实物票据上,方便后端与实物发票的匹配。影像的扫描上传为网上报账的影像审核提供了技术基础,同时也为后续大量的审计、科技拨款等档案调阅工作做好了准备,是会计档案无纸化的关键环节。

(3) 档案递交和档案整理规范。中兴通讯在全球部署了 ERP 账务核算系统,入账完成后，在ERP产生唯一连续的凭证号，由做账人员打印入账凭证，与实物票据匹配，按核算主体、凭证号进行排序，递交给档案管理员，档案管理员接收凭证，完成凭证顺号、分类、归档、上架等工作，并将凭证清单录入电子档案系统。

（4）档案借阅规范。因为内外部审计会经常调阅会计档案，需要申请人在电子档案系统提交借阅申请，经业务领导和财务领导审批后，由全球档案中心安排调阅影像。

除以上规范外，中兴通讯制定了档案交接规范、会计档案存放规范、会计档案销毁规范等，共同构成了档案管理规范。

第五节　会计信息化

一、会计信息化的发展

利用现代信息技术处理会计工作从20世纪50年代开始起步，我国则在70年代末开始探索，提出了"会计电算化"这一极具时代特征的概念并开发了相应的会计软件、建立了一些规章制度。随着信息技术的进步、会计管理职能的增强、企业信息化的发展和会计软件行业的充分竞争，人们提出了会计信息系统的概念，会计电算化也逐步演变到会计信息化。经过三十多年的艰辛探索和曲折发展，我国工商企业已经逐步普及了会计信息系统，基本完成了会计信息化。

最近一二十年，会计信息化又有一些新发展，一是和企业资源计划系统深度整合，二是可扩展商业报告语言兴起，对会计信息的报告、传播和分析、利用产生了较大影响。总体来看，目前国内的企业资源计划系统尚处在较低层次的应用阶段，可扩展商业报告语言仅处在起步和推广阶段，发展潜力巨大。

（一）会计电算化的发展历史与局限性

会计电算化是以计算机技术为主，将电子信息技术应用到会计中的简称，是运用电子计算机代替人工记账、算账与报账以及部分代替人脑完成对会计信息的分析、预测、决策的过程。

1954年，美国通用电器公司首先利用计算机来核算职员工资数据，开创了利用计算机处理会计数据的先河。

1979年，我国的长春第一汽车制造厂开始进行会计电算化试点。

1980年，铁路系统的北京广安门货运车站、蚌埠铁路分局等相继开发了货票处理、工资核算、材料核算、财务决算等会计类软件。

1981年8月，在财政部和中国会计学会的支持下，在长春一汽召开了财务、会计、成本核算管理中应用电子计算机专题学术讨论会，正式将电子计算机在会计中的应用简称为"会计电算化"。自此，会计电算化这一名称在我国财会行业得到普遍认可。

1983年，上海市财政局在上海吴泾化工厂进行会计电算化工作试点。

1986年，上海市财政局颁布了《关于在本市国营工业企业中推广会计电算化应用工作的若干规定》，并成立"会计电算化应用小组"，负责协调推进上海市会计电算化工作。

在20世纪80年代，会计软件的开发基本处在自发和分散的状态，多家大企业各自开发自己的会计软件。开发投资大、周期长、见效慢、效果差，低水平重复开发现象严重。经过长达十余年的实践，人们慢慢意识到，会计软件开发必须专业化、通用化、商品化，交给专业的软件公司去开发维护而不是由各家企业自行开发维护,只有这样才能提高会计软件质量、降低成本、加快会计电算化的普及。

到了90年代,商品化的会计软件迅速成为主流,市场上出现了一批以开发会计软件见长的软件公司,也出现了一批优秀的、成熟的会计软件。与此同时,各家企业也都先后停止了自行研发会计软件的活动。

进入21世纪之后,会计软件日趋成熟,软件的边际成本迅速下降,带动了会计软件的飞速普及,时至今日,大多数的工商企业都实现了会计电算化或使用某种会计软件来进行各项会计处理。

总体来看,我国的会计电算化经历了20世纪70年代末到80年代初的尝试阶段、80年代中后期的自我发展阶段、90年代的迅速发展阶段以及21世纪的普及阶段。

电算化会计系统有一些显而易见的优势,比如记账和编表的过程自动化、比手工会计更加精确、可以随时刷新各账户的余额等。但是,会计电算化对技术手段的应用仅仅局限于计算机,这是当初提出该名称时的技术水平所决定的。会计电算化实际上就是传统手工会计系统的翻版,仅使会计手工处理工作自动化,并没有改变会计体系结构的本质,也没有消除这种体系结构的不足之处。

(二) 会计信息系统的构成与特点

会计信息化是指企业利用计算机、网络通信等现代信息技术手段开展会计核算,以及利用上述技术手段将会计核算与其他经营管理活动有机结合的过程。企业通过信息化推动管理模式、组织架构、业务流程的优化与革新,建立健全适应信息化工作环境的制度体系。目前我国已经用"会计信息化"取代了早期的"会计电算化"概念。会计信息系统则是会计信息化的主要载体。采用会计信息化概念,能够更加准确地反映发展趋势,有利于同国际接轨,有利于同国内其他领域进行交流,有利于推进新形势下会计理论的研究和发展。

会计信息化使财会人员从繁重的手工操作中解脱出来,减轻了劳动强度并且节省了大量的人力和时间。通过计算手段和会计管理决策手段的现代化,提高了会计信息采集、整理、反馈的速度和准确度,提高了会计的分析决策能力,更好地满足了企业管理的需要。

广义的会计信息系统是指由会计人员、数据处理工具和数据处理规章制度构成的对会计信息进行处理的系统。会计信息系统可以是基于纸质载体的手工系统,也可以是运用现代信息技术的复杂系统,也可以是介于两者之间的混合系统。狭义的会计信息系统仅指充分利用各类现代信息技术的会计处理系统,不包括手工的或半手工的会计系统。

会计信息系统一般由五个部分组成:信息系统的使用者、收集加工和存储数据的软件和流程、业务数据、计算机和网络等硬件架构、内部控制等规章制度。一般认为,会计信息系统有如下特点。

(1) 会计信息系统融合了内部控制流程、关键控制点和控制规则,促进各企事业单位内部控制规范制度的设计与运行更加有效。

(2) 与远程访问、云计算等信息技术高度融合,数据资源具有高度共享性,数据处理高度实时化,信息处理由事后走向适时。企业与企业、企业与政府各部门、企业与金融机构通过会计信息系统实现数据共享,提高经济运行效率。

(3) 与管理会计、财务管理等学科结合更加紧密,可以提供智能化会计决策支持系统,管理方式由传统走向现代,实现资金管理、资产管理、预算控制、成本管理、财务分析、全面预算管理、风险控制、绩效考核等财务管理行为的信息化。

（4）会计信息系统中集成可扩展商业报告语言（XBRL）功能，便于企业生成符合国家统一标准的 XBRL 财务报告。

（5）会计信息系统的普及也为审计工作增添了新的内容，带动了审计信息化建设。目前大型会计师事务所均采用信息化手段对客户的财务报告和内部控制进行审计。

（三）XBRL 发展历程、作用和优势

财务报告是反映企业财务状况、经营成果和现金流量情况的书面文件。财务报告的载体一开始都是纸质的，随着技术发展，各种电子格式（PDF、WORD、HTML 等）的财务报告由于传播方便快捷、成本低、易于复制和保存等原因而迅速普及。与此同时，随着各类监管越来越严密、细致，企业需要向监管部门报送的表格也越来越多。由于各个监管部门要求的表格格式和样式不同，企业不得不将财务信息在不同的监管体系中反复报送，监管部门也要花大量的时间对报上来的数据进行整理，究其原因，在于 PDF 等格式中的文字、数字是一种静态格式，不能直接被计算机读取，不是真正意义上的电子数据交换。再比如，一个财务分析师要分析 20 个公司的最近 10 年的管理费用走势，他就需要查找 200 份 PDF 格式的财务报告，人工取得管理费用的数据后再进行分析，费时费力，而且这个结果只能满足他一个人的需求，其他财务分析师的其他数据需求还要再次手工收集。显然，会计信息的使用者们并没有能够充分享受信息技术带来的便利，财务信息的生成、交换、使用仍然不便。这就需要财务信息有更复杂、更高级的载体，可扩展商业报告语言（Extensible Business Reporting Language，XBRL）应运而生。

从技术角度来讲，XBRL 是 XML（可扩展标记语言，一种因特网采用的语言）在商业报告领域的应用。它采用一种电子标签来明确定义某个信息，从而便于各种应用程序读取。XBRL 生成的财务报表与以往 PDF 格式的财务报表相比，能够更加方便地被计算机识别和编辑，大大方便了财务信息的传输和分析。XBRL 国际组织（XBRL International）对其做的解释是：XBRL 是数字化商业报告的公开的国际标准，它是对报告术语进行了权威定义的一种语言，利用这些术语可以独特地呈报财务报告或其他商业报告的内容，并使报告信息在各组织间以更快速、准确的数字化方式进行传播。从纸质报告或 PDF、HEML 格式的报告转到 XBRL 格式的报告，就像从胶片相机转到数码相机，新的格式既能让你做过去所有能做的事情，更开创了许多新的、优秀的用途。XBRL 提供的信息是数字化的、精确定义的、平台无关的、可验证的。

总的来说，XBRL 的优势是实现了会计信息的标准化和规范化，便于检索、统计、分析、比对、检验、交换等操作，XBRL 还带有内置的验证机制，可以通过预设程序自动"分析"报告，有利于进行行业对比、深度分析和大范围比较。XBRL 的应用范围已经远超会计领域，包括了会计、审计、资产评估、证券市场、金融、税收、贸易、海关等。

二、会计软件类型与功能

会计软件依次经历了项目型软件阶段、商品化会计核算软件阶段、管理型会计软件阶段以及 ERP（Enterprise Resource Planning，企业资源计划系统）软件阶段。现在，人们可以更方便地通过局域网、互联网等实现操作，除了在电脑上进行操作外，也可以在智能手机、平板电脑等智能终端上方便地查询，会计信息系统的载体也由本地走向云端。

一个简化的会计软件功能结构图如图 9-1 所示。

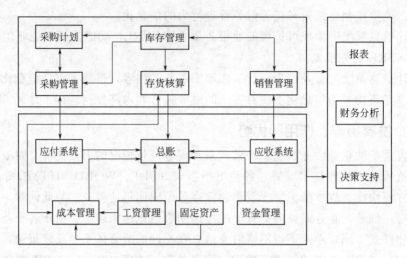

图 9-1　会计软件功能结构图

三、ERP 系统和会计信息系统的关系

（一）ERP 的概念

企业资源计划（Enterprise Resource Planning，简称 ERP）是 20 世纪 90 年代初期美国著名的咨询公司加特纳集团公司首先提出的，它是在物料需求计划（MRP）和制造资源计划（MRP Ⅱ）的基础上发展起来的更高层次的管理理念和模式。ERP 系统是一种主要面向制造行业进行物质资源、资金资源和信息资源高度集成一体化管理的企业信息管理系统，其主要功能是对企业资源进行有效的整合与规划，以扩大整体经营绩效、降低成本。在 ERP 中，财务、供应链、生产制造是三大主要模块。ERP 系统的设计理念就是将最佳业务实践整合到软件系统中，给出特定业务场景下的最佳业务流程，通过业务流程再造提升企业管理水平。以流程（而不是职能）为中心能够带来成本的降低、周转时间的减少和更高的客户满意度，同时带来了工作方式和职能部门之间关系的变革。

ERP 系统事件驱动的管理模式使得业务信息在业务发生时就进入到 ERP 系统，并立刻反映到财务管理系统，即 ERP 系统代替会计人员完成会计数据收集、记录、存储、核对等繁琐而常规性的工作。会计工作中资料收集和输入等基础工作减少，资料审核与修正的工作量增加，工作业务量由"杠铃型"转向"均衡型"。

（二）ERP 系统的特征

ERP 系统集成性高。ERP 系统涵盖了企业业务的方方面面，从采购、物料管理到生产计划、库存和仓库管理到销售与分销管理，从人事行政管理到财务管理、决策支持。ERP 系统一般由多个模块组成，所有模块又紧密集成在一起，不仅是业务流程上的集成，还有供应链、价值链上的信息集成，这就意味着职能部门之间的合作要求非常高。

ERP 系统的实时共享性强。传统会计流程中信息相对滞后，会计数据通常是业务发生后采集，而 ERP 中各业务部门所产生的业务数据将会直接传送到系统中心进行实时记录与整理存储，财务部门能够即时共享到业务部门的数据，按照会计事项的定义来进行确认、计量和报告各项业务活动的发生情况。ERP 系统的数据库基本避免了数据冗余的出现，同一份数据在数据库中只存有一份，并在整个系统内进行共享。

ERP 系统注重管理和决策功能。ERP 系统中数据仓库技术的应用提高了财务决策支持能力，为管理和决策提供了丰富的数据源，而计算机处理环境也为一些复杂的数据分析方法、数据挖掘算法以及先进的管理理念提供了施展的空间。

（三）ERP 系统对会计的影响

ERP 系统对传统会计工作产生了深刻影响，会计的管理功能更加突出。企业导入 ERP 系统后，财务会计功能发生了较为显著的变化，会计工作由注重一般交易处理和财务报表处理转为偏重财务分析，会计人员的主要工作由日常账务处理转为协助系统数据项的定义、系统处理原则的规范、系统输出信息的可靠性检验、管理者运用系统信息的指导等。会计人员更关注系统输出结果的正确性、财务信息的反馈价值及预测价值。具体来说，ERP 系统的影响体现在以下方面：业务流程和工作内容、内部控制、会计工作组织、会计分工、会计人员素质要求、会计档案形态等。

在 ERP 系统下，企业的业务流程是一个动态的、变化的、不断优化的过程，必须要有持续优化的思想。业务流程方面和手工会计的区别主要是数据范围不同、数据采集方式不同、数据时效性不同、会计信息输出形式不同。ERP 系统所采集和处理的数据范围几乎是一个企业中的全部业务活动的全部数据，远超会计的数据范围。ERP 系统所输出的会计信息形式更加多样化，可以满足不同角度、不同层次的信息需求。

业务内容方面，常规性工作减少。随着 ERP 系统的运行，有关资料的输入、处理等属于信息记录功能的机械性作业，已全部或大部分由系统或具体业务部门执行，不需要再通过单据的重重传递之后再由会计人员将资料输入，会计人员主要承担检查、核对的职能，需要持续地与前端具体业务人员进行沟通协调，以避免具体业务人员输入错误。ERP 系统中会计人员需要处理的日常业务量降低意味着减少了对会计人员的需求。此外，ERP 系统对原始凭证的依赖性有所降低。ERP 环境中的信息是由完成业务过程的各部门在业务操作过程中一次采集完成，原始凭证的传递则相对滞后，会计信息流动路径呈网络状。在某种意义上，ERP 对传统会计部门的一部分处理功能进行了分散。

ERP 环境下对会计内部控制的影响，一是使企业内部控制的内容增加了；二是使企业内部控制的环境变得更加复杂化，内部控制风险变数更大，企业必须在系统中建立风险预警和识别系统；三是对企业内部控制的要求提高了，增强了会计业务数据处理的实时控制，控制形态实现了从事后控制到事中控制的重要转变，大大提高了会计信息的及时性、准确性。

会计工作组织扁平化。ERP 减少了会计组织的中层管理人员，大大压缩了会计组织结构的管理层次，缩短了会计组织的高层与基层之间的信息传递距离，从而大大优化企业的信息过程，提高企业的信息的收集、处理和传递的能力。传统的手工系统下岗位划分是以会计工作内容为依据，通常包括出纳、财产物资核算、工资核算、成本核算、财务成果核算、资金核算、往来结算、总账报表、稽核和档案管理等。它们之间的工作联系是通过原始数据材料转接传递、相互核查牵制，使会计工作正常运转。而 ERP 系统下会计工作分工变得更加细致。企业会计组织除了明确规定各会计人员上机的操作权限，做到责任明确、授权清晰，并定期进行岗位轮换之外还要建立并执行上机登记制度、上机日志保管制度、操作管理制度、系统维护管理制度、会计信息化管理制度等。

对会计人员的素质要求更高。ERP 实施后，会计人员事务性的工作减少，从事财务分析、风险管理、参与决策等方面工作的重要性显著提高，会计人员的工作重点逐渐转向给决策者提供决策有用的信息。ERP系统对会计人员的知识和能力的要求也相应提高,要掌握的知识包括财务会计、财务管理、财务分析、管理会计、工商管理、税务、金融、信息技术等,能力要求则包括ERP系统设计能力、系统使用与维护能力、咨询能力、分析问题能力、解决问题能力、沟通协调能力、跨职能部门工作能力、知识共享能力和报告写作能力等。这实际上要求会计人员成为复合型人才。会计人员对企业内部运作和业务流程十分了解,熟悉ERP系统功能,因此会计人员担负起会计教育、会计知识普及工作和ERP教育培训和成效评估工作,实际上充当了看门人和顾问的角色。

会计档案载体更丰富。会计档案载体形式不断扩大,由单纯的纸质载体,变为纸质与计算机硬盘、光盘、磁带、磁盘、闪存等芯片、光、磁性介质共存的局面。存储芯片、光磁介质对环境要求较高,易受高温、潮湿、电磁、剧烈震动等影响而失效。

会计档案使用效率更高。现代信息技术的使用,使得会计档案的读取、查阅、复制、传播更加方便,会计档案技术含量更高。电子档案易被修改且不易留下痕迹,数据恢复困难,因此需要防止恶意篡改和损毁,定期备份甚至实时备份。

其他方面的改进还有:①信息的正确性和规范性要求提高,整理资料这项工作的重要性有所提高,有更加严格的要求,数据信息的审查与复核工作量增大;②由于基础数据丰富而及时,因而税务规划与处理更容易进行,重要性也有所提升;③标准成本制度贯彻得更彻底;④会计人员教育培训的频率在ERP实施后增加很多,这反映了ERP系统的实施对会计人员素质提升有推动作用。

总的来说,ERP环境下会计人员的主要工作内容大致包括如下几项:ERP系统成效评估,编制与提供财务报表,了解企业内部业务流程,与业务人员进行沟通协调,系统正式上线之前的测试把关,成本数据的处理与调整,系统输出信息的审查与调整,对业务人员进行会计教育以避免错误,提供分析和管理决策用的实时信息,企业风险评估及管理等。值得强调的是,传统会计工作的重要性并没有因为ERP的实施而降低,它们依旧在会计人员的工作中扮演重要角色。ERP的实施并未完全取代哪一项工作内容,只是改变了其相对重要性。

四、会计信息化相关的管理规范

1989年12月9日,财政部颁布了第一个全国性会计电算化的规章《会计核算软件管理的几项规定(试行)》。会计电算化进入了行政管理监督的快速发展阶段。

1994年6月30日,财政部颁布了《会计电算化管理办法》《会计核算软件基本功能规范》和《商品化会计核算软件评审规则》。

1996年6月10日,财政部颁布了《会计电算化工作规范》。

2005年3月25日,证监会颁布了《上市公司信息披露电子化规范》。

2009年4月12日,财政部颁布了《关于全面推进我国会计信息化工作的指导意见》。

2010年10月19日,财政部和国家标准化委员会共同颁布了《企业会计准则统一分类标准》和《可扩展商业报告语言技术规范系列国家标准》。

2013年12月6日,财政部颁布了《企业会计信息化工作规范》。该《规范》分总则、会计软件和服务、企业会计信息化、监督、附则5章49条,自2014年1月6日起施行。值得一提的是,对于会计凭证上的签名,只要是符合《电子签名法》相关要求的,该《规范》均予以认可,这有力推动了会计凭证尤其是原始凭证的电子化、无纸化(如现阶段正在大力推广的电子发票)。

专栏 9-4　　　　　　未来的"会计+"

未来企业需要三类财务人员。

第一类是做交易处理的财务人员。对这类人提出了比较高的要求：第一，希望他们懂财务流程。要知道企业的业务流程是什么，因为企业先有业务才有业务流程，有了流程才有流程中产生的数据，才有财务流程收集加工这些数据，才有对外展示数据和转化为信息。财务人员要对企业的流程以及财务采集数据和加工数据的流程很熟悉。第二，财务人员要对信息系统很熟悉。因为数据是在系统中间产生的。所以，财务人员既要懂财务会计知识，又要懂流程再造知识，还要懂信息系统知识。

第二类是业务财务人员。业务财务人员像财务的营销人员和销售人员。我们希望他们情商高、知识面广，他们愿意与人交流、善于与人交流，不仅懂财务，还要懂管理、金融、业务，要和客户、供应商和各级管理者打交道。

第三类是战略财务的人员。这些财务人员从本质来讲也是专家，但他们对某一项工作研究得更加深入，在大企业中进行专项研究。比如，如何做全球税务的筹划，如何在全球不同会计准则下制定企业的会计政策，如何进行多业态、多产品的预算分配和管理，如何更好地设计激励政策，设计与企业发展阶段相配合的绩效考核政策等。

企业财务转化为完整的结构，即战略财务、业务财务和共享服务互为支撑的管理体系。内部还可以成立研究中心，建立虚拟的研究小组，研究问题、提出建议、制定相关策略。这些变化，是财务的转型和再造，而共享服务是财务转型的第一步，没有共享服务就没有管理会计。

(1) 实务中财务人员如何转化为管理会计

财务部门要形成三个能力，如果把企业比喻成一辆车，财务要形成的第一个能力是倒后镜的能力，把企业过去发生的事情完整呈现出来；第二，财务部门要起到仪表盘的作用，要知道企业现在面临的情况是什么样；第三，财务还要起到导航仪的作用，让企业知道未来怎么样，有什么样的路径可以选择。从倒后镜到仪表盘，再到导航仪，反映了财务部门提升管理能力不同的要求。

我们希望未来财务人员要有全局的视角，要有相应的组织和策划能力、专业判断和综合决策能力、学习推广能力、环境适应能力和团队协作的能力，这是我们对未来财务人员的要求。

(2) "会计+"的未来

中国会计人才需要转型，企业需要的是"会计+信息化"、"会计+金融"、"会计+管理"、"会计+国际化"的人才。

中国会计人才众多，约2000多万，相当于在9.5亿适龄劳动人口中，2%～3%是财务人员。中国企业的财务人员比例，大概在3%～5%。中国的财务人员太多了，中国未来不需要这么多基础财务人员，会被信息化、智能化取代，但是中国的财务人员又太少了，我们需要更多中高层的财务人才，需要更多了解企业的业务，了解企业管理，了解企业战略，能够真正地成为企业的参谋的财务人才。

资料来源：陈虎·未来的"会计+"·首席财务官，2017年第19期.

本章总结

会计法律制度是指国家权力机关和行政机关制定的,用于调整会计关系的各种法律、法规、规章和规范性文件的总称。我国现行的会计法律制度由会计法律、会计行政法规、会计部门规章、地方性会计法规四个部分组成。

设置会计机构要与单位的管理机构相匹配,充分满足单位处理会计业务的需要。企业会计机构内部核算组织形式,一般分为独立核算和非独立核算。独立核算是指对本单位的经济活动进行全面的、系统的会计核算。实行独立核算单位的核算组织形式又可以分为集中核算和非集中核算两种。非独立核算的单位是指向上级机构领取一定数额的备用金和物资从事业务活动,定期将有关的核算资金报送上级机构,由上级机构综合进行会计核算的单位。

会计机构按照会计工作的内容,将会计工作划分为若干个岗位。会计工作岗位可以一人一岗、一人多岗或者一岗多人,但要符合内部牵制制度的要求。

根据《会计法》的规定,不具备设置会计机构或者会计人员的单位,应当委托经批准设立从事会计代理记账业务的中介机构代理记账。

依据现有制度,国有的和国有资产占控股地位或者主导地位的大、中型企业必须设置总会计师。总会计师是一个行政职位,负责组织领导本单位的财务与会计工作,参与本单位的重要经济决策。

《会计专业技术资格考试暂行规定》把会计专业技术资格分为初级资格、中级资格和高级资格三个级别。目前初级、中级会计师资格实行全国统一考试制度,高级会计师资格实行考试与评审相结合制度。

会计人员职业道德是指在会计职业活动中应当遵循的、体现会计职业特征的、调整会计职业关系的职业行为准则和规范。《会计基础工作规范》对会计人员职业道德的规定主要包括六个方面:爱岗敬业;熟悉法规;依法办事;实事求是、客观公正;搞好服务;保守秘密。

会计档案是记录和反映经济业务的重要史料和证据。会计档案一般分为会计凭证、会计账簿、财务报告以及其他会计核算资料等四个部分,对于每一类档案,都有不同的保管期限。对于会计档案的归档、保管、查阅和销毁,《会计档案管理办法》都做出了明确规定。

会计信息化是指企业利用计算机、网络通信等现代信息技术手段开展会计核算,以及利用上述技术手段将会计核算与其他经营管理活动有机结合的过程。

重要概念

会计法律制度　会计准则　独立核算　非独立核算　集中核算　非集中核算　代理记账　会计人员　会计人员职业道德　会计档案　会计信息化

复习思考题

1. 我国现行会计法律制度包括哪些内容?
2. 如何设置会计机构?
3. 如何选择会计内部核算工作组织形式?
4. 代理记账的业务范围有哪些?

5. 试述会计人员的职责和权限。
6. 简述各种会计专业技术资格考试的报考条件及考试科目。
7. 会计人员的职业道德内容是什么?
8. 简述会计档案的内容。
9. 会计档案保管、查阅和销毁有哪些规定?
10. ERP系统对会计有哪些影响?

案例分析

林×是一家保险公司的区域经理。作为区域经理,他的收入包括基本工资、各种津贴以及当年新增保险销售额超过计划部分而获得的奖金。近期,林×处在巨大的压力之下,该压力主要来自于两个因素:一是由于家庭成员的疾病让林×承担了巨额的个人债务,二是区域新增保险的销售额在这些年中第一次降到了计划之下。

你已经为林×工作了2年,并且正如办公室里的其他成员一样,你能为有像林×这样懂得支持下属的领导感到幸运。过去几个月你也为林×的个人问题而深感同情。你作为区域办公室的会计,你同样很关注新增保险销售额的下降,以及该情况将对经理奖金产生的影响。正当你在编制年末财务报表的时候,林×在你的办公室前停了下来。

林×要求你在已经记录的当地一家大型商业购买的财产保险中做些变动。关于销售金额的一张巨额支票在会计年度的最后一天12月31日已经寄来了。支票对应的期间开始于下年1月5日。你将收到的支票存到了银行账户,并正确地做了分录,借记银行存款账户,贷记预收账款账户。林×说:"嗨,我们今天得到这些钱,为什么不把它记做营业收入呢?我从来都无法理解为什么你们会计人员对这些事情这样讲究呢?我希望你能改变你记录交易的方式。我觉得你可以贷记营业收入账户。无论如何,我在过去给你们不少好处,我希望你帮助我做点小事情作为回报。"说完这个,他就离开了你的办公室。

要求:如果你答应了林×的要求,是否违背会计职业道德?如果不同意林×的要求,你该如何向他解释呢?

附　录

附录一　中华人民共和国会计法

（1985年1月21日第六届全国人民代表大会常务委员会第九次会议通过，1993年12月29日第八届全国人民代表大会常务委员会第五次会议修正，1999年10月31日第九届全国人民代表大会常务委员会第十二次会议修订，2017年11月4日第十二届全国人民代表大会常务委员会第三十次会议修正，自2017年11月5日起施行。）

第一章　总　则

第一条　为了规范会计行为，保证会计资料真实、完整，加强经济管理和财务管理，提高经济效益，维护社会主义市场经济秩序，制定本法。

第二条　国家机关、社会团体、公司、企业、事业单位和其他组织（以下统称单位）必须依照本法办理会计事务。

第三条　各单位必须依法设置会计账簿，并保证其真实、完整。

第四条　单位负责人对本单位的会计工作和会计资料的真实性、完整性负责。

第五条　会计机构、会计人员依照本法规定进行会计核算，实行会计监督。

任何单位或者个人不得以任何方式授意、指使、强令会计机构、会计人员伪造、变造会计凭证、会计账簿和其他会计资料，提供虚假财务会计报告。

任何单位或者个人不得对依法履行职责、抵制违反本法规定行为的会计人员实行打击报复。

第六条　对认真执行本法，忠于职守，坚持原则，做出显著成绩的会计人员，给予精神的或者物质的奖励。

第七条　国务院财政部门主管全国的会计工作。

县级以上地方各级人民政府财政部门管理本行政区域内的会计工作。

第八条　国家实行统一的会计制度。国家统一的会计制度由国务院财政部门根据本法制定并公布。

国务院有关部门可以依照本法和国家统一的会计制度制定对会计核算和会计监督有特殊要求的行业实施国家统一的会计制度的具体办法或者补充规定，报国务院财政部门审核批准。

中国人民解放军总后勤部可以依照本法和国家统一的会计制度制定军队实施国家统一的会计制度的具体办法，报国务院财政部门备案。

第二章　会计核算

第九条　各单位必须根据实际发生的经济业务事项进行会计核算，填制会计凭证，登记会计账簿，编制财务会计报告。

任何单位不得以虚假的经济业务事项或者资料进行会计核算。

第十条　下列经济业务事项，应当办理会计手续，进行会计核算：

（一）款项和有价证券的收付；
（二）财物的收发、增减和使用；
（三）债权债务的发生和结算；
（四）资本、基金的增减；
（五）收入、支出、费用、成本的计算；
（六）财务成果的计算和处理；
（七）需要办理会计手续、进行会计核算的其他事项。

第十一条 会计年度自公历1月1日起至12月31日止。

第十二条 会计核算以人民币为记账本位币。

业务收支以人民币以外的货币为主的单位，可以选定其中一种货币作为记账本位币，但是编报的财务会计报告应当折算为人民币。

第十三条 会计凭证、会计账簿、财务会计报告和其他会计资料，必须符合国家统一的会计制度的规定。

使用电子计算机进行会计核算的，其软件及其生成的会计凭证、会计账簿、财务会计报告和其他会计资料，也必须符合国家统一的会计制度的规定。

任何单位和个人不得伪造、变造会计凭证、会计账簿及其他会计资料，不得提供虚假的财务会计报告。

第十四条 会计凭证包括原始凭证和记账凭证。

办理本法第十条所列的经济业务事项，必须填制或者取得原始凭证并及时送交会计机构。

会计机构、会计人员必须按照国家统一的会计制度的规定对原始凭证进行审核，对不真实、不合法的原始凭证有权不予接受，并向单位负责人报告；对记载不准确、不完整的原始凭证予以退回，并要求按照国家统一的会计制度的规定更正、补充。

原始凭证记载的各项内容均不得涂改；原始凭证有错误的，应当由出具单位重开或者更正，更正处应当加盖出具单位印章。原始凭证金额有错误的，应当由出具单位重开，不得在原始凭证上更正。

记账凭证应当根据经过审核的原始凭证及有关资料编制。

第十五条 会计账簿登记，必须以经过审核的会计凭证为依据，并符合有关法律、行政法规和国家统一的会计制度的规定。会计账簿包括总账、明细账、日记账和其他辅助性账簿。

会计账簿应当按照连续编号的页码顺序登记。会计账簿记录发生错误或者隔页、缺号、跳行的，应当按照国家统一的会计制度规定的方法更正，并由会计人员和会计机构负责人（会计主管人员）在更正处盖章。

使用电子计算机进行会计核算的，其会计账簿的登记、更正，应当符合国家统一的会计制度的规定。

第十六条 各单位发生的各项经济业务事项应当在依法设置的会计账簿上统一登记、核算，不得违反本法和国家统一的会计制度的规定私设会计账簿登记、核算。

第十七条 各单位应当定期将会计账簿记录与实物、款项及有关资料相互核对，保证会计账簿记录与实物及款项的实有数额相符、会计账簿记录与会计凭证的有关内容相符、会计账簿之间相对应的记录相符、会计账簿记录与会计报表的有关内容相符。

第十八条 各单位采用的会计处理方法,前后各期应当一致,不得随意变更;确有必要变更的,应当按照国家统一的会计制度的规定变更,并将变更的原因、情况及影响在财务会计报告中说明。

第十九条 单位提供的担保、未决诉讼等或有事项,应当按照国家统一的会计制度的规定,在财务会计报告中予以说明。

第二十条 财务会计报告应当根据经过审核的会计账簿记录和有关资料编制,并符合本法和国家统一的会计制度关于财务会计报告的编制要求、提供对象及提供期限的规定;其他法律、行政法规另有规定的,从其规定。

财务会计报告由会计报表、会计报表附注和财务情况说明书组成。向不同的会计资料使用者提供的财务会计报告,其编制依据应当一致。有关法律、行政法规规定会计报表、会计报表附注和财务情况说明书须经注册会计师审计的,注册会计师及其所在的会计师事务所出具的审计报告应当随同财务会计报告一并提供。

第二十一条 财务会计报告应当由单位负责人和主管会计工作的负责人、会计机构负责人(会计主管人员)签名并盖章;设置总会计师的单位,还必须由总会计师签名并盖章。

单位负责人应当保证财务会计报告真实、完整。

第二十二条 会计记录的文字应当使用中文。在民族自治地方,会计记录可以同时使用当地通用的一种民族文字。在中华人民共和国境内的外商投资企业、外国企业和其他外国组织的会计记录可以同时使用一种外国文字。

第二十三条 各单位对会计凭证、会计账簿、财务会计报告和其他会计资料应当建立档案,妥善保管。会计档案的保管期限和销毁办法,由国务院财政部门会同有关部门制定。

第三章 公司、企业会计核算的特别规定

第二十四条 公司、企业进行会计核算,除应当遵守本法第二章的规定外,还应当遵守本章规定。

第二十五条 公司、企业必须根据实际发生的经济业务事项,按照国家统一的会计制度的规定确认、计量和记录资产、负债、所有者权益、收入、费用、成本和利润。

第二十六条 公司、企业进行会计核算不得有下列行为:

(一)随意改变资产、负债、所有者权益的确认标准或者计量方法,虚列、多列、不列或者少列资产、负债、所有者权益;

(二)虚列或者隐瞒收入,推迟或者提前确认收入;

(三)随意改变费用、成本的确认标准或者计量方法,虚列、多列、不列或者少列费用、成本;

(四)随意调整利润的计算、分配方法,编造虚假利润或者隐瞒利润;

(五)违反国家统一的会计制度规定的其他行为。

第四章 会 计 监 督

第二十七条 各单位应当建立、健全本单位内部会计监督制度。单位内部会计监督制度应当符合下列要求:

(一)记账人员与经济业务事项和会计事项的审批人员、经办人员、财物保管人员的职责权限应当明确,并相互分离、相互制约;

（二）重大对外投资、资产处置、资金调度和其他重要经济业务事项的决策和执行的相互监督、相互制约程序应当明确；

（三）财产清查的范围、期限和组织程序应当明确；

（四）对会计资料定期进行内部审计的办法和程序应当明确。

第二十八条 单位负责人应当保证会计机构、会计人员依法履行职责，不得授意、指使、强令会计机构、会计人员违法办理会计事项。

会计机构、会计人员对违反本法和国家统一的会计制度规定的会计事项，有权拒绝办理或者按照职权予以纠正。

第二十九条 会计机构、会计人员发现会计账簿记录与实物、款项及有关资料不相符的，按照国家统一的会计制度的规定有权自行处理的，应当及时处理；无权处理的，应当立即向单位负责人报告，请求查明原因，作出处理。

第三十条 任何单位和个人对违反本法和国家统一的会计制度规定的行为，有权检举。收到检举的部门有权处理的，应当依法按照职责分工及时处理；无权处理的，应当及时移送有权处理的部门处理。收到检举的部门、负责处理的部门应当为检举人保密，不得将检举人姓名和检举材料转给被检举单位及被检举人个人。

第三十一条 有关法律、行政法规规定，须经注册会计师进行审计的单位，应当向受委托的会计师事务所如实提供会计凭证、会计账簿、财务会计报告和其他会计资料以及有关情况。

任何单位或者个人不得以任何方式要求或者示意注册会计师及其所在的会计师事务所出具不实或者不当的审计报告。

财政部门有权对会计师事务所出具审计报告的程序和内容进行监督。

第三十二条 财政部门对各单位的下列情况实施监督：

（一）是否依法设置会计账簿；

（二）会计凭证、会计账簿、财务会计报告和其他会计资料是否真实、完整；

（三）会计核算是否符合本法和国家统一的会计制度的规定；

（四）从事会计工作的人员是否具备专业能力、遵守职业道德。

在对前款第（二）项所列事项实施监督，发现重大违法嫌疑时，国务院财政部门及其派出机构可以向与被监督单位有经济业务往来的单位和被监督单位开立账户的金融机构查询有关情况，有关单位和金融机构应当给予支持。

第三十三条 财政、审计、税务、人民银行、证券监管、保险监管等部门应当依照有关法律、行政法规规定的职责，对有关单位的会计资料实施监督检查。

前款所列监督检查部门对有关单位的会计资料依法实施监督检查后，应当出具检查结论。有关监督检查部门已经作出的检查结论能够满足其他监督检查部门履行本部门职责需要的，其他监督检查部门应当加以利用，避免重复查账。

第三十四条 依法对有关单位的会计资料实施监督检查的部门及其工作人员对在监督检查中知悉的国家秘密和商业秘密负有保密义务。

第三十五条 各单位必须依照有关法律、行政法规的规定，接受有关监督检查部门依法实施的监督检查，如实提供会计凭证、会计账簿、财务会计报告和其他会计资料以及有关情况，不得拒绝、隐匿、谎报。

第五章 会计机构和会计人员

第三十六条 各单位应当根据会计业务的需要，设置会计机构，或者在有关机构中设置会计人员并指定会计主管人员；不具备设置条件的，应当委托经批准设立从事会计代理记账业务的中介机构代理记账。

国有的和国有资产占控股地位或者主导地位的大、中型企业必须设置总会计师。总会计师的任职资格、任免程序、职责权限由国务院规定。

第三十七条 会计机构内部应当建立稽核制度。

出纳人员不得兼任稽核、会计档案保管和收入、支出、费用、债权债务账目的登记工作。

第三十八条 会计人员应当具备从事会计工作所需要的专业能力。

担任单位会计机构负责人（会计主管人员）的，应当具备会计师以上专业技术职务资格或者从事会计工作三年以上经历。

本法所称会计人员的范围由国务院财政部门规定。

第三十九条 会计人员应当遵守职业道德，提高业务素质。对会计人员的教育和培训工作应当加强。

第四十条 因有提供虚假财务会计报告，做假账，隐匿或者故意销毁会计凭证、会计账簿、财务会计报告，贪污，挪用公款，职务侵占等与会计职务有关的违法行为被依法追究刑事责任的人员，不得再从事会计工作。

第四十一条 会计人员调动工作或者离职，必须与接管人员办清交接手续。

一般会计人员办理交接手续，由会计机构负责人（会计主管人员）监交；会计机构负责人（会计主管人员）办理交接手续，由单位负责人监交，必要时主管单位可以派人会同监交。

第六章 法律责任

第四十二条 违反本法规定，有下列行为之一的，由县级以上人民政府财政部门责令限期改正，可以对单位处三千元以上五万元以下的罚款；对其直接负责的主管人员和其他直接责任人员，可以处两千元以上两万元以下的罚款；属于国家工作人员的，还应当由其所在单位或者有关单位依法给予行政处分：

（一）不依法设置会计账簿的；

（二）私设会计账簿的；

（三）未按照规定填制、取得原始凭证或者填制、取得的原始凭证不符合规定的；

（四）以未经审核的会计凭证为依据登记会计账簿或者登记会计账簿不符合规定的；

（五）随意变更会计处理方法的；

（六）向不同的会计资料使用者提供的财务会计报告编制依据不一致的；

（七）未按照规定使用会计记录文字或者记账本位币的；

（八）未按照规定保管会计资料，致使会计资料毁损、灭失的；

（九）未按照规定建立并实施单位内部会计监督制度或者拒绝依法实施的监督或者不如实提供有关会计资料及有关情况的；

（十）任用会计人员不符合本法规定的。

有前款所列行为之一，构成犯罪的，依法追究刑事责任。

会计人员有第一款所列行为之一，情节严重的，五年内不得从事会计工作。

有关法律对第一款所列行为的处罚另有规定的，依照有关法律的规定办理。

第四十三条　伪造、变造会计凭证、会计账簿，编制虚假财务会计报告，构成犯罪的，依法追究刑事责任。

有前款行为，尚不构成犯罪的，由县级以上人民政府财政部门予以通报，可以对单位处五千元以上十万元以下的罚款；对其直接负责的主管人员和其他直接责任人员，可以处三千元以上五万元以下的罚款；属于国家工作人员的，还应当由其所在单位或者有关单位依法给予撤职直至开除的行政处分；其中的会计人员，五年内不得从事会计工作。

第四十四条　隐匿或者故意销毁依法应当保存的会计凭证、会计账簿、财务会计报告，构成犯罪的，依法追究刑事责任。

有前款行为，尚不构成犯罪的，由县级以上人民政府财政部门予以通报，可以对单位处五千元以上十万元以下的罚款；对其直接负责的主管人员和其他直接责任人员，可以处三千元以上五万元以下的罚款；属于国家工作人员的，还应当由其所在单位或者有关单位依法给予撤职直至开除的行政处分；其中的会计人员五年内不得从事会计工作。

第四十五条　授意、指使、强令会计机构、会计人员及其他人员伪造、变造会计凭证、会计账簿，编制虚假财务会计报告或者隐匿、故意销毁依法应当保存的会计凭证、会计账簿、财务会计报告，构成犯罪的，依法追究刑事责任；尚不构成犯罪的，可以处五千元以上五万元以下的罚款；属于国家工作人员的，还应当由其所在单位或者有关单位依法给予降级、撤职、开除的行政处分。

第四十六条　单位负责人对依法履行职责、抵制违反本法规定行为的会计人员以降级、撤职、调离工作岗位、解聘或者开除等方式实行打击报复，构成犯罪的，依法追究刑事责任；尚不构成犯罪的，由其所在单位或者有关单位依法给予行政处分。对受打击报复的会计人员，应当恢复其名誉和原有职务、级别。

第四十七条　财政部门及有关行政部门的工作人员在实施监督管理中滥用职权、玩忽职守、徇私舞弊或者泄露国家秘密、商业秘密，构成犯罪的，依法追究刑事责任；尚不构成犯罪的，依法给予行政处分。

第四十八条　违反本法第三十条规定，将检举人姓名和检举材料转给被检举单位和被检举人个人的，由所在单位或者有关单位依法给予行政处分。

第四十九条　违反本法规定，同时违反其他法律规定的，由有关部门在各自职权范围内依法进行处罚。

第七章　附　则

第五十条　本法下列用语的含义：

单位负责人，是指单位法定代表人或者法律、行政法规规定代表单位行使职权的主要负责人。

国家统一的会计制度，是指国务院财政部门根据本法制定的关于会计核算、会计监督、会计机构和会计人员以及会计工作管理的制度。

第五十一条　个体工商户会计管理的具体办法，由国务院财政部门根据本法的原则另行规定。

第五十二条　本法自 2000 年 7 月 1 日起施行。

附录二　企业会计准则——基本准则

2006年2月15日财政部令第33号公布，自2007年1月1日起施行。2014年7月23日根据《财政部关于修改〈企业会计准则——基本准则〉的决定》修改

第一章　总　则

第一条　为了规范企业会计确认、计量和报告行为，保证会计信息质量，根据《中华人民共和国会计法》和其他有关法律、行政法规，制定本准则。

第二条　本准则适用于在中华人民共和国境内设立的企业（包括公司，下同）。

第三条　企业会计准则包括基本准则和具体准则，具体准则的制定应当遵循本准则。

第四条　企业应当编制财务会计报告（又称财务报告，下同）。财务会计报告的目标是向财务会计报告使用者提供与企业财务状况、经营成果和现金流量等有关的会计信息，反映企业管理层受托责任履行情况，有助于财务会计报告使用者作出经济决策。

财务会计报告使用者包括投资者、债权人、政府及其有关部门和社会公众等。

第五条　企业应当对其本身发生的交易或者事项进行会计确认、计量和报告。

第六条　企业会计确认、计量和报告应当以持续经营为前提。

第七条　企业应当划分会计期间，分期结算账目和编制财务会计报告。

会计期间分为年度和中期。中期是指短于一个完整的会计年度的报告期间。

第八条　企业会计应当以货币计量。

第九条　企业应当以权责发生制为基础进行会计确认、计量和报告。

第十条　企业应当按照交易或者事项的经济特征确定会计要素。会计要素包括资产、负债、所有者权益、收入、费用和利润。

第十一条　企业应当采用借贷记账法记账。

第二章　会计信息质量要求

第十二条　企业应当以实际发生的交易或者事项为依据进行会计确认、计量和报告，如实反映符合确认和计量要求的各项会计要素及其他相关信息，保证会计信息真实可靠、内容完整。

第十三条　企业提供的会计信息应当与财务会计报告使用者的经济决策需要相关，有助于财务会计报告使用者对企业过去、现在或者未来的情况作出评价或者预测。

第十四条　企业提供的会计信息应当清晰明了，便于财务会计报告使用者理解和使用。

第十五条　企业提供的会计信息应当具有可比性。

同一企业不同时期发生的相同或者相似的交易或者事项，应当采用一致的会计政策，不得随意变更。确需变更的，应当在附注中说明。

不同企业发生的相同或者相似的交易或者事项，应当采用规定的会计政策，确保会计信息口径一致、相互可比。

第十六条　企业应当按照交易或者事项的经济实质进行会计确认、计量和报告，不应仅以交易或者事项的法律形式为依据。

第十七条 企业提供的会计信息应当反映与企业财务状况、经营成果和现金流量等有关的所有重要交易或者事项。

第十八条 企业对交易或者事项进行会计确认、计量和报告应当保持应有的谨慎,不应高估资产或者收益、低估负债或者费用。

第十九条 企业对于已经发生的交易或者事项,应当及时进行会计确认、计量和报告,不得提前或者延后。

第三章 资 产

第二十条 资产是指企业过去的交易或者事项形成的、由企业拥有或者控制的、预期会给企业带来经济利益的资源。

前款所指的企业过去的交易或者事项包括购买、生产、建造行为或其他交易或者事项。预期在未来发生的交易或者事项不形成资产。

由企业拥有或者控制,是指企业享有某项资源的所有权,或者虽然不享有某项资源的所有权,但该资源能被企业所控制。

预期会给企业带来经济利益,是指直接或者间接导致现金和现金等价物流入企业的潜力。

第二十一条 符合本准则第二十条规定的资产定义的资源,在同时满足以下条件时,确认为资产:

(一) 与该资源有关的经济利益很可能流入企业;

(二) 该资源的成本或者价值能够可靠地计量。

第二十二条 符合资产定义和资产确认条件的项目,应当列入资产负债表;符合资产定义但不符合资产确认条件的项目,不应当列入资产负债表。

第四章 负 债

第二十三条 负债是指企业过去的交易或者事项形成的、预期会导致经济利益流出企业的现时义务。

现时义务是指企业在现行条件下已承担的义务。未来发生的交易或者事项形成的义务,不属于现时义务,不应当确认为负债。

第二十四条 符合本准则第二十三条规定的负债定义的义务,在同时满足以下条件时,确认为负债:

(一) 与该义务有关的经济利益很可能流出企业;

(二) 未来流出的经济利益的金额能够可靠地计量。

第二十五条 符合负债定义和负债确认条件的项目,应当列入资产负债表;符合负债定义但不符合负债确认条件的项目,不应当列入资产负债表。

第五章 所有者权益

第二十六条 所有者权益是指企业资产扣除负债后由所有者享有的剩余权益。

公司的所有者权益又称为股东权益。

第二十七条 所有者权益的来源包括所有者投入的资本、直接计入所有者权益的利得和损失、留存收益等。

直接计入所有者权益的利得和损失,是指不应计入当期损益、会导致所有者权益发生增减变动的、与所有者投入资本或者向所有者分配利润无关的利得或者损失。

利得是指由企业非日常活动所形成的、会导致所有者权益增加的、与所有者投入资本无关的经济利益的流入。

损失是指由企业非日常活动所发生的、会导致所有者权益减少的、与向所有者分配利润无关的经济利益的流出。

第二十八条 所有者权益金额取决于资产和负债的计量。

第二十九条 所有者权益项目应当列入资产负债表。

第六章 收 入

第三十条 收入是指企业在日常活动中形成的、会导致所有者权益增加的、与所有者投入资本无关的经济利益的总流入。

第三十一条 收入只有在经济利益很可能流入从而导致企业资产增加或者负债减少,且经济利益的流入额能够可靠计量时才能予以确认。

第三十二条 符合收入定义和收入确认条件的项目,应当列入利润表。

第七章 费 用

第三十三条 费用是指企业在日常活动中发生的、会导致所有者权益减少的、与向所有者分配利润无关的经济利益的总流出。

第三十四条 费用只有在经济利益很可能流出从而导致企业资产减少或者负债增加,且经济利益的流出额能够可靠计量时才能予以确认。

第三十五条 企业为生产产品、提供劳务等发生的可归属于产品成本、劳务成本等的费用,应当在确认产品销售收入、劳务收入等时,将已销售产品、已提供劳务的成本等计入当期损益。

企业发生的支出不产生经济利益的,或者即使能够产生经济利益但不符合或者不再符合资产确认条件的,应当在发生时确认为费用,计入当期损益。

企业发生的交易或者事项导致其承担了一项负债而又不确认为一项资产的,应当在发生时确认为费用,计入当期损益。

第三十六条 符合费用定义和费用确认条件的项目,应当列入利润表。

第八章 利 润

第三十七条 利润是指企业在一定会计期间的经营成果。利润包括收入减去费用后的净额、直接计入当期利润的利得和损失等。

第三十八条 直接计入当期利润的利得和损失,是指应当计入当期损益、会导致所有者权益发生增减变动的、与所有者投入资本或者向所有者分配利润无关的利得或者损失。

第三十九条 利润金额取决于收入和费用、直接计入当期利润的利得和损失金额的计量。

第四十条 利润项目应当列入利润表。

第九章 会 计 计 量

第四十一条 企业在将符合确认条件的会计要素登记入账并列报于会计报表及其附注

（又称财务报表，下同）时，应当按照规定的会计计量属性进行计量，确定其金额。

第四十二条 会计计量属性主要包括如下内容。

（一）历史成本。在历史成本计量下，资产按照购置时支付的现金或者现金等价物的金额，或者按照购置资产时所付出的对价的公允价值计量。负债按照因承担现时义务而实际收到的款项或者资产的金额，或者承担现时义务的合同金额，或者按照日常活动中为偿还负债预期需要支付的现金或者现金等价物的金额计量。

（二）重置成本。在重置成本计量下，资产按照现在购买相同或者相似资产所需支付的现金或者现金等价物的金额计量。负债按照现在偿付该项债务所需支付的现金或者现金等价物的金额计量。

（三）可变现净值。在可变现净值计量下，资产按照其正常对外销售所能收到现金或者现金等价物的金额扣减该资产至完工时估计将要发生的成本、估计的销售费用以及相关税费后的金额计量。

（四）现值。在现值计量下，资产按照预计从其持续使用和最终处置中所产生的未来净现金流入量的折现金额计量。负债按照预计期限内需要偿还的未来净现金流出量的折现金额计量。

（五）公允价值。在公允价值计量下，资产和负债按照市场参与者在计量日发生的有序交易中，出售资产所能收到或者转移负债所需支付的价格计量。

第四十三条 企业在对会计要素进行计量时，一般应当采用历史成本。采用重置成本、可变现净值、现值、公允价值计量的，应当保证所确定的会计要素金额能够取得并可靠计量。

第十章 财务会计报告

第四十四条 财务会计报告是指企业对外提供的反映企业某一特定日期的财务状况和某一会计期间的经营成果、现金流量等会计信息的文件。

财务会计报告包括会计报表及其附注和其他应当在财务会计报告中披露的相关信息和资料。会计报表至少应当包括资产负债表、利润表、现金流量表等报表。

小企业编制的会计报表可以不包括现金流量表。

第四十五条 资产负债表是指反映企业在某一特定日期的财务状况的会计报表。

第四十六条 利润表是指反映企业在一定会计期间的经营成果的会计报表。

第四十七条 现金流量表是指反映企业在一定会计期间的现金和现金等价物流入及流出的会计报表。

第四十八条 附注是指对在会计报表中列示项目所作的进一步说明，以及对未能在这些报表中列示项目的说明等。

第十一章 附 则

第四十九条 本准则由财政部负责解释。

第五十条 本准则自2007年1月1日起施行。

附录三 会计基础工作规范

(1996年6月17日财政部财会字19号公布,
2017年11月20日财办会24号修正)

第一章 总 则

第一条 为了加强会计基础工作,建立规范的会计工作秩序,提高会计工作水平,根据《中华人民共和国会计法》的有关规定,制定本规范。

第二条 国家机关、社会团体、企业、事业单位、个体工商户和其他组织的会计基础工作,应当符合本规范的规定。

第三条 各单位应当依据有关法律、法规和本规范的规定,加强会计基础工作,严格执行会计法规制度,保证会计工作依法有序地进行。

第四条 单位领导人对本单位的会计基础工作负有领导责任。

第五条 各省、自治区、直辖市财政厅(局)要加强对会计基础工作的管理和指导,通过政策引导、经验交流、监督检查等措施,促进基层单位加强会计基础工作,不断提高会计工作水平。

国务院各业务主管部门根据职责权限管理本部门的会计基础工作。

第二章 会计机构和会计人员

第一节 会计机构设置和会计人员配备

第六条 各单位应当根据会计业务的需要设置会计机构;不具备单独设置会计机构条件的,应当在有关机构中配备专职会计人员。

事业行政单位会计机构的设置和会计人员的配备,应当符合国家统一事业行政单位会计制度的规定。

设置会计机构,应当配备会计机构负责人;在有关机构中配备专职会计人员,应当在专职会计人员中指定会计主管人员。

会计机构负责人、会计主管人员的任免,应当符合《中华人民共和国会计法》和有关法律的规定。

第七条 会计机构负责人、会计主管人员应当具备下列基本条件:

(一)坚持原则,廉洁奉公;

(二)具备会计师以上专业技术职务资格或者从事会计工作三年以上经历;

(三)熟悉国家财经法律、法规、规章和方针、政策,掌握本行业业务管理的有关知识;

(四)有较强的组织能力;

(五)身体状况能够适应本职工作的要求。

第八条 没有设置会计机构和配备会计人员的单位,应当根据《代理记账管理办法》委托会计师事务所或者持有代理记账许可证书的其他代理记账机构进行代理记账。

第九条 大、中型企业、事业单位、业务主管部门应当根据法律和国家有关规定设置总会计师。总会计师由具有会计师以上专业技术资格的人员担任。

总会计师行使《总会计师条例》规定的职责、权限。

总会计师的任命（聘任）、免职（解聘）依照《总会计师条例》和有关法律的规定办理。

第十条 各单位应当根据会计业务需要配备会计人员，并确保其具备从事会计工作所需要的专业能力。

第十一条 各单位应当根据会计业务需要设置会计工作岗位。

会计工作岗位一般可分为：会计机构负责人或者会计主管人员，出纳，财产物资核算，工资核算，成本费用核算；财务成果核算，资金核算，往来结算，总账报表，稽核，档案管理等。开展会计电算化和管理会计的单位，可以根据需要设置相应工作岗位，也可以与其他工作岗位相结合。

第十二条 会计工作岗位，可以一人一岗、一人多岗或者一岗多人。但出纳人员不得兼管稽核、会计档案保管和收入、费用、债权债务账目的登记工作。

第十三条 会计人员的工作岗位应当有计划地进行轮换。

第十四条 会计人员应当具备必要的专业知识和专业技能，熟悉国家有关法律、法规、规章和国家统一会计制度，遵守职业道德。

会计人员应当按照国家有关规定参加会计业务的培训。各单位应当合理安排会计人员的培训，保证会计人员每年有一定时间用于学习和参加培训。

第十五条 各单位领导人应当支持会计机构、会计人员依法行使职权；对忠于职守、坚持原则，做出显著成绩的会计机构、会计人员，应当给予精神的和物质的奖励。

第十六条 国家机关、国有企业、事业单位任用会计人员应当实行回避制度。

单位领导人的直系亲属不得担任本单位的会计机构负责人、会计主管人员。会计机构负责人、会计主管人员的直系亲属不得在本单位会计机构中担任出纳工作。

需要回避的直系亲属为：夫妻关系、直系血亲关系、三代以内旁系血亲以及配偶亲关系。

第二节 会计人员职业道德

第十七条 会计人员在会计工作中应当遵守职业道德，树立良好的职业品质、严谨的工作作风，严守工作纪律，努力提高工作效率和工作质量。

第十八条 会计人员应当热爱本职工作，努力钻研业务，使自己的知识和技能适应所从事工作的要求。

第十九条 会计人员应当熟悉财经法律、法规、规章和国家统一会计制度，并结合会计工作进行广泛宣传。

第二十条 会计人员应当按照会计法律、法规和国家统一会计制度规定的程序及要求进行会计工作，保证所提供的会计信息合法、真实、准确、及时、完整。

第二十一条 会计人员办理会计事务应当实事求是、客观公正。

第二十二条 会计人员应当熟悉本单位的生产经营和业务管理情况，运用掌握的会计信息和会计方法，为改善单位内部管理、提高经济效益服务。

第二十三条 会计人员应当保守本单位的商业秘密。除法律规定和单位领导人同意外，不能私自向外界提供或者泄露单位的会计信息。

第二十四条 财政部门、业务主管部门和各单位应当定期检查会计人员遵守职业道德的情况，并作为会计人员晋升、晋级、聘任专业职务、表彰奖励的重要考核依据。

会计人员违反职业道德的，由所在单位进行处罚；情节严重的，由会计证发证机关吊销其会计证。

第三节 会计工作交接

第二十五条 会计人员工作调动或者因故离职，必须将本人所经管的会计工作全部移交给接替人员。没有办清交接手续的，不得调动或者离职。

第二十六条 接替人员应当认真接管移交工作，并继续办理移交的未了事项。

第二十七条 会计人员办理移交手续前，必须及时做好以下工作：

（一）已经受理的经济业务尚未填制会计凭证的，应当填制完毕。

（二）尚未登记的账目，应当登记完毕，并在最后一笔余额后加盖经办人员印章。

（三）整理应该移交的各项资料，对未了事项写出书面材料。

（四）编制移交清册，列明应当移交的会计凭证、会计账簿、会计报表、印章、现金、有价证券、支票簿、发票、文件、其他会计资料和物品等内容；实行会计电算化的单位，从事该项工作的移交人员还应当在移交清册中列明会计软件及密码、会计软件数据磁盘（磁带等）及有关资料、实物等内容。

第二十八条 会计人员办理交接手续，必须有监交人负责监交。一般会计人员交接，由单位会计机构负责人、会计主管人员负责监交；会计机构负责人、会计主管人员交接，由单位领导人负责监交，必要时可由上级主管部门派人会同监交。

第二十九条 移交人员在办理移交时，要按移交清册逐项移交；接替人员要逐项核对点收。

（一）现金、有价证券要根据会计账簿有关记录进行点交。库存现金、有价证券必须与会计账簿记录保持一致。不一致时，移交人员必须限期查清。

（二）会计凭证、会计账簿、会计报表和其他会计资料必须完整无缺。如有短缺，必须查清原因，并在移交清册中注明，由移交人员负责。

（三）银行存款账户余额要与银行对账单核对，如不一致，应当编制银行存款余额调节表调节相符，各种财产物资和债权债务的明细账户余额要与总账有关账户余额核对相符；必要时，要抽查个别账户的余额，与实物核对相符，或者与往来单位、个人核对清楚。

（四）移交人员经管的票据、印章和其他实物等，必须交接清楚；移交人员从事会计电算化工作的，要对有关电子数据在实际操作状态下进行交接。

第三十条 会计机构负责人、会计主管人员移交时，还必须将全部财务会计工作、重大财务收支和会计人员的情况等，向接替人员详细介绍。对需要移交的遗留问题，应当写出书面材料。

第三十一条 交接完毕后，交接双方和监交人员要在移交注册上签名或者盖章，并应在移交清册上注明：单位名称，交接日期，交接双方和监交人员的职务、姓名，移交清册页数以及需要说明的问题和意见等。

移交清册一般应当填制一式三份，交接双方各执一份，存档一份。

第三十二条 接替人员应当继续使用移交的会计账簿，不得自行另立新账，以保持会计记录的连续性。

第三十三条 会计人员临时离职或者因病不能工作且需要接替或者代理的，会计机构负责人、会计主管人员或者单位领导人必须指定有关人员接替或者代理，并办理交接手续。

临时离职或者因病不能工作的会计人员恢复工作的，应当与接替或者代理人员办理交接手续。

移交人员因病或者其他特殊原因不能亲自办理移交的，经单位领导人批准，可由移交人员委托他人代办移交，但委托人应当承担本规范第三十五条规定的责任。

第三十四条　单位撤销时，必须留有必要的会计人员，会同有关人员办理清理工作，编制决算。未移交前，不得离职。接收单位和移交日期由主管部门确定。

单位合并、分立的，其会计工作交接手续比照上述有关规定办理。

第三十五条　移交人员对所移交的会计凭证、会计账簿、会计报表和其他有关资料的合法性、真实性承担法律责任。

第三章　会 计 核 算

第一节　会计核算一般要求

第三十六条　各单位应当按照《中华人民共和国会计法》和国家统一会计制度的规定建立会计账册，进行会计核算，及时提供合法、真实、准确、完整的会计信息。

第三十七条　各单位发生的下列事项，应当及时办理会计手续、进行会计核算：

（一）款项和有价证券的收付；
（二）财物的收发、增减和使用；
（三）债权债务的发生和结算；
（四）资本、基金的增减；
（五）收入、支出、费用、成本的计算；
（六）财务成果的计算和处理；
（七）其他需要办理会计手续、进行会计核算的事项。

第三十八条　各单位的会计核算应当以实际发生的经济业务为依据，按照规定的会计处理方法进行，保证会计指标的口径一致、相互可比和会计处理方法的前后各期相一致。

第三十九条　会计年度自公历1月1日起至12月31日止。

第四十条　会计核算以人民币为记账本位币。

收支业务以外国货币为主的单位，也可以选定某种外国货币作为记账本位币，但是编制的会计报表应当折算为人民币反映。

境外单位向国内有关部门编报的会计报表，应当折算为人民币反映。

第四十一条　各单位根据国家统一会计制度的要求，在不影响会计核算要求、会计报表指标汇总和对外统一会计报表的前提下，可以根据实际情况自行设置和使用会计科目。

事业行政单位会计科目的设置和使用，应当符合国家统一事业行政单位会计制度的规定。

第四十二条　会计凭证、会计账簿、会计报表和其他会计资料的内容和要求必须符合国家统一会计制度及规定，不得伪造、变造会计凭证和会计账簿，不得设置账外账，不得报送虚假会计报表。

第四十三条　各单位对外报送的会计报表格式由财政部统一规定。

第四十四条　实行会计电算化的单位，对使用的会计软件及其生成的会计凭证、会计账簿、会计报表和其他会计资料的要求，应当符合财政部关于会计电算化的有关规定。

第四十五条　各单位的会计凭证、会计账簿、会计报表和其他会计资料，应当建立档案，妥善保管。会计档案建档要求、保管期限、销毁办法等依据《会计档案管理办法》的规定进行。

实行会计电算化的单位，有关电子数据、会计软件资料等应当作为会计档案进行管理。

第四十六条　会计记录的文字应当使用中文，少数民族自治地区可以同时使用少数民族文字。中国境内的外商投资企业、外国企业和其他外国经济组织也可以同时使用某种外国文字。

第二节　填制会计凭证

第四十七条　各单位办理本规范第三十七条规定的事项，必须取得或者填制原始凭证，并及时送交会计机构。

第四十八条　原始凭证的基本要求如下。

（一）原始凭证的内容必须具备：凭证的名称；填制凭证的日期；填制凭证单位名称或者填制人姓名；经办人员的签名或者盖章；接受凭证单位名称；经济业务内容；数量、单价和金额。

（二）从外单位取得的原始凭证，必须盖有填制单位的公章；从个人取得的原始凭证，必须有填制人员的签名或者盖章。自制原始凭证必须有经办单位领导人或者其指定的人员签名或者盖章。对外开出的原始凭证，必须加盖本单位公章。

（三）凡填有大写和小写金额的原始凭证，大写与小写金额必须相符。购买实物的原始凭证，必须有验收证明。支付款项的原始凭证，必须有收款单位和收款人的收款证明。

（四）一式几联的原始凭证，应当注明各联的用途，只能以一联作为报销凭证。

一式几联的发票和收据，必须用双面复写纸（发票和收据本身具备复写纸功能的除外）套写，并连续编号。作废时应当加盖"作废"戳记，连同存根一起保存，不得撕毁。

（五）发生销货退回的，除填制退货发票外，还必须有退货验收证明；退款时，必须取得对方的收款收据或者汇款银行的凭证，不得以退货发票代替收据。

（六）职工公出借款凭据，必须附在记账凭证之后。收回借款时，应当另开收据或者退还借据副本，不得退还原借款收据。

（七）经上级有关部门批准的经济业务，应当将批准文件作为原始凭证附件。如果批准文件需要单独归档的，应当在凭证上注明批准机关名称、日期和文件字号。

第四十九条　原始凭证不得涂改、挖补。发现原始凭证有错误的，应当由开出单位重开或者更正，更正处应当加盖开出单位的公章。

第五十条　会计机构、会计人员要根据审核无误的原始凭证填制记账凭证。

记账凭证可以分为收款凭证、付款凭证和转账凭证，也可以使用通用记账凭证。

第五十一条　记账凭证的基本要求如下。

（一）记账凭证的内容必须具备：填制凭证的日期；凭证编号；经济业务摘要；会计科目；金额；所附原始凭证张数；填制凭证人员、稽核人员、记账人员、会计机构负责人、会计主管人员签名或者盖章。收款和付款记账凭证还应当由出纳人员签名或者盖章。

以自制的原始凭证或者原始凭证汇总表代替记账凭证的，也必须具备记账凭证应有的项目。

（二）填制记账凭证时，应当对记账凭证进行连续编号。一笔经济业务需要填制两张以上记账凭证的，可以采用分数编号法编号。

（三）记账凭证可以根据每一张原始凭证填制，或者根据若干张同类原始凭证汇总填制，也可以根据原始凭证汇总表填制。但不得将不同内容和类别的原始凭证汇总填制在一张记账凭证上。

（四）除结账和更正错误的记账凭证可以不附原始凭证外，其他记账凭证必须附有原始凭证。如果一张原始凭证涉及几张记账凭证，可以把原始凭证附在一张主要的记账凭证后面，并在其他记账凭证上注明附有该原始凭证的记账凭证的编号或者附原始凭证复印件。

一张原始凭证所列支出需要几个单位共同负担的，应当将其他单位负担的部分，开给对方原始凭证分割单，进行结算。原始凭证分割单必须具备原始凭证的基本内容：凭证名称、填制凭证日期、填制凭证单位名称或者填制人姓名、经办人的签名或者盖章、接受凭证单位名称、经济业务内容、数量、单价、金额和费用分摊情况等。

（五）如果在填制记账凭证时发生错误，应当重新填制。

已经登记入账的记账凭证，在当年内发现填写错误时，可以用红字填写一张与原内容相同的记账凭证，在摘要栏注明"注销某月某日某号凭证"字样，同时再用蓝字重新填制一张正确的记账凭证，注明"订正某月某日某号凭证"字样。如果会计科目没有错误，只是金额错误，也可以将正确数字与错误数字之间的差额，另编一张调整的记账凭证，调增金额用蓝字，调减金额用红字。发现以前年度记账凭证有错误的，应当用蓝字填制一张更正的记账凭证。

（六）记账凭证填制完经济业务事项后，如有空行，应当自金额栏最后一笔金额数字下的空行处至合计数上的空行处划线注销。

第五十二条　填制会计凭证，字迹必须清晰、工整，并符合下列要求。

（一）阿拉伯数字应当一个一个地写，不得连笔写。阿拉伯金额数字前面应当书写货币币种符号或者货币名称简写和币种符号。币种符号与阿拉伯金额数字之间不得留有空白。凡阿拉伯数字前写有币种符号的，数字后面不再写货币单位。

（二）所有以元为单位（其他货币种类为货币基本单位，下同）的阿拉伯数字，除表示单价等情况外，一律填写到角分；无角分的，角位和分位可写"00"，或者符号"—"；有角无分的，分位应当写"0"，不得用符号"—"代替。

（三）汉字大写数字金额如零、壹、贰、叁、肆、伍、陆、柒、捌、玖、拾、佰、仟、万、亿等，一律用正楷或者行书体书写，不得用〇、一、二、三、四、五、六、七、八、九、十等简化字代替，不得任意自造简化字。大写金额数字到元或者角为止的，在"元"或者"角"字之后应当写"整"字或者"正"字；大写金额数字有分的，分字后面不写"整"或者"正"字。

（四）大写金额数字前未印有货币名称的，应当加填货币名称，货币名称与金额数字之间不得留有空白。

（五）阿拉伯金额数字中间有"0"时，汉字大写金额要写"零"字；阿拉伯数字金额中间连续有几个"0"时，汉字大写金额中可以只写一个"零"字；阿拉伯金额数字元位是"0"，或者数字中间连续有几个"0"、元位也是"0"但角位不是"0"时，汉字大写金额可以只写一个"零"字，也可以不写"零"字。

第五十三条　实行会计电算化的单位，对于机制记账凭证，要认真审核，做到会计科目使用正确，数字准确无误。打印出的机制记账凭证要加盖制单人员、审核人员、记账人员及会计机构负责人、会计主管人员印章或者签字。

第五十四条　各单位会计凭证的传递程序应当科学、合理，具体办法由各单位根据会计业务需要自行规定。

第五十五条　会计机构、会计人员要妥善保管会计凭证。

（一）会计凭证应当及时传递，不得积压。

（二）会计凭证登记完毕后，应当按照分类和编号顺序保管，不得散乱丢失。

（三）记账凭证应当连同所附的原始凭证或者原始凭证汇总表，按照编号顺序，折叠整齐，按期装订成册，并加具封面，注明单位名称、年度、月份和起讫日期、凭证种类、起讫号码，由装订人在装订线封签处签名或者盖章。

对于数量过多的原始凭证，可以单独装订保管，在封面上注明记账凭证日期、编号、种类，同时在记账凭证上注明"附件另订"和原始凭证名称及编号。

各种经济合同、存出保证金收据以及涉外文件等重要原始凭证，应当另编目录，单独登记保管，并在有关的记账凭证和原始凭证上相互注明日期和编号。

（四）原始凭证不得外借，其他单位如因特殊原因需要使用原始凭证时，经本单位会计机构负责人、会计主管人员批准，可以复制。向外单位提供的原始凭证复制件，应当在专设的登记簿上登记，并由提供人员和收取人员共同签名或者盖章。

（五）从外单位取得的原始凭证如有遗失，应当取得原开出单位盖有公章的证明，并注明原来凭证的号码、金额和内容等，由经办单位会计机构负责人、会计主管人员和单位领导人批准后，才能代作原始凭证。如果确实无法取得证明的，如火车、轮船、飞机票等凭证，由当事人写出详细情况，由经办单位会计机构负责人、会计主管人员和单位领导人批准后，代作原始凭证。

第三节 登记会计账簿

第五十六条 各单位应当按照国家统一会计制度的规定和会计业务的需要设置会计账簿。会计账簿包括总账、明细账、日记账和其他辅助性账簿。

第五十七条 现金日记账和银行存款日记账必须采用订本式账簿。不得用银行对账单或者其他方法代替日记账。

第五十八条 实行会计电算化的单位，用计算机打印的会计账簿必须连续编号，经审核无误后装订成册，并由记账人员和会计机构负责人、会计主管人员签字或者盖章。

第五十九条 启用会计账簿时，应当在账簿封面上写明单位名称和账簿名称。在账簿扉页上应当附启用表，内容包括：启用日期、账簿页数、记账人员和会计机构负责人、会计主管人员姓名，并加盖名章和单位公章。记账人员或者会计机构负责人、会计主管人员调动工作时，应当注明交接日期、接办人员或者监交人员姓名，并由交接双方人员签名或者盖章。

启用订本式账簿，应当从第一页到最后一页顺序编定页数，不得跳页、缺号。使用活页式账页，应当按账户顺序编号，并必须定期装订成册。装订后再按实际使用的账页顺序编定页码。另加目录，记明每个账户的名称和页次。

第六十条 会计人员应当根据审核无误的会计凭证登记会计账簿。登记账簿的基本要求如下。

（一）登记会计账簿时，应当将会计凭证日期、编号、业务内容摘要、金额和其他有关资料逐项记入账内；做到数字准确、摘要清楚、登记及时、字迹工整。

（二）登记完毕后，要在记账凭证上签名或者盖章，并注明已经登账的符号，表示已经记账。

（三）账簿中书写的文字和数字上面要留有适当空格，不要写满格；一般应占格距的二分之一。

（四）登记账簿要用蓝黑墨水或者碳素墨水书写，不得使用圆珠笔（银行的复写账簿除外）或者铅笔书写。

（五）下列情况，可以用红色墨水记账：

1. 按照红字冲账的记账凭证，冲销错误记录；
2. 在不设借贷等栏的多栏式账页中，登记减少数；
3. 在三栏式账户的余额栏前，如未印明余额方向的，在余额栏内登记负数余额；
4. 根据国家统一会计制度的规定可以用红字登记的其他会计记录。

（六）各种账簿按页次顺序连续登记，不得跳行、隔页。如果发生跳行、隔页，应当将空行、空页划线注销，或者注明"此行空白"、"此页空白"字样，并由记账人员签名或者盖章。

（七）凡需要结出余额的账户，结出余额后。应当在"借或贷"等栏内写明"借"或者"贷"等字样。没有余额的账户，应当在"借或贷"等栏内写"平"字，并在余额栏内用"０"表示。

现金日记账和银行存款日记账必须逐日结出余额。

（八）每一账页登记完毕结转下页时，应当结出本页合计数及余额，写在本页最后一行和下页第一行有关栏内，并在摘要栏内注明"过次页"和"承前页"字样；也可以将本页合计数及金额只写在下页第一行有关栏内，并在摘要栏内注明"承前页"字样。

对需要结计本月发生额的账户，结计"过次页"的本页合计数应当为自本月初起至本页末止的发生额合计数；对需要结计本年累计发生额的账户，结计"过次页"的本页合计数应当为自年初起至本页末止的累计数；对既不需要结计本月发生额也不需要结计本年累计发生额的账户，可以只将每页末的余额结转次页。

第六十一条 实行会计电算化的单位发生收款和付款业务的，在输入收款凭证和付款凭证的当天必须将现金日记账和银行存款日记账与库存现金核对无误。

第六十二条 账簿记录发生错误，不准涂改、挖补、刮擦或者用药水消除字迹，不准重新抄写，必须按照下列方法进行更正。

（一）登记账簿时发生错误，应当将错误的文字或者数字划红线注销，但必须使原有字迹仍可辨认；然后在划线上方填写正确的文字或者数字，并由记账人员在更正处盖章。对于错误的数字，应当全部划红线更正，不得只更正其中的错误数字。对于文字错误，可只划去错误的部分。

（二）由于记账凭证错误而使账簿记录发生错误，应当按更正的记账凭证登记账簿。

第六十三条 各单位应当定期对会计账簿记录的有关数字与库存实物、货币资金、有价证券、往来单位或者个人等进行相互核对，保证账证相符、账账相符、账实相符。对账工作每年至少进行一次。

（一）账证核对。核对会计账簿记录与原始凭证、记账凭证的时间、凭证字号、内容、金额是否一致，记账方向是否相符。

（二）账账核对。核对不同会计账簿之间的账簿记录是否相符，包括：总账有关账户的余额核对，总账与明细账核对，总账与日记账核对，会计部门的财产物资明细账与财产物资保管和使用部门的有关明细账核对等。

（三）账实核对。核对会计账簿记录与财产等实有数额是否相符。包括：现金日记账账面余额与现金实际库存数相核对；银行存款日记账账面余额定期与银行对账单相核对；各种财物明细账账面余额与财物实存数额相核对；各种应收、应付款明细账账面余额与有关债务、债权单位或者个人核对等。

第六十四条 各单位应当按照规定定期结账。

（一）结账前，必须将本期内所发生的各项经济业务全部登记入账。

（二）结账时，应当结出每个账户的期末余额。需要结出当月发生额的，应当在摘要栏内注明"本月合计"字样，并在下面通栏划单红线。需要结出本年累计发生额的，应当在摘要栏内注明"本年累计"字样，并在下面通栏划单红线；十二月末的"本年累计"就是全年累计发生额。全年累计发生额下面应当通栏划双红线。年度终了结账时，所有总账账户都应当结出全年发生额和年末余额。

（三）年度终了，要把各账户的余额结转到下一会计年度，并在摘要栏注明"结转下年"字样；在下一会计年度新建有关会计账簿的第一行余额栏内填写上年结转的余额，并在摘要栏注明"上年结转"字样。

第四节 编制财务报告

第六十五条 各单位必须按照国家统一会计制度的规定，定期编制财务报告。

财务报告包括会计报表及其说明。会计报表包括会计报表主表、会计报表附表、会计报表附注。

第六十六条 各单位对外报送的财务报告应当根据国家统一会计制度规定的格式和要求编制。

单位内部使用的财务报告，其格式和要求由各单位自行规定。

第六十七条 会计报表应当根据登记完整、核对无误的会计账簿记录和其他有关资料编制，做到数字真实、计算准确、内容完整、说明清楚。

任何人不得篡改或者授意、指使、强令他人篡改会计报表的有关数字。

第六十八条 会计报表之间、会计报表各项目之间，凡有对应关系的数字，应当相互一致。本期会计报表与上期会计报表之间有关的数字应当相互衔接。如果不同会计年度会计报表中各项目的内容和核算方法有变更的，应当在年度会计报表中加以说明。

第六十九条 各单位应当按照国家统一会计制度的规定认真编写会计报表附注及其说明，做到项目齐全，内容完整。

第七十条 各单位应当按照国家规定的期限对外报送财务报告。

对外报送的财务报告，应当依次编定页码，加具封面，装订成册，加盖公章。封面上应当注明：单位名称，单位地址，财务报告所属年度、季度、月度，送出日期，并由单位领导人、总会计师、会计机构负责人、会计主管人员签名或者盖章。

单位领导人对财务报告的合法性、真实性负法律责任。

第七十一条 根据法律和国家有关规定应当对财务报告进行审计的，财务报告编制单位应当先行委托注册会计师进行审计，并将注册会计师出具的审计报告随同财务报告按照规定的期限报送有关部门。

第七十二条 如果发现对外报送的财务报告有错误，应当及时办理更正手续。除更正本单位留存的财务报告外，并应同时通知接受财务报告的单位更正。错误较多的，应当重新编报。

第四章 会计监督

第七十三条 各单位的会计机构、会计人员对本单位的经济活动进行会计监督。

第七十四条 会计机构、会计人员进行会计监督的依据是：

（一）财经法律、法规、规章；

（二）会计法律、法规和国家统一会计制度；

（三）各省、自治区、直辖市财政厅（局）和国务院业务主管部门根据《中华人民共和国会计法》和国家统一会计制度制定的具体实施办法或者补充规定；

（四）各单位根据《中华人民共和国会计法》和国家统一会计制度制定的单位内部会计管理制度；

（五）各单位内部的预算、财务计划、经济计划、业务计划等。

第七十五条 会计机构、会计人员应当对原始凭证进行审核和监督。

对不真实、不合法的原始凭证，不予受理。对弄虚作假、严重违法的原始凭证，在不予受理的同时，应当予以扣留，并及时向单位领导人报告，请求查明原因，追究当事人的责任。

对记载不明确、不完整的原始凭证，予以退回，要求经办人员更正、补充。

第七十六条 会计机构、会计人员对伪造、变造、故意毁灭会计账簿或者账外设账行为，应当制止和纠正；制止和纠正无效的，应当向上级主管单位报告，请求作出处理。

第七十七条 会计机构、会计人员应当对实物、款项进行监督，督促建立并严格执行财产清查制度。发现账簿记录与实物、款项不符时，应当按照国家有关规定进行处理。超出会计机构、会计人员职权范围的，应当立即向本单位领导报告，请求查明原因，作出处理。

第七十八条 会计机构、会计人员对指使、强令编造、篡改财务报告行为，应当制止和纠正；制止和纠正无效的，应当向上级主管单位报告，请求处理。

第七十九条 会计机构、会计人员应当对财务收支进行监督。

（一）对审批手续不全的财务收支，应当退回，要求补充、更正。

（二）对违反规定不纳入单位统一会计核算的财务收支，应当制止和纠正。

（三）对违反国家统一的财政、财务、会计制度规定的财务收支，不予办理。

（四）对认为是违反国家统一的财政、财务、会计制度规定的财务收支。应当制止和纠正；制止和纠正无效的，应当向单位领导人提出书面意见请求处理。

单位领导人应当在接到书面意见起十日内作出书面决定，并对决定承担责任。

（五）对违反国家统一的财政、财务、会计制度规定的财务收支，不予制止和纠正，又不向单位领导人提出书面意见的，也应当承担责任。

（六）对严重违反国家利益和社会公众利益的财务收支，应当向主管单位或者财政、审计、税务机关报告。

第八十条 会计机构、会计人员对违反单位内部会计管理制度的经济活动，应当制止和纠正；制止和纠正无效的，向单位领导人报告，请求处理。

第八十一条 会计机构、会计人员应当对单位制定的预算、财务计划、经济计划、业务计划的执行情况进行监督。

第八十二条 各单位必须依照法律和国家有关规定接受财政、审计、税务等机关的监督，如实提供会计凭证、会计账簿、会计报表和其他会计资料以及有关情况，不得拒绝、隐匿、谎报。

第八十三条 按照法律规定应当委托注册会计师进行审计的单位，应当委托注册会计师进行审计，并配合注册会计师的工作，如实提供会计凭证、会计账簿、会计报表和其他会计资料以及有关情况，不得拒绝、隐匿、谎报；不得示意注册会计师出具不当的审计报告。

第五章 内部会计管理制度

第八十四条 各单位应当根据《中华人民共和国会计法》和国家统一会计制度的规定，结合单位类型和内部管理的需要，建立健全相应的内部会计管理制度。

第八十五条 各单位制定内部会计管理制度应当遵循下列原则。

（一）应当执行法律、法规和国家统一的财务会计制度。

（二）应当体现本单位的生产经营、业务管理的特点和要求。

（三）应当全面规范本单位的各项会计工作，建立健全会计基础，保证会计工作的有序进行。

（四）应当科学、合理，便于操作和执行。

（五）应当定期检查执行情况。

（六）应当根据管理需要和执行中的问题不断完善。

第八十六条 各单位应当建立内部会计管理体系。主要内容包括：单位领导人、总会计师对会计工作的领导职责；会计部门及其会计机构负责人、会计主管人员的职责、权限；会计部门与其他职能部门的关系；会计核算的组织形式等。

第八十七条 各单位应当建立会计人员岗位责任制度。主要内容包括：会计人员的工作岗位设置；各会计工作岗位的职责和标准；各会计工作岗位的人员和具体分工；会计工作岗位轮换办法；对各会计工作岗位的考核办法。

第八十八条 各单位应当建立账务处理程序制度。主要内容包括：会计科目及其明细科目的设置和使用；会计凭证的格式、审核要求和传递程序；会计核算方法；会计账簿的设置；编制会计报表的种类和要求；单位会计指标体系。

第八十九条 各单位应当建立内部牵制制度。主要内容包括：内部牵制制度的原则；组织分工；出纳岗位的职责和限制条件；有关岗位的职责和权限。

第九十条 各单位应当建立稽核制度。主要内容包括：稽核工作的组织形式和具体分工；稽核工作的职责、权限；审核会计凭证和复核会计账簿、会计报表的方法。

第九十一条 各单位应当建立原始记录管理制度。主要内容包括：原始记录的内容和填制方法；原始记录的格式；原始记录的审核；原始记录填制人的责任；原始记录签署、传递、汇集要求。

第九十二条 各单位应当建立定额管理制度。主要内容包括：定额管理的范围；制定和修订定额的依据、程序和方法；定额的执行；定额考核和奖惩办法等。

第九十三条 各单位应当建立计量验收制度。主要内容包括：计量检测手段和方法；计量验收管理的要求；计量验收人员的责任和奖惩办法。

第九十四条 各单位应当建立财产清查制度。主要内容包括：财产清查的范围；财产清查的组织；财产清查的期限和方法；对财产清查中发现问题的处理办法；对财产管理人员的奖惩办法。

第九十五条 各单位应当建立财务收支审批制度。主要内容包括：财务收支审批人员和审批权限；财务收支审批程序；财务收支审批人员的责任。

第九十六条 实行成本核算的单位应当建立成本核算制度。主要内容包括：成本核算的对象；成本核算的方法和程序；成本分析等。

第九十七条 各单位应当建立财务会计分析制度。主要内容包括：财务会计分析的主要内容；财务会计分析的基本要求和组织程序；财务会计分析的具体方法；财务会计分析报告的编写要求等。

第六章 附 则

第九十八条 本规范所称国家统一会计制度，是指由财政部制定、或者财政部与国务院有关部门联合制定、或者经财政部审核批准的在全国范围内统一执行的会计规章、准则、办法等规范性文件。

本规范所称会计主管人员，是指不设置会计机构、只在其他机构中设置专职会计人员的单位行使会计机构负责人职权的人员。

本规范第三章第二节和第三节关于填制会计凭证、登记会计账簿的规定，除特别指出外，一般适用于手工记账。实行会计电算化的单位，填制会计凭证和登记会计账簿的有关要求，应当符合财政部关于会计电算化的有关规定。

第九十九条 各省、自治区、直辖市财政厅（局）、国务院各业务主管部门可以根据本规范的原则，结合本地区、本部门的具体情况，制定具体实施办法，报财政部备案。

第一百条 本规范由财政部负责解释、修改。

第一百零一条 本规范自公布之日起实施。1984年4月24日财政部发布的《会计人员工作规则》同时废止。

参 考 文 献

[1] 财政部.企业会计准则.北京：经济科学出版社，2018.
[2] 财政部.企业会计准则——应用指南（2017年修订版）.上海：立信会计出版社，2017.
[3] 财政部会计司编.企业会计准则讲解.北京：人民出版社，2008.
[4] [美]查尔斯·T·亨格瑞等.会计学.王化成等译.北京：中国人民大学出版社，1997.
[5] [美]弗雷德·菲利普斯等.财务会计学原理（第2版）.崔学刚译.北京：北京大学出版社，2010.
[6] 朱小平，周华，秦玉熙.初级会计学（第8版）.北京：中国人民大学出版社，2017.
[7] 张蕊.会计学原理（第5版）.北京：中国财政经济出版社，2016.
[8] 陈艳利.会计学基础.北京：高等教育出版社，2017.
[9] 陈国辉.基础会计（第5版）.大连：东北财经大学出版社，2016.
[10] 李海波，蒋瑛.新编会计学原理——基础会计（第18版）.上海：立信会计出版社，2017.
[11] 沃健，赵敏.基础会计学（第2版）.北京：高等教育出版社，2016.
[12] 财政部会计资格评价中心.初级会计实务.北京：经济科学出版社，2017.
[13] 财政部会计资格评价中心.经济法基础.北京：经济科学出版社，2017.
[14] 孙铮.基础会计（第3版）.上海：上海财经大学出版社，2007.
[15] 李占国.基础会计学.北京：高等教育出版社，2010.
[16] 李相志.基础会计学.北京：中国财政经济出版社，2009.